Interkulturelle Schulentwicklung unter der Lupe

Waxmann Verlag GmbH
Steinfurter Straße 555, 48159 Münster
info@waxmann.com

Yasemin Karakaşoğlu, Mirja Gruhn,
Anna Wojciechowicz

Interkulturelle Schulentwicklung unter der Lupe

(Inter-)Nationale Impulse und Herausforderungen
für Steuerungsstrategien am Beispiel Bremen

Waxmann 2011
Münster / New York / München / Berlin

Bibliografische Informationen der Deutschen Nationalbibliothek
Die Deutsche Nationalbibliothek verzeichnet diese Publikation in der
Deutschen Nationalbibliografie; detaillierte bibliografische Daten sind im
Internet über http://dnb.d-nb.de abrufbar

ISBN 978-3-8309-2567-5

© Waxmann Verlag GmbH, 2011
Postfach 8603, 48046 Münster

www.waxmann.com
info@waxmann.com

Umschlaggestaltung: Anne Breitenbach, Tübingen
Umschlagbild: Verbindungen © Foto-Ruhrgebiet
Gedruckt auf alterungsbeständigem Papier, säurefrei gemäß ISO 9706

Inhalt

Abbildungsverzeichnis

Tabellenverzeichnis

Abkürzungen

BIBB	Bundesinstitut für Berufsbildung
BKZV	Bildungsdirektion Kanton Zürich Volksschulamt
BVfAF	Bremer Vereinbarungen für Ausbildung und Fachkräftesicherung 2011-2013
EMAG	Ethnic Minority Achievement Grant
EMAT	Ethnic Minority Achievement Teams
FörMig	Bund-Länder-Projekt „Förderung von Kindern und Jugendlichen mit Migrationshintergrund"
GBOÜ	Eckpunkte zum Gesamtkonzept Berufsorientierung und Übergang Schule-Beruf
IBKM	Schriftenreihe des Interdisziplinären Zentrums für Bildung und Kommunikation in Migrationsprozessen
QUIMS	Qualität in multikulturellen Schulen
SfBW	Die Senatorin für Bildung und Wissenschaft
SvBO	Schule mit vorbildlicher Berufsorientierung
RAA	Regionale Arbeitsstellen zur Förderung von Kindern und Jugendlichen aus Zuwandererfamilien

Einleitung

Das Bildungswesen ist neben dem Arbeitsmarkt der zentrale Ort gesellschaftlicher Integration für Kinder und Jugendliche aus Zuwandererfamilien. Vor dem Hintergrund seines Selbstverständnisses als chancengerechtes System sollten daher alle Kinder und Jugendlichen im Rahmen des deutschen Bildungssystems die gleichen Chancen erhalten, ihre individuellen Potenziale und Fähigkeiten zu entfalten. Das ist zugleich eine Chance und Herausforderung für die Schule. Die besondere Chance ergibt sich zum einen aus dem verfassungsrechtlichen Auftrag an die Schule, alle Schülerinnen und Schüler zu integrieren. Zum anderen bildet die Schule den organisatorischen Kern eines vernetzten Fördersystems, um den sich weitere Bildungseinrichtungen wie z.B. Kindergärten, Jugendhilfe, berufsbildende Schulen formieren. Die allgemeine Schulpflicht von neun Jahren Vollzeitschule und weiteren drei Jahren Berufsschulpflicht gewährleistet somit eine unmittelbare institutionelle Einbindung aller Kinder und Jugendlichen in Deutschland, unabhängig von ihrer sozialen oder kulturellen Herkunft und unabhängig von ihrem Pass (wenn auch nicht überall in Deutschland unabhängig von ihrem Aufenthaltsstatus). Eine der besonderen Herausforderung für die Schule liegt in der kontinuierlich steigenden Zahl an Schülerinnen und Schülern mit so genanntem (familiärem) Migrationshintergrund begründet. Sechsjährige in Bremen weisen nach Angaben des Statistischen Landesamts (2009) zu 54% diesen Hintergrund auf (vgl. Kneuper 2010: 7).[1] Damit stellen in Bremen, wie in anderen westdeutschen Großstädten, die Schülerinnen und Schüler mit Migrationshintergrund inzwischen die Regel und nicht die Ausnahme der Schülerschaft dar. Und dennoch weisen Schülerinnen und Schüler mit Migrationshintergrund, als ‚Sammelkategorie' betrachtet, eine spezifische Verteilung auf Schulformen auf, die einen Hinweis auf die fehlende Umsetzung von Chancengerechtigkeit im Bildungssystem gibt. So besuchten im Land Bremen 29,5% der Achtklässlerinnen und Achtklässler mit

---

1   Für eine Analyse der Schülerzahlen wurde aus Landesdatenschutzgründen mit dem durch die Bildungsbehörde in offiziellen Statistiken verwendeten Konstrukt des ‚Migrationshinweises' gearbeitet, der ermittelt wird über a) eine nichtdeutsche Muttersprache und/oder b) eine erste oder zweite nichtdeutsche Staatsangehörigkeit. Auf diese Weise konnte für die Klassen 1 bis 10 in Bremen im Jahr 2009 ein Anteil von 34,1% und in Bremerhaven von 40,6% Schülerinnen und Schülern mit Migrationshinweis ermittelt werden.

Migrationshinweis im Gegensatz zu 46,3% derjenigen ohne Migrationshinweis im Schuljahr 2009/10 das Gymnasium. Überproportional häufig waren Schülerinnen und Schüler mit Migrationshinweis in den anderen Schulformen der Sekundarstufe I vertreten (62,9% mit und 47,6% ohne Migrationshinweis). 8,1% der Achtklässler und Achtklässlerinnen mit Migrationshinweis besuchte ein Förderzentrum für die Bereiche Lernen, Sprache und Verhalten im Gegensatz zu 6,0% derjenigen ohne Migrationshintergrund (vgl. ebd.: 16). Die Quote der Jugendlichen mit Migrationshinweis, die das allgemeinbildende Schulsystem ohne Hauptschulabschluss verließen, betrug 8,6%, während sie bei denjenigen ohne Migrationshinweis bei 5,4% lag (vgl. ebd.: 21). Die sich in diesen Zahlen abbildende Bildungsbenachteiligung allein auf die mit dem Migrationshintergrund von Kindern und Jugendlichen zusammenhängenden sprachlichen und kulturellen Lebenslagen zurückzuführen, wäre zu kurz gegriffen, insbesondere, weil einzelne Migrantengruppen als besonders bildungserfolgreich aus dem allgemeinen Bild herausfallen, wie Kinder von Zugewanderten iranischer oder afghanischer Herkunft in Bremen.

Soziale, ethnische oder andere Kategorien von Differenz sollten für die Vergabe von Zukunftschancen durch das Bildungssystem grundsätzlich keine Rolle spielen. Kinder bringen aber aufgrund sozialer und familiärer Bedingungen unterschiedliche Voraussetzungen für die schulischen Leistungen mit, die an Schule die spezifische Herausforderung stellen, Chancenungleichheit zu vermindern. In nationalen Bildungssystemen, wie denen der skandinavischen Länder oder Kanadas, wirkt sich die soziale Schicht oder das Aufwachsen mit einer anderen Sprache als der Landessprache weit weniger ungünstig auf die Bildungschancen von Kindern aus, als dies in Deutschland der Fall ist. IGLU, PISA und zuletzt die Überprüfung der Bildungsstandards im Ländervergleich weisen nach, dass diese Unterschiede mit steigender Beteiligung am Schulsystem in Deutschland sogar zunehmen. In Bremen ist die Koppelung besonders stark ausgeprägt (vgl. Knigge/Leucht 2010). Eine erste Auswertung von Kneuper (vgl. ebd.: 33) zeigt deutlich, dass Migrantenfamilien in Bremer Stadtgebieten leben, in denen der Anteil an SGB II-Empfängerinnen und Empfängern Bremen weit am höchsten ist (z.B. Huchting, Osterholz, Blumenthal, Vegesack). Das heißt, ein großer Teil der Bremer Schülerinnen und Schüler mit Migrationshinweis wächst in einer benachteiligten Lebenslage auf, die gekennzeichnet ist durch eine wechselseitige Verschränkung von schicht-, quartiers- und migrationsbedingten Faktoren. Doch auch wenn Schülerinnen und Schüler mit Migrationshintergrund deutlich schlechtere Schulabschlüsse erreichen, weisen sie mehrheitlich offensichtlich eine positive Einstellung zur Schule auf. Diese drückt sich darin aus, dass der eigenen Schule (84%), einem guten Schulabschluss (90%) und einer guten Mitarbeit im Unterricht (85%) ein hoher Stellenwert zugemessen wird (vgl. Rohlfs 2011a: 6)[2]. Schülerinnen und Schüler mit Migrationshintergrund geben anteilig sogar höhere Werte an, gerne in die Schule zu gehen und berichten wesentlich häufiger, Lust und Freude am Lernen zu haben als Schülerinnen und Schüler ohne Migrationshintergrund (vgl. Rohlfs 2011b: 524f.). Der Befund stimmt mit PISA-Daten überein, die ebenfalls die höhere Schulzufriedenheit von Schülerinnen und Schülern mit Migrationshintergrund nachweisen konnten. Insofern gibt es zwar eine Koppelung zwischen sozialer und ethnischer Herkunft und dem Schulerfolg, nicht jedoch zwischen den Herkunftsmerkmalen und der Schulzufriedenheit. Das Wissen um diese Ressource intrinsischer Motivation sollte bei der Konzeption leistungsförderlicher Maßnahmen besondere Berücksichtigung finden (vgl. ebd.: 541).

Angesichts der skizzierten Herausforderungen hat Bremen sich für einschneidende, die Schulstruktur drastisch verändernde Reformmaßnahmen entschieden, die in der Folge der Erkenntnisse der Schulleistungsstudien im Schulentwicklungsplan von 2008 und dem darauf folgenden Schulgesetz von 2009 festgeschrieben sind. Sie sollen dazu beitragen, den Schulerfolg und die soziale Herkunft zu entkoppeln und bessere Leistungen für alle zu ermöglichen. Die genannten Dokumente sehen umfassende Reformen in der Schulstruktur, Schul- und Unterrichtsentwicklung sowie Lehrerinnen- und Lehrerbildung vor, die inzwischen teilweise bereits umgesetzt wurden. So wurde seit dem Schuljahr 2010/11 ein zweigliedriges Schulsystem mit Oberschule (OS) und Gymnasium (GY) als gleichwertige Schulformen, die jeweils die Sekundarstufe I und II umfassen und das Abitur nach Klasse 13 (OS) oder Klasse 12 (Gy) ermöglichen, eingerichtet. Als Zielvorgabe der Bildungsbehörde ist festgelegt, dass der weitaus überwiegende Teil der Kinder (80%) zu Beginn der Sekundarstufe I auf die Oberschule, und nur ein als außergewöhnlich leistungsstark identifizierter Anteil (maximal 20%) auf das

---

2   Im Rahmen der wissenschaftlichen Begleitung des Bremer Projektes zur Schulqualitätsentwicklung Schule macht sich stark! (vgl. Kapitel 5.8) wurde eine quantitativ-empirische Erhebung zur Schulzufriedenheit und intrinsischer Lernmotivation bei 1689 Schülerinnen und Schülern der 7. und 9. Jahrgangsstufen teilnehmender Schulen durchgeführt (vgl. Rohlfs 2011a).

Gymnasium geht, um damit eine leistungsförderliche Heterogenität in der Oberschule zu gewährleisten. Die Einrichtung der Oberschulen gründet auf der Idee des längeren gemeinsamen Lernens und der Durchlässigkeit dieser Schulform für höherwertige Abschlüsse. Eine weitere Ausdifferenzierung erfolgt demnach erst nach dem Abschluss der Sekundarstufe I, an den sich der Besuch einer berufsbildenden oder Werkschule, eine berufliche Ausbildung im dualen System oder eine Fortsetzung der schulischen Ausbildung bis zum Abitur anschließt. Mit der Einführung der Oberschule ist der Kerngedanke verbunden, keine Schulen mehr für so genannte ‚schwache Schülerinnen und Schüler‘ vorzusehen, sondern mit einem attraktiven Lernarrangement dafür zu sorgen, dass eine lernförderliche Mischung von ‚starken‘ und ‚schwachen‘ Schülerinnen und Schülern entsteht. Auf der Unterrichtsebene erfordert dies eine stärkere Individualisierung des Lernens durch einen binnendifferenzierenden Unterricht, Projektunterricht, Einführung von Portfolios sowie die Verminderung der durchschnittlichen Klassengröße auf höchstens 22 Schülerinnen und Schüler. Das sind alles Maßnahmen, die der Heterogenität der Schülerinnen und Schüler in ihren Lernvoraussetzungen in größtmöglichem Maße gerecht werden sollen. Flankierend kommen Maßnahmen hinzu wie die Abschaffung des Sitzenbleibens, das nur noch auf eigenen Wunsch hin möglich ist, die Abschaffung der Möglichkeit, einzelne Schülerinnen und Schüler abzuschulen sowie – und hier ist Bremen bundesweit Vorreiter –, die schrittweise Einführung eines voll inklusiven Schulsystems, in dem Schülerinnen und Schüler mit besonderem Unterstützungsbedarf aufgrund körperlicher oder geistiger Behinderung oder Lernschwächen im Regelsystem beschult werden (vgl. Entwicklungsplan Inklusion 2010). Dabei ist die Zuweisung auf eine Regelschule oder ein Förderzentrum ausschließlich vom Elternwillen abhängig. Ergänzend wurden Werkschulen eingeführt, die ab Klasse 9 in einem dreijährigen Bildungsgang auf den Übergang in die duale Ausbildung vorbereiten sollen. Diese Schulform wurde für Schülerinnen und Schüler „mit erheblichen Schwierigkeiten im schulischen Alltag [eingerichtet], so dass sie den Übergang von der Schule in die Berufsausbildung ohne Hilfe und zusätzliche Lernzeit aller Wahrscheinlichkeit nicht schaffen werden" (Senatorin für Bildung und Wissenschaft 2008a: 94).

Auch wenn sich viele dieser schulstrukturellen Veränderung in Bremen bereits in der Umsetzung befinden, stellt sich nach wie vor die Frage, inwieweit die Schule mit ihren Lern- und Bildungsangeboten den Bedürfnissen und Bedarfslagen einer sprachlich-kultureller Schülerschaft Rechnung trägt, denn

Strukturentscheidungen ziehen nicht automatisch Änderungen in Haltungen und Handlungen der am Bildungsprozess der Kinder und Jugendlichen Beteiligten oder etwa inhaltliche Veränderungen der Curricula nach sich. Die hier angesprochene Erfordernis einer umfassenden Umorientierung von Schule auf den Umgang mit der Normalität einer sprachlich, kulturell und ethnisch heterogenen Schülerinnen- und Schülerschaft wird hier als ‚interkulturelle Öffnung‘ von Schule auf der Systemebene bezeichnet. Der Bremer Schulentwicklungsplan (2008) und das Bremer Schulgesetz (2009) verweisen in vielen Punkten auf Aspekte einer solchen interkulturellen Öffnung von Schule, auch wenn dieser Begriff explizit nicht erwähnt wird. Auch der Entwicklungsplan Inklusion (vgl. 2010: 10) enthält Hinweise auf den Einbezug von auf Grundsätzen der Interkulturellen Bildung basierenden Gestaltungselementen von Schule. Damit wurden auf der Ebene politischer Vorgaben in Bremen grundsätzliche Voraussetzungen und Strukturen für Schulen geschaffen, um sich zu Orten des pädagogisch angemessenen Umgangs mit Vielfalt entwickeln zu können. Doch wie bildet sich dies in der bisherigen Praxis ab?

Der Frage nach der konkreten Umsetzung wird in dieser Publikation, die auf einem Gutachten für die Bremer Bildungsbehörde zur Erstellung eines ‚Entwicklungsplans Migration und Bildung‘ beruht, in Form einer detaillierten Situationsbeschreibung und Standortbestimmung interkultureller Öffnungsprozesse im schulischen Kontext Bremens nachgegangen. Ziel war es eine inhaltliche und konzeptionelle Orientierung für das Bremer Bildungsressort vorzubereiten, die im Sinne der interkulturellen Öffnung von Schule über die Konzentration auf die Förderung von Kindern und Jugendlichen mit Migrationshintergrund und auf eine ausschließliche Ausrichtung auf (überwiegend additive) Sprachförderkonzepte hinaus geht und sich an alle Beteiligten der Bildungsinstitutionen richtet.[3] Mit der vorliegenden Publikation werden somit Anforderungen für eine Strategie der Schul- und Unterrichtsentwicklung unter den Bedingungen sprachlich-kultureller und sozialer Heterogenität auf Basis a) aktueller wissenschaftlicher Diskurse zur interkulturellen Öffnung von Schule, b) bildungspolitischer Dokumente auf internationaler, europäischer und nationaler Ebene, c) internationaler und nationaler Beispiele guter Praxis und d) der für Bremen vorliegenden Berichte zu entsprechenden Projekten im Bildungsbereich formuliert. Grundlage für die

---

3   Das Thema der religiösen Bildung, ansonsten grundsätzlich bei interkulturellen Ansätzen mitzudenken, wurde nicht berücksichtigt, da dieses in Bremen besonders komplexe Thema den Rahmen der Untersuchung gesprengt hätte.

Dokumentenanalyse waren neben den für einzelne Projekte in Bremen vorliegenden Publikationen und Evaluationsberichten vor allem bildungspolitische und administrative Dokumente. Diese stellen in Form von Gesetzen, Erlassen und Konzepten wesentliche Grundlagen für die kommunale Schulentwicklung dar. Berücksichtigt wurden all diejenigen Dokumente, die im Zeitraum von 01.03.2010 bis 31.01.2011 durch Recherche ermittelt bzw. von Seiten der Bildungsbehörde – teilweise als noch interne Papiere – zugänglich gemacht wurden. Auf der kritischen Bestandsaufnahme aufbauend wurden schließlich insgesamt 51 zentrale Handlungserfordernisse abgeleitet und Möglichkeiten ihrer konkreten Umsetzung formuliert. Die hier vorgelegte Publikation, die erstmalig in Deutschland ganz konkret den aktuellen Stand und weiteren Bedarf interkultureller Schulentwicklung für einen gesamten städtischen Raum am Beispiel Bremens veranschaulicht, bietet unseres Erachtens anderen Städten, Gemeinden und Kommunen ein Modell mit umfassenden Anregungen, den Stand ihrer eigenen interkulturellen Schulentwicklung zu beurteilen und entsprechende Handlungserfordernisse zu identifizieren.

Um die Analyse von interkulturellen Öffnungsprozessen in der Schule zu vertiefen, erscheint es naheliegend, die praktische Umsetzung der politisch-rechtlichen Vorgaben in die konkrete schulische Praxis – beispielsweise durch Unterrichtsbeobachtungsverfahren oder Analyse verwendeter Lehrmaterialien – zu überprüfen. Dies war jedoch im Rahmen der vorliegenden Arbeit zeitlich und kapazitativ nicht zu leisten. Hier öffnet sich u.E. jedoch ein weites Feld für weitere, evaluativ angelegte Forschungsprojekte mit qualitativ und/oder quantitativ empirischen Methoden. Die hier vorgelegte Studie weist in ihren Empfehlungen einige zentrale Handlungs- und Themenfelder aus, für die eine solche Prüfung und Evaluation besonders nachdrücklich gefordert wird.

Abschließend möchten wir uns bei den Mitgliedern des externen Sachverständigenrates bedanken, die uns in der Abschlussphase unserer Arbeit mit wertvollen Hinweisen unterstützt haben. Ein besonderer Dank gilt unseren studentischen Hilfskräften Anna Henke und Joanna Kalski für ihr großes Engagement und die Begeisterung für die Sache.

Bremen, im Juli 2011

Yasemin Karakaşoğlu, Mirja Gruhn und Anna Wojciechowicz
Arbeitsbereich Interkulturelle Bildung, Universität Bremen

1. Begriffsbestimmung und Kernelemente einer interkulturellen Schulentwicklung

Der hier verwendete Begriff der ,interkulturellen Öffnung' als Kernbestandteil interkultureller Schulentwicklung ist nur vor dem Hintergrund einer Entwicklung der Profession der Interkulturellen Bildung, die diese in den letzten 40 Jahren durchlaufen hat, sowie des damit verbundenen theoretischen und konzeptionellen Wandels in der Bedeutung dieses Begriffes zu verstehen. Im Folgenden soll daher diese Entwicklung kurz nachgezeichnet und spezifiziert werden, um darzustellen, welches Verständnis von ,interkultureller Öffnung' und ,interkultureller Schulentwicklung' dieser Expertise zugrunde liegt.

Migrantenförderung hat zum Ziel, durch zahlreiche kompensatorische ,Förderprojekte' für die Zielgruppe die Partizipationsfähigkeit der Kinder und Jugendlichen mit Migrationshintergrund am Bildungssystem zu sichern. Diese Maßnahmen sind in Bremen durchaus umfassend vertreten (vgl. dazu die Darstellung und Bewertung der Projekte in Kap. 5). Bei der interkulturellen Öffnung des Schulsystems geht es hingegen um einen veränderten Blick der Institution Schule sowie der in ihr verantwortlich Handelnden auf die durch Migrationsprozesse veränderte Schulrealität insgesamt sowie um eine Anpassung der Institution in ihren Strukturen, Methoden, Curricula und Umgangsformen an eine in vielen Dimensionen plurale Schülerschaft. Zentral ist die Wendung des Blickwinkels von den Schülerinnen und Schülern als Gruppe mit einem besonderen pädagogischen Förderbedarf zu ihrer Wahrnehmung als ,Normalfall' und eine Wendung von der notwendigen Veränderung der Schülerinnen und Schüler an die Anforderungen der Schule auf einen Wandel des Blicks von Schule auf die Bedürfnisse der Schülerinnen und Schüler, um die adäquate Förderung ihrer Bildungschancen zu sichern.

Der Forderung nach interkultureller Öffnung liegt ein mehrdimensionaler Bildungsbegriff zugrunde, der zu unterschiedlichen Epochen seiner Verwendung verschiedene Ausprägungen angenommen hat. Seit den 1970er Jahren wurden zunächst ausländerpädagogische, dann interkulturelle Bildungskonzepte, verstanden als pädagogische Unterstützung im Identitätsbildungsprozess von ausländischen Kindern, seit Anfang der 2000er Jahre Kinder mit Migrationshintergrund genannt, implementiert. Als zielgruppenpädagogische Maßnahmen sollten sie zunächst mit selbstreflexiven, offenen Lernformen die Zielgruppe befähigen, sich im kulturellen Spannungsfeld zwischen Aufnahmegesellschaft und Herkunftsfamilie zu behaupten. Unterstützend und eine bikulturelle Identität stabilisierend sollten neben kompensatorischen Angeboten in Deutsch als Zweitsprache auch Angebote in der Muttersprache wirken. Diese hatten darüber hinaus auch die Funktion, die Rückkehrfähigkeit der Kinder und Jugendlichen zu erhalten. Damit richtete sich die ‚Ausländerpädagogik‘ – gemäß ihrem Namen – ausschließlich an die Zielgruppe der ausländischen Kinder; die Lehrerinnen- und Lehrerfortbildung zu dem Thema hatte das Ziel, den Lehrkörper für den (als temporär gedachten) Umgang mit diesen Kindern, insbesondere im Hinblick auf ihre Förderung in der deutschen Sprache vorzubereiten (vgl. Holzbrecher 2004: 51f.).

Seit den 1980er Jahren, in denen sich abzeichnete, dass ‚ausländische‘ Kinder dauerhafter Bestandteil der Schülerschaft bleiben würden, kam stärker das soziale Lernen durch Interkulturelle Bildung in den Blick von Schule. Dabei stand zunächst der Begegnungsaspekt von Menschen unterschiedlicher Herkunftskulturen im Vordergrund, die ihre kulturelle Unterschiedlichkeit als Bereicherung empfinden sollten (Bereicherungsdiskurs) (vgl. Nieke 2008: 34f.; siehe auch Geisen 2007: 32). Kulturelle Differenzen wurden ebenso thematisiert wie kulturübergreifende Gemeinsamkeiten (anhand z.B. von sozialer Herkunft, Familienstrukturen, Geschlecht etc.). Insbesondere deutsche Kinder (d.h. Kinder ohne Migrationshintergrund) sollten mit der Lebenswelt ihrer ausländischen Schulkameradinnen und -kameraden vertraut gemacht werden. Der Idee der kulturellen Differenzen und kulturellen Verschiedenheiten lag ein essentialistischer Kulturbegriff zugrunde, wonach Menschen Produkte ihrer Kultur und überwiegend durch sie geprägt seien. Indem Parameter der betreffenden Kultur gelernt werden, sollte das dieser Kultur angehörende Individuum besser in seinen Handlungen und Haltungen verstanden werden. Dieser Ansatz wurde später als „Fundamentalisierung kultureller, ethnischer, sprachlicher Verschiedenheit" kritisiert (Gogolin/Krüger-Potratz 2006: 134).

Heute hat sich der Blick der Interkulturellen Bildung auf ‚Kultur‘ als Differenzdimension verändert und es ist eine „reflexive Auffassung von ‚Kultur‘ und ihren Funktionen im pädagogischen Kontext" in den Mittelpunkt des Selbstverständnisses Interkultureller Bildung gerückt (ebd.). Darüber hinaus wird Kultur verstärkt in intersektionaler[4] Verknüpfung mit unterschiedlichen

---

4   Mit Intersektionalität ist die Verschränkung von Differenzdimensionen gemeint. So sind soziale Schicht und Migrationshintergrund zwei Differenz- und zugleich Benachteiligungsdimensionen, die sich in bestimmten Kontexten, etwa im Bereich der schulischen Bildung, durch die Verknüpfung mit der Dimension Geschlecht zu ungun-

Heterogenitätsdimensionen im täglichen, als normal verstandenen, multikulturellen Miteinander in Schule und Gesellschaft betrachtet. Teil des sozialen Lernens ist in dieser Perspektive auch eine interkulturelle Konfliktmediation, die mit dem Einüben von Empathie, Perspektivenübernahme, Ambiguitätstoleranz[5] und Rollendistanz die Beteiligten unterschiedlicher kultureller, sozialer, generationaler oder gender-Hintergründe befähigen soll, den Konflikt aus der je individuellen Perspektive zu verstehen, seine auch jenseits kultureller Differenzen gelagerten Ursachen zu ergründen und zu einer friedlichen Konfliktlösung zu kommen (vgl. Nieke 2008).

In den 1990er Jahren, als Reaktion auf wachsende rechtsradikale Tendenzen bei Jugendlichen und ausländerfeindliche Übergriffe im Zuge der Wiedervereinigung erfuhr die Interkulturelle Bildung eine Bereicherung durch antirassistische Ansätze und damit eine stärkere Konnotation als Teil einer politischen Bildung (vgl. Auernheimer 2004: 22; siehe auch Fischer 2006: 73). Im Zentrum dieser Ansätze steht die kognitive Aufklärung über Wanderungsmotive, entwicklungspolitische Zusammenhänge und Ursachen von Vorurteilen, die aber – u.a. in antirassistischen Trainingsprogrammen – auch selbstreflexive Prozesse über Selbst- und Fremdwahrnehmung anregen will.

Während diese Formen Interkultureller Bildung auf das Individuum konzentriert sind, bei dem sie kognitive, emotionale und handlungsorientierte Veränderungsprozesse anregen wollen, um interkulturelle Kompetenz zu befördern, setzen sich die aktuelleren Ansätze Interkultureller Bildung sehr viel stärker mit den strukturellen und institutionellen Gegebenheiten auseinander, in denen das Lernen von Kindern mit und ohne Migrationshintergrund stattfindet und verweisen auf die Notwendigkeit, institutionelle Rahmenbedingungen so zu verändern, dass Kinder unterschiedlicher (sozialer, familiärer, sprachlicher, kultureller, geistiger) Lernvoraussetzungen gleiche Bildungschancen im Schulsystem erhalten (vgl. Gomolla/Radtke 2002; Gomolla 2005; Meche-

---

sten der Jungen mit Migrationshintergrund aus einer Familie mit Harz IV-Bezug auswirken können. Damit wird eine Verkürzung von Differenz im Migrationskontext als ‚kulturelle Differenz' kritisiert (vgl. Leiprecht/Lutz 2006).

5   Ambiguitätstoleranz meint die Fähigkeit, Mehrdeutigkeiten und Unsicherheiten im Umgang mit den den eigenen Werten nicht entsprechenden Wertvorstellungen aushalten/ertragen zu können, ohne den Widerspruch oder die Mehrdeutigkeit unmittelbar auflösen zu wollen.

ril 2002; Gogolin/Krüger-Potratz 2006). In dieser Zielsetzung verbindet sich der interkulturelle mit dem Inklusionsansatz. Eine weitere, enge Verbindung geht Interkulturelle Bildung mit der Subdisziplin der Germanistik ‚Deutsch als Zweitsprache' sowie mit der ‚Mehrsprachigkeitsforschung' ein, „denn es ist eine pädagogische Aufgabe, angemessen und verantwortlich mit Sprachen der Migrantinnen und Migranten umzugehen" (Herwartz-Emden/Schurt/Waburg 2010: 197).

Vor dem Hintergrund einer nachhaltig durch Migration und Globalisierung geprägten Gesellschaft gehört es heute zum Minimalkonsens der Interkulturellen Bildungswissenschaft, dass Interkulturelle Bildung Bestandteil allgemeiner Bildung und daher allen an pädagogischen Prozessen Beteiligten als Schlüsselkompetenz zu vermitteln ist (vgl. Gogolin/Krüger-Potratz 2006; Krüger-Potratz 2005). Konsequenterweise sollte sich dies auf allen Ebenen der zuständigen Erziehungs- und Bildungsinstitutionen widerspiegeln. Unterstützung erhält diese Forderung durch empirische Belege für den theoretischen Ansatz der ‚Institutionellen Diskriminierung'. Dieser sucht nach Ursachen für Bildungsungleichheit nicht in den Eigenschaften der Schülerinnen und Schüler und ihres familiären Hintergrundes sowie ihrer Herkunftskultur, sondern im organisatorischen Handeln der schulischen Einrichtung (vgl. Gomolla 2005: 57). Gomolla identifizierte anhand quantitativer Daten zu Schulübergängen und der qualitativen Analyse von Übergangsempfehlungen durch Lehrerinnen und Lehrer an allen drei Schnittstellen im Bildungssystem ein „feinmaschiges Netz", das Kinder und Jugendliche mit Migrationshintergrund und/oder aus Familien mit einem niedrigen sozioökonomischen Status konsequent benachteiligt:

Muster der Diskriminierung und Abweisung entlang von Normalitätserwartungen in Bezug auf die Schul- und Sprachfähigkeit, wie sie deutschsprachigen, im weitesten Sinne christlich sozialisierten Mittelschichtkindern entsprechen, prägen die gesamte Schullaufbahn. Unter dem vorrangigen Ziel, homogene Lerngruppen zu bilden, machen Schulorganisationen in den alltäglichen Prozessen der Differenzierung und Auslese im Hinblick auf verfügbare Fördermöglichkeiten und v.a. das gegliederte Sekundarschulsystem systematisch von Zuschreibungen hinsichtlich des sprachlichen und soziokulturellen Hintergrundes als Indikatoren für das Lern- und Leistungsvermögen Gebrauch (Gomolla 2008).

Interkulturelle Öffnung macht vor diesem Hintergrund die „Reorganisation, Verbesserung, Entwicklung und Evaluierung von Entscheidungsprozessen in allen Politik- und Arbeitsbereichen" von Schule notwendig. Dafür ist „die Idee der Querschnittspolitik grundlegend, dass Chancengleichheit sich nur herstellen lässt, wenn sie in allen Bereichen angestrebt wird" (Handschuck/ Schröer 2003: 15). Terkessidis spricht sich daher für einen „radikalen Umbau der Institutionen" mit dem Ziel der „radikalen Interkulturellen Öffnung" aus, die eine umfassende Neuorientierung verlangt (vgl. Terkessidis 2010). Dabei ist der Kern der Institutionen zu befragen, ob die Räume, die Leitideen, die Regeln, die Routinen, die Führungsstile, die Ressourcenverteilung sowie die Kommunikation nach außen und die Einstellungen der Akteure im Hinblick auf die Vielfalt gerecht und effektiv sind (vgl. ebd.: 141f.). Additive Fördermaßnahmen sind einerseits wichtig, um die Voraussetzung für Bildungspartizipation zu schaffen, sie haben aber keine nachhaltige Wirkung auf die Regelabläufe in der Institution sowie die Einstellungsmuster der Vertreterinnen und Vertreter der Institution, in diesem Fall der Pädagoginnen und Pädagogen selbst. Dies soll durch Prozesse der interkulturellen Öffnung von Schule verändert werden. In diesem Zusammenhang wird von der notwendigen ‚Interkulturellen Kompetenz' des pädagogischen Personals gesprochen. Eine allgemeingültige Definition von Interkultureller Kompetenz existiert nach Straub (2007) nicht, da sie schwer zu operationalisieren und ebenso schwer empirisch nachzuweisen sei. Er ordnet sie der personalen Handlungskompetenz zu. Wenn Interkulturelle Kompetenz als „zielführendes, erfolgreiches Handeln in einer kulturellen Überschneidungssituation" definiert wird, liegt ihr die von der Interkulturellen Bildung kritisierte Annahme von statischen Kulturen zugrunde. Auch die gängige Definition von Thomas bleibt diesem Paradigma verhaftet:

Interkulturelle Kompetenz zeigt sich in der Fähigkeit, kulturelle Bedingungen und Einflussfaktoren im Wahrnehmen, Urteilen, Empfinden und Handeln bei sich selbst und bei anderen zu erfassen, zu respektieren, zu würdigen und produktiv zu nutzen im Sinne einer wechselseitigen Anpassung, von Toleranz gegenüber Inkompatibilitäten und einer Entwicklung hin zu synergieträchtigen Formen der Zusammenarbeit, des Zusammenlebens und handlungswirksamer Orientierungsmuster in Bezug auf Weltinterpretation und Weltgestaltung (Thomas 2003: 139).

Eine Definition, die Herwartz-Emden u.a. aus dem wissenschaftlichen Konsens interkultureller Bildung zusammenstellt, betont als Schlüsselkomponente der Interkulturellen Kompetenz die (Selbst-)Reflexivität: „In (selbst-)reflexiven Prozessen müssen gesellschaftlich und strukturell bedingte Machtasymmetrien, Kulturgebundenheit und Kulturrelativität, kulturelle und individuelle Zugehörigkeiten sowie individuelle und gruppenbezogene Ressourcen berücksichtigt werden" (Herwartz-Emden u.a. 2010: 210). Dabei sind die pädagogisches Handeln begrenzenden Mechanismen (z.B. institutionelle Diskriminierung) ebenfalls zu reflektieren. Interkulturelle Kompetenz gilt schließlich als „eine Disposition, die im Prozess lebenslangen Lernens immer wieder neu angeeignet wird und in konkreten Situationen bezogen auf das je spezifische Feld als Handlungskompetenz neu zu entwickeln ist" (ebd.).

Bei der interkulturellen Öffnung geht es um die Anerkennung von ethnischer, kultureller und sprachlicher Vielfalt als Ausdruck der gesellschaftlichen Realität. In diesem Rahmen kann es von Bedeutung sein, kulturelle Interessen von Einzelnen bzw. Gruppen in besonderem Maße zu berücksichtigen, sofern diese im Einklang mit grundgesetzlichen Vorgaben und dem Auftrag von Schule stehen. In einer am Prinzip der Chancengerechtigkeit orientierten Schule wird dies nicht gleichgesetzt mit gleichen Angeboten für alle, sondern mit einer angemessen Balance zwischen der Berücksichtigung spezifischer Bedarfe unterhalb der Ebene, auf der alle Kinder und Jugendlichen die gleichen Zugangsmöglichkeiten zu dem Bildungsangebot erhalten. Die Berücksichtigung spezifischer Bedarfe an Förderung und Unterstützung hat zum Ziel, die chancengleiche Partizipation aller zu gewährleisten und ist daher auch ein wichtiges Instrument der interkulturellen Öffnung von Schule, jedoch nicht ihr Kern. Mit interkultureller Orientierung ist ferner eine strategische Ausrichtung der Institution Schule gemeint, die sich im Leitbild der Schulen niederschlägt und „die sich in den jeweiligen Zielen konkretisiert und die die Organisation auf die Querschnittsaufgabe interkultureller Öffnung verbindlich verpflichtet" (Schröer 2007: 82). Damit wird ein bewusst gestalteter Prozess angesprochen, „der (selbst-)reflexive Lern- und Veränderungsprozesse von und zwischen unterschiedlichen Menschen, Lebensweisen und Organisationsformen ermöglicht, wodurch Zugangsbarrieren und Abgrenzungsmechanismen in den zu öffnenden Organisationen abgebaut werden und Anerkennung ermöglicht wird" (ebd.: 83).

Der interkulturellen Öffnung von Schule liegen eine Vielzahl miteinander konzeptionell verknüpfter Maßnahmen auf vier zentralen Handlungsebenen der interkulturellen Organisationsentwicklung zugrunde (zusammengestellt nach Mecheril u.a. 2010: 137; Eickhorst 2007: 90; Schröer 2007: 83, Krüger-Potratz 2005: 142, Fischer 2006):

1.	Die personale bzw. Ebene der Ausbildung der Lehrerinnen und Lehrer (Erwerb interkultureller Kompetenz, selbstreflexive Auseinandersetzung mit Prozessen der Identitätsbildung und mit Rollenmustern, mit Einstellungen und spezifischen Kompetenzen wie (selbst-)kritischer Reflexion des Eigenen und Fremden, Wissen über Ursache und Geschichte der Arbeitsmigration, über die Rolle und den Status von Minderheiten und die aktuelle Migrationspolitik sowie Handlungskompetenz durch geeignete Kommunikations- und Konfliktstrategien, Einstellung von pädagogischem Fachpersonal auf allen Ebenen der Schule mit Migrationshintergrund).

2.	Die inhaltliche bzw. die didaktische und curriculare Ebene (Leitbild der Schule, Schulprofil, interkulturelle Unterrichtsentwicklung, Ausrichtung aller Curricula und Unterrichtsinhalte auf die Normalität der kulturellen Vielfalt im Klassenzimmer, Projekte und Maßnahmen der Schulöffnung, Integration z.B. von Sprachförderkonzepten in den Regelunterricht).

3.	Die strukturelle bzw. schulorganisatorische Ebene (Konferenz- und Gremienarbeit, Schulstrukturentscheidungen, Rolle der Schulleitung, strukturell verankerte Kooperation mit lokalen, regionalen und internationalen Personen, Gruppen, Institutionen auch von Migranten).

4.	Die soziale Ebene (Kommunikations- und Interaktionsprozesse zwischen Lehrerinnen und Lehrern, Schülerinnen und Schülern sowie Eltern, um Möglichkeiten der Teambildung und der Konfliktbearbeitung zu vereinbaren und interkulturelle Elternarbeit zu implementieren; mehrsprachige Hinweisschilder und Informationsmaterial, Präsentation von Schulprojektergebnissen, die Differenz und Heterogenität als Bestandteil von (Schul-)Wirklichkeit darstellen und thematisieren, Mitbestimmungsmöglichkeiten für Schülerinnen und Schüler schaffen als Bestandteil des demokratischen Selbstverständnisses von Schule und als Beitrag zur Demokratieerziehung).

Darüber hinaus finden sich in der Literatur durchgängig Hinweise auf eine notwendige Vermeidung von Segregationsmaßnahmen wie Vorbereitungs- und Auffangklassen und der damit verbundenen Bevorzugung von Binnendifferenzierung anstelle äußerer Differenzierung (vgl. z.B. Auernheimer 2001: 48ff. in Mecheril u.a. 2010: 140). Den genannten Handlungsebenen übergeordnet ist die Notwendigkeit von konkreten Zielvereinbarungen zum Abbau von Zugangsbarrieren zu qualifizierten Schulabschlüssen und zur Gewinnung von Mitarbeiterinnen und Mitarbeitern mit Migrationshintergrund. Flankiert werden muss dies durch die Bildung von Indikatoren, anhand derer die Zielerreichung überprüfbar wird. Auf dieser Basis ist es wünschenswert, ein Monitoring-System (vgl. auch Gomolla/Radtke 2002) als Grundlage bildungspolitischer Rechenschaftslegung aufzubauen, das erst die Möglichkeit bietet, Veränderungen im Hinblick auf die Erreichung des Ziels der Chancengerechtigkeit für alle Schülerinnen und Schülern nachzeichnen. Eine dezidiert antirassistische Perspektive als Bestandteil einer multikulturellen Schule wird über das „Ethnic Monitoring"[6] verfolgt. Hierbei handelt es sich um einen reflexiven Ansatz im (bildungs-)institutionellen Umgang mit Differenz und Diskriminierung (vgl. Mecheril u.a. 2010: 140). Da interkulturelle Öffnung, wie sie hier skizziert wird, alle Strukturen, Methoden und Inhalte, die in und für Schule wirksam sind, umfasst, stellt sie ohne Zweifel eine Leitungsaufgabe dar, um mit breiter Akzeptanz umgesetzt werden zu können. Damit ist interkulturelle Öffnung zentraler Bestandteil einer Schul- und Personalentwicklung und somit auch ein wichtiger Aspekt des Qualitätsmanagements von Schule (vgl. Fischer 2006: 21ff. in Mecheril u.a. 2010: 90).

---

6   Nach Gomolla meint ethnisches Monitoring „das statistische Erfassen und kontinuierliche Beobachten von disproportionalen (Miss-)Erfolgsquoten in Schule, Berufsausbildung und auf dem Arbeitsmarkt, differenziert nach den Kriterien ethnischer Herkunft, sozialer Schicht und Geschlecht" (Gomolla 2003 in Mecheril u.a. 2010: 147).

Abb.: 1   Handlungsebenen des interkulturellen Öffnungsprozesses von Schule[7]

---

7   Zusammengestellt nach Mecheril u.a. 2010: 137; Eickhorst 2007: 90; Schröer 2007: 83; Krüger-Potratz 2005: 142; Fischer 2006: 21f.

2. Interkulturelle Bildung in bildungspolitischen Empfehlungen und Vereinbarungen auf internationaler, europäischer und bundesweiter Ebene

In den letzten zehn Jahren wurden zahlreiche Dokumente auf internationaler, EU- und bundesweiter Ebene veröffentlicht, die im Hinblick auf eine notwendige Verbesserung der Bildungssysteme zur Förderung von Chancengleichheit und -gerechtigkeit explizit auf die interkulturelle Öffnung von Schule Bezug nehmen und diesen Prozess als zentralen Bestandteil der Verbesserung von Schulqualität betrachten. Die Leitfragen, unter denen diese Dokumente im Folgenden einer genaueren Betrachtung unterzogen werden sollen, sind: In welcher Weise setzen sich bildungspolitische Dokumente mit der Vielfalt, insbesondere mit der soziokulturellen, ethnischen und sprachlichen Vielfalt von Schülerinnen und Schülern mit Migrationshintergrund auseinander? Welche Strategien werden vorgeschlagen, um dieser Vielfalt in der Schule gerecht zu werden? Lassen sich in diesen Dokumenten unterschiedliche Schwerpunktsetzungen erkennen? Was sind die gemeinsamen Parameter, aus denen sich eine Gesamtstrategie entwickeln ließe?

2.1 Die internationale Perspektive: Inklusion – Leitlinien für die Bildungspolitik (UNESCO 2009)

Die UNESCO-Leitlinien für die Bildungspolitik mit dem Schwerpunkt Inklusion (UNESCO 2009) verstehen unter inklusiver Erziehung im internationalen Kontext einen Reformprozess, der die Transformation von Schulen und anderen Bildungseinrichtungen als Einrichtungen, die die Diversität aller Lernenden unterstützen und befürworten, zum Ziel hat. Ziel einer so verstandenen inklusiven Erziehung ist „to eliminate exclusion that is a consequence of negative attitudes and a lack of response to diversity in race, economic status, social class, ethnicity, language, religion, gender, sexual orientation and ability" (ebd.: 4). Mit der Berücksichtigung dieser umfassenden Diversitätsdimensionen, darunter auch Dimensionen kultureller Pluralität mit ‚ethnische Herkunft', ‚Sprache' und ‚Religion', verwenden die UNESCO-Policy-Guidelines einen erweiterten Inklusionsbegriff, der über die in Deutschland übliche Konzentration auf die Integration der Gruppe der Personen mit unterschiedlichen Formen von Behinderungen in das Regelschulsystem hinaus geht[8] und Interkulturelle Bildung einschließt. Die Guidelines betonen die soziale Verantwortung von Bildungsinstitutionen als Einrichtungen, die durch Bildung helfen, Armut zu bekämpfen. Um dies zu erreichen, müssten Veränderungen im System auf der Ebene der Inhalte, Herangehensweisen, Strukturen und Strategien vollzogen werden. Grundlage der veränderten Sichtweise auf Bildung, wie sie in den Guidelines gefordert wird, ist der Wechsel vom Blick auf das Kind als Problem zum Blick auf das System als Problem (ebd.: 14). Es wird betont, dass das System die volle Verantwortung für die Sicherung des Rechts auf Bildung hat. Um dieser Verantwortung gerecht werden zu können, müsse das System gekennzeichnet sein durch: a) die Anwendung flexibler Lehr-Lernmethoden, die auf individuelle Bedürfnisse eingehen können, b) Neuorientierung in der Lehrerbildung, c) ein flexibles Curriculum, das unterschiedliche Bedürfnisse von Gruppen und Individuen berücksichtigt, d) Befürwortung von Diversität, e) Einbezug von Eltern und Community, f) frühe Diagnose des Risikos zu scheitern bei Kindern und Implementierung von angemessenen Unterstützungsmaßnahmen. Eingebettet werden sollten diese in ein Set flexibler und innovativer Lehrmethoden, ein verantwortungsvolles, kinderfreundliches Klima und ein professionelles Arbeitsumfeld, das Inklusion für alle aktiv umsetzt.

Umgesetzt werden könne dies durch eine Konzentration auf die folgenden zentralen Handlungsfelder: Einstellungsveränderungen in den Gesellschaften und Entwicklung langfristiger politischer Strategien, Sicherstellung von Inklusion durch frühkindliche Fürsorge und Bildung, Entwicklung inklusiver und Schulstufen übergreifender Curricula, Aus- und Weiterbildung von Lehrerinnen und Lehrern im Hinblick auf Ziele, Methoden und Umsetzung einer inklusiven Erziehung und Bildung, Sicherstellung von finanziellen und personellen Ressourcen und entsprechender nationaler Gesetzgebung zur Implementierung des Prinzips Inklusiver Erziehung und Bildung. Für alle genannten Aspekte bieten die Guidelines eine detaillierte Checkliste um zu überprüfen, ob wesentliche Aspekte bereits umgesetzt wurden und wo weiterer Handlungsbedarf besteht.

---

8   Siehe hierzu z.B. Bremer Entwicklungsplan Inklusion 2010.

2.2　Die EU-Perspektive

2.2.1　Das Grünbuch „Migration und Mobilität" der Kommission der Europäischen Gemeinschaft (2008)

Mit der Erstellung des Grünbuchs möchte der Europäische Rat ein eindeutiges Signal (Tagung am 13. und 14. März 2008) an seine Mitgliedstaaten senden, das Qualifikationsniveau von Lernenden mit Migrationshintergrund anzuheben. Den Rahmen einer europäischen Debatte über die Integration von Migrantenjugendlichen gab das Europäische Jahr der Chancengleichheit für alle (2007) und das Europäische Jahr des interkulturellen Dialogs (2008) vor. Die im Grünbuch vorgeschlagenen Maßnahmen zielen in erster Linie auf die Verbesserung der Bildungspartizipation von Zugewanderten und erst in zweiter Linie auf systemische Fragen der interkulturellen Öffnung von Schule. Dabei werden im Kontext des Grünbuchs „Kinder mit Migrationshintergrund", „Migrantenkinder" und „Migrantenschüler" als diejenigen verstanden, die in einem EU-Land leben, in dem sie nicht geboren wurden, unabhängig davon, ob es sich um Drittstaatsangehörige oder Bürger eines anderen EU-Mitgliedstaates handelt oder ob sie später die Staatsangehörigkeit des Aufnahmemitgliedstaates erworben haben (vgl. Europäische Kommission 2008): Kommission der Europäischen Gemeinschaft 2008: 2). Die hier verwendete Definition des Migrationshintergrunds weicht somit deutlich von derjenigen der OECD und des Mikrozensus ab.[9] Mit dem Hinweis darauf, dass Schule eine zentrale Verantwortung für die Integration von Schülerinnen und Schülern mit Migrationshintergrund trägt, wird ihr aufgetragen, die besonderen Bedürfnisse der Kinder und Jugendlichen mit Migrationshintergrund in die traditionelle Aufgabenstellung einzubeziehen. Damit wird die Integration von Kindern und Jugendlichen mit Migrationshintergrund in die Bildungssysteme als Beitrag zur gesellschaftlichen Integration insgesamt betrachtet. Migration soll sowohl für die Migranten selbst als auch für das Aufnahmeland als positives Phänomen, als Ressource vermittelt werden, indem Interkulturelle Kompetenz und die Fähigkeit, mit Menschen aus unterschiedlichen Kulturkreisen in einem toleranten und respektvollen Dialog zu treten, aufgebaut werden (vgl. ebd.:

9　Damit weicht das Konzept „Schülerinnen und Schüler mit Migrationshintergrund" deutlich von dem in Deutschland für die Bildungsberichterstattung angestrebten Konzept ab. Bei letzterem geht es vor allem – analog zu PISA – um die Ermittlung von Kindern, bei denen mindestens ein Elternteil in Deutschland geboren wurde und in deren Elternhaus eine andere als die deutsche Sprache gesprochen wird.

8f.). Als Grund für die Bildungsbenachteiligung der Kinder und Jugendlichen mit Migrationshintergrund wird die soziokulturelle und sozioökonomische Ressourcenausstattung der Familien, die nicht mit den Anforderungen der europäischen Bildungssysteme übereinstimmt, identifiziert.

Für neu ankommende Migrantenschülerinnen und Migrantenschüler (mitunter gilt dieses Angebot auch für Schülerinnen und Schüler mit Migrationshintergrund, die im Aufnahmeland geboren sind, aber dessen Sprache noch nicht beherrschen), empfiehlt das Grünbuch die Einrichtung von Sprachklassen für den frühen Spracherwerb, frühe Sprachtests für alle Kinder, vorschulischen Sprachunterricht und die Qualifizierung von Lehrkräften in der Vermittlung der Sprache des Aufnahmelandes (vgl. ebd.: 12). Dabei wird gleichzeitig auf die Notwendigkeit hingewiesen, die Unterweisung in der Herkunftssprache zu fördern,[10] da sich neue (Sprach-)Möglichkeiten durch Mobilität, Medien- und Internetkontakt mit dem Herkunftsland sowie Schulpartnerschaften zwischen Aufnahme- und Herkunftsländern eröffnen. Die Beherrschung der Herkunftssprache wird als wertvoll betrachtet für das kulturelle Bewusstsein und das Selbstwertgefühl von Migrantenkindern, auch für künftige Beschäftigungsfähigkeit oder eine eventuelle Rückkehr in das Herkunftsland. Empfohlen werden individuell ausgerichtete Unterstützungsprogramme, wie Stipendien und (häufig höchst umstrittene) gruppenbezogene Quoten für den Zugang zu renommierten Bildungseinrichtungen (vgl. ebd.). Darüber hinaus werden zusätzliche Bildungsförderungsangebote in Form von Lern- und Hausaufgabenhilfen nach dem regulären Schulunterricht, Mentoring und Tutoring durch Studentinnen und Studenten (gleicher Herkunft) und Schulmediatorinnen und -mediatoren als hilfreiche Strategien zur Stärkung der Bildungspartizipation genannt (vgl. ebd.: 13f.). Die Mitgliedsstaaten sollten außerdem ein Angebot an zweiten Bildungschancen als gesondertes Angebot für jene vorhalten, die im allgemeinen Schulsystem scheitern. Eine den Erwerb der Sprache des Aufnahmelandes einschließende Erwachsenen-/Elternbildung gilt als hilfreiche Maßnahme, um die intergenerationale Transmission von Benachteiligung zu durchbrechen. Zudem wird die integrierte Bildung (z.B. durch die Etablierung von Gesamtschulen) empfohlen, um der sozialen und kulturellen Entmischung von weiterführenden Schulen entgegen zu wirken. Hier sollten sich die Schulen zu

---

10　Im Rahmen bilateraler Abkommen mit anderen Mitgliedstaaten wie in der Richtlinie 77/486/EWG24 vorgesehen.

so genannten „Magnetschulen" entwickeln, die auf dem den Prinzip beruhen, durch interessante und attraktive Curricula und Aktivitäten auch Schülerinnen und Schülern aus einer breiten Palette von Mittelschichtkontexten anzuziehen (vgl. ebd.: 13). Flankiert werden müssten diese Maßnahmen mit einer Festlegung von Qualitätsstandards im Bereich von Unterricht und Führung. Es müssten Anreize für Lehrer geschaffen werden, eben an jenen Schulen tätig zu werden. Darüber hinaus sei eine umfassende Lehreraus- und fortbildung zu implementieren, in der die Lehrerinnen und Lehrer damit vertraut gemacht werden, konstruktiv mit Vielfalt umzugehen und lernen, Kinder in schwierigen Situationen zu motivieren. Die Erhöhung der Zahl von Lehrkräften mit Migrationshintergrund wird als ein ausdrückliches Ziel formuliert (vgl. ebd.: 13f.).

Über die Vertiefung der Kenntnisse über die eigene Kultur und über die Kultur der anderen (Kulturkompetenz) könnte Migrantenschülerinnen und -schülern mehr Selbstvertrauen gegeben werden, diese könnten aber auch für alle Schülerinnen und Schüler von Nutzen sein. Dies sei auch wichtig, um gegenseitigen Respekt aufzubauen und die negativen Folgen von Vorurteilen und Stereotypen zu verstehen (ebd.: 14). Die Perspektive des Grünbuchs ist hier sehr stark von dem spezifischen Blick auf Migrantenschülerinnen und -schüler geprägt, die als besondere Gruppe betrachtet und behandelt werden. Die Entwicklung von Bürgerkompetenz und Kulturbewusstsein wird hierbei als vorrangig wichtig betrachtet und als Rahmen für die Entwicklung nationaler Bildungskonzepte empfohlen (ebd.: 15). Mit den Programmen Comenius (Schulbildung), Leonardo da Vinci (Berufsbildung) und Grundtvig (Erwachsenbildung) werden Projekte der interkulturellen Bildung, der schulischen Integration von Migrantenschülerinnen und -schülern und der sozialen Eingliederung benachteiligter Jugendlicher finanziert (ebd.).[11] Um den Erfolg der unterstützenden Maßnahmen auf den Bildungserfolg der Schülerinnen und Schüler mit Migrationshintergrund messen zu können, sollten dem Grünbuch zufolge Indikatoren oder Benchmarks entwickelt werden (ebd.).

---

11 Als weitere Quelle der Projektfinanzierung für diesen Bereich wird der Europäische Strukturfonds und der Europäischer Fonds für Regionale Entwicklung genannt.

2.2.2 Multikulturelle Vielfalt und sonderpädagogische Förderung (Bericht der European Agency for Development in Special Needs Education, 2009)

Die Untersuchung der European Agency for Development in Special Needs Education (Europäische Agentur für Entwicklungen in der sonderpädagogischen Förderung) aus dem Jahre 2009, an der sich 25 europäische Staaten, darunter auch Deutschland, beteiligt haben, erweitert die Perspektive des Grünbuchs auf die Förderung von Kindern und Jugendlichen mit Migrationshintergrund durch den spezifischen Blick auf die Bildungssituation von „Schülerinnen und Schülern mit sonderpädagogischem Förderbedarf, die einen Migrationshintergrund aufweisen" (ebd.: 9). Hier wird ein massives Forschungsdesiderat ausgemacht, das mit dem Bericht aufgegriffen werden soll. Über eine Dokumentanalyse mit flankierenden Expertengesprächen zu jedem der Länder wird die aktuelle Situation nachgezeichnet und entsprechender Handlungsbedarf identifiziert, der in einer Reihe konkreter Handlungsempfehlungen mündet. Gemeinsames Merkmal aller Länder ist zunächst die überproportionale Überweisung von Schülerinnen und Schülern mit Migrationshintergrund auf Sonderschulen. Zudem ist „das Förderangebot für Schülerinnen und Schüler mit sonderpädagogischem Förderbedarf (SPF) und Migrationshintergrund oft nur auf eines der beiden Merkmale der Zielgruppe ausgerichtet [...]. Entweder geht es um den sonderpädagogischen Förderbedarf des Kindes oder um seinen Migrationshintergrund. Programme, die Schülerinnen und Schülern zum Erlernen der Sprache des Gastlands angeboten werden, sind z.B. in der Regel nicht auf SPF ausgerichtet. Assessment-Instrumente und Methoden zur Ermittlung der Fähigkeiten von Schülerinnen und Schülern dagegen berücksichtigen in der Regel ihre kulturelle Identität nicht" (ebd.: 26).

Des Weiteren konnte bei den Assessment-Instrumenten sowie denjenigen Personen, die diese anwenden, ein massives Defizit in der Berücksichtigung der Mehrsprachigkeit der Kinder identifiziert werden: „Die große Herausforderung für die Schulen und die Lehrkräfte scheint darin zu bestehen, Schülerinnen und Schülern, die eine Förderung in der Gastlandessprache benötigen, von jenen zu unterscheiden, die eine sonderpädagogische Förderung benötigen" (ebd.: 49). Da die Aufgabe sehr komplex ist, sollen den Schulen eine angemessene Leitlinie und entsprechende Ressourcen zur Umsetzung einer inklusiven Unterrichtspraxis zur Verfügung gestellt werden. Als Leitlinien formuliert der Bericht, die Schulen sollten a) die Vielfalt verstehen und respektieren, b) eine Aufnahme- und Anmeldungspolitik vermeiden, die eine Segregation fördert, c) pädagogische Strategien, die dem Bedarf von Schülerinnen und Schülern mit SPF und Migrationshintergrund gerecht werden, anerkennen, fördern und umsetzen, d) aktiv mit einschlägigen Diensten, einschließlich Vereinigungen von und für Migranten, zusammenarbeiten und e) die Familien zur Kommunikation und Beteiligung ermutigen. Von den Schulen wird die Entwicklung einer interkulturellen Strategie erwartet und von den Lehrkräften der Regelschulen wie auch der sonderpädagogischen Einrichtungen gefordert, „ihre Kenntnisse und Fähigkeiten aus[zu]bauen und die erforderliche Fortbildung [zu] belegen, um multikulturelle Vielfalt besser zu verstehen und dann kompetent damit umgehen zu können" (ebd.: 84).

2.3   Die deutsche Perspektive

2.3.1   Beschlüsse/Empfehlungen der Kultusministerkonferenz (1996/2002/2006/2008)

Die Beschlüsse bzw. Empfehlungen der KMK, die sich auf den gesellschaftlichen Wandel durch Migration beziehen und hierbei Schlussfolgerungen für Veränderungen im Bildungswesen ziehen, setzen durchaus unterschiedliche Akzente im Hinblick auf Bezüge zu Interkultureller Bildung und zu empfohlenen Strategien zur Umorientierung auf eine sprachliche und soziokulturelle Vielfalt der Schülerinnen und Schüler als Normalfall.

Mit den KMK-Empfehlungen des Jahres 1996 „Interkulturelle Bildung und Erziehung in der Schule" wurde erstmalig in einem bundesweiten, bildungspolitischen Dokument Interkulturelle Bildung zum genuinen Bestandteil des Bildungsauftrags von Schule erklärt. Die Empfehlungen sind vor dem Hintergrund rassistischer Ausschreitungen gegenüber Zugewanderten in Folge des deutschen Wiedervereinigungsprozesses in den frühen 1990er Jahren zu verstehen. Eine weitere Bezugsgröße ist die zunehmende internationale Verflechtung (Globalisierung) und Andauer von Wanderungsbewegungen. Ein besonderer Akzent liegt daher darauf, bei Schülerinnen und Schülern der Majorität als auch der Minorität eine „Kenntnis und Akzeptanz anderer Lebensweisen und kultureller Identitäten" (vgl. ebd.: 2) zu fördern, um der Entwicklung und Verfestigung von Voreingenommenheiten durch Fremdheitserfahrungen entgegenzuwirken. Die Idee und Konzeption Interkultureller Bildung wird dabei nicht als neu, sondern anknüpfend an die grundlegenden Verfassungsnormen der Schulgesetze, also als ein allgemeiner Erziehungsauftrag der Schule verortet (vgl. ebd.: 3). Das Ziel Interkultureller Bildung ist demnach „die Entwicklung von Einstellungen und Verhaltensweisen, die dem ethischen Grundsatz der Humanität und den Prinzipien von Freiheit und Verantwortung, von Solidarität und Völkerverständigung, von Demokratie und Toleranz verpflichtet sind" (vgl. ebd.: 4). Der Schule als ein Ort der Vermittlung von Werten und Normen kommt damit eine zentrale pädagogische Funktion zu, schließlich gilt es Interkulturelle Kompetenz zu vermitteln. Den Empfehlungen zufolge sollen Schülerinnen und Schüler unterschiedlicher ethnischer Herkunft angeleitet durch Lehrerinnen und Lehrer, die hier auch als Vorbild dienen sollen, tagtäglich in der Schule den respektvollen und toleranten Umgang miteinander einüben. Anknüpfend an die Idee der ethnischen Differenz ist in der Empfehlung mit Interkultureller Kompetenz vor allem eine Reflexionsfähigkeit über eigene kulturelle Lebenszusammenhänge und eine offene Haltung gegenüber Menschen anderer ethnischer Herkunft gemeint, womit weniger die Ebene der Handlungsorientierung als die Ebene der Einstellungen und der Persönlichkeitsbildung angesprochen ist. Es wird deutlich, dass Interkulturelle Bildung und Erziehung nicht als eine zusätzliche Kompetenz angesehen wird, sondern einen grundlegenden Teilaspekt einer allgemeinen Persönlichkeitserziehung darstellt und die Schülerinnen und Schüler zu mündigen Bürgerinnen und Bürgern erziehen will. Die Vermittlung Interkultureller Kompetenz soll eingebettet sein in ein Schulklima, „das von Sozialbeziehungen und Denkhaltungen gegenseitigen Respekts geprägt ist" (vgl. ebd.: 5). „Eltern ausländischer Herkunft"[12] sollen in die Schularbeit mit einbezogen werden (vgl. ebd.), wobei hier auch kulturbedingte Konflikte zwischen Schule und Eltern antizipiert werden. Die Empfehlung konzentriert sich stark auf die Ebene des Unterrichts (Unterrichtsentwicklung) als Ort der Vermittlung Interkultureller Kompetenz. Das für den Unterricht verwendete Material soll sowohl die kulturelle Vielfalt in Schule und Gesellschaft widerspiegeln als auch Gemeinsamkeiten entlang universeller Werte von Menschen (Menschenrechte) herausarbeiten.

Ein weiterer Schwerpunkt liegt, gemäß dem Anlass des Papiers, auf der Auseinandersetzung mit Vorurteilen und den Ursachen für Rassismus (vgl.

---

12 Erst mit PISA 2000 und der Entwicklung neuer Indikatoren für „Migrationshintergrund" in quantitativen Studien etabliert sich der Begriff der Personen mit Migrationshintergrund in bildungspolitischen Dokumenten.

ebd.)[13]. Als ideale Fächer, die die Interkulturelle Bildung und Erziehung thematisch verorten können, werden der Geschichts-, Erdkunde-, Gemeinschafts-, Religions- und Ethikunterricht aufgeführt. Weiter wird darauf hingewiesen, dass in allen Fächern die Möglichkeit besteht, Inhalte interkulturell zu akzentuieren. Hierfür werden konkrete inhaltliche Beispiele gegeben (vgl. ebd.: 7f.). Als geeignete methodische Vermittlungsformen werden u.a. Projektarbeit, Gemeinschaftsarbeit, Simulation, Rollenspiel, Schüleraustausch, Klassenfahrten, Einrichtungsbesuche sowie sozial- und praxisorientiertes Arbeiten genannt (vgl. ebd.: 8f.). Auch das Thema der Mehrsprachigkeit findet in den KMK-Empfehlungen von 1996 Berücksichtigung, weil diese „in erheblichem Maß zur Identitäts- und Persönlichkeitsentwickelung" (ebd. 8) zweisprachig aufwachsender Kinder beiträgt. Zweisprachigen Schülerinnen und Schülern soll die Möglichkeiten geboten werden, einen muttersprachlichen Unterricht zu besuchen, der mit dem Regelunterricht verzahnt werden muss. Mehrsprachigkeit soll auch zur pädagogischen Gestaltung des Unterrichts in der Grundschule genutzt werden. Der Bericht endet mit einem Ausblick und Formulierung von Empfehlungen. Die einzelnen Schularten und Schulstufen werden aufgefordert, ihre Lehrpläne und Rahmenrichtlinien für alle Fächer sowie das Schulmaterial (z.B. die Lehrwerke) unter dem Aspekt der Interkulturellen Bildung und Erziehung zu prüfen und weiterzuentwickeln. Ferner wird die erhöhte Beschäftigung nichtdeutscher Lehrkräfte (ohne Begründung), die Intensivierung der Zusammenarbeit mit Lehrerinnen und Lehrern des muttersprachlichen Unterrichts, die Initiierung von Pilotprojekten, welche Interkulturelle Bildung und Erziehung (unterrichtspraktisch) erproben, sowie die Institutionalisierung von Angeboten zur Interkulturellen Bildung und Erziehung in der Lehrerbildung empfohlen (vgl. ebd.: 9f.)

Als eine Reaktion auf die Ergebnisse der international vergleichenden Schulleistungsstudien wie IGLU und PISA sowie auf neuere Erkenntnisse zum Anteil der Bevölkerung mit Migrationshintergrund durch den Mikrozensus 2005 sind die KMK-Empfehlungen „Zuwanderung" (2006), eine Fortschreibung des KMK-Berichtes Zuwanderung aus dem Jahr 2002, zu verstehen. Die Empfehlungen werden als Beitrag zur Versachlichung der Diskussion um den schulischen Bildungserfolg/-misserfolg definiert sowie als Anregung für die

---

13 Es wird darauf hingewiesen, dass es „monokulturellen, -nationalen oder -ethnischen Inhalten" (ebd.: 8) kein Platz eingeräumt werden soll, doch nicht weiter ausformuliert, was damit konkret gemeint ist.

zukünftige Integrationspolitik im Bildungsbereich. Besonders verwiesen wird auf den Zusammenhang zwischen geringem Sozialstatus des Elternhauses und dem Migrationshintergrund (vgl. ebd.: 3) als auch auf die Zielgruppe der in Deutschland aufgewachsenen Jugendlichen der zweiten Generation (vgl. ebd.: 7). Auf der Grundlage dieser Situationsanalyse werden Schwerpunkte gesetzt, die im Bildungsbereich zentrale Berücksichtigung finden sollten. Einen besonderen Akzent legen die Empfehlungen auf die Herausbildung der (deutschen) Sprache. So wird mit Verweis auf die PISA-Ergebnisse der Stellenwert der Sprachekenntnisse in der Unterrichtssprache Deutsch für den schulischen Bildungserfolg betont, weshalb es gilt, diese vom Elementarbereich an kontinuierlich zu fördern (vgl. ebd.: 5f.). Das Papier ist darüber hinaus geprägt von der Einsicht, dass das Bildungssystem die Verantwortung dafür trägt, die „schulische, soziale und berufliche Integration" (ebd.: 4) von Schülerinnen und Schülern mit Migrationshintergrund zu sichern. Es werden generelle Handlungserfordernisse benannt, nicht jedoch konkreten Maßnahmen der Umsetzung. Als einen vorsichtigen Hinweis auf ein der Heterogenität der Schülerschaft entsprechendes Schulsystem hebt die Empfehlung das Einrichten von Ganztagsangeboten im Primar- und Sekundarbereich hervor. Diese gilt es, mit „mehr unterrichtliche(n) und ergänzende(n) Förderangebote(n) sowie Angebote(n) zur sinnvollen Freizeitgestaltung" zu ergänzen (vgl. ebd.). Des Weiteren betont das Papier den Stellenwert von Lehrpersonen mit Migrationshintergrund, schließlich hätte sie einen leichteren Zugang zu Schülerinnen und Schülern mit Migrationshintergrund und könnten „wichtige Vermittlerfunktionen" (ebd.) zwischen Schule und Elternhaus übernehmen. Diese explizite Begründung unterscheidet das neue Dokument von dem aus dem Jahre 1996. Um in kurzer Zeit mehr Personal mit Zuwanderungsgeschichte rekrutieren zu können, sollen ausländischer Abschlüsse anerkannt werden sowie der Ausbau von Nachqualifizierungsangeboten erfolgen. Darüber hinaus gilt es, bei Schülerinnen und Schülern mit Migrationshintergrund für den Lehrerberuf zu werben. Islamischer Religionsunterricht soll dem christlichen Religionsunterricht gleichgestellt werden und in Zusammenarbeit mit Religionsgemeinschaften als ordentliches Fach eingeführt werden (vgl. ebd.: 5). Gesetzliche Grundlagen für Sprachstandfeststellung und Sprachfördermaßnahmen sollen geschaffen werden (vgl. ebd.: 9). Im Hinblick auf die schulische Förderung werden sowohl „gesonderter Förderunterricht als auch differenziertes Fördern innerhalb des Unterrichts" (ebd.: 11) empfohlen sowie sprachliche Intensivmaßnahmen über zwei Jahre, individuelle Förderpläne, Sprachlerntagebücher, Evaluationsverfahren; Zwei- und Mehrsprachigkeit (muttersprachliche wie auch fremdsprachliche Bildung.) sei „in allen Bildungsgängen aufzugreifen, zu verzahnen und curricular zu verankern" (ebd.). Erwähnt wird die Notwendigkeit der Entwicklung einer Didaktik der Mehrsprachigkeit und von Konzepten für die Sprachförderung im Fachunterricht. Darüber hinaus seien gesonderte (Berufsvorbereitungs-) Maßnahmen zum Übergang von der Schule in das Erwerbsleben mit dem Schwerpunkt der Förderung der deutschen Sprache einzurichten (vgl. ebd.: 12). Der muttersprachliche Unterricht wird als wichtiger Beitrag zur Entwicklung kultureller Identität gewürdigt, der – auch wenn er aus finanziellen Gründen von den Ländern nur teilfinanziert und häufig in der Verantwortung entsprechender Konsulate läge – Qualitätsstandards genügen sollte (Zertifizierung der Muttersprachen auf der Grundlage des europäischen Referenzrahmens). Betont wird, wie 1996, die Zusammenarbeit mit den Eltern, hier mit dem Ziel der „Stärkung der Erziehungskompetenz und des Bildungsinteresses [...] im Spannungsfeld von Tradition und veränderten Sozialisationsbedingungen" (ebd.: 12f.). Als konkrete Mittel benannt werden Deutsch- und Integrationskurse sowie eine Elternberatung, die sie im Hinblick auf schulische und außerschulische Fördermöglichkeiten für ihre Kinder informiert. Bildung soll nicht allein der Schule überlassen sein, sondern wird als eine Gemeinschaftsaufgabe verstanden. Einbezogen werden sollen Jugendämter, Schulaufsicht, Ausländerbehörden, Migrationsorganisationen, Betriebe etc., wobei die Form der Einbeziehung (z.B. Vernetzung mit Hilfe von hauptamtlichen Koordinatoren und Koordinatorinnen) nicht konkretisiert wird (vgl. ebd.: 14). Unter Berufung auf das KMK-Papier vom 16.12.2004 „Standards für die Lehrerbildung: Bildungswissenschaften; Differenzierung, Integration und Förderung", wird gefordert, „die Heterogenität der Schüler- bzw. Kindergruppe als didaktische Herausforderung und interkulturelle Perspektive von Bildung und Erziehung" (ebd.: 17) zu thematisieren. Abschließend wird eine Vielzahl von Perspektiven formuliert. So gilt es, eine stärkere Fokussierung auf den Primarbereich in Verzahnung mit dem Elementarbereich als ‚erster Stufe der Bildung' zu erreichen, weitere Studien zur Wirkungsforschung von Förderprojekten und -maßnahmen zu realisieren sowie die statistische Erfassung aller Schülerinnen und Schüler mit Migrationshintergrund zu verbessern (z.B. über die Kategorien: Geburtsland/Jahr des Zuzugs nach BRD/ Vorherrschende Familiensprache/Geburtsland der Eltern) (vgl. ebd.: 18f.).

In diesen KMK-Empfehlungen aus dem Jahr 2006 wird nicht mehr von Interkultureller Bildung gesprochen, sondern von Integration. Bildung und Integration werden als miteinander verknüpfte Einheiten verstanden, wobei sich Bildung auf in Leistungsstudien messbare Kompetenzniveaus reduziert und Integration die Leistungsanpassung von Schülerinnen und Schülern mit Migrationshintergrund an den Durchschnitt von Schülerinnen und Schülern ohne Migrationshintergrund meint. Elemente wie Persönlichkeitsbildung (ganzheitlichen Bildung), wie sie als Reflexionsfähigkeit bei Schülerinnen und Schülern mit und ohne Migrationshintergrund in den KMK-Empfehlungen von 1996 betont wurde, werden nicht mehr berücksichtigt. Ein weiterer Fokus liegt auf dem Thema „deutsche Sprachkompetenz" und Entwicklung von Maßnahmen, die eine systematische und „durchgängige (Fach-)Sprachförderung" anstreben. Im Mittelpunkt stehen in diesen Empfehlungen die Schülerinnen und Schüler mit Migrationshintergrund, die Defizite im schulischen Bereich bzw. im Deutschen aufweisen und daher integrationsrelevante Kompetenzen vermittelt bekommen sollen. In zweiter Linie werden auch Lehrpersonen erwähnt, die für den Umgang mit Schülerinnen und Schülern mit Migrationshintergrund ‚fit' gemacht werden sollen. Die Schülerinnen und Schüler ohne Migrationshintergrund sind keine Adressaten von Maßnahmen oder Konzepten für die interkulturelle Öffnung von Schule, die nicht mehr Ziel dieser Empfehlungen ist. Mit dem besonderen Verweis auf früheste mögliche Sprachförderung und einer Betonung des Elementarbereiches als erster Stufe des Bildungssystems bleiben Reformnotwendigkeiten im Sekundarstufenbereich weitestgehend ausgeblendet.

Die gemeinsame Erklärung der KMK mit den Organisationen von Menschen mit Migrationshintergrund „Integration als Chance – gemeinsam für mehr Chancengerechtigkeit" (2008) beruft sich auf den Nationalen Integrationsplan (2007), der die Zielsetzung des staatlichen Erziehungs- und Bildungsauftrags darin sieht, „für alle Heranwachsenden das Recht auf allgemeine und berufliche Bildung zu sichern" (ebd.: 1). Die allgemeine Bildung bezieht sich auf die Förderung der freien Entfaltung der Persönlichkeit der Schülerinnen und Schüler und auf eine individuelle und umfassende Vorbereitung der Kinder und Jugendlichen auf das gesellschaftliche Leben (vgl. ebd.). Für diese Aufgabe wird nicht das Bildungssystem alleine verantwortlich gemacht, sondern auch das Elternhaus und Bildungseinrichtungen im Sozialraum. Auch diese Erklärung wendet den Blick stark auf die Schnittstelle zwischen Elementar- und Primarbereich mit einem Fokus auf sprachliche Bildung, die systematischer Förderung auch im weiteren Schulverlauf bedarf. Das hier wiedergegebene Verständnis von sprachlicher Bildung, die einen zentralen Stellenwert im Bildungsauftrag des Bildungssystems erhält, ist das einer „kompensatorische(n) Sprachförderung" in der deutschen Sprache. In zweiter Linie werden Maßnahmen für Mehrsprachigkeit angesprochen, die „das Prinzip der Mehrsprachigkeit (für ALLE Kinder und Jugendlichen) im Schulalltag angemessen verankern" (ebd.: 3). Für die angemessene und verpflichtende (Weiter-)Qualifikation der pädagogischen Fachkräfte und Lehrerinnen und Lehrern wird zunächst, quasi als Benchmark, ein Zeitraum von 5 Jahren (bis 2012) veranschlagt. Auch hier werden die fördernden Effekte der Ganztagsschulen hervorgehoben, deren Anteil bundesweit erhöht werden soll, um „sprachliche, kulturelle und soziale" (ebd.) Defizite bestimmter Gruppen, d.h. Schülerinnen und Schüler aus sozial benachteiligten oder bildungsfernen Elternhäusern, zu kompensieren.

Als besondere Risikogruppe werden Wiederholer, Schulabbrecher und Schulabgänger ohne Abschluss identifiziert, unter denen sich besonders viele männliche Jugendliche mit Migrationshintergrund befinden (vgl. ebd.). Gefordert wird eine umfassende mentale Umstellung von Lehrerinnen und Lehrern auf die individuellen Bedürfnisse ihrer Schülerinnen und Schüler, eingebettet in Schulentwicklungsprozesse mit Betonung der Schulkultur: „Kurzfristige Erfolge sind an dieser Stelle nicht zu erwarten, da hier auch eine mentale Umstellung von einer leistungsbezogenen auf eine auch den individuellen Förder- und Stützaspekt stärker berücksichtigende Schulkultur greifen muss." (ebd.: 3f.). Einrichtungen mit hohem Anteil von Kindern mit Migrationshintergrund sollen zusätzliche Hilfe erhalten (z.B. Senkung der Klassenfrequenz, Fortbildung des Lehrpersonals, Erhöhung des Anteils an Lehrpersonal, Unterstützung der Lehrkräfte durch sozialpädagogische Fachkräfte der Jugendhilfe, Fachpersonal mit Migrationshintergrund, Integrationslotsen) (vgl. ebd.: 4).

Die Berufswahlorientierung in der allgemeinbildenden Schule soll genderbedingte Berufswahlentscheidungen aufbrechen und neue Berufswege aufzeigen. Außerdem soll die Fach- und Berufssprache gefördert werden. Angestrebt sind eine verstärkte Zusammenarbeit mit Betrieben und eine Nachqualifizierung in den Betrieben. Ebenfalls befürwortet wird eine verstärkte Elternarbeit, die darauf hinwirkt, dass Eltern mit der Relevanz früher Förderung, frühzeitigen Kindertagesstättenbesuchs und der

Sprachentwicklung der Kinder vertraut gemacht werden (vgl. ebd.: 5), in Elternkursen Sprachkompetenzen in Deutsch erwerben, Informationen über Bildungsmöglichkeiten erhalten und sich an Erziehungsvereinbarungen beteiligten (vgl. ebd.: 6). Die Empfehlungen, an deren Erstellung die Migrantenverbände mitgewirkt haben, gehen hier in Details bis hin zur Aufklärungsarbeit, zu Hintergründen des Biologieunterrichts, Sexualkunde, Sport- und Schwimmunterricht, Klassenfahrten, kindergerechte Mediennutzung, Informationen über die Nutzung öffentlicher Bibliotheken, Leseempfehlungen aus dem jeweiligen Kulturkreis (vgl. ebd.: 7). Interkulturelle Kompetenz soll als Lernziel in Lehr- und Bildungsplänen aufgenommen werden. „Herausragende Ereignisse aller Kulturen" (ebd.) sollen Aufmerksamkeit im Schulleben erhalten. Betont wird in den Empfehlungen, dass Interkulturalität dann eine Bedeutung erhält, wenn der Anteil an Schülerinnen und Schülern mit Migrationshintergrund an einer Schule hoch ist. Dann wird empfohlen „besondere Profile im Hinblick auf Interkulturalität auszuprägen und diese Ziele in Schulprogrammen und schulinternen Curricula festzulegen" (ebd.). Hier könnten auch die Sprachen der Migrantinnen und Migranten als ordentliches Schulfach anerkannt werden. Damit setzt der Bericht besondere Akzente auf die Sprachförderung in Deutsch und der Herkunftssprache sowie auf die Zusammenarbeit mit Eltern.[14]

2.3.2　Bundesweites Integrationsprogramm (2010)

Das Bundesweite Integrationsprogramm (BIP) wurde 2010 als ein Beitrag zur Umsetzung des Nationalen Integrationsplans (NIP 2007) veröffentlicht. Es greift die dort formulierten Themen, Ergebnisse und Vorschläge auf und stellt die für spezifische Handlungsfelder identifizierten Handlungserfordernisse in Form von umsetzungsorientierten Empfehlungen, verbunden mit Best-Practice-Beispielen aus den Bundesländern vor. Für den vorliegenden Kontext der interkulturellen Öffnung von Schule sind zwei Handlungsfelder des BIP

14　Der Text der KMK aus 2008 diente ganz offensichtlich als Vorlage für Teilbereiche des Bremer Schulentwicklungsplans, in den wortwörtlich Passagen aus dem Beschluss eingeflossen sind. Es erklärt sich so der starke Fokus auf Fördermaßnahmen für die Zielgruppe der Schülerinnen und Schüler mit Migrationshintergrund während andere Aspekte interkultureller Öffnung von Schule (vgl. Kapitel 1) und damit die Veränderung von Schule mit Blick auf eine auch durch Migration bedingte Heterogenität der Schülerschaft vernachlässigt werden (vgl. Kapitel 5).

besonders relevant: Handlungsfeld B „Sprachliche Integration" und Handlungsfeld C „Bildung und Integration".

Im Handlungsfeld „Sprachliche Integration" wird das Konzept der Bildungsbiographie begleitenden systematischen und durchgängigen Sprachförderung, die als Aufgabe aller Fächer verstanden wird und alle am Bildungsprozess der Kinder Beteiligten einbezieht, empfohlen. Dabei sollen Erst- und Zweitsprache der Kinder „füreinander fruchtbar" gemacht werden (BIP 2010: 32).[15] Explizit erwähnt wird hier die notwendige Einbeziehung der Eltern, womit eine grundsätzliche Empfehlung der KMK von 2008 aufgegriffen wird. Darüber hinaus werden verschiedene Modelle der Aus-, Fort- und Weiterbildung des pädagogischen Personals für die frühkindliche und schulische sprachliche Bildung vorgestellt (ebd.: 45), die explizit und differenziert auch den Bereich der berufsbezogenen (deutsch-)sprachlichen Bildung umfasst. Neben der Förderung des Deutscherwerbs wird auch die Wertschätzung und Unterstützung der Mehrsprachigkeit empfohlen, die Teil der Lebensrealität der Kinder und Jugendlichen sei, Mittler zwischen den Generationen, potentielle Ressource für die berufliche Integration und Unterstützung des allgemeinen Sprachbewusstseins im Umgang mit Fremdsprachen (vgl. ebd.: 73). Zu den Empfehlungen des BIP gehört daher neben der Förderung von Mehrsprachigkeit in Kindertageseinrichtungen und Schulen sowie der Koppelung zwischen herkunftssprachlichem und Fremdsprachenunterricht an Schulen (vgl. ebd.: 75) auch die Nutzung der Mehrsprachigkeit für Berufsausbildung und Arbeitsmarkt.

Im Handlungsfeld „Bildung und Integration" sind die Schwerpunktthemen „Eltern mit Migrationshintergrund: Bildungs- und Erziehungskompetenzen stärken, Zusammenarbeit mit Bildungseinrichtungen unterstützen" und „Lehramtsstudierende und Lehrkräfte mit Migrationshintergrund gewinnen." Beide Themen konzentrieren sich ausschließlich auf die Personen mit Migrationshintergrund und sind von daher lediglich Teilaspekte, jedoch keine Kernbereiche interkultureller Schulentwicklung und nicht eingebunden in eine Gesamtstrategie interkultureller Öffnung an Schulen (siehe Kap. 1 der hier vorgelegten Publikation). Es wird die Etablierung von niedrigschwelligen Aktivitäten in der Zusammenarbeit mit Eltern mit Migrationshintergrund empfohlen und durch den Einsatz interkultureller Berater und Beraterinnen

---

15 Das Konzept wird hier nicht näher erläutert, da es Gegenstand des Kapitels 5.1 ist und dort am konkreten Beispiel Hamburg ausführlich beschrieben ist.

an Schulen soll die Kommunikation zwischen Lehrerinnen und Lehrern und Eltern verbessert werden (vgl. ebd.: 90). Ferner soll durch Elternbildungsangebote wie HIPPY und eine verbesserte Kooperation mit Migrantenselbstorganisationen das Interesse der Eltern für das Engagement an der Schule geweckt werden (vgl. ebd.: 95). Im Hinblick auf den Einsatz von Lehrkräften mit Migrationshintergrund als „positive Vorbilder gelungener Integration", als Vermittler interkultureller Perspektiven im Kollegium und als Mittler zwischen Schule und Elternhaus wird empfohlen, die spezifischen Ressourcen von Lehrkräften mit Migrationshintergrund zu nutzen, Zugangsbarrieren zum Lehramtsstudium abzubauen, für den Lehrerberuf gezielt zu werben, Orientierungs- und Beratungsangebote durchzuführen, Netzwerke von Lehrerinnen und Lehrern mit Zuwanderungsgeschichte aufzubauen, Einstellungskorridore zu gewähren und einen umfassenden Ansatz zur Steigerung des Anteils von Lehramtsstudierenden mit Migrationshintergrund zu entwickeln (vgl. ebd.: 105).

2.3.3 Jahresgutachten des Sachverständigenrats Deutscher Stiftungen für Integration und Migration (SVR 2010)

In seinem Jahresgutachten entwickelt der Sachverständigenrat deutscher Stiftungen für Integration und Migration auf der Basis einer Situationsanalyse mit eigenen statistischen Auswertungen sowie einer Analyse der vorhandenen Sekundärliteratur eine Reihe von Handlungsempfehlungen, die explizit als Beitrag zur „interkulturellen Öffnung des Bildungssystems" (SVR 2010: 149) verstanden werden. Die Empfehlungen decken sich zu großen Teilen mit den bereits vorgestellten Empfehlungen der politischen Papiere, die bei der Erstellung berücksichtigt wurden.

Der SVR empfiehlt die Intensivierung der Zusammenarbeit mit Eltern mit Migrationshintergrund im Elementarbereich und an Schulen u.a. durch (mehrsprachige) Informationsangebote über das Schulsystem, zu Erziehungsfragen (u.a. family literacy), zur Erwartung des deutschen Schulsystems hinsichtlich der Beteiligung der Eltern an der Bildung ihrer Kinder (Bildungs- und Erziehungspartnerschaft) und zu den Möglichkeiten der Unterstützung des Spracherwerbs (auch in Deutsch) durch die Eltern. Hier wird auf den vorbildlichen Ansatz des Zürcher QUIMS-Projektes hingewiesen (vgl. ebd.: 145f.). Der SVR fordert eine fachkundige Begleitung von Kindern und Jugendlichen mit Migrationshintergrund in ihrer Bildungsbiographie durch Coaching-

und Mentoring-Projekte (vgl. ebd.: 145). Er verweist auf die Notwendigkeit der Orientierung aller Bundesländer an gemeinsamen Mindeststandards zu Sprachstandsmessungen und anschließenden Förderkonzepten in Kindergarten und Schule. Diese Harmonisierung wird von keinem anderen der genannten Papiere erwähnt. Damit zusammen hängt auch eine auf gemeinsamen Standards beruhende Überprüfung der Wirksamkeit der Sprachförderkonzepte (vgl. ebd.: 148). Im Sinne einer durchgängigen sprachlichen Bildung fordert auch der SVR möglichst schulstufenübergreifende Konzepte für die adäquate Gestaltung sprachlicher Bildungsprozesse (vgl. ebd.).

Auch hier werden Lehrkräfte mit Migrationshintergrund als wichtiger Motor für die interkulturelle Öffnung von Schule verstanden. Sie sollen, das wird hier konkreter als in den anderen Papieren formuliert, entsprechend dem Anteil der Bevölkerung mit Migrationsgeschichte in der Schule repräsentiert sein. Darüber hinaus wird eine Professionalisierung aller Lehrkräfte für die Gestaltung von interkulturellem Unterricht (vgl. ebd.: 149) angemahnt. Empfohlen wird die Ausbildung von islamischen Religionslehrerinnen und -lehrern nach rechtlichen Möglichkeiten der Bundesländer. Auch schulstrukturelle Aspekte werden angesprochen. Der SVR empfiehlt nachdrücklich a) eine Förderung in Regelklassen vor der Selektion leistungsschwacher Schülerinnen und Schüler, b) eine größere Durchlässigkeit zwischen den Schulformen und Ermöglichung höherer Schulabschlüsse über unterschiedliche Bildungswege (vgl. ebd.: 151), c) eine bessere Ressourcenausstattung für Schulen in sozial benachteiligten Stadtteilen mit starker Zuwandererkonzentration (z.B. Senkung der Klassenfrequenz, Einsatz von zusätzlichen Lehrerinnen und Lehrern entlang des Sozialindex), d) eine Entwicklung von anregungsreichen Schulprofilen mit Attraktivität auch für besonders lernstarke Schülergruppen und einen gezielten Ausbau der Ganztagsschulen (vgl. ebd.: 153), e) die Identifikation von besonders erfolgreichen Strategien von Schulen des mittleren Bildungsweges bei der Überführung in Ausbildung durch ein Monitoring, f) den Ausbau der frühkindlichen Bildungsangebote und höhere Anforderung an die Qualifikation und Bezahlung von Personal im Elementarbereich, g) die (Nach-)Qualifikation des Personals in Bezug auf Spracherwerbsprozesse unter den Bedingungen von Mehrsprachigkeit (vgl. ebd.). Als übergeordnete Notwendigkeit sieht der SVR, dass das Bildungssystem für eine Einwanderungsgesellschaft sein pädagogisches Selbstverständnis grundlegend ändern muss in Richtung einer Interkulturellen Öffnung für alle (ebd.: 157).

2.4　Zusammenfassender Vergleich der bildungspolitischen Empfehlungen

Die hier skizzierten bildungspolitischen Dokumente setzen unterschiedliche Akzente hinsichtlich ihrer Bezüge zur Interkulturellen Bildung und interkulturellen Öffnung. Im Hinblick auf die notwendigen Maßnahmen, diese in die Routinen von Schule zu implementieren, sind sie sich jedoch weitgehend einig.

Der Inklusionsbegriff der „Unesco Policy-Guidelines for Inclusion in Education" geht mit seinen Forderungen nach Chancengerechtigkeit weit über die Frage der Teilhabe von Schülerinnen und Schülern mit sonderpädagogischen Förderbedarf hinaus. Ihm liegt ein erweitertes Verständnis von Heterogenität zugrunde, das alle Heterogenitätsdimensionen in den Blick nimmt. Zentral für diese Perspektive sind die Weiterentwicklung von inkludierenden Strukturen und Praktiken der Schulen sowie die Entwicklung integrativer Unterrichtsformen als Herausforderungen inklusiver Schulen. Mit dem „Grünbuch Migration und Mobilität" leitet die europäische Kommission eine Debatte darüber ein, wie die Bildungspolitik den Herausforderungen infolge der Einwanderung und der EU-internen Mobilität besser gerecht werden kann. Auch hier geht es um den Abbau von Benachteiligung im Bildungssystem und die Sicherstellung von Chancengerechtigkeit. Die vom Grünbuch vorgeschlagenen Politikansätze sind sehr umfassend und differenziert und zielen zum einen auf spezifische Fördermaßnahmen für die Schülerinnen und Schüler mit Migrationshintergrund und zum anderen auf die Sicherung hoher Qualitätsstandards an allen Schulen, insbesondere in Bezug auf Unterricht. Die KMK-Empfehlungen haben im Laufe von zwölf Jahren unterschiedliche Schwerpunktsetzungen erfahren. Noch in den KMK-Empfehlungen aus dem Jahr 1996 wird die in der Schule zu vermittelnde Interkulturelle Kompetenz, die den Schülerinnen und Schülern helfen soll, kritisch mit den eigenen kulturellen Werten und Einstellungen umzugehen und Empathie für das fremdkulturelle Individuum zu entwickeln, als zentral herausgestellt. In den weiteren KMK-Empfehlungen (2006 und 2008) wurden auf der Grundlage der Ergebnisse von Schulleistungsstudien zur systematischen Bildungsbenachteiligung von Schülerinnen und Schülern mit Migrationshintergrund neue Ziele formuliert. Dabei wird die Kompetenz in der deutschen Sprache als zentrale Schlüsselqualifikation betrachtet. Erst im Beschluss der KMK aus dem Jahr 2008, der gemeinsam mit Migrantenvertreterinnen und -vertretern erarbeitet wurde, wird mit dem Hinweis auf interkulturelle Kompetenzvermittlung sowie interkultureller Didaktik eine zentrale Idee des Beschlusses aus 1996 aufgegriffen. Diese wird allerdings eingeschränkt auf ihre Notwendigkeit in Schulen mit hohem Anteil an Kindern mit Migrationshintergrund und ist damit nicht als Gesamtstrategie des Bildungssystems zu betrachten. Im Rahmen des Bundesweiten Integrationsprogramms (BIP 2010) werden konkrete Vorschläge und Strategien zur Optimierung der Praxis der (schulischen) Integrationsförderung entwickelt. Ein wesentlicher Schwerpunkt für die interkulturelle Öffnung von Schule und damit für die Förderung der Bildungspartizipation aller Kinder und Jugendlichen ist in allen analysierten Dokumenten, insbesondere im BIP 2010, das Handlungsfeld der sprachlichen Bildung. Zudem verweisen all diese Dokumente explizit auf die interkulturelle Öffnung von Schule als zentralem Bestandteil der Verbesserung von Schulqualität. Insbesondere die internationalen Dokumente verweisen auf schulstrukturelle Reformnotwendigkeiten, die in Bremen mit dem Schulgesetz von 2009 in Angriff genommen wurden. UNESCO, EU und KMK sind sich einig in der besonderen Betonung der Kompetenzen in der Sprache des jeweiligen Landes und in der Favorisierung eines unterrichtsintegrativen Ansatzes zur (durchgängigen) schulstufenübergreifenden Sprachförderung in der Sprache des Aufnahmelandes, der Individualisierung von Förderkonzepten, der großen Bedeutung vorschulischer Erziehung sowie der Festlegung von Qualitätsstandards für alle Maßnahmen. Sie betrachten Schülerinnen und Schüler anderer Herkunftssprachen nicht mehr als Sonderfälle, sondern als den Normalfall. Weiter bilden die Potenziale von Lehrkräften mit Migrationshintergrund, die Gestaltung der Übergänge im Bildungssystem, die Wertschätzung und Förderung familiär bedingter Mehrsprachigkeit und die Zusammenarbeit mit Eltern mit Migrationshintergrund mit dem Ziel der Stärkung der Erziehungs- und Bildungskompetenzen einen besonderen Schwerpunkt der Empfehlungen.

3. Interkulturelle Schulentwicklungsmodelle – nationale und internationale Beispiele guter Praxis

Schulentwicklung unter Bedingungen soziokulturell-sprachlicher Vielfalt sollte nicht grundsätzlich anders begriffen werden als Schulentwicklung in anderen sozialen Kontexten, „vielmehr sollte interkulturelle Erziehung als Teil eines umfassenderen Ansatzes der Schulentwicklung verstanden werden" (Rüesch 1999: 102). Rüesch, der die internationale Forschung zur Qualitätssicherung in multikulturellen Schulen unter der Fragestellung: Welche konkreten Interventionsstrategien für die Verbesserung der Schulqualität mit hohem Anteil von Schülerinnen und Schülern mit Migrationshintergrund und/oder aus bildungsfernen Familien haben Aussicht auf Erfolg, ausgewertet hat, hat ein Erklärungsmodell zum Schulerfolg entwickelt. Dieses Modell zeigt auf, dass Interventionen der interkulturellen Schulentwicklung vier Kernbereiche gleichberechtigt aufgreifen müssen, damit sich Schulen im Kontext von Migration qualitativ verbessern. Das sind im Einzelnen: die Schulklasse, das Schulhaus, das Schulumfeld und das Elternhaus. Darüber hinaus macht das Modell deutlich, dass der Unterricht sowie die Bedingungen des Schulsystems eine entscheidende Rolle bei der Verbesserung des Schulerfolges von sozial benachteiligten Bevölkerungsgruppen oder von Schulen in sozial benachteiligten Quartieren spielen, denn Aspekte der „Lernbedingungen im Klassenzimmer stehen in einer direkten, Aspekte der Organisationskultur im Schulhaus und der Rahmenbedingungen im Schulumfeld in einer indirekten Beziehung zum Lernen der Schülerinnen und Schüler" (Rüesch 2001: 24). Entscheidend ist jedoch, dass Handlungsansätze und Fördermaßnahmen einzeln für sich betrachtet nur eingeschränkt wirksam sind. Daher gilt es, Interventionsaktivitäten im Schulbereich in eine umfassende Gesamtstrategie einzubinden, die Veränderungsprozesse auf unterschiedlichen Handlungsebenen sinnvoll koordiniert (vgl. Mächler 2008). Ziel ist es immer, in Schulen mit einem hohen Anteil an Schülerinnen und Schülern mit Migrationshintergrund eine gute und mit andern Schulen vergleichbare Schulqualität zu gewährleisten (vgl. Rüesch 1999: 101f.; Mächler 2009: 8ff.).

Auch Gomolla (2005) stellt auf der Basis einer international vergleichenden Studie zu Schulentwicklungsmodellen in der Einwanderungsgesellschaft am Beispiel von England, der Schweiz und Deutschlands fest, dass die Verstärkung und Vervielfältigung kompensatorischer Strategien zur Förderung schulischer Bildungsprozesse von bildungsbenachteiligten Schülerinnen und Schülern nur wenig Wirkung entfalten können, bleiben solche Strategien in ihren Arbeits- und Organisationsstrukturen von der Schule isoliert. Auch eine punktuelle Sensibilisierung von Lehrerinnen und Lehrern in Aus- und Fortbildung für die Heterogenität ihrer Schülerschaft bleibt ebenfalls ohne nachhaltige Auswirkungen, wenn bei der Umsetzung in den Unterricht nicht die erforderliche Begleitung und Unterstützung gesichert ist oder wenn kein klares gemeinsames Bildungskonzept zum pädagogischen Umgang mit soziokulturell-sprachlicher Vielfalt an der Schule vorhanden ist. „Erforderlich sind weitaus zielgerichtete und kreativere Herangehensweisen, die auf unterschiedlichen Ebenen gleichzeitig ansetzen" (Gomolla 2005: 12). Gomolla verweist auf die Notwendigkeit, Ziele der Interkulturellen Bildung und der Chancengleichheit systematisch mit der Entwicklung der gesamten Schule zu verbinden:

Sämtliche Aktivitäten im Unterricht und im Schulalltag und auf der Ebene der Leitung, Organisation und des Managements einer Schule bis hin zu Prozessen im breiteren politischen und sozialen Umfeld, in dem die Schulen operieren, wären systematisch daraufhin zu überprüfen, inwiefern sie zur Verfestigung oder zum Abbau von Bildungsungleichheit beitragen. Für solche Zwecke auch tatsächlich geeignete quantitative Daten und qualitative Befunde über die Wirkungen und mögliche Problembereiche der schulischen Arbeit wären auf dem Hintergrund eines fundierten Wissens über Phänomene der Ungleichheit und der Diskriminierung in die Organisation zurück zu speisen, um gemeinsame Reflexionen der Praxis in ihren institutionellen Kontextbindungen anzuregen und auf dieser Basis gezielter Entwicklungsstrategien zu entwerfen (ebd.: 84f.).

Ähnlich wie Rüesch (1999) fordert Gomolla zum einen die Fokussierung der interkulturellen Schulentwicklungsprozesse auf das Kerngeschäft der Schule, nämlich zum einen eine systematische Unterrichtsentwicklung und zum anderen die Etablierung von integrativen Förderungskonzepten für bildungsbenachteiligte Schülerinnen und Schüler im Rahmen einer regulären Schulentwicklung (vgl. Gomolla 2007: 2)[16].

---

16   Dieser Grundgedanke wird u.a. in der von Fürstenau und Gomolla herausgegebener Lehrbuch-Reihe „Migration und schulischer Wandel" für einzelne Praxisfelder der Schulentwicklung weiter ausgearbeitet. Bisher liegen Bände zu den Themen „Elternbeteiligung" (Fürstenau/Gomolla 2009a), „Unterricht" (Fürstenau/Gomolla 2009b) und „Mehrsprachigkeit" (Fürstenau/Gomolla 2011) vor.

Vor diesem Hintergrund war für die von uns getroffene Auswahl der hier vorgestellten interkulturellen Schulentwicklungsmodelle aus zahlreichen anderen und möglichen Beispielen guter Praxis die Überlegung leitend, dass in den Modellen der Umgang mit sprachlicher, kultureller und sozialer Heterogenität in der Schule als Teil einer umfassenden, interkulturellen Öffnungsstrategie des Erziehungs- und Bildungssystems verstanden wird. Darüber hinaus war uns wichtig, Modelle auszuwählen, die auf den Bremer Kontext übertragbar sind, also keine länderspezifischen Strategien abbilden und somit konkrete Anregungen zur Organisation eines interkulturellen Schulentwicklungsprozesses für Bremen vermitteln können. Ziel ist, wesentliche strukturelle Elemente der Implementierung und des Funktionierens von interkultureller Schulentwicklung in den einzelnen Modellen und Modell übergreifend zu identifizieren und die in Bremen verfügbaren Angebote und Maßnahmen für die Entwicklung einer eigenen interkulturellen bremischen Schulentwicklungsstrategie zu nutzen. Die folgenden Beispiele guter Praxis, die in der Regel lediglich in Einzelaspekten evaluiert wurden, konzentrieren sich auf solche Programme und Projekte, die a) konkrete interkulturelle Schulentwicklungsprozesse anstoßen und b) mit lokalen Vernetzungsstrukturen arbeiten. Die Abfolge der Darstellung stellt keine Präferenzsetzung dar.

3.1　Qualität in multikulturellen Schulen – QUIMS (Bildungsdirektion Kanton Zürich)

Ausgangspunkt der Entwicklung und Etablierung des QUIMS-Ansatzes zur Förderung des Schulerfolgs von Kindern und Jugendlichen mit Migrationshintergrund im Kanton Zürich war die Einsicht, dass Schulen mit einer Schülerschaft, die großenteils den benachteiligten Sozialschichten angehört oder Deutsch als Zweitsprache lernt, vor besonderen Herausforderung hinsichtlich der Gewährleistung von Chancengerechtigkeit stehen. Um produktiv mit unterschiedlichen Bildungsvoraussetzungen und Leistungsmöglichkeiten der heterogenen Schülerschaft umzugehen, sind somit gezielte Anstrengungen zu unternehmen (vgl. BKZV 2008: 3). Dies wird entgegen der demographischen Entwicklung des steigenden Anteils von Kindern und Jugendlichen mit Migrationshintergrund jedoch auch in vielen Schulen der Schweiz noch immer als ‚Zusatzaufgabe' behandelt, der man mit punktuellen Fördermaßnahmen begegnet.

Der heutigen, qua Gesetz im Kanton umgesetzten QUIMS-Strategie ging ein 7-jähriger Schulversuch QUIMS (1999–2006) voraus, in dem die Konzeption erprobt, evaluiert und weiter entwickelt wurde. Die Schulen mussten als Voraussetzung zur Teilnahme an dem Schulversuch über einen so genannten ‚Mischindex' von mindestens 40% fremdsprachigen und ausländischen Schülerinnen und Schülern. Der Index wird aus dem Durchschnitt des Anteils an fremdsprachigen und des Anteils an ausländischen Schülerinnen und Schülern einer Schule berechnet,[17] wobei die Definition der multikulturellen Zusammensetzung der Schulen im Programm sich nicht nur auf Kinder und Jugendliche mit nichtdeutscher Erstsprache und ausländische Kinder, sondern auch auf Kinder aus sozial benachteiligten Schichten bezieht. Der Schulversuch ist inzwischen in einen gesetzlichen Auftrag eingemündet, so dass die Teilnahme am QUIMS -Programm laut Volksschulgesetz des Kantons Zürich für Schulen mit dem genannten Mischindex bindend ist. Die Schulen sind dann verpflichtet, systematische Anstrengungen in den drei Handlungsfeldern 1) Förderung der Sprache, 2) Förderung des Schulerfolgs und 3) Förderung der sozialen Integration von Schülerinnen und Schülern mit Migrationshintergrund zu unternehmen. Die zur Teilnahme am QUIMS-Programm verpflichteten Schulen müssen zusätzliche Unterstützungsangebote zur Verfügung stellen, die durch den Kanton finanziell unterstützt werden. Dabei ist der Kanton für die beratende Prozessunterstützung in der Planung, dem Aufbau, der Durchführung und der Evaluation der zu etablierenden QUIMS-Maßnahmen verantwortlich (vgl. BKZV 2008: 3f.). Über eine Prozessberatung beteiligt sich der Kanton an einer finanziellen Unterstützung der interkulturellen Schulentwicklung, die jährlich einen Pauschalbeitrag von durchschnittlich 40.000 Franken für jede beteiligte Schule vorsieht. Die finanziellen Ressourcen ermöglichen die Einstellung einer/eines QUIMS-Beauftragten. Auch interne Aufträge, wie die Einbeziehung von externen Partnerinnen und Partnern im Rahmen der gegebenen Ziele können damit bezahlt werden (vgl. ebd.: 4). Dreh- und Angelpunkt der langfristigen QUIMS-Schulentwicklung ist die Einrichtung des Aufgabenbereiches einer/ eines QUIMS-Beauftragten in jeder beteiligten Schule bzw. die Bildung eines QUIMS-Teams in größeren Schulen. Die Stelle der/des QUIMS-Beauftragten kann entweder durch eine geeignete Lehrperson oder die Schulleitung selbst

---

17   Die Definition und Errechnung des Mischindex berücksichtigt nicht die Kinder unterer
     sozialer Schichten, obwohl diese als Zielgruppe des Programms genannt werden.

besetzt werden. Entscheidend sind dabei die Bereitschaft zu einer Zusatzausbildung durch einen Zertifizierungslehrgang der Pädagogischen Hochschule Zürich im Umfang von 30 Tagen und später ein intensiver und kontinuierlicher Austausch mit anderen QUIMS-Beauftragten und QUIMS-Teams. Einer/einem QUIMS-Beauftragten stehen für die Erfüllung ihrer/seiner Funktion 2 bis 5 Wochenstunden zur Verfügung. Zu den Hauptaufgaben gehören die umfassende Koordination sowie die fachliche und organisatorische Vorbereitung von QUIMS-Maßnahmen (z.B. Jahresplanung, Jahresbudget, gezielte Weiterbildung für das Lehrerkollegium). Entwicklungsprojekte und feste Angebote zu QUIMS sollen als Bestandteil des Schulprogramms in einer Grobplanung über 3-5 Jahre festgelegt und geplant werden (vgl. ebd.: 16, 20).

Die Besonderheit des QUIMS-Programms besteht in seiner Einbindung in den regulären Zyklus der Qualitätsentwicklung einer Schule (Zielformulierung, Planung der Maßnahmen, Durchführung, Evaluation, Weiterentwicklung und/oder Institutionalisierung) (vgl. BKZV 2008: 15). Schulen, die zur Teilnahme am QUIMS-Programm erst kürzlich verpflichtet wurden, durchlaufen ein zweijähriges Einstiegsprogramm (siehe Abbildung 2). Im ersten Arbeitsschritt werden Erstinformationen zum QUIMS-Programm eingeholt, die den Schulen einen Überblick über die Zielsetzung und den Ablauf des Projektes verschaffen sollen. Im zweiten Arbeitsschritt wird an der Schule die Arbeitsorganisation um die zusätzliche personelle Ressource der/des QUIMS-Beauftragten ergänzt, die für eine nachhaltige Umsetzung der Maßnahmen sorgt. Diagnostisch überprüft wird im dritten Arbeitsschritt die derzeitige schulische Arbeit in den drei Handlungsfeldern, um Anknüpfungspunkte abzuschätzen und Entwicklungspotenziale für die Weiterarbeit zu bestimmen. Auf der Grundlage der institutionellen Standortbestimmung definiert die Schule ihre Entwicklungsschwerpunkte in den Bereichen Unterricht, Organisation und Personal und fertigt eine Zeit- und Maßnahmenplanung für die Realisierung der Entwicklungsvorhaben für drei bis fünf Jahre an, um die QUIMS-Zielsetzung zu erreichen. Die Schulen können bestimmte Themen, zu denen sie bereits arbeiten, vertiefen oder neue, noch bislang unbearbeitete Handlungsfelder aufgreifen (vgl. ebd.: 16). Im fünften Arbeitsschritt werden die QUIMS-Maßnahmen umgesetzt. Dabei greifen die beteiligten Schulen auf bereits bestehende Arbeits- und Organisationsstrukturen zurück wie z.B. Schulleitung, Arbeitsgruppen, Schulprogramme, Jahresplanung, Ziel- und Leistungsvereinbarungen.

Vor dem eigentlichen Start in die Schule:

1. Erstinformation zum QUIMS-Programm

2. Klärung und Ergänzung der Arbeitsorganisation

Im ersten Einstiegsjahr:

3. Weiterbildung und Standortbestimmung zu QUIMS

4. Festlegung von QUIMS-Maßnahmen im Schulprogramm

Ab dem zweiten Einstiegsjahr:

5. Arbeiten zu QUIMS im Jahreszyklus

5.a) Jahresplanung und Jahresbudget, 5.b) Durchführung der QUIMS-Maßnahmen, 5.c) Jährliche interne Überprüfung und Berichterstattung

Nach 3-5 Einsatzjahren:

6. Erneute Standortbestimmung und Überarbeitung der QUIMS-Maßnahmen im Schulprogramm

Abb. 2:   **QUIMS-Arbeitsschritte in den Schulen** (nach Bildungsdirektion Kanton Zürich 2008: 15)

Im Zuge der QUIMS-Schulentwicklungsarbeit haben die Schulen auch die Möglichkeit, sich von den kantonalen QUIMS-Teams und der Pädagogischen Hochschule Zürich extern begleiten zu lassen, die in Form von Beratungsgesprächen, Coaching, Konferenzen und Workshops stattfindet. Ein unverzichtbarer Baustein der QUIMS-Schulentwicklung ist die Überprüfung und Reflektion der erreichten Erfolge anhand der vorliegenden Qualitätsmerkmale. Im letzten Arbeitsschritt wird daher erneut eine kritische Standortbestimmung vorgenommen und Maßnahmen zur Verbesserung der QUIMS-Ziele neu geplant oder weiterentwickelt (vgl. ebd.: 18). Abbildung 2 verdeutlicht die sechs üblichen Arbeitsschritte des QUIMS-Programms:

Für die drei Handlungsfelder Förderung der Sprache, Förderung des Schulerfolgs und Förderung der Integration wurden spezielle Maßnahmen entwickelt aus denen sich die Schulen die Schwerpunkte ihrer geplanten Schulentwicklung (im Feld Unterrichtsentwicklung und Schulprogrammarbeit) wählen. Zur Umsetzung der Handlungsfelder stellt QUIMS Handreichungen, die Formulierung von Qualitätsmerkmalen und Praxisbeispiele in einem ‚Grundlagenpaket' zur Verfügung:

1. Im Handlungsfeld ‚Förderung der Sprache' soll es darum gehen, alle Schülerinnen und Schüler unabhängig von ihren sprachlichen Voraussetzungen so zu unterstützen, dass sie die Schulsprache möglichst gut beherrschen. Das Handlungsfeld ist in zwei Bereiche unterteilt: Die Förderung der Literalität aller Schülerinnen und Schüler und die spezifische Sprachförderung für zweisprachige Schülerinnen und Schüler, die erstens Deutsch als Zweitsprache und zweitens den Unterricht in heimatlicher Sprache umfasst. Dazu liegt eine Handreichung zur Sprachförderung in der Schulprogrammarbeit mit Fokus auf Deutsch für alle und Deutsch als Zweitsprache vor.[18] Die Qualitätsmerkmale zum Handlungsfeld Sprachförderung dienen als Arbeitsinstrument für die Unterrichts- und Schulentwicklung im Sprachbereich.[19] Die Praxisbeispiele zur Sprachförderung, die hier zur Verfügung gestellt werden, beschreiben in QUIMS erprobte Sprachprojekte von Schulen und schulnahen Organisationen und liefern Kontaktadressen (vgl. BKZV 2008: 9f.).

2. Im Handlungsfeld ‚Förderung des Schulerfolgs' geht es um eine gute Allgemeinbildung, die vor allem für das Erwerbsleben unabdingbar ist. Alle Schülerinnen und Schüler sollten nach der Schule eine Berufsausbildung oder eine weiterführende Schule besuchen können. Die Schule kann und muss zur Verbesserung der Schulleistungen von Risikogruppen beitragen, damit diese nach dem Schulabschluss Zugang zu einer weiterführenden Ausbildung finden. Auch das Handlungsfeld ‚Förderung des Schulerolgs' wird in zwei Bereiche unterteilt: die integrative und differenzierende

---

18 Vgl. [URL: http://www.volksschulamt.zh.ch/etc/medialib/bi/vsa/Schulbetrieb/Unterrichtsb/ Sprachen/Sprach   foerde.Par.0001.File.dat/4025_0_sprachfoerderung.pdf];   Zugriff: 19.05.2010.

19 Vgl. [URL: http://www.volksschulamt.zh.ch/etc/medialib/bi/vsa/Schulbetrieb/QUIMS/ Q-Merkmale.Par.0004.   File.dat/Q-Merkmale_Sprachfoerderung_Formularfelder.pdf]; Zugriff: 19.05.2010.

Lernförderung mit einem ganzheitlichen Beurteilen und Fördern sowie dem Einbezug der Eltern in die Lernförderung und die Unterstützung der Stufenübergänge durch Gestalten und Beobachten der Zuteilungen und Anschlüsse und Einbezug der Eltern bei den Übergängen (vgl. ebd.: 11f.).

3. Im Handlungsfeld ,Förderung der Integration' geht es darum, das respektvolle Zusammenleben (Kinder, Jugendliche, Lehrpersonen und Eltern) und die Integration aller Beteiligten mit gezielten Strategien und klaren Haltungen zu fördern. Konkret geht es um das Üben von Kommunikation und Zusammenarbeit, sprich „sich an Regeln zu halten, Konflikte gewaltfrei zu lösen, sich in andere einzufühlen sowie achtsam mit Mitmenschen und Umwelt umzugehen" (ebd.: 13). Mit dem Konzept wird die Annahme verfolgt, ein starkes Zugehörigkeitsgefühl zu einer schulischen Gemeinschaft stelle eine entscheidende Lernbedingung für den Schulerfolg von Schülerinnen und Schülern dar. Dieses Handlungsfeld wird unterteilt in: Schaffung einer Kultur der Anerkennung und Gleichstellung (Regeln und Rituale), Mitwirkung der Schülerinnen und Schüler (Gerechte Schulgemeinschaft – Just Community) und Mitwirkung der Eltern (Einbezug der Eltern in die die Lern- und Sprachförderung, Mitarbeit von interkulturellen Vermittlungspersonen, Elternrat)[20] (vgl. ebd.: 13f.).

Die Umsetzung des Programms wird evaluativ begleitet (vgl. diverse Berichte mit Ergebnissen externer Evaluationen auf der Projekthomepage: www.quims. ch). Ein Monitoring befindet sich im Aufbau. Die am QUIMS-Programm beteiligten Schulen sind im Rahmen der interkulturellen Schulentwicklung über die interne Evaluation hinaus dazu aufgefordert, gegenüber dem Volksschulamt und dem Kantonsrat Rechenschaft über ihre geleistete Arbeit abzulegen. Das Volksschulamt hat dazu in den Jahren 2008 und 2010 in allen betroffenen Schulen erhoben, wie die QUIMS-Maßnahmen umgesetzt werden (vgl. BKZV 2008: 22). „Gut ausgewiesen ist, dass die QUIMS-Schulen sowohl zum Sprachenlernen wie zum Schulerfolg eine breite Palette zielgerichteter Maßnahmen durchführen, wobei sie der Sprache die größte Aufmerksamkeit

---

20 Mit der Mitarbeit von interkulturellen Vermittlungspersonen ist gemeint: Die Schule verfügt über ein Netz von bewährten Personen, die bei Bedarf zwischen Eltern und Lehrpersonen übersetzen und die interkulturelle Verständigung fördern – und zwar sowohl in Einzel- wie in Gruppengesprächen. Personen aus den zwei größten Migrantengruppen bieten im Auftrag der Schule im Schulhaus wöchentliche Beratungsstunden für Eltern an.

schenken. Es wurden jedoch keine Leistungstests durchgeführt, die das Ausmaß der Verbesserungen auf dieser Ebene belegen könnten" (vgl. BKZV 2009: 18). Die bislang durchgeführten Evaluationen mit qualitativen und quantitativen Verfahren bescheinigen dem Projekt ausnahmslos eine hohe Akzeptanz und eine tiefgreifende Veränderung der Kultur des Unterrichtens. Nach Einschätzung des Schulforschers Prof. Hans-Günter Rolff (2007) lassen sich fünf eindeutige Erfolge des Quims-Programms identifizieren. Erstens hat das Programm hervorragende Arbeit hinsichtlich der Schlüsselkompetenz Lesen geleistet. Zweitens schaffen die QUIMS-Schulen durch die Nutzung von Diagnoseinstrumenten die Grundlage für gezielte individuelle Förderung. Drittens hat das QUIMS-Programm mit den drei Bausteinen ‚Sprachförderung', ‚Beurteilen und Fördern im individuellen Lernprozess' und ‚Schule als gerechte und fürsorgliche Gemeinschaft' den Schulen ein Set von zusammenhängenden Schulentwicklungselementen in Form einer Gesamtstrategie angeboten, die inzwischen zum Repertoire in den drei Handlungsfeldern gehören. Hier ist auf die erfolgreiche Wissensmanagement-Praxis des QUIMS-Programms hinzuweisen (z.B. handlungsorientierte Publikationen, ein lebendiger Austausch, schulinterne Weiterbildungen). Viertens kann die Einrichtung eines systematischen Unterstützungssystems durch eine intensive Zusammenarbeit der QUIMS-Schulen mit Gemeinden und außerschulischen Institutionen als ein wichtiger Erfolgsfaktor für eine nachhaltige Schulentwicklung genannt werden. Und schließlich konnte fünftes die Evaluation von schulischen Entwicklungsaufgaben als wichtiger Inhalt pädagogischer Praxis etabliert werden (vgl. Walther 2008: 156f.). Gomolla (2005), die den QUIMS-Entwicklungsprozess im Rahmen einer umfassenden Studie zeitweilig evaluativ begleitet und ausgewertet hat, empfiehlt für die Etablierung inklusiver Arbeitskulturen nach dem Vorbild des QUIMS-Projektes deutliche Zentrierungsakzente der Schulentwicklungsprozesse auf die Bedingungen und Prozesse des schulischen Lernens zu setzen:

Die im Rahmen von Quims vorgeschlagene Interventionsfelder und Module zur pädagogischen Schulentwicklung (Unterrichtsarbeit, Umgang mit Mehrsprachigkeit, Leistungsbeurteilung und Zuweisung, Einbezug und Zusammenarbeit mit den Eltern, Einbezug außerschulischer Unterstützung, Schulkultur der Anerkennung)[21], die unmittelbar an den Unterrichtserfor-

---

21 Gomolla (2005) bescheinigt dem QUIMS-Programm die klarste pädagogische Konzeptionierung von allen drei von ihr im internationalen Vergleich (Deutschland/NRW, GB/London, Schweiz/Zürich) vergleichend untersuchten interkulturell ausgerichteten

dernissen und den Arbeitsbedürfnissen der Lehrerinnen und Lehrer ansetzen, versprechen einen praktikablen Handlungsrahmen (Gomolla 2005: 268f.).

Die Module sind so flexibel einsetzbar, dass jede Schule nach ihrem pädagogischen Bedarf ein Modul als Entwicklungsbereich wählen und spezifizieren kann. Gomolla (2005) kommt wie Rolff (2007) zu der Einschätzung, dass es dem Schweizer Modell mit seinen ineinandergreifenden Elementen gelungen ist, die organisationalen Routinen auf allen Ebenen, vom konkreten Unterricht über die Arbeit mit den Eltern bis zum Verhältnis zu den vorgesetzten Behörden systematisch zu reflektieren und zielgerichtete Veränderungsprozesse im Hinblick auf die Förderung von Schülerinnen und Schülern mit Migrationshintergrund durch eine langfristige Gesamtstrategie einzuleiten.

3.2   Ein Quadratkilometer Bildung (Freudenberg-Stiftung)

Das von der Freudenberg-Stiftung, der Karl-Konrad-und-Ria-Groeben-Stiftung und der RAA Berlin in Zusammenarbeit mit der Berliner Senatsverwaltung für Bildung, Wissenschaft und Forschung 2006 initiierte und finanzierte Projekt ‚Ein Quadratkilometer Bildung‘ ist ein lokales Bündnisprogramm für Bildung und Erziehung, an dem sich Kindertagesstätten, Schulen und Jugendhilfeeinrichtungen auf der Grundlage gemeinsamer Konzeptmerkmale aktiv beteiligen (vgl. Wenzel 2009: 2). Das Programm wurde auf der Grundlage zentraler Gestaltungselemente des BLK-Schulentwicklungsmodells ‚Demokratie lernen und leben‘ und des Projekts ‚Lokale Modelle‘ der Freudenberg Stiftung entwickelt. Ziel ist eine sozialräumliche Zusammenführung der bildungsbezogenen Förderansätze in benachteiligten Stadtbezirken. Das Grundlagenkonzept wurde durch die Erfahrungen in der Praxis am ersten Standort (Berlin Neukölln) erweitert und zu einem kohärenten Konzept weiterentwickelt, das seit dem Jahr 2009 an weiteren Standorten in Wuppertal, Herten und Mannheim umgesetzt wird (vgl. ebd.). Die Besonderheit des ‚Ein Quadratkilometer Bildung‘-Programms liegt in seinem zwischen den zentra-

---

Schulmodellen. „Die allgemeinen Qualitätsziele sind mit großer Sorgfalt in Form eines Sets von sechs in sich konsistenten pädagogischen Modulen zur Qualitätssicherung in multikulturellen Schulen operationalisiert worden" (ebd.: 246). Alle Module, die zwischen vier Feldern: der Klasse, der Schule, dem Schulumfeld und dem Elternhaus unterscheiden, sind didaktisch aufbereitet und standardisiert. Informationen zu den einzelnen Modulen befinden sich im Anhang (Abbildung 7 im Anhang).

len pädagogischen Institutionen und Einrichtungen regional abgestimmten Bildungskonzept von frühkindlicher Bildung über die Berufsorientierung bis zur Erwachsenen- und Weiterbildung und in der lokalen Vernetzungsstruktur aller Bildungseinrichtungen. Die Arbeit der lokalen Bildungsinstitutionen sind nach dem gemeinsamen Leitsatz: „Kein Kind, keine Jugendliche, kein Jugendlicher darf verloren gehen" ausgerichtet (vgl. ebd.: 8).[22] Daraus ergeben sich für das Projekt zwei leitende Fragen: Wie kann Bildung organisiert werden, so dass kein Kind, kein Jugendlicher verloren geht? Was benötigen Bildungsakteurinnen und -akteure, damit sie als Träger einer sie verbindenden Verantwortungskultur handeln? Auf der Grundlage dieser Überlegungen werden konkrete Schritte zur Verbesserung des Bildungserfolges der Kinder und Jugendlichen abgeleitet. Diese betreffen eine an Bildungsbiographien orientierte, durchgängige und übergreifende (vernetzte) Organisation der Bildungsprozesse in einem überschaubaren Stadtteil/Ortsteil, damit diese mit Blick auf das jeweilige Kind anschlussfähig sind und ineinander greifen. Weitere Elemente der Strategie sind die Überprüfung und Steigerung der Qualität von Bildungseinrichtungen, Professionalisierung von Lehrerinnen und Lehrern, Erzieherinnen und Erziehern, Sozialarbeiterinnen und Sozialarbeitern, die Aktivierung und Erhöhung der Beteiligung von Eltern, die Übertragung von Praxisansätzen in und aus dem Programm und die Schaffung einer umfassenden Kooperation der Kommunen, Stiftungen, Landesverwaltungen und der Zivilgesellschaft. Mit der Struktur einer Bildungslandschaft nutzt das Projekt ebenso bestehende, bewährte wie neue Fördermaßnahmen und entwickelt neue und stabile Unterstützungssysteme, falls der reibungslose Verlauf der Bildungskarrieren von Kindern und Jugendlichen verhindert ist. Somit rücken Kindertagesstätten, Jugendhilfeeinrichtungen und Schulen in den Blick sowie Kinder und Jugendliche mit und ohne Migrationshintergrund, die vor allem bei Übergangssituationen betreut und unterstützt werden. Die Handlungsebenen des ‚Ein Quadratkilometer Bildung'-Programms umfassen die Investition in ein lokales Bündnis für Bildung, welches sich durch Anerkennung und gegenseitiges Vertrauen auszeichnen soll, die Identifikation

---

22 Der Leitsatz wurde 2001 als „No child left behind act" erstmals in den USA für ein Gesetz zur Umsetzung von Reformen im Bildungssystem verwendet. Die damit verbundenen Maßnahmen einer veränderten Zuweisung von Finanzmitteln zur Unterstützung von Schülerinnen und Schülern steht aber in keinem inhaltlichen Zusammenhang mit dem Projekt der Freudenberg-Stiftung.

von Förderlücken in und zwischen Bildungseinrichtungen, die sowohl kurzfristig kompensierend als auch durch Arbeit mit langfristigen Perspektiven geschlossen werden und die Stärkung eines Qualitätsverständnisses durch die Vernetzung von Kindertagesstätten, Jugend-Hilfeeinrichtungen und Schulen (vgl. ebd.: 2). Dabei verfolgt das Projekt einen Bottom-Up-Ansatz, der ausgehend vom Kind oder vom Jugendlichen Veränderungsprozesse in Familien, Institutionen und Sozialräumen begleitet und auf diese Weise eine Brücken- und Vermittlerfunktion ausübt. Das Projekt basiert auf den drei Säulen: a) Fördervorhaben: „Rucksack"; Lernwerkstätten und Lernecken; kurzfristige Interventionen, b) Coaching, Beratung, Fortbildung: beobachten, integrative Förderkonzepte entwickeln und professionell zusammenarbeiten, c) Evaluation. Zur Umsetzung dieser drei Säulen gemäß der Philosophie des Projektes gelten als Hauptinstrumente die Kooperation mit der Kommune und lokalen Initiativen, die langfristige zeitliche Perspektive und die Einbindung von sog. ‚Kümmerern'. Das sind ansprechbare Menschen, die Kontakte pflegen, Situationen deuten und Prozesse begleiten. Eine – im Vergleich mit anderen Projekten ungewöhnlich – langfristige Perspektive ergibt sich durch die Laufzeit von 10 Jahren, auf die sich alle beteiligten Kooperationspartnerinnen und -partner verpflichten müssen (vgl. ebd.: 9). Bevor das Projekt an einzelnen Standorten startet, findet eine Analysephase statt, um den Handlungsbedarf zu erörtern und die Grundhaltung der beteiligten Akteurinnen und Akteure, Institutionen und Schlüsselpersonen der Communities einzuschätzen. Im zweiten Schritt gruppieren sich Kooperationspartnerinnen und -partner um eine Grundschule mit dazugehöriger Kindertagesstätte, die eine Schlüsselrolle in der Stadtteilentwicklung spielt. Durch die nachgewiesenen Bildungsbedürfnisse der am Projekt beteiligten Kinder und Jugendlichen geraten nach und nach weitere Schulen oder Tagesstätten in den Blick von ‚Ein Quadratkilometer Bildung', die sukzessive in den Verbund integriert werden (vgl. ebd.: 5f.). Kernelement der Struktur und Umsetzung des Projektes ist die ‚Pädagogische Werkstatt'. Die Werkstatt hat die Aufgaben der Praxisbegleitung für Kindertagesstätten und Schulen sowie der Evaluation und Qualitätsentwicklung. Sie versteht sich als stützender Ort inmitten des Stadtteils, der für Professionelle, Eltern und Ehrenamtliche, die Lösungsansätze in die eigene Praxis übernehmen möchten, zugänglich und ganztägig geöffnet ist. Die Verantwortung für die Werkstatt trägt jeweils eine gemeinnützige Agentur, eine Vertragspartnerschaft oder eine Bürgerstiftung (in Berlin und Wuppertal ist das z.B. die RAA). Diese sind operative Partnerinnen und Partner, die staatliches und privates Handeln verknüpfen und schul- und sozialpädagogisches Wissen mit Erfahrungen aus Bildungsinstitutionen verbinden (vgl. ebd.: 4f.). Die Werkstatt wiederum stellt eine ‚Toolbox' dar, die erprobte und selbst entwickelte „Werkzeuge, Verfahren und Instrumente zur Entwicklung der Qualität der Bildungs- und Erziehungsprozesse sowie der Personal- und Organisationsentwicklung in Kindertagesstätten und Schulen" (ebd.: 5) zur Verfügung stellt. Ihre Verbesserung wird über einen Kreislauf von Entwickeln, Dokumentieren und Anpassen gewährleistet. Das Projektteam der Pädagogischen Werkstatt besteht aus Angestellten, die wegen ihrer Rolle als Kümmerer eine Vertrauensperson darstellen und so die Umgebung kennen, und jederzeit ansprechbar sein müssen, falls Bedarf nach Beratung besteht (vgl. ebd.: 4). Mit seinem, die gesamte Bildungsbiographie von Kindern und Jugendlichen begleitenden und Schule, Community und Eltern gleichermaßen einbeziehenden Ansatz entspricht ‚Ein Quadratkilometer Bildung' dem Modell einer ‚Regionalen Bildungsgemeinschaft' (vgl. Schwaiger/Neumann 2010). Der Erfolg des Projektes, bei dem es um die reelle Verbesserung von Bildungschancen der Kinder und Jugendlichen geht, wird über ein kriteriengestütztes Selbstevaluations- und Reflexionsverfahren und ein lokales Bildungsmonitoring evaluiert, dabei werden auch Erfolgsgeschichten in die Evaluation mit integriert. Für dieses Programm liegen derzeit noch keine Evaluationsergebnisse vor.

3.3 Weinheimer Bildungskette (Freudenberg-Stiftung)

Anhand der ‚Weinheimer Bildungskette' soll ein weiteres Best-Practice-Beispiel kommunaler Koordinierung skizziert werden, das sich an den verschiedenen Stationen der Bildungsbiographie von Kindern und Jugendlichen im lokalen Kontext orientiert. Anders als ‚Ein Quadratkilometer Bildung' werden jedoch keine eigenen Förderkonzepte ergänzend zu den bestehenden zentral koordiniert und organisiert, sondern bestehende miteinander vernetzt, weiterentwickelt und ausdifferenziert.

Die Weinheimer Bildungskette ist eine kommunale Verantwortungsgemeinschaft, deren Gründung auf eine Initiative der Freudenberg Stiftung mit Unterstützung des Bundesministeriums für Bildung und Forschung im Jahre 2007 zurückgeht. Die Gründung der Weinheimer Initiative ist als Reaktion auf die schlechte Bildungs- und Ausbildungssituation von Kindern und Jugendlichen mit sozialer und migrationsbedingter Benachteiligung zu verstehen. Daher wurde die Förderung und Unterstützung der Bildungskarrieren von Kindern und Jugendlichen aus sozial benachteiligten Familien zum Leitsatz erklärt. Demnach soll jedes Kind unabhängig von seinem familiären Hintergrund die Chance erhalten, „sein individuelles Potenzial aus[zu]schöpfen, seine Kompetenzen [zu] entwickeln" (Süss u.a. 2010: 10). Die Förderung umfasst zwar alle kritischen Bildungsübergänge (Familie-Kita, Kita-Grundschule, Grundschule-Sekundarstufe I und Schule-Beruf) gleichermaßen, besondere Aufmerksamkeit kommt aber dem Elementarbereich und dem Übergang von der Schule in eine Berufsausbildung zu, was auch in der Einrichtung der Weinheimer Koordinierungsstellen ‚Integration Central' und ‚Job Central'[23] als zwei wichtigen Elementen des kommunalen Strategieansatzes zum Ausdruck kommt. Eine starke Fokussierung auf die unterstützende Gestaltung frühkindlicher Bildung durch hochqualitative Bildungsangebote und aktive Einbindung der Eltern in die Bildungsarbeit soll es ermöglichen, ein tragendes Fundament für eine erfolgreiche Bildungsbiographie aufzubauen (vgl. ebd.: 11). Zur Umsetzung der genannten Leitziele wird ein umfassender Aufbau einer biografiebegleitenden Förderkette verfolgt, der zu einer gemeinsamen Aufgabe und einer gemeinschaftlichen Verantwortung aller an Lern- und Bildungsprozessen von Kindern und Jugendlichen beteiligten Akteurinnen und Akteure wie z.B. Familie, Bildungsinstitutionen, kommunale Kinder- und Jugendhilfe[24] erklärt wird. Dem Bildungskonzept der Weinheimer

---

23 Die regionale Jugendagentur JobCentral ist eine in Weinheim bekannte Kontakt- und Beratungsstelle für Jugendliche bis zum Alter von 25 Jahren, die erhebliche Berufsstartschwierigkeiten haben. In JobCentral ist ein Team von (sozial-)pädagogischen Fachkräften beschäftigt, die Beratung, Begleitung und Coaching für Jugendliche und ihre Eltern anbieten und Prozesse der Berufsvorbereitung mit und an Schulen (z.B. durch Workshops, Projekte, Konzeptentwicklung) unterstützen (vgl. Weichert 2010: 44).

24 In der Weinheimer Bildungskette sind mittlerweile folgende Akteurinnen und Akteure auf kommunaler Ebene engagiert: Bundes- und Landesministerien Freudenberg Stiftung, Stiftung Mercator, Deutsche Kinder- und Jugendstiftung, Jacobs Foundation, Bundesministerium für Familien, Senioren, Frauen und Jugend, Bundesministerium für Bildung und Forschung, Kultusministerium Baden-Württemberg, Sozialministerium Baden-Württemberg, Wirtschaftsministerium Baden-Württemberg, Lions Club Weinheim, weitere Serviceclubs sowie über den Trägerverein von JobCentral die Städte und Gemeinden Weinheim, Hemsbach, Lautenbach, Hirschberg, Heddesheim, Schriesheim, Birkenau und Gorxheimertal (vgl. Süss u.a. 2010: 11).

Bildungskette liegt damit ein umfassender Bildungsbegriff zugrunde, der Bildung nicht ausschließlich auf den Erwerb von Wissen im Schulsystem beschränkt, sondern Bildungsaktivitäten in non-formellen Bezügen als gleichwertige Lernorte und Bildungsgelegenheiten in den Blick nimmt (vgl. ebd.: 9f.). Auf dem ersten Fachtag der Weinheimer Bildungskette am 3. Mai 2010 hat sich die lokale Weinheimer Verantwortungsgemeinschaft auf eine Ausdifferenzierung der Zielsetzung des Programms verständigt und diese in Form von sechs sog. vorrangigen ‚Schlüsselprozessen' konkretisiert, die die höchste Priorität in der Umsetzung der Ziele erhalten sollen. Das sind im Einzelnen: 1) Eltern mit ihren Kompetenzen in die Bildungsprozesse einbinden, 2) Sprachkompetenz in Deutsch als Zweitsprache und Mehrsprachigkeit fördern, 3) Lernwege individuell gestalten und selbstgesteuertes Lernen fördern, 4) Lernwege individuell begleiten, 5) Auf Ausbildung und Beruf vorbereiten und 6) Kinder und Jugendliche beteiligen und ihr Voneinander-Lernen fördern. Diese inhaltliche Schwerpunktsetzung war notwendig, um einerseits erste Schritte zur Standardisierung der Weinheimer Bildungskette einzuleiten. Die Notwendigkeit ergab sich auch „vor dem aktuellen Hintergrund begrenzter fiskalischer Ressourcen und der Krise der kommunalen Haushalte infolge der Finanz- und Wirtschaftskrise" (ebd.: 11). Das zentrale Kennzeichen dieses Strategiemodells ist die zielgerichtete Zusammenarbeit und eine systematische Vernetzung aller Bildungseinrichtungen und -Träger in einem sozialen Raum, die ihre Arbeit nach dem gleichen Bildungsverständnis ausrichten. Damit wird, ähnlich wie in dem ‚Quadratkilometer Bildung', ein systembezogener Ansatz gewählt, der die Verantwortung für den Bildungserfolg der Kinder und Jugendlichen – in Übereinstimmung mit den UNESCO-Guidelines for Inclusion und dem Grünbuch der EU – in erster Linie bei den staatlichen Bildungsorganisationen sieht. Die Herausforderung der Arbeit der Weinheimer Bildungskette besteht darin, die diversen, bereits existierenden strategischen und praktischen Aktivitäten der formellen und informellen Bildungsangebote zu bündeln und im Sinne einer die Bildungsbiografie von Kindern und Jugendlichen begleitenden Förderkette aufeinander abzustimmen, so dass individuelle Förderung zu jedem Zeitpunkt der kindlichen und jugendlichen Entwicklung gegeben ist. Hierzu bedarf es einer fachlichen und organisatorischen Koordinierung im Sinne eines Schnittstellenmanagements und damit die Schaffung tragfähiger Arbeits- und Kommunikationsstrukturen, die längerfristig in institutionellen Regelprozessen integriert werden. Am Beispiel eines konkreten Projektes ‚Individuelle Lernweggestaltung am Übergang Kita-

Grundschule' wird im Folgenden exemplarisch skizziert, wie die Zielsetzung der Weinheimer Bildungskette in der Praxis umgesetzt wird.

‚Individuelle Lernweggestaltung am Übergang Kita-Grundschule' ist ein Projekt des Programms ‚Lebenswelt Schule' der Deutschen Kinder- und Jugendstiftung und der Jacobs Foundation. Im Sommer 2008 wurden vier Grundschulen der Weinheimer Kernstadt und 11 in deren Einzugsbereich liegende Kitas in städtischer, konfessioneller oder freier Trägerschaft, die sich verpflichteten, gemeinsamen Zielen und Handlungsansätzen zu folgen, in das Programm aufgenommen (vgl. Süss/Harmand/Felger 2009: 276f.). Das Vorhaben des Projektes, Kinder in ihrer individuellen Entwicklung zu fördern und individuelle Lernstrategien bei den Kindern zu generieren (dritter Schlüsselprozess), soll mit Hilfe des Handlungsansatzes der ‚Bildungs- und Lerngeschichten' umgesetzt werden. Mit dem in Neuseeland entwickelten Instrument werden Kinder in ihren alltäglichen Lern- und Entwicklungsschritten, ob von ihren Eltern oder pädagogischen Fachkräften im Kindergarten, intensiver wahrgenommen. Die Beobachtungen werden in Form einer ressourcenorientierten Lerngeschichte in einem Portfolio erfasst. Auf der Grundlage solcher Dokumentationsformen kommen Eltern und pädagogische Fachkräfte leichter ins Gespräch und gezielte Unterstützungsleistungen können eingeleitet werden (vgl. Süss u.a. 2010: 25). Für diese Tätigkeiten wurden die pädagogischen Fach- und Lehrkräfte und sog. Elternlernbegleiterinnen[25] in Fortbildungen zur Methodik des Ansatzes ‚Bildungs- und Lerngeschichten' gezielt vorbereitet. Bereits hier zeigten sich erste Erfolge der Arbeit. 81 von 86 der Teilnehmenden berichten, dass sich ihr beruflicher Alltag durch die Fortbildung verändert hat, insbesondere hinsichtlich des stärkenorientierten Denkens (vgl. ebd.: 22). Der Transferprozess des in der Fortbildung gelernten und sowie die Implementierung des Instrumentes in die Regelorganisation der beteiligten Kitas und Grundschulen wird von einer Expertin der Deutschen Kinder- und Jugendstiftung professionell begleitet. Ein weiterer tragender Baustein des Projektes ist der Aufbau und die Etablierung eines Qualitätszirkels für den fachlichen Austausch, systematische Reflexion und die Weiterentwicklung des Individualisierungsansatzes

---

25 Im Modell „Weinheimer Bildungskette" spielen Elternbegleiterinnen bei der Aktivierung der Elternbeteiligung eine Schlüsselrolle. Elternbegleiterinnen sind Mütter mit Migrationserfahrungen, die die Ressource der Zweisprachigkeit mitbringen und daher sehr gut als Brücke zwischen Bildungseinrichtung und Elternhaus agieren können (ausführlich hierzu Kapitel 5.5).

zwischen Kita-Fachkräften, Grundschullehrerinnen und -lehrern und Fachkräften der Koordinierungsstelle Integration Central. Um eine noch engere Zusammenarbeit zwischen Kita und Grundschule zu erreichen, werden sog. ‚dezentrale Kooperationsknotenpunkte' eingerichtet. Hier können sich die beiden Bildungsinstitutionen über die Gestaltung der inhaltlichen und zeitlichen Strukturierung des spezifischen Übergangs Kita-Grundschule verständigen und gemeinsame Lösungswege finden (vgl. ebd.: 22f.). Das Projekt ‚Individuelle Lernweggestaltung am Übergang Kita-Grundschule' ist nicht als ein isolierter Baustein des Strategiemodells Weinheimer Bildungskette zu betrachten. Der ganzheitliche Ansatz des Strategiemodells zeichnet sich besonders dadurch aus, dass das Projekt durch optimale Verknüpfung mit anderen Förderangeboten wie z.B. ‚Lernwegbegleitung durch ehrenamtliche Kita- und Grundschulpaten'[26] oder ‚Bildungspartnerschaften mit Eltern' vertieft und durch Projekte wie z.B. ‚Griffbereit', ‚Rucksack-Kita', ‚Rucksack-Grundschule' und ‚Schulreifes Kind' ergänzt wird (vgl. ebd.: 20f.).

Die Projekte der Weinheimer Bildungskette werden einzeln evaluiert. Die Evaluation der Weinheimer Bildungskette selbst hat noch einen Werkstattcharakter und findet in Form einer Berichterstattung sowie durch die Auswertung von Kennzahlen und Indikatoren statt. Dabei werden Ergebnisse, Ziele und Wirkung gemessen, ausgewertet und in unmittelbare Ergebnisse differenziert. Auf diese Weise werden Arbeitsprozesse, Aufgaben- und Rollenklarheit und eine kritische Reflexion der Weinheimer Programm-Strategien ermöglicht. Die Berichterstattung soll in eine weitere kommunale Berichterstattung einfließen und in den nächsten Jahren schrittweise zu einem Steuerungsinstrument, welches in Abhängigkeit von (finanziellen) Ressourcen und anderen Rahmenbedingungen steht, aufgebaut werden (vgl. Süss u.a. 2010: 13f.)

3.4 Einsatz eines Ethnic Minority Achievement Teams (EMAT) (Education Leeds/GB)

Bildungspolitischer Ausgangspunkt für die Neuausrichtung der Schulen in Leeds (England) war die Feststellung der englischen Schulinspektion Ende

---

26 Hier übernehmen Ehrenamtliche eine Lesepatenschaft für Kindergarten- oder Grundschulkinder, um die Kinder in ihrer sprachlichen Entwicklung und Lesemotivation zu stärken und zu fördern. Der Einsatz von Kita- und Grundschulpaten wird in enger Kooperation mit Kita und Schule geplant und in die reguläre Unterrichtszeit integriert.

der 1990er Jahre, die Schulen würden ihrem Bildungsauftrag nicht gerecht werden und in den Bildungsabschlüssen sei institutionelle „racial discrimination" der ethnischen Minderheiten auszumachen. Zur Entwicklung und Implementierung von schulischen Steuerungsstrategien, die dem Leitbild der Chancengleichheit und Teilhabegerechtigkeit im Bildungswesen verpflichtet sind, wurde im April 2001 eine regionale Bildungsagentur mit dem Namen ‚Education Leeds' unter der Aufsicht des englischen Bildungsministeriums gegründet (vgl. Kober 2008: 144). Education Leeds entwickelte eine dezidiert antirassistische Bildungspolitik auf Grundlage des Race Relations Act 1976 und des Race Relations (Amendment) Act von 2000, deren Ziel eine Beseitigung ungesetzlicher institutioneller Diskriminierung, die Herstellung gleicher Bildungschancen und Zusammenhalt zwischen Schülerinnen und Schülern unterschiedlicher ethnischer Herkunft ist. Mit ihr sollten die lokalen Autoritäten und Schulen in die Lage versetzt werden, ihrer Verantwortung in diesem Bereich besser als bisher nachzukommen (vgl. Leeds 2004: 1). Zielrichtung war die Bekämpfung des institutionellen Rassismus, der als Grund für die ungleiche Verteilung von Bildungschancen auf die verschiedenen ethnischen Gruppen identifiziert wurde. Angesetzt wurde bei dem Leitbild der (Bildungs-)Institutionen, der Personalpolitik und der Steuerung von Maßnahmen gegen Rassismus und Diskriminierung im schulischen Bereich. Die Maßnahmen beinhalten viele der eingangs genannten Grundelemente der interkulturellen Öffnung von Schule. Sie reichen von der Entwicklung eines multikulturellen und antirassistischen Curriculums in Schulen und anderen Bildungs- und Erziehungsinstitutionen über die Sicherstellung, dass Fälle von Diskriminierung bekannt werden und ihnen durch administrative Strukturen und Kontrollmechanismen entsprechend begegnet wird. Sie beinhalten ferner die Wertschätzung und Werbung für Bilingualität, Gewährleistung des gleichen Zugangs aller zu den Ressourcen und eine partnerschaftliche Zusammenarbeit mit lokalen schwarzen und ethnischen Minderheiten-Communities (vgl. Leeds 2004: 2). Die Öffnung gegenüber kultureller, ethnischer und sprachlicher Pluralität und Abwehr von Rassismus wird finanziell abgesichert über einen Sonderfonds, den sog. ‚Ethnic Minority Achievement Grant' (EMAG). Mit dem auf nationaler Ebene verankerten EMAG-Steuerungsinstrument wird kommunalen Bildungsbehörden finanzielle Unterstützung zur Verfügung gestellt, die nur für konkrete Verbesserungsmaßnahmen der Bildungserfolge von benachteiligten Kindern und Jugendlichen mit Migrationshintergrund verwendet werden dürfen.[27] Die Ausgabe der EMAG-Finanzmittel ist zwar zweckgebunden, doch welche Interventionsmaßnahmen Priorität (z.B. Sprachförderung, fachliche Weiterbildung der Schulleitung) haben, entscheiden die Schulen nach lokalen Gegebenheiten eigenverantwortlich. „Derzeit gibt die Regierung dafür 179 Mio. Pfund, dieser Betrag soll aber im Jahr 2011 auf 207 Mio. Pfund aufgestockt werden. Education Leeds bekommt daraus 2 Mio. Pfund. 85% der Mittel gehen direkt an die Schulen, fließen in das Management auf kommunaler Ebene" (Kober 2008: 145). Um den Wertekanon der Initiative Education Leeds an einzelnen Schulen effektiv umzusetzen und zu koordinieren, wurde ein sog. ‚ethnic minority achievement team' (EMAT) gebildet. Das EMAT arbeitet mit dem Education Leeds Teams, mit dem Leeds City Council und mit den ethnischen Gemeinden zusammen. Ausgeführt werden die Vorhaben des EMATs durch verschiedene Akteurinnen und Akteure wie Schulentwicklungsteams, Inklusionsdienste sowie verschiedene Dienstleistungsabteilungen des Stadtrats und von Education Leeds. Außerdem unterstützt und berät das EMAT Schulen, an denen das Bildungsniveau von ethnischen Minderheiten auffallend niedrig ist, überprüft die Ausgaben für den EMAG und betreibt eine EAL (English as Additional Language) Lernplattform (www.emaonline.org.uk) im Internet. Zusammenfassend könnte das EMAT als eine Agentur beschrieben werden, die ihren Beitrag zur interkulturellen Schulentwicklung vor allem im Sinne von einer Expertenberatung und Prozessbegleitung leistet.[28] Als Anreiz für Schulen, sich auf den Weg zu machen, eine antidiskriminierende und inklusive Schule zu werden, wird jährlich der ‚Stephen Lawrence Education Award'[29] als Qualitätssiegel verliehen. Schulen, die sich für den Preis bewerben, müssen in ihrer konzeptionellen Ausrichtung ein umfassendes Verständnis antirassistischer Bildung verfolgen:

[Schulen] müssen einen Rechenschaftsbericht für die Öffentlichkeit vorlegen, eine für [Schülerinnen und] Schüler, Lehrkräfte, Eltern und Angestellte

---

27 Grundlage hierfür ist das britische ‚ethnic monitoring'-System mit einer nach ethnischen Gruppen differenzierenden lokalen Bildungsberichterstattung, mit deren Hilfe die Benachteiligung spezifischer ethnischer Gruppen systematisch und im Zeitreihenvergleich offen gelegt wird und entsprechende Maßnahmen eingeleitet werden sollen.

28 Vgl. [URL: http://www.leedsadviceforschools.com/services/ema.htm]; Zugriff: 29.06.2011.

29 Dieses Qualitätssiegel wurde nach einem Jugendlichen jamaikanischer Herkunft mit Namen Stephen Lawrence benannt, der am 22. April 1993 von fünf rassistisch motivierten weißen Jugendlichen ermordet wurde.

transparente Politik gegen Rassismus und Diskriminierung verfolgen, eine Einstellungspraxis vorantreiben, die auf ethnische Vielfalt des Personals zielt, den Bildungserfolg von [Schülerinnen und] Schülern ethnischer Minderheiten dokumentieren, beobachten und verbessern, ein Curriculum entwickeln, das die kulturelle Vielfalt der Gesellschaft widerspiegelt, die Schulleitung und Lehrkräfte durch Anti-Rassismus-Trainings fortbilden, sich mehr für Elternbeteiligung und eine größere Öffnung für die Communitys einsetzen sowie einen Aktionsplan für alle Maßnahmen vorlegen" (Kober 2009: 146f.).

Auch hinsichtlich der Raumgestaltung der Schulen wird darauf geachtet, Vielfalt in der sozialen Ordnung der Schule durch Visualisierungs- und Inszenierungsstrategien zu repräsentieren und wertzuschätzen. So hängen z.B. Bilder von berühmten Persönlichkeiten wie Nelson Mandela oder Ella Fitzgerald an den Wänden, die das Selbstbewusstsein der Kinder afrikanischer Herkunft stärken sollen (vgl. Kober 2008: 148). Weitere Maßnahmen zum Ausgleich von Bildungsbenachteiligung sind learning centers außerhalb der Schule, Mentoring und Coaching für Kinder und Jugendliche mit Leistungsdefiziten, Buddy-Programme, summer schools und Programme, die sich mit einer spezifischen Unterstützung und Förderung der Bildung in Roma-und Sinti-Familien und bei Nicht-Sesshaften (Travellers) befassen (vgl. Kober 2008: 149). Learning centers, Mentoring und Coaching und das Buddy-Programm werden im Folgenden näher erläutert.

– *Learning Centers*: Der Aufbau von Lernzentren stellt in den letzten Jahren eine innovative Maßnahme zur Steigerung der Lernmotivation und Verbesserung der Lernleistungen von benachteiligten Schülerinnen und Schülern mit Migrationshintergrund dar. Die Idee der Lernzentren setzt an dem pädagogischen Grundsatz der Lebensweltorientierung an, die Kinder und Jugendlichen dort abzuholen und ihnen Lernanregungen zu geben, wo sie sich in ihrer Freizeit gerne aufhalten (z.B. Fußballstadion, Einkaufszentren). In Lernzentren können an der Schule begonnene Lernprozesse ergänzt und vertieft werden oder neue Lernerlebnisse durch Kontrast zum schulischen Lernen angeregt werden. Diese Lernerlebnisse werden gelegentlich von berühmten ‚Paten' begleitet. Die Besonderheit von Lernzentren besteht darin, solche Lern- und Beratungsangebote zur Verfügung zu stellen, die soziale und bürgerschaftliche Dienstleistungen integrieren (vgl. Kober 2008: 147). In den Lernzentren werden folgende Kurse und Aktivitäten angeboten: Workshops zur Erreichung eines qualifizierten Schulabschlusses, DJ Workshops, Familienbildung, Lese-/ Rechtschreib- und Mathematikförderung, psychologische Beratung, Hausaufgabenbetreuung, Computerkurse, Animations- und Filmworkshops etc. [30]

– *Mentoring and Coaching*: Im Bereich Mentoring gibt es drei große Programme – Leeds Mentoring, Peer Mentoring und Stepping Stones. Leeds Mentoring basiert auf der Arbeit von freiwilligen Mentorinnen und Mentoren und ist Teil der englandweiten Initiative „Aimhigher". Ziel ist es, die Anzahl der Schülerinnen und Schüler zu steigern, die weiterführende oder höhere Bildungseinrichtungen besuchen. Leeds Mentoring betreut über 4000 Mentoring-Partnerschaften. Es werden freiwillige Mentoren gesucht, die dann mit 14- bis 19-Jährigen zusammengeführt werden.[31] Ein weiteres Programm ist das Peer Mentoring (Teil des „Power of Me" Projektes gegen Mobbing). Hier werden Schülerinnen und Schüler angelernt, Mentoren für andere Schülerinnen und Schüler zu werden und sie zu unterstützen, wenn diese gemobbt oder aus dem Klassenverband ausgeschlossen werden. Mit dem „Stepping Stones"-Programm ist die Zielgruppe der 1.350 Kinder in Leeds angesprochen, die unter Obhut des Staates stehen. Ziel ist es, ihr Bildungspotential zu fördern und ihnen eine Perspektive für höhere Bildungsabschlüsse bis hin zum Studium zu vermitteln (vgl. Leeds 2008: 8).

– *Buddy-Programme*: Die Strukturen für Mentoring wurden auch in den formalen Rahmen der Schulen eingebettet. Jeder neuer Schüler/jede neue Schülerin bekommt einen ‚Buddy' (zu Deutsch: Kumpel) mit dem gleichen Migrationshintergrund an die Seite gestellt, der ihm/ihr bei der Orientierung in der neuen Schule hilft und als erste Ansprechperson für schulische Probleme fungiert. Damit wird die Stärkung des Gemeinschaftsgefühls in der Schule und der sozial verantwortliche Umgang untereinander gefördert.[32]

---

30 Vgl. [URL: http://www.leedsadviceforschools.com/services/leeds_city_learning_centres. htm]; Zugriff: 29.06.2011.

31 Vgl. [URL: http://www.leedsaimhigher.org]; Zugriff: 29.06.2011.

32 Vgl. [URL: http://www.demographiekonkret.de/Leeds_Education_Leeds.445.10.html]; Zugriff: 29.06.2011.

3.5   „Equitable Schools Programm" der Schulbehörde Toronto (Toronto District School Board (Toronto/Kanada))

Kanada und insbesondere der Großraum Toronto gilt weltweit als besonders vorbildlich im Hinblick auf den schulischen Umgang mit migrationsbedingter Vielfalt. Zum einen, weil eine multikulturelle Bildung im schulischen Kontext bereits seit den sechziger Jahren als ein zentrales Anliegen der kanadischen Bildungspolitik angesehen wird und zum anderen, weil es Kanada als einem der wenigen Staaten im internationalen PISA-Vergleich gelingt, die schulischen Leistungen nicht nur zwischen Schülerinnen und Schülern mit und ohne Migrationshintergrund, sondern auch zwischen Schülerinnen und Schülern der ersten und zweiten Generation homogen auf einem guten Kompetenzniveau zu halten (vgl. Stanat/Christensen 2006: 8; Arbeitsgruppe Internationale Vergleichsstudie 2007: 194). Die Metropole Toronto ist im Hinblick auf die Integration von Einwanderinnen und Einwandern vor besonderen Herausforderungen gestellt, denn hier kann die höchste Einwanderungsquote in ganz Kanada verzeichnet werden: 75% der Bevölkerung der 2,6 Millionen Einwohnerinnen und Einwohner umfassenden Stadt verfügt über einen Migrationshintergrund (vgl. Kober 2010: 50). Fast die Hälfte der Migrantinnen und Migranten in Toronto sprechen weder Englisch noch Französisch als Erstsprache. Die Heterogenität der ethnischen Zusammensetzung der Bevölkerung der Stadt Toronto spiegelt sich demzufolge in der Institution Schule wieder. Hier liegt der Anteil der sog. Neu-Kanadierinnen und Neu-Kanadiern je nach Einzugsgebiet bei 80 bis 95 Prozent. Was den sozialen Hintergrund der Schülerschaft mit Migrationshintergrund in Toronto anbetrifft, so kommen 36% der Schülerinnen und Schüler aus einkommensschwachen Elternhäusern, d.h. das Einkommen der Eltern beträgt weniger als 70 Prozent des Medianeinkommens (vgl. Kober/Morehouse/ Walther 2008: 24). Eine zentrale Bezugsgröße für die schulische Praxis als Antwort auf diese besondere Herausforderung stellt das gleichstellungsorientierte Konzept ‚Equity Foundation Statement' der Toronto District School Board (TDSB)[33] dar. Das ‚Equity Foundation Statement' ist als ein verpflichtendes Leitbild für die Arbeit aller im Bildungswesen tätigen Akteurinnen

---

33 Dabei bildet Toronto in Kanada weit keine Ausnahme. Ähnliche Konzepte wie in Toronto werden in anderen Schulbezirken Kanadas ebenfalls verfolgt. Das zeigt das Beispiel der Herstellung von Chancengleichheit bei Berücksichtigung von Diversität als Querschnittsaufgabe im Distrikt Ontario (vgl. Hormel/Scherr 2004: 215f.).

und Akteure zu verstehen, das diese auffordert, das Ideal des Antirassismus und der ethnokulturellen Gerechtigkeit in allen Aspekten der organisatorischen Strukturen, Richtlinien, Prozeduren, Unterrichtsgeschehen, alltäglichen Handlungen und Kommunikationspraktiken zu reflektieren. ‚Equity' im Sinne eines systematischen Mainstreaming verfolgt dabei das Ziel, Barrieren und Benachteiligungen aufgrund ethnisch, geschlechtlich, sozial und körperlich bedingter Differenzen, die einer gleichberechtigten Teilhabe an Bildung im Wege stehen, abzubauen und die für eine inklusive und antidiskriminierende Lernkultur notwenigen Strukturen im Bildungssystem langfristig zu etablieren. Daher wird auch die individuelle und systematische Förderung jedes einzelnen Kindes unter Berücksichtigung seiner je spezifischen Lernvoraussetzungen zum Strukturprinzip der Schul- und Unterrichtskultur erklärt (vgl. Barth/Heimer/Pfeiffer 2008: 89f.). In diesem Zusammenhang kommen den Kindern und Jugendlichen aus Zuwandererfamilien die längeren gemeinsamen Lernzeiten mit Einheimischen aufgrund des kanadischen Gesamt- und Ganztagsschulsystems zugute, denn hier können benachteiligte Startvoraussetzungen (z.B. mangelnde Englischkenntnisse) besser ausgleichen werden (vgl. Kober/Morehouse/Walther 2008: 23). Angemerkt werden muss, dass sich Kanada in der Förderung auf eine gut entwickelte und institutionalisierte Kultur der individuellen Förderung im System selbst stark konzentriert, was die Bedeutung außerschulischer Unterstützungsleistungen durch die Familie oder Nachhilfeunterricht verringert. Das kanadische Schulsystem kennt keine festen Klassenverbände und der Frontalunterricht als Lehrmethode wird nur selten durchgeführt. Im Vordergrund stehen meist kooperative Lernarrangements, in denen miteinander und voneinander gelernt wird. Die umfangreiche Ausstattung mit zusätzlichem Fachpersonal wie z.B. „Teaching Assistants", sonderpädagogisch ausgebildeten Fachkräften, Psychologinnen und Psychologen, Sozialarbeitenden etc. bilden eine wichtige Rahmenbedingung individueller Förderung. Auch die sog. „Ressource Centers", welche an die Schule direkt gekoppelt sind und Förderressourcen organisatorisch bündeln, sind ein wichtiges Unterstützungsinstrument (vgl. Geißler/Weber-Menges 2010: 572f.). Im Sinne einer die individuelle Gesamtentwicklung fördernden Schulstruktur werden vor der Einschulung die Kinder in sog. ‚Reception Centers' einem intensiven Sprachtest unterzogen, um die individuelle Sprachentwicklung sowie die Einstufung des Förderbedarfs festzustellen und bedarfsgerechte Interventionsmaßnahmen einzuleiten (vgl. Barth/Heimer/Pfeiffer 2008: 90). Verantwortlich für die Umsetzung des ‚Equity'-Leitbildes ist die Leiterin/der

Leiter des School Board. Entscheidend dabei ist, dass die Schulleitung das ‚Equity'-Leitbild als ein wichtiges Thema mit hohem Stellenwert behandelt (vgl. Bertelsmann Stiftung 2008: 3). Zur Umsetzung des ‚Equity'-Leitbildes in konkrete Maßnahmen wurde ein ‚Learning Opportunity Index' als ein Instrument zur fairen Ressourcensteuerung erarbeitet, bei dem zehn Variablen wie u.a. Einkommen, Wohnumfeld, Bildungsgrad der Eltern und Aufenthaltsdauer zu einem Index miteinander kombiniert und mit den Leistungsergebnissen der Schülerschaft abgeglichen werden. Um eine Vergleichbarkeit der schulischen Ausgangslagen zu schaffen und die Entwicklungen der einzelnen Schulen festzustellen, erfolgen alle zwei Jahre neue Messungen. 150 von 550 Schulen im Primär- und Sekundärbereich des regionalen TDSB-Verwaltungsbezirks, die einen Förderbedarf nachweisen können, erhalten zusätzliche Mittel zur Finanzierung spezifischer Bildungsangebote (vgl. Rutkowsky 2008: 138; Kober/ Morehouse/Walther 2008: 23). Ein erfolgreicher Umgang mit einer nach kultureller und sozialer Herkunft differenzierten Schülerschaft gelingt den TDSB-Schulen deshalb, weil sie einen ganzheitlichen, systematischen und gleichzeitig die kulturelle Vielfalt wertschätzenden Ansatz verfolgen.

Auf der Mikroebene wird die kulturelle Vielfalt der Gesellschaft durch inklusive Curricula verstärkt gefördert, indem Schulbücher, Lehrpläne und Lernmethoden nicht nur für den Geschichts- oder Politikunterricht auf darin enthaltene Praktiken von Stereotypisierungen und Vorurteilen kritisch geprüft werden. „Denn es wird davon ausgegangen, dass die tradierte eurozentristische Perspektive als ‚heimlicher Lehrplan' zum Ausschluss des überlieferten Wissens und der Geschichte von Migrantengruppen führt, und damit zu einer Entwertung ihres soziokulturellen Hintergrunds" (Hormel/Scherr 2005: 90 in Hejazi 2009: 167). Die Schule, Eltern und das soziale Umfeld tragen eine gemeinsame Verantwortung für den Schulerfolg von Kindern und Jugendlichen im Stadtviertel und werden intensiv in die schulischen Lernprozesse eingebunden. Außerdem unterstützen die an den Schulen beschäftigten sog. ‚Settlement Workers' die Zuwanderfamilien zum einen bei ihrer sozialen Integration in der neuen Umgebung und zum anderen bei der selbständigen und aktiven Begleitung des schulischen Bildungsverlaufs der Kinder. Im Sinne eines Bildungslandschaft-Modells wurden hierzu ergänzend ‚Parental and Literacy Centres' eingerichtet, um eine häusliche Lernunterstützung sicherzustellen (vgl. Bertelsmann Stiftung 2008: 3). Neuzugewanderte Familien nehmen an einem dreistündigen Family-Assessment zur systematischen Informationsbeschaffung an der Schule teil. Das Ziel dieser Bestandsaufnahme ist es, den Schulen ein umfassendes Bild von dem jeweiligen Kind und seinem familiären Hintergrund zu liefern. Auf dieser Grundlage „können qualifizierte Fallanalysen erstellt werden, die dann in individuellen Förderungsplänen umgesetzt werden" (Hejazi 2009: 170). Die Schulverwaltung finanziert auch Übersetzungen der Briefe an die Eltern und bei Bedarf Dolmetscherleistungen für Gespräche mit den Lehrenden (vgl. Rutkowsky 2008: 137). Ein weiteres wichtiges Element der TDSB-Gesamtstrategie sind die regelmäßig stattfindenden ‚Leadership'-Programme und ‚Student Equity'-Konferenzen zur Auseinandersetzung mit eigenem vorurteilsbehafteten Denken für Schülerinnen und Schüler höherer Klassen sowie die Bildung eines festen ‚Equity Ressource Team', das an Antirassismus-Workshops teilnimmt und später an Problemlösungen für ‚interkulturelle' Konflikte an der Schule mitarbeitet (vgl. ebd.: 136). Eine einzigartige und in der Stadt Toronto durchaus auch umstrittene Strategie zur Förderung von Migrantengruppen afrikanischer Herkunft ist die Einrichtung der segregativen ‚Afrocentric Schools' nach dem ‚Afrocentric Education'-Ansatz. Diese Strategie verweist auf die bei den TDSB-Schulbehörden offensichtlich vorhandene Experimentierfreude und Innovationsbereitschaft. Kritik äußerte die afrokanadische Community an dem regulären Schulsystem, dahingehend, dass dieses ihren Kindern geschichtliche Wissensbestände aus einem eurozentristischen Blickwinkel vermittelt und ihnen damit ein verzerrtes Afrikabild präsentiere. In den Lehrplänen der „Afrocentric Education" hingegen wird der Sklaverei und der kolonialen Vergangenheit Afrikas viel Platz eingeräumt. Dadurch soll die Ausbildung und Stärkung einer gemeinsamen Identität der Kinder mit afrikanischer Abstammung gefördert werden (vgl. Bertelsmann Stiftung 2008: 3).

Zu der Frage der Professionalisierung der Lehrerschaft im Umgang mit soziokultureller Heterogenität an der Schule stellt sich das Bild in der Literatur keineswegs eindeutig dar. Während Rutkowsky (2008: 136) die hohe pädagogisch-didaktische Qualifikation und eine hohe Bereitschaft der Lehrkräfte zur Weiter-/Fortbildung in der unterrichtsfreien Zeit, u.a. in Sommerseminaren wie ‚Facing History and Ourselves' als einen zentralen Erfolgsfaktor des kanadischen Schulsystems betont, kritisiert die Arbeitsgruppe Internationale Vergleichsstudie (2007: 196) eben die „anwendungsbezogene Ausbildung der sozial-praktischen Kompetenzen unterrichtlichen Handelns" in der universitären Lehrerausbildung. Fakt ist, dass die Lehrerprofessionalisierung zu Fragen der Interkulturellen Bildung und Englisch als Zweitsprache sowie Mehrsprachigkeit als ein wichtiges Instrument der Realsierung der

‚Equity'-Leitlinie angesehen wird und daher auch viele Ressourcen in die Qualifizierung des pädagogischen Personals investiert werden. Für die Aufgabe der Professionalisierung sind die sog. ‚Equity Instructional Leaders' verantwortlich. Zur Unterstützung der praktischen Umsetzung der interkulturellen Arbeit werden den Lehrerinnen und Lehrern zudem eine Reihe hilfreicher Materialien bereitgestellt (vgl. Barth/Heimer/Pfeiffer 2008: 91).

3.6　A Culturally Inclusive School – The INDIE-Legacy (British Council)

Das „Inclusion and Diversity in Education Projekt" (INDIE) wurde von 2007 bis 2010 in 11 europäischen Staaten, darunter auch Deutschland, durchgeführt. In jedem Land wurden aus zwei bis fünf Projektschulen zehn bis fünfzehn engagierte Repräsentanten der Schülerschaft sowie eine Vertretung der Schulleitung und eine verantwortliche Person der zuständigen Schulbehörde in den Prozess der Entwicklung von Handlungsempfehlungen für die Bildungspolitik und Schulleitungen zur Entwicklung einer kulturell inklusiven Schule eingebunden.[34] Teil des Projektes war die gemeinsame Entwicklung und Implementierung von kulturellen Inklusionsstrategien und -projekten, sowie der Austausch über die Erfahrungen mit diesem Prozess. Mit ‚Inclusion' bezeichnet das INDIE-Projekt, abweichend vom weiteren Begriff der UNESCO-Guidelines for Inclusion, die Wahrnehmung der Rechte und Bedürfnisse von Minderheitengruppen unter besonderer Berücksichtigung kultureller, sprachlicher und religiöser Minderheiten. Für die Entwicklung der INDIE-Legacy wurden zentrale und Erfolg versprechende Parameter kultureller Inklusion festgelegt. Diese Parameter beruhen auf Informationen und Einschätzungen der Befragten sowie einer Grundlagenstudie (Tickly 2009) zum Projekt, in welcher die politischen Kontexte, Beispiele für die Schulpraxis und die subjektiven Wahrnehmungen der engagierten Schülerinnen und Schüler sowie der INDIE-Koordinatoren auswertet wurden. Weiterhin war die Erkenntnis leitend, dass in allen Staaten prinzipiell gute bildungspolitische Vorgaben für kulturelle Inklusion vorliegen, diese jedoch bis dato kaum in die Praxis umgesetzt wurden (ebd.: 37f.).[35]

34　Spanien, Portugal, Schottland, Griechenland, Belgien, Italien, England, Malta, Niederlande, Deutschland und Wales.

35　Beispiele für Länderberichte aus dem der INDIE-Legacy zugrunde liegenden Projekt NESSE: Education and Migration: Strategies for Integrating Migrant Children in

Auf politischer Ebene werden folgende Handlungsfelder identifiziert:

- Entwicklung eines robusten gesetzlichen Rahmens, um Regierung und Schulen zu verpflichten, die Chancengleichheit zu garantieren

- Effektives Monitoring und Berichtssystem der Fortschritte und Erfolge von Migrantengruppen auf der nationalen und lokalen Ebene

- Implementierung eines Inspektions- und Überwachungsrahmens, um die Übereinstimmung mit den Gleichberechtigungsgesetzen zu garantieren

- Notwendigkeit zielgerichteter Finanzierung von Initiativen, die Diversität und Inklusion befördern und die Bildungserfolge von Kindern und Jugendlichen mit Migrationshintergrund steigern

- größerer Stellenwert für Inklusion und Diversität in der Grundaus- und Weiterbildung von Lehrerinnen und Lehrern und von Schulleitungen

Auf der Schulebene werden folgende Handlungsfelder identifiziert:

- Fragen von Inklusion und Diversität und der Steigerung der Bildungserfolge von Migrantinnen und Migranten zum integralen Bestandteil der Schulentwicklung machen

- Systematischere und sicherere Nutzung von Daten in Schulen, um die Veränderungen in den ethnischen Profilen der Schülerinnen und Schüler in allen Fächern zu messen

- Initiativen, um auf allen Ebenen der Schule Mitarbeiterinnen und Mitarbeiter mit Migrationshintergrund/ethnischer Minderheiten einzustellen

- Initiativen, die die Mitarbeit von Eltern mit Migrationshintergrund in der Verwaltung der Schule verstärken

- Entwicklung von nachhaltigen Netzwerken zwischen Schulen, um sicherzustellen, dass zukünftige Initiativen auch nachhaltig wirken

---

European Schools and Societies, Brussels 2008; vgl. [URL: http://www.coe.int/t/dghl/monitoring/ecri/library/publications_en.asp]; Zugriff: 29.06.2011).

3.7 Die FörMig-Strategie[36]

Im Zeitraum von 2004 bis 2009 wurde das von der Bund-Länder-Kommission für Bildungsplanung und Forschungsförderung geförderte Modellprogramm „Förderung von Kindern und Jugendlichen mit Migrationshintergrund – FörMig" durchgeführt. An FörMig beteiligten sich die Länder Berlin, Brandenburg, Bremen, Hamburg, Mecklenburg-Vorpommern, Nordrhein-Westfalen, Rheinland-Pfalz, Saarland, Sachsen und Schleswig-Holstein. FörMig unterstützte die Bundesländer bei der Entwicklung und Evaluierung innovativer Ansätze zur sprachlichen Bildung und zur Optimierung ihrer bestehenden Förderkonzepte. Inhaltlich konzentrierte sich das BLK-Projekt auf die sprachliche Bildung von Kindern und Jugendlichen mit Migrationshintergrund mit dem weiteren Ziel, Impulse für eine interkulturelle Öffnung von Schule zu geben. Die einzelnen Länder entwickelten und erprobten Konzepte, gerade diese Zielgruppe zu unterstützen und verglichen die Konzepte mit Ansätzen der anderen beteiligten Bundesländer. Inhaltliche Anregungen für diese Entwicklungen gewann die Leitung des Modellprogramms auch aus dem internationalen Raum, so aus Ländern, die bessere Erfolge bei der Förderung von zugewanderten Kindern und Jugendlichen erzielen als Deutschland.

Ein Spezifikum der FörMig-Strategie ist die Konzentration auf die Förderung der Sprachkompetenzen, die die Kinder und Jugendlichen in der Schule und später im Beruf benötigen. Es wird hervorgehoben, dass nicht die Alltagssprache das Problem von Kindern und Jugendlichen aus Zuwanderungsfamilien ist, sondern die so genannte „Bildungssprache": „Das Kernanliegen der FörMig-Projekte ist der kumulative Aufbau von schul- und bildungssprachlichen Fähigkeiten, da diese eine wesentliche Voraussetzung für schulischen Erfolg darstellen. Die einschlägige Forschung zeigt, dass ein kompetenter Umgang mit den Themen und Inhalten, die in einem Bildungsgang angeeignet werden sollen, nur möglich ist, wenn dafür die – von Lernbereich zu Lernbereich und Fach zu Fach verschiedenen – spezifischen schul- und bildungssprachlichen Kompetenzen vorhanden sind." (http://www.foermig.uni-hamburg.de/web/de/all/home/index.html) Die Förderung schul- und bildungssprachlicher Fähigkeiten unter Berücksichtigung der vorhandenen Ressourcen und Fähigkeiten der Lernenden setzt den Einsatz von adäquaten förderdiagnostischen Verfahren voraus. In den an FörMig beteiligten Projekten wurden

---

36 Vgl. wenn nicht anders angegeben: http://www.foermig.uni-hamburg.de/web/de/all/home/index.html; Zugriff: 26.06.2011.

daher Verfahren für den Elementar- und Primarbereich sowie den Übergang Sek. I-Berufsschule (weiter-)entwickelt oder erprobt. Zudem wurden Konzepte der Förderung erarbeitet, die an die Diagnoseergebnisse so gut wie möglich anschließen. Dabei bezieht FöRMiG mit seinem Ressourcen orientierten Ansatz die Förderung in der Erstsprache der Kinder und Jugendlichen ein und zwar sowohl in der Sprachdiagnostik als auch in Sprachfördermaßnahmen und im Regelunterricht. Neben dieser inhaltlichen Schwerpunktsetzung hat FöRMiG besonders im Bereich der Schul- und Unterrichtsentwicklung einschlägige Konzepte auf den Weg gebracht. Im Zentrum steht die „Durchgängige Sprachbildung", d.h. einer Sprachbildung, die Institutionen übergreifend getragen wird:

> Der kumulative Aufbau schul- und bildungsrelevanter sprachlicher Fähigkeiten erfordert es, dass möglichst alle an der Sprachförderung Beteiligten zusammenwirken. Die Zusammenarbeit von Schule, Elternhaus und außerschulischen Einrichtungen ist daher ein Kennzeichen der an FöRMiG beteiligten Projekte. Im Kontext der schulischen Sprachbildung gehört die Mitwirkung von Lehrkräften verschiedener Lernbereiche bzw. Fächer zu den Besonderheiten der Förderung im Rahmen von FöRMiG. Es ist Teil der Aufgaben der Projekte in den Ländern, solche Zusammenarbeit zu stiften und die Beteiligten dabei zu unterstützen, im Sinne des gemeinsam verabredeten Konzepts zusammenzuwirken. Dabei sollen egionalspezifische Bedingungen berücksichtigt und lokale Ressourcen ermittelt und einbezogen werden.[37]

Im Vordergrund steht folglich das Übergangsmanagement. FöRMiG setzte daher an den drei besonders prekären Übergangsstellen in Bildungsbiographien an, a) am Übergang von der elementaren Bildung (Vorschulklassen der Grundschule, Kindertageseinrichtungen anderer Träger) zur Schule,

---

37 In Bremen wurden die Projekte „Erzählwerkstatt" (Grundschule), „Performative Spiele" (Sek. I.) und „SuS" (Übergang Schule-Beruf) mit einer Laufzeit von je drei Jahren durchgeführt. Die Projekte beteiligten sich an der Gesamtevaluation von FöRMiG. Das Projekt „Performative Spiele" wurde darüber hinaus mit Mitteln des BMBF durch den Arbeitsbereich Interkulturelle Bildung (FB12) der Universität Bremen evaluiert. Die Evaluation konnte keine wesentlichen Fördereffekte bei den Schülerinnen und Schülern nachweisen, die Methode der ‚Performativen Spiele' wurde jedoch von den für den Einsatz geschulten Lehrerinnen und Lehrern in qualitativen Interviews als innovativ und unterstützend für die mündliche Sprachförderung in Klassen mit hohem Anteil von Sprechern des Deutschen als Zweitsprache wahrgenommen (vgl. Sobat 2009). Keines der Projekte entwickelte jedoch nachhaltige Wirkung im Sinne einer Umsetzung in die Fläche und einer Übernahme in Regelkonzepte.

b) am Übergang von der Grundschule zur Sekundarstufe I (in Berlin und Brandenburg: Klasse 6 zu Klasse 7; übrige Länder: Klasse 4 zu Klasse 5) undc) am Übergang von den verschiedenen Schulformen der Sekundarstufe I in die Sekundarstufe II – vor allem: in das berufsbildende System mit seinen vielfältigen Differenzierungen (vgl. FÖRMIG 2009: 18).[38] Diesem Schwerpunkt liegt zum einen die Tatsache zugrunde, dass sich bildungssprachliche Kompetenz nur langsam entwickelt, weshalb Fördermaßnahmen früh begonnen und durch die gesamte Ausbildung fortgesetzt werden müssen. Zum anderen stellt jede Ausbildungsphase Schülerinnen und Schüler vor eine neue sprachliche Herausforderung. Dieses gilt nicht nur für das allgemeinbildende Schulsystem, sondern auch für den Übergang in die berufliche Bildung bzw. den Beruf.

Im Gegensatz zu QUIMS, wo die Kooperationen immer von der Schule ausgehen, gelten bei FÖRMIG die so genannten „Basiseinheiten", die die Schnittstellen im Bildungssystem überbrücken sollen, als Ausgangspunkt. Hierbei handelt es sich um einen Zusammenschluss mehrerer Bildungseinrichtungen – immer auch unter Einbezug von Schule – unter Federführung einer Institution in einer Region mit so genannten „strategischen Partnern", die in die Sprachbildungsmaßnahme im engeren Sinne eingebunden sind. Grundlage der Arbeit sind Zielvereinbarungen, in der die Beteiligten ihren Ansatz der sprachlichen Förderung konkretisieren und sich bereit erklären, ihn kontinuierlich weiterzuentwickeln. Flankiert wird die Arbeit durch Maßnahmen, mit denen Erfahrungen und Ergebnisse transferiert werden können. Die Basiseinheiten tragen zur Entwicklung eines regionalen Beratungs- und Unterstützungssystems bei, z.B. durch Qualifizierung von Multiplikatoren und lokaler Öffentlichkeitsarbeit. Mit den „Strategischen Partnern", die daran mitwirken, die Sprachbildungsmaßnahmen selbst zu unterstützen, zu stärken und zu verstetigen, wird im Idealfall aus der „Basiseinheit" ein „regionales Sprachbildungsnetzwerk" (FÖRMIG 2009: 7) im Rahmen einer „Entwicklungspartnerschaft"."[39]

---

38 Der Bericht wurde dem Projektteam durch die Senatorische Behörde für Bildung und Wissenschaft, die als Partnerin in FÖRMIG den Bericht vor der Veröffentlichung durch die Gesamtkoordination zugeschickt bekam, zur Verfügung gestellt.

39 Vgl. [URL: http://www.blk-foermig.uni-hamburg.de/web/de/all/prog/stru/be/index.html]; Zugriff: 29.06.2011.

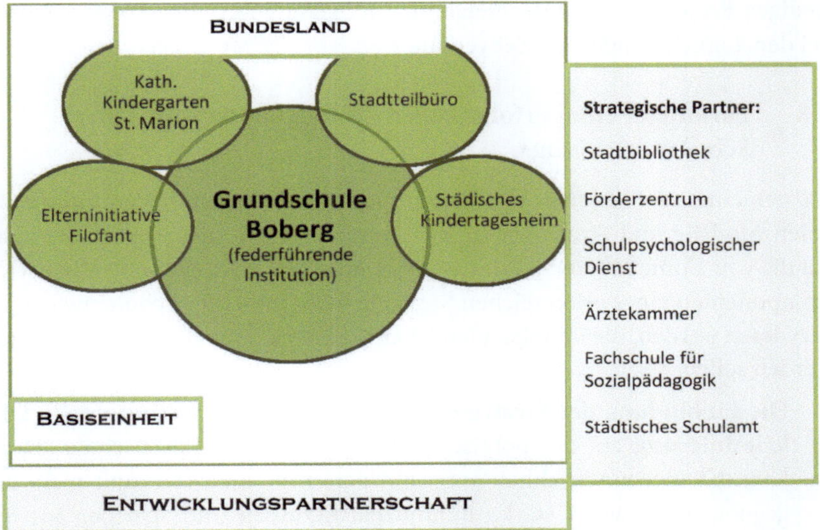

Abb. 3: Modell eines „Regionalen Sprachbildungsnetzwerkes" in FöRMIG nach Institut für International und Interkulturell Vergleichende Erziehungswissenschaft der Universität Hamburg, 2005[40]

Das Projekt wurde von einer breiten Publikationstätigkeit sowie intensivem Austausch im Rahmen von FöRMIG-Kongressen und bundesweiten Workshops begleitet und hat damit zu einer Dissemination der Ansätze, einer praktischen und wissenschaftlichen Professionalisierung der Beteiligten sowie zu einer Belebung des Diskurses über den Umgang mit DaZ und Mehrsprachigkeit geführt. Seit Abschluss des BLK-Projektes ist an der Erziehungswissenschaftlichen Fakultät der Universität Hamburg ein FöRMIG-Kompetenzzentrum etabliert worden, das der Nachhaltigkeit der FöRMIG-Strategie dient. Alle Teilprojekte wurden sowohl durch die Länder selbst wie auch durch die Hamburger Leitung von FöRMIG qualitativ und quantitativ evaluiert. Die Evaluation orientierte sich dabei nicht an dem Design einer „klassischen Interventionsstudie" mit Einbezug von Non-Treatment- Kontrollgruppen[41], sondern an einem Vergleich der teilnehmenden Projekte im Hinblick auf die Erreichung des je-

---

40 Vgl. [URL: http://www.blk-foermig.uni-hamburg.de/web/de/all/prog/stru/be/index.html]; Zugriff: 29.06.2011.

41 Zur Rechtfertigung des Designs siehe Schwippert/Klinger/Gogolin (2009).

weiligen Projektziels und die Steigerung der geförderten Sprachkompetenzen bei den Teilnehmenden im Zeitverlauf.[42]

3.8 Parameter einer erfolgreichen Strategie Interkultureller Schulentwicklung

Als gemeinsame Merkmale der hier vorgestellten internationalen und nationalen Modelle und Strategien zu interkulturellen Öffnung von Schule kann auf die von Gomolla (2005), Rüesch (1999) und Mächler (2008) identifizierten Komponenten einer erfolgreichen Strategie interkultureller Schulentwicklung verwiesen werden, die im folgenden Überblick noch einmal zusammen gefasst werden sollen:

– Die **Einbindung der Strategie in Initiativen gegen institutionelle Diskriminierung** auf der politischen Ebene, denn die Einzelschule alleine kann Chancenungleichheit aufgrund der ethnischen Herkunft nicht begegnen, sie braucht starke Bündnispartnerinnen und -partner auf der politischen Ebene (vgl. Gomolla 2005: 268). Vorbildcharakter wird hier eindeutig dem Education-Leeds-Schulmodell zugeschrieben mit seinen Richtlinien des Ethnic Minority Achievement Grant, da hier die Initiative einen Teil staatlicher Antidiskriminierungspolitik darstellt und die Schulen in die Pflicht nimmt, institutionelle Diskriminierungsmechanismen entlang ethnischer Zugehörigkeit aufzuspüren und mit entsprechenden Maßnahmen zu bekämpfen. An diesem Beispiel wird deutlich, dass sich die Schulqualität nicht in fachlichen Leistungen von Schülerinnen und Schülern erschöpft, sondern auf der institutionellen und bildungspolitischen Ebene zum Ausdruck gebrachte grundlegende Werthaltungen und Einstellungen miteinschließt.

– Die **Einbeziehung von Themen der Heterogenität der Schülerschaft sowie ethnischer und sozialer Ungleichheit in laufende Reformvorhaben,** die sich auch explizit auf organisatorische Strukturen und Arbeitsweisen der Schulen beziehen. Die Berücksichtigung dieses Aspektes wird förmlich

---

42 Im Hinblick auf den dezidiert Bilingualität befürwortenden und stärkenden Ansatz sowie bezüglich des Evaluationsdesigns kam es zwischen den projektverantwortlichen Erziehungswissenschaftlerinnen und Erziehungswissenschaftlern (Gogolin, Neumann, Roth, Reich) und dem Soziologen Hartmut Esser zu einer Kontroverse, die nachzulesen ist in Gogolin/Neumann (Hrsg.) (2009) (vgl. hierzu auch ausführlich Kapitel 5.4).

zum Lakmustest für die Qualität des gesamten Konzeptes (vgl. Gomolla 2005: 268),

– Die **Entwicklung von Curricula und Lehrplänen**, mit denen alle Kinder und Jugendlichen, ob mit oder ohne Migrationshintergrund, auf das Leben in einer pluralen, demokratisch verfassten Gesellschaft vorzubereiten sind. Die Auseinandersetzung mit ethnischer Gleichheit, Diskriminierung und rassistischer Gewalt sind Prinzipien, die in den Strukturen und Arbeitsweisen der Schule zu verankern sind (vgl. Gomolla 2005: 271).

– Die **Zentrierung der interkulturellen Schulentwicklung auf die Bedingungen und Prozesse schulischen Lernens**, wobei QUIMS hier als besonders vorbildlich hervorzuheben ist. Eine an der Heterogenität der Schülerinnen und Schüler orientierte Unterrichtsgestaltung im Rahmen interkultureller Schulentwicklung steht für die Hinwendung zum einzelnen Lernenden unter Berücksichtigung seiner individuellen Ausgangslagen für Lernprozesse und eine Reorganisation der methodisch-didaktischen Gestaltung des Unterrichts. Sie soll letztlich eine Zuordnung von Schülerinnen und Schülern, die den Normalitätserwartungen der Lehrenden weniger entsprechen, zu weniger anspruchsvollen Schulformen entgegen wirken.

– Da gute Unterrichtsentwicklung und regelmäßige fachliche Zusammenarbeit, eine gemeinsame Zielorientierung und ein gutes pädagogisches Klima sich wechselseitig bedingen, ist eine **Gesamtstrategie** notwendig, die „die verschiedenen Handlungsebenen innerhalb einer Schule – vom Unterricht der einzelnen Lehrpersonen über die Zusammenarbeit in Lehrerteams bis hin zur Verankerung der Schule im Quartier – gleichzeitig [erfasst] […]. Es braucht eine Organisationsentwicklung, die die Schule als Ganze verändert und die fachliche Zusammenarbeit unter den Lehrpersonen systematisch fördert („Professionelle Lerngemeinschaften"). Die lokalen Projektträger benötigen für diese Aufgaben der Schulentwicklung, die für sie neu und ungewohnt sind, entsprechende Beratung, Ausbildung und Ressourcen" (Mächler 2008).

– Die **Etablierung eines breit vernetzten Equality-Management** mit Anreizen, Unterstützungs- und Kontrollsystemen, um eine interkulturelle Schulentwicklung zu institutionalisieren. Denn engagierte pädagogische Entwicklungsarbeit erfordert im Umgang mit Heterogenität inhaltlich-pädagogische und methodische Vorgaben und Hilfen in Schulen, qualifizierte

Begleitung und Beratung, gezielte Fortbildungen, den Einbezug unabhängiger Expertinnen und Experten sowie längerfristige Perspektiven (vgl. Gomolla 2005: 269f.). Am Beispiel des QUIMS-Programms kann gezeigt werden, wie ein weitgehend standardisiertes Konzept zur interkulturellen Schulentwicklung mit dem Ziel der Outputorientierung in die Regelabläufe der Schule verbindlich implementiert werden kann, ohne dabei die spezifische Ausgangslage der Einzelschule zu vernachlässigen. Die Implementierung der angebotenen QUIMS-Instrumente, die zur systematischen Qualitätsverbesserung im Schulbereich beitragen, wird von einer/einem qualifizierten QUIMS-Beauftragten über einen längeren Zeitraum begleitet. Das Volksschulamt kontrolliert dagegen die zielgebundene Ausgabe von Fördermitteln.

– Die **systemisch aufeinander aufbauende Kompetenzvermittlung im Umgang mit Heterogenität im Kontext der Personalentwicklung** bzw. **die Professionalisierung des Handelns der Lehrenden** erweist sich als entscheidendes Instrument für die Qualitätssicherung und -steigerung, denn Lehrerinnen und Lehrer sind die zentralen Akteurinnen und Akteure, die pädagogische Prozesse im Schulalltag initiieren und anleiten. „Neben einem Grundwissen in Schlüsselthemen der interkulturellen Bildungsforschung im Rahmen spezieller Ausbildungsmodule kommt es auch auf eine stärkere Verschränkung von Aspekten der sprachlichen und soziokulturellen Heterogenität und Gleichheit mit den Mainstream-Themen der Ausbildung an. Erforderlich ist ferner die Vermittlung der entsprechenden Kompetenzen zur Teamarbeit, zur gemeinsamen Praxisreflexion und zur methodischen Umsetzung von Schulentwicklung" (Gomolla 2005: 270). Erforderlich sind darüber hinaus zielgruppenorientierte Bildungsangebote zur Weiterqualifizierung für das Leistungspersonal oder die Schulberatung. Die Schulleitung hat im Prozess der interkulturellen Schulentwicklung eine Schlüsselrolle, denn sie übernimmt alle Aufgaben und Funktionen, die mit der normativen und strategischen Steuerung der Gesamtorganisation verbunden sind und schafft Entwicklungsspielräume zur Erprobung und Implementierung von schulischen Veränderungsprozessen. Die Unterstützung der professionellen Weiterentwicklung des pädagogischen Personals wird in diesem Zusammenhang nicht als eine punktuelle Intervention verstanden, sondern als eine kontinuierliche Daueraufgabe.

- Die **Etablierung einer gesamtschulischen Spracharbeit** – unterstützt durch Sprachspeziallehrkräfte ist ein zentrales Werkzeug zum Abbau von ethnischer Diskriminierung. Spracharbeit sollte mit der lokalen Unterrichtsentwicklung verknüpft werden und somit die Trennung zwischen additiven Fördermaßnahmen, Muttersprachlichem Unterricht und Regelunterricht überwinden (vgl. Gomolla 2005: 269).

4. Bildungspolitische Grundlagen für die interkulturelle Öffnung des Bremer Schulsystems

Im November 2008 hat der Bremer Senat die *Charta der Vielfalt* unterschrieben.[43] Zielsetzung ist die umfassende Diversitätsorientierung städtischer und privater Betriebe und Ämter, wobei explizit die Berücksichtigung und der wertschätzende Umgang mit den Diversitätsdimensionen „Geschlecht, Rasse, Nationalität, ethnische Herkunft, Religion, Weltanschauung, Behinderung, Alter, sexuelle Orientierung und Identität" genannt werden. Dies impliziert auch eine interkulturelle Öffnung und übergeordnete interkulturelle Unternehmens- bzw. Institutionenstrategie. Auch wenn die Charta der Vielfalt sich zunächst explizit auf Unternehmen bezieht, kann sie als Diversity-Orientierung, der sich der Bremer Senat verschrieben hat, auch auf Schulen als städtische Einrichtungen übertragen werden. Ziel ist die Schaffung eines „Klimas der Akzeptanz und des gegenseitigen Vertrauens", in dem die Nutzung der vielfältigen Potentiale der Mitarbeiterinnen und Mitarbeiter möglich wird. Hierbei wird Führungskräften und Vorgesetzten eine besondere Verpflichtung zugeschrieben. Diese werden angeregt, auch im Bereich der Personalentwicklung darauf zu achten, dass die genannte Vielfalt im Personal bekannt gemacht, akzeptiert und repräsentiert wird.

Interkulturelle Öffnung als Zielsetzung für den gesamten Öffentlichen Dienst Bremens wird im 2. Umsetzungsbericht „Sachstandsmitteilung zur Umsetzung der Handlungsziele der Konzeption zur Integration von Zuwanderern und Zuwanderinnen im Lande Bremen 2007-2011 (Stand 31.12.2009) explizit benannt. Auffällig ist, dass in diesem Bericht Aspekte von Migration und Schule ausschließlich unter Punkt 4 als „Leitbild Integration durch Sprache und Bildung" aufgeführt werden. Hier ist von vorschulischer Erziehung, Eltern- und Familienbildungsarbeit, Schulischer Bildung und Sprachförderung für Neuzuwanderer und bereits länger hier lebende Migrantinnen und Migranten die Rede, jedoch erfolgt keine Verknüpfung zur Idee der interkulturellen Öffnung von Schule.[44]

Konkrete Hinweise auf die vorgesehene Berücksichtigung von einzelnen Aspekten interkultureller Öffnung finden sich in zentralen bildungs-

---

43 Vgl. [URL: http://www.charta-der-vielfalt.de]; Zugriff: 29.06.2011.

44 Diese erfolgt, so ist dem Umsetzungsbericht von 2009 zu entnehmen, in Bremen bislang schwerpunktmäßig im Bereich der Polizei.

politischen Dokumenten Bremens der letzten vier Jahre. Vor dem Hintergrund der vorgestellten bildungspolitischen Empfehlungen auf internationaler, europäischer und bundesweiter Ebene sollen im Folgenden der Bremer Schulentwicklungsplan von 2008, das Schulgesetz von 2009, der Entwicklungsplan Inklusion von 2010 sowie der Bremer Orientierungsrahmen Schulqualität von 2007 daraufhin untersucht werden, wie sie den Umgang mit sprachlicher, ethnischer und kultureller Heterogenität sowie Interkulturelle Bildung thematisieren. Diese genannten Dokumente bilden nicht zuletzt den bildungspolitischen Rahmen, vor dem die aktuellen Bremer Maßnahmen und Projekte im Bereich der ‚Migrantenförderung' und ‚interkulturellen Öffnung von Schule' zu verstehen sind.

4.1 Umgang mit sprachlicher, ethnischer und kultureller Heterogenität sowie interkulturelle Öffnung im Bremer Schulentwicklungsplan 2008

Der Bremer Schulentwicklungsplan von 2008, mit dem die eingangs geschilderte, tiefgreifende Schulstrukturänderung verbunden ist, greift das Handlungsfeld des Umgangs mit migrationsbedingter kultureller, sprachlicher und ethnischer Vielfalt an vielen Stellen auf und benennt hier allgemeine Handlungsziele. Die Änderungen im Bremer Schulsystem geschehen vor dem Hintergrund eines umfassenden Heterogenitätsbegriffs, der nicht auf kulturelle oder sprachliche Voraussetzungen reduziert wird.

Im Themenfeld der migrationsbedingten kulturellen Vielfalt konzentriert sich die bildungspolitische Debatte um die Verbesserung der Bildungsbeteiligung von Kindern mit Migrationshintergrund auf den Bereich der Sprachförderung. Bremen hat, wie alle anderen Bundesländer auch, im Rahmen der Qualifizierungsinitiative für Deutschland (2008) zugesagt, bis zum Jahr 2010 verbindliche Sprachstandsfeststellungen und bis zum Jahr 2012 eine intensivierte Sprachförderung der Kinder rechtzeitig vor Eintritt in die Schule sicher zu stellen. Hier wurden ganz konkrete Schritte unternommen (siehe Kapitel 6), deren Verbindung zum Gesamtkonzept der interkulturellen Öffnung im Folgenden diskutiert werden soll.

In zwei der im Schulentwicklungsplan 2008 als prioritär identifizierten Handlungsfelder wird explizit auf die Fördernotwendigkeit von Schülerinnen und Schülern mit Deutsch als Zweitsprache bzw. mit Migrationshintergrund Bezug genommen. Im prioritären Handlungsfeld Die Chancen frühen

Lernens nutzen wird der Bezug zu Sprachstandsfeststellung und Sprachförderung vor der Schulpflicht ausdrücklich nicht nur auf die Gruppe der Kinder mit Migrationshintergrund beschränkt, die gleichwohl diesbezüglich einen Schwerpunkt bildet (vgl. SfBW 2008a: 37). Betont wird die integrierte Form der Sprachförderung, ergänzt durch additive Maßnahmen für besonders förderbedürftige Kinder. Zur nachhaltigen Implementierung von Sprachförderkonzepten werden als konkrete Maßnahmen in Kindertagesstätten und Grundschulen Sprachberaterinnen und Sprachberater eingesetzt. In sozial benachteiligten Stadtteilen werden die Klassenfrequenzen gesenkt (nicht mehr als 22 Kinder pro Klasse) und additive Mittel für sozialintegrative Maßnahmen zugewiesen. Breiten Raum nimmt das Thema im Gliederungspunkt 4.2.1 Mit Heterogenität umgehen – professionell fördern (vgl. ebd.: 47) ein. Dies steht im Zusammenhang mit der Überschrift ‚Unterrichtsentwicklung – Integrative Pädagogik – Förderung‘.

Der im Bremer Schulentwicklungsplan verwendete Heterogenitätsbegriff zeichnet sich durch ein weites und differenziertes Verständnis aus und beinhaltet verschiedene Differenzlinien, anhand derer die Normalität der Verschiedenheit der Schülerinnen und Schüler betont wird. Der Heterogenitätsbegriff wird nicht nur, wie sonst im schulischen Kontext eher üblich, über die Faktoren Lernen und Leistung definiert, sondern die Diversitätsfaktoren Geschlecht, soziale und ethnische Herkunft spielen ebenfalls eine wichtige Rolle in Hinblick auf unterrichtliche und pädagogische Entscheidungen. So heißt es dort etwa:

Heterogenität zeigt sich in der Schule nicht nur in unterschiedlichen kognitiven Potenzialen, sondern auch an Unterschieden in der emotionalen und sozialen Entwicklung der Persönlichkeit der Kinder, an geschlechtsbetonten Unterschieden ihrer Sozialisation, an unterschiedlichen Kompetenzen und der Beherrschung des Deutschen als Schulsprache, an unterschiedlichen körperlichen und gesundheitlichen Entwicklungen, Fähigkeiten und Beeinträchtigungen, an Erfahrungen der Kinder mit unterschiedlichen familiären Strukturen, kulturellen und ethnischen Hintergründen und nicht zuletzt an den damit verbundenen Lerninteressen und Lernmotivationen der Kinder (SfBW 2008a: 46).

Heterogenität wird dezidiert als „Chance" definiert, wenn sich eine Schule als „gute Schule" (Definition nach Deutschem Schulpreis) bezeichnen will (vgl. SfBW 2008a: 47). Der Schulentwicklungsplan verweist weiterhin auf eine Vielzahl von Projekten, die schulbezogen für die Förderung von Kindern und

Jugendlichen mit Migrationshintergrund mit Unterstützung der Senatorin für Bildung und Wissenschaft durchgeführt werden (siehe auch Kapitel 6 dieser Expertise) und hebt diese damit in den Rang langfristiger Maßnahmen (vgl. ebd.: 50).

Um den heterogenen Lernvoraussetzungen der Schülerschaft gerecht zu werden, sollen Lehrerinnen und Lehrer durch Fortbildungen für einen kompetenten Umgang mit Heterogenität qualifiziert werden (vgl. ebd.: 47f.). An vorderster Stelle steht die Individualisierung des Lernens, also eine stärkere Konzentrierung auf die Lernentwicklung der einzelnen Schülerinnen und Schüler,[45] die des Erwerbs von diagnostischen und didaktischen Kompetenzen bedarf (vgl. SfBW: 47f.). Hier wird explizit das Landesinstitut für Schule (LIS) als Institution benannt, die ab dem Schuljahr 2009/10 Fortbildungsprogramme mit den entsprechenden Schwerpunkten sowie eine Lernwerkstatt zur Erarbeitung und Erprobung entsprechender Unterrichtsmaterialien einrichten soll. Dabei sollte darauf geachtet werden, dass sich Heterogenität und Individualisierung in einem Spannungsverhältnis zueinander befinden. Wenn in Klassen mit einem hohen Anteil von Schülerinnen und Schülern mit Deutsch als Zweitsprache durch eine Überbetonung individueller Lernformen nicht mehr genügend Möglichkeiten zur Kommunikation auf bildungssprachlichem Niveau gegeben werden, zeichnet sich hier eine Benachteiligung der Schülerinnen und Schüler ab, für die die Schule einer der wenigen Orte ist, diese Varietät der deutschen Sprache angemessen zu erlernen. Für das Personal bzw. angehende Lehrerinnen und Lehrer wird formuliert: „Die Lehrerausbildung in Bremen soll den angehenden Lehrerinnen und Lehrern neben der fachlichen Qualifikation fundierte interkulturelle Kompetenzen vermitteln. Der Anteil von Lehrkräften, ErzieherInnen oder Sozialarbeiterinnen [und -arbeiter] mit Migrationshintergrund soll deutlich erhöht werden" (ebd.: 53).

Der Bremer Schulentwicklungsplan enthält darüber hinaus explizit Hinweise auf Konzepte der Sprachförderung und Förderung von Migrantinnen und Migranten. Alle Kinder, die Defizite in der deutschen Sprache aufweisen, sollen eine durchgängige integrierte Sprachförderung erhalten, die ihnen eine gleichberechtigte Teilnahme am Unterricht und an Bildung ermöglicht. Die Länder verstehen dies als Aufgabe aller Lehrerinnen und Lehrer und aller Fächer (vgl. SfBW 2008a: 49f.). Um den Prozess der durchgängigen und

---

45 Dieser Aspekt wird als „neue Lehr- und Lernkultur" definiert und bezieht die „Interessen und Stärken der Lernenden" (vgl. SfBW 2008a: 48).

integrierten Sprachförderung zu befördern, sind in Bremen seit Beginn des Schuljahrs 2010/11 nach dem Hamburger Modell an allen Schulen Sprachberaterinnen und -berater im Einsatz, die als Multiplikatorinnen und Multiplikatoren im Kollegium fungieren sollen (vgl. Kapitel 6). Daneben werden „im Rahmen eines auf Nachhaltigkeit und Kontinuität gerichteten Sprachförderungskonzeptes [...] zielgruppenspezifisch sprachunterstützende Maßnahmen in allen Schulformen und auf allen Schulstufen durchgeführt" (ebd.: 49) wie z.B. Vorkurse, sozialintegrative Maßnahmen, Sommercamps, Mercator-Förderprojekt, Start-Stipendien.[46] Die durchgängige Sprachförderung soll ihren Niederschlag auch in der fach- und berufsbezogenen Sprachförderung finden.

Auch die Bedeutung der Mehrsprachigkeit für alle Kinder und Jugendlichen wird anerkannt, wobei die Herkunfts- und Familiensprachen ausdrücklich eingeschlossen werden. Dies wird, so der Schulentwicklungsplan, bereits jetzt durch ein „flächendeckendes Angebot" an Unterricht in der Muttersprache (teilweise auch abgedeckt durch die jeweiligen Konsulate) gewährleistet, wobei an einzelnen Schulen auch Türkisch, Russisch oder Polnisch als zweite Fremdsprache gelehrt werden. Im Hinblick auf Interkulturelle Bildung und Interkulturelle Kompetenz, zwei zentrale Elemente interkultureller Öffnung von Schule, finden sich im Schulentwicklungsplan verschiedentlich Hinweise darauf, dass hier Handlungsbedarf gesehen wird, die damit verbundenen Entwicklungsziele bleiben jedoch sehr vage, wenn es heißt: „Die allgemeine schulische Vermittlung interkultureller Kompetenzen hat das Ziel, gesellschaftliche Integration im ‚Kleinen', Zwischenmenschlichen, im Alltag zu unterstützen" (SfBW 2008a: 52). Es eröffnet sich viel Interpretations- und Handlungsspielraum zur inhaltlichen, methodischen und konzeptionellen Präzisierung dieses Entwicklungsziels, der im Kapitel 5 dieser Publikation für die Formulierung entsprechender Handlungsempfehlungen genutzt werden wird. Der Hinweis darauf, dass die Lehrerausbildung in Bremen „den angehenden Lehrerinnen und Lehrern neben der fachlichen Qualifikation fundierte interkulturelle Kompetenzen vermitteln" soll, verweist auf die Notwendigkeit, die Lehrerinnen und Lehrer für die im Entwicklungsziel angesprochene Aufgabe zu qualifizieren, vernachlässigt aber die Frage der Nach- und Weiterqualifizierung von bereits im Schuldienst tätigen Lehrerinnen und Lehrern in diesem wichtigen Kompetenzbereich. Wenn im Zusammenhang

---

46 Die hier benannten Projekte und Maßnahmen werden im Folgenden noch genauer beschrieben und bewertet.

mit der hohen Wiederholer-, Schulabbrecher- und Quote der Abgänger ohne Schulabschluss unter den (insbesondere männlichen) Schülerinnen und Schülern mit Migrationshintergrund ein Hinweis auf eine notwendige „mentale Umstellung auf eine den individuellen Förder- und Stützaspekt stärker berücksichtigende Schulkultur", die sich im Zeitverlauf entwickeln müsse (ebd.: 51) erfolgt, kann vermutet werden, dass damit implizit auch die Entwicklung eines Bewusstseins für die interkulturelle Öffnung von Schule gemeint sein könnte. Diese müsste allerdings primär durch Schulleitungen befördert werden, die selbst über eine entsprechende Sensibilität und Kompetenz verfügen.

Für die Überprüfung des Ziels, die Angleichung der Bildungsbeteiligung von Kindern mit Migrationshintergrund an den Gesamtdurchschnitt aller Schülerinnen und Schüler zu erreichen, beteiligt sich der Bremer Senat an der Qualifizierungsoffensive des Bundes. Darüber hinaus werden die Übergangsquoten der Schülerinnen und Schüler mit Migrationshintergrund systematischer als bisher erfasst (Aufbau eines Monitoring-Systems). Hervorzuheben ist der Hinweis in den Entwicklungszielen zu dem Handlungsfeld Umgang mit Heterogenität, dass die Förderung von Schülerinnen und Schülern mit Migrationshintergrund „zunehmend im Rahmen des schulischen Umgangs mit Heterogenität integriert erfolgen" (SfBW 2008a: 52) soll und damit nicht als gesonderte (additive) Aufgabe betrachtet wird.

Im Bereich der Zusammenarbeit mit Eltern mit Migrationshintergrund werden vor allem Projekte wie Rucksack, Mama lernt Deutsch, Muttersprachliche Elternlotsen und das Familienorientierte Integrationstraining[47] als Programme genannt, die die Zusammenarbeit von Schulen mit Eltern mit Migrationshintergrund unterstützen (vgl. SfBW 2008a: 52). Auch wenn die Programme in Kooperation mit der Sozialbehörde an vielen Bremer Schulen durchgeführt werden, so sind sie keine flächendeckenden Regelmaßnahmen, die in das Selbstverständnis von Schulen integriert sind. Eine rechtliche und systematische Implementierung der Beteiligung von Eltern mit Migrationshintergrund stellen diese daher noch nicht dar. Hier ist auf das Beispiel von Berlin hinzuweisen, wo rechtsverbindlich an Schulen mit mehr als 50 Kindern mit Migrationshintergrund mindestens ein Elternteil im Elternbeirat der Schule einen Migrationshintergrund haben sollte (vgl. SfAS 2007: 36).

---

47 Diese Projekte und Maßnahmen werden unter 5.5 genauer beschrieben und im Hinblick auf ihren Beitrag zur interkulturellen Schulentwicklung bewertet.

Auf dieser Grundlage wird in den Empfehlungen Nr. 7 ein „Sprach-förderkonzept" (vgl. SfBW 2008a: 52ff.) anhand von acht zentralen Punkten skizziert, die im Kapitel 5 dieser Expertise gesondert aufgegriffen, auf ihre Umsetzung in bestehenden Angeboten und Maßnahmen überprüft werden und durch Handlungsempfehlungen konkretisiert werden sollen.

4.2 Umgang mit sprachlicher, ethnischer und kultureller Heterogenität in der Schule sowie Interkulturelle Bildung im Bremer Schulgesetz von 2009

Im Bremischen Schulgesetz (vom 01.09.2009) finden sich zahlreiche Para-graphen, die auf die soziale, kulturelle und religiöse Vielfalt in der Schule hinweisen und der Schule die Aufgabe zuweisen, diese zu berücksichtigen. In der Neufassung von 2009 (davor zuletzt geändert 2005) wird ein besonderer Akzent auf das inklusive Lernen gelegt. Ein im Folgenden vorgenommener Vergleich entsprechender Paragraphen beider Gesetzestexte zeigt, dass in den letzten vier Jahren ein deutlicher inhaltlicher Wandel im bildungspolitischen Diskurs um die Berücksichtigung von Diversität in der Schule stattgefunden hat, der sich im Schulgesetz niederschlägt. Geprägt sind die Änderungen ge-genüber dem Jahr 2005 durch die Ausrichtung des Bremer Schulsystems auf die schrittweise Realisierung einer voll inklusiven Schule, welche die Auflö-sung der Förderzentren und die Integration von Schülerinnen und Schülern mit unterschiedlichen Beeinträchtigungen in das Regelschulsystem vorsieht. Vor diesem Hintergrund wurde im Schulgesetz von 2009 das Verständnis der Bremer Schulen als inklusive Schulen wie folgt bestimmt, wobei die Definition von Inklusion unterschiedlichste Diversitätsdimensionen umfasst und nicht auf Schülerinnen und Schüler mit einer Beeinträchtigung (d.h. mit sonderpä-dagogischem Förderbedarf) beschränkt ist:

Fassung 2009 § 3

(4) Bremische Schulen haben den Auftrag, sich zu inklusiven Schulen zu ent-wickeln. Sie sollen im Rahmen ihres Erziehungs- und Bildungsauftrages die Inklusion aller Schülerinnen und Schüler unabhängig von ihrer ethnischen Herkunft, ihrer Staatsbürgerschaft, Religion oder einer Beeinträchtigung in das gesellschaftliche Leben und die schulische Gemeinschaft befördern und Ausgrenzungen Einzelner vermeiden.

In einem dann folgenden Paragraphen wird gegenüber der Fassung aus dem Jahr 2005 der Begriff der „ausländischen Schülerinnen und Schüler" durch

„Schülerinnen und Schüler mit Migrationshintergrund" ersetzt und ein Absatz 3 hinzugefügt, in dem das Ziel der Chancengerechtigkeit im Bildungswesen betont wird im Hinblick auf den Abbau sozialer und geschlechtsbezogener Benachteiligung auch in der Berufsorientierung und -ausbildung.

Fassung 2005 § 4

(3) Die Schule hat die Aufgabe, gegenseitiges Verständnis und ein friedliches Zusammenleben in der Begegnung und der wechselseitigen Achtung der sozialen, kulturellen und religiösen Vielfalt zu fördern und zu praktizieren. Die Schule hat im Rahmen ihres Erziehungs- und Bildungsauftrages die Integration der ausländischen Schülerinnen und Schüler in das gesellschaftliche Leben und die schulische Gemeinschaft zu befördern und Ausgrenzung einzelner zu vermeiden.

Fassung 2009 § 4

(3) 1 Die Schule hat die Aufgabe, gegenseitiges Verständnis und ein friedliches Zusammenleben in der Begegnung und in der wechselseitigen Achtung der sozialen, kulturellen und religiösen Vielfalt zu fördern und zu praktizieren. 2 Die Schule hat im Rahmen ihres Erziehungs- und Bildungsauftrages die Integration der Schülerinnen und Schüler mit Migrationshintergrund in das gesellschaftliche Leben und die schulische Gemeinschaft zu befördern und Ausgrenzungen einzelner zu vermeiden. 3 Sie soll der Ungleichheit von Bildungschancen entgegenwirken und soziale Benachteiligungen abbauen sowie Voraussetzungen zur Förderung der Gleichberechtigung der Geschlechter schaffen. 4 Insbesondere im Rahmen der Berufsorientierung soll der geschlechtsspezifischen Ausgrenzung beruflicher Bereiche entgegengewirkt werden.

Der schulische Auftrag zur Bekämpfung von religiöser, weltanschaulicher und politischer Intoleranz wird gegenüber der Fassung aus dem Jahr 2005 erweitert, indem in Absatz 2.3 die Erziehung zur Gerechtigkeit und Gleichberechtigung der Geschlechter betont wird, sowie in 2.5 die Erziehung zur Teilhabe am kulturellen Leben und in 2.6 die Erziehung zum Verständnis für Menschen mit körperlichen, geistigen und seelischen Beeinträchtigungen. Hinzu gekommen ist ebenfalls die Erziehung zur Gewaltfreiheit und friedlichen Konfliktbearbeitung. Hier sind ganz offensichtlich öffentliche Diskurse über (auch ethnisch motivierte) Gewalt an Schulen und Differenzen im Verständnis zu Geschlechterrollen zwischen Jugendlichen mit und ohne Migrationshintergrund aufgegriffen worden. Mit dem Bildungs- und Erziehungsziel der Toleranz und Antidiskriminierung sowie dem Verständnis gegenüber anderen Völkern, ethnischen Minderheiten und Zugewanderten und dem Plädoyer für ein friedliches Zusammenleben werden Grundideen Interkultureller Bildung aufgegriffen, das Konzept selbst jedoch nicht explizit benannt.

Fassung 2005 § 5

(1) Die Schule hat ihren Auftrag gemäß Satz 1 gefährdenden Äußerungen religiöser, weltanschaulicher oder politischer Intoleranz entgegenzuwirken.

(2) Bildungs- und Erziehungsziele: „Die Schule soll insbesondere erziehen [...]

7. zum Verständnis für die Eigenart und das Existenzrecht anderer Völker sowie ethnischer Minderheiten und Zuwanderer in unserer Gesellschaft und für die Notwendigkeit friedlichen Zusammenlebens,

8. zur Achtung der Werte anderer Kulturen und der verschiedenen Religionen,

9. zur Bereitschaft, Minderheiten in ihren Eigenarten zu respektieren, sich gegen ihre Diskriminierung zu wenden und Unterdrückung abzuwenden.

Fassung 2009 § 5

(1) Die Schule hat ihren Auftrag gemäß Satz 1 gefährdenden Äußerungen religiöser, weltanschaulicher oder politischer Intoleranz entgegenzuwirken.

(2) Die Schule soll insbesondere erziehen:

3. zur Bereitschaft, sich für Gerechtigkeit und für die Gleichberechtigung der Geschlechter einzusetzen; [...]

5. zur Teilnahme am kulturellen Leben;

6. zum Verständnis für Menschen mit körperlichen, geistigen und seelischen Beeinträchtigungen und zur Notwendigkeit gemeinsamer Lebens- und Erfahrungsmöglichkeiten;

7. zum Verständnis für die Eigenart und das Existenzrecht anderer Völker sowie ethnischer Minderheiten und Zuwanderer in unserer Gesellschaft und für die Notwendigkeit friedlichen Zusammenlebens;

8. zur Achtung der Werte anderer Kulturen sowie der verschiedenen Religionen;

9. zur Bereitschaft, Minderheiten in ihren Eigenarten zu respektieren, sich gegen ihre Diskriminierung zu wenden und Unterdrückung abzuwehren,

10. zu Gewaltfreiheit und friedlicher Konfliktbearbeitung.

Fassung 2005 § 9

(2) Eigenständigkeit der Schule: Der Unterricht und das weitere Schulleben sollen so weit wie möglich für alle Schülerinnen und Schüler gemeinsam sein, eine Benachteiligung bestimmter sozialer, ethnischer oder kultureller Gruppen vermeiden und zum Abbau sozialer Schranken beitragen.

Der Absatz aus dem Jahr 2005 zur Vermeidung segregierten Unterrichts sowie Benachteiligung von sozialen, ethnischen oder kulturellen Gruppen wurde unverändert aufgenommen und durch eine explizite Verknüpfung mit der inklusionspädagogischen Grundorientierung ergänzt.

Fassung 2009 § 9

(2) Eigenständigkeit der Schule

1. Der Unterricht und das weitere Schulleben sollen für alle Schülerinnen und Schüler gemeinsam sein, eine Benachteiligung bestimmter sozialer, ethnischer oder kultureller Gruppen vermeiden und zum Abbau sozialer Schranken beitragen.

2. Inklusive Unterrichtung und Erziehung sollen Maßnahmen der individuellen Förderung und Herausforderung sowie des sozialen Lernens ausgewogen miteinander verknüpfen.

3. Die Förderung von behinderten Schülerinnen und Schülern soll im gemeinsamen Unterricht erfolgen.

Die Fassung des Schulgesetzes von 2009 enthält darüber hinaus einen Paragraphen 49 „Schülerinnen und Schüler mit Migrationshintergrund", der sich auf die Schülerinnen und Schüler mit Migrationshintergrund bezieht, die als Seiteneinsteiger bzw. -einsteigerinnen ins Bremische Schulsystem eingegliedert werden müssen. So heißt es dort:

Zur besseren Eingliederung von schulpflichtigen Schülerinnen und Schülern mit Migrationshintergrund in das bremische Schulwesen können durch Rechtordnung

1. besondere Vorschriften für die Aufnahme in die Schule und die endgültige Zuordnung des Schülers oder der Schülerin erlassen werden;

2. Abweichungen von den Versetzungsbestimmungen getroffen werden;

3. unbeschadet anderer Regelungen über die Berücksichtigung der Sprache des Herkunftslandes durch eine Prüfung festgestellte Note in der Sprache des Herkunftslandes an die Stelle der Note in einer Fremdsprache gesetzt werden, wenn in der Sprache des Herkunftslandes kein Unterricht erteilt werden kann. Für das Prüfungsverfahren finden die Bestimmungen des § 40 keine Anwendung. Geltungszeitraum ab 01.08.2005.

4.3   Umgang mit sprachlicher, ethnischer und kultureller Heterogenität in der Schule sowie Interkulturelle Bildung im Bremer Entwicklungsplan Inklusion von 2010

Der Entwicklungsplan Inklusion nimmt in seiner Empfehlung Nr. 5 explizit Bezug auf den auf der Grundlage dieser Expertise zu entwickelnden Entwicklungsplan „Migration und Bildung". Hier werden Anknüpfungsnotwendigkeiten zwischen einem zunächst auf sonderpädagogischen Förderbedarf fokussierten Inklusionsverständnis und dem angemessenen Umgang mit kultureller Vielfalt in der Schule betont, wenn es heißt:

> Der durch die Senatorin für Bildung und Wissenschaft in Auftrag gegebene Entwicklungsplan ‚Migration und Bildung' stellt in seinen konzeptionellen Ausführungen eine Verbindung her zum Schulgesetzauftrag zur Entwicklung inklusiver Schulen sowie zu relevanten Empfehlungen des Entwicklungsplans Inklusion. Der Entwicklungsplan ‚Migration und Bildung' bezieht auch relevante Empfehlungen des Berichtes ‚Multikulturelle Vielfalt und sonderpädagogische Förderung' der Europäischen Agentur für Entwicklungen in der sonderpädagogischen Förderung von 2009 ein (Entwicklungsplan Inklusion 2010: 14).

Damit wird die Aufgabe der Berücksichtigung intersektionaler Verknüpfungen zwischen der Dimension der sprachlich-kulturellen Pluralität und der Pluralität durch unterschiedliche körperliche und geistige Lernvoraussetzungen ausschließlich an den Entwicklungsplan Migration und Bildung delegiert. Die Chance einer Anbahnung dieser Verknüpfung im Rahmen des Entwicklungsplans Inklusion, der ja explizit ein weites Verständnis von Inklusion und Heterogenität im Sinne unterschiedlicher Verschiedenheit zugrunde legt, wird somit nicht genutzt. So beziehen die weiteren Betrachtungen eine explizite Verknüpfung der beiden Diversitätsdimensionen „Migrationshintergrund" und „sonderpädagogischer Förderbedarf" als Frage der spezifischen Unterstützungsbedarfe von Kindern mit Migrationshintergrund und sonderpädagogischem Förderbedarf an keiner Stelle ein, wie es etwa im Bericht „Multikulturelle Vielfalt und sonderpädagogische Förderung" (vgl. Kap. 2.2) gefordert wird. Dies blendet die Tatsache aus, dass „im Europäischen Vergleich" (wie auch in Bremen) in der Gruppe der Schülerinnen und Schüler, bei denen sonderpädagogische Förderbedarf aufgrund von Lernschwierigkeiten und Verhaltensauffälligkeiten diagnostiziert wird, „überwiegend Schülerinnen und Schüler mit Migrationshintergrund vertreten (60-80%) sind" (Europäische Agentur 2009: 61). Implizit werden jedoch auch im Bremer Entwicklungsplan Inklusion über die Verwendung des Begriffs der Heterogenität Verknüpfungen hergestellt. So finden sich zahlreiche Hinweise auf die Notwendigkeit, den Umgang mit Heterogenität in der Schule zu verbessern, z.B. im Hinblick die Entwicklung einer „Didaktik der Heterogenität" (Empfehlung Nr. 10). Der Entwicklungsplan Inklusion stellt einen unmittelbaren Zusammenhang zwischen dem für das inklusive System explizit geforderten „hochwertigen Unterricht" und dem adäquaten „Umgang mit Heterogenität" her. Mit Verweis auf den Bremer Orientierungsrahmen Schulqualität (2007) betont er, dass im Rahmen von Unterrichtsentwicklung in heterogenen Kontexten, „die Notwendigkeit zieldifferenten Lehrens und Lernens in adäquaten Lernarrangements eine Herausforderung an die Unterrichtsentwicklung und -gestaltung dar(stellt). Pädagogisch erfordert sie auch geeignete, Lernen in inklusiven Kontexten unterstützende Formen der Dokumentation von Lernentwicklung und der Leistungsbeurteilung." (Entwicklungsplan Inklusion 2010:19).

Lediglich im Zusammenhang mit den neu einzurichtenden Regionalen Beratungs- und Unterstützungszentren (ReBUZ) wird auf einen Aspekt interkultureller Öffnung, nämlich die gezielte Einstellung auch von pädagogischem Personal mit Migrationshintergrund, hingewiesen. Hier gibt der Entwicklungsplan Inklusion die Empfehlung Nr. 8 des sonderpädagogischen Gutachtens (S. 81f.) unkommentiert wieder, in der es u.a. heißt: „Die vier dezentralen Einrichtungen haben möglichst auch Mitarbeiter/innen mit Migrationshintergrund." Nicht erläutert wird, welche Intention (z.B. Analog zu der Forderung von „Mehr Migranten im Lehramt" (vgl. Kapitel 5.5) damit verbunden ist. Ein weiterer, eher versteckter Hinweis auf die sich in bestimmten Aspekten überkreuzenden Kompetenzbereiche Interkultureller und Inklusiver Pädagogik, hier im Bereich der Sprachförderung, findet sich bei der Beschreibung der Aufgaben und Ziele des Zentrums für unterstützende Pädagogik (ZuP) (Entwicklungsplan Inklusion 2010: 23): „Die Sprachberaterinnen und Sprachberater der Primar- und Sekundarstufe I gehören dem ZuP ihrer Schule an."[48]

4.4 Umgang mit sprachlicher, ethnischer und kultureller Heterogenität in der Schule sowie Interkulturelle Bildung im Bremer Orientierungsrahmen Schulqualität von 2007

Der Bremer Orientierungsrahmen Schulqualität wurde entwickelt, um – basierend auf Ergebnissen der Unterrichtsforschung – und im Rahmen der ‚eigenverantwortlichen Schule' mit einem weiten „Panorama von Merkmalen guter Schule" den Bremer Schulen einen verbindlichen Orientierungsrahmen für die Unterrichts- und Schulentwicklung zu geben. Schulqualität, so der Orientierungsrahmen, resultiert allgemein aus den äußeren Bedingungen (soziales Umfeld der Schule, Gebäude und Außenanlagen, Qualifikation der Beschäftigten) und den erzielten Ergebnissen (messbar als Kompetenzen der Schülerinnen und Schüler, Schulabschlüsse, Schulzufriedenheit und Außenwirkung). Im Orientierungsrahmen, der sich als Einstegsinstrument versteht, das durch die Mitwirkung und Erfahrung aller ergänzt und modifiziert werden soll, werden vier Qualitätsdimensionen benannt, die es den Schulen ermöglichen sollen, ihren Status Quo zu ermitteln und konkrete Entwicklungsziele zu benennen. Die zahlreichen Hinweise zu neuen Lehr-Lernformen, inklusiven Schulformen, Portfolio, Jahrgangsteams Schülerbeteiligung, Qualifikation der Lehrenden etc., die auch im Rahmen des ein Jahr später veröffentlichten Schulentwicklungsplans (2008) als Kernelemente des neuen Verständnisses einer guten Schule benannt werden, können hier nicht im Einzelnen wiedergegeben werden. Hier soll zusammengefasst werden, inwiefern sprachliche, ethnische und kulturelle Heterogenität sowie Interkulturelle Bildung in den Handlungsebenen des Orientierungsrahmens Erwähnung finden. Die Handlungsebenen sind: 1. Input und Kontextmerkmale, 2. Lernkultur, 3. Schulkultur, 4. Schulmanagement, 5. Output und Ergebnisse.

Es zeigt sich, dass in vier der fünf Ebenen verstreute Hinweise auf die Notwendigkeit, Aspekte interkultureller Öffnung zu berücksichtigen, zu finden sind, auch wenn der Begriff selbst nicht verwendet wird. In der „Qualitätsdimension 1. Input und Kontextmerkmale" heißt es etwa unter Qualitätsaspekten: „Schulen berücksichtigen die Schülermerkmale – insbeson-

---

48 Zu den Sprachberaterinnen und Sprachberatern vgl. Kapitel 5.1.

dere Migrationshintergrund, Sprachkenntnisse, individuellen Förderbedarf etc. als Basis pädagogischer Arbeit, in der Gestaltung der schulinternen Curricula sowie bei der Entwicklung ihrer Schulkultur und des Schullebens" (SfBW 2007: 2). Unter der „Qualitätsdimension 2. Lernkultur" finden sich Hinweise zur Notwendigkeit der systematischen Sprach- und Leseförderung in allen Schulfächern sowie zum Einsatz von Fachkräften für Deutsch als Zweisprache als Fortbildner in den Kollegien. In der „Qualitätsdimension 3: Schulkultur" wird im Hinblick auf die Förderung von Toleranz und Integration auf das wechselseitige Kennenlernen und die wechselseitige Akzeptanz unter Schülerinnen und Schülern hinsichtlich ihrer unterschiedlichen Herkunft, Sprache, Religion und Tradition hingewiesen wie auch auf die Berücksichtigung der Unterschiede der Schülerinnen und Schüler in der Unterrichtsgestaltung (SfBW 2007: 19). Interkulturelles Lernen soll u.a. durch internationale Programme, Partnerschaften und Austausche gefördert werden. In der „Qualitätsdimension 5: Output und Ergebnisse" wird als Merkmal der aktiven Beteiligung am kulturellen Leben im Stadtteil auch die Beteiligung von Schülerinnen und Schülern an interkulturellen u.ä. Projekten genannt.

Lediglich in der „Qualitätsdimension 4: Schulmanagement" finden sich keine Hinweise auf Bezüge zu einer interkulturellen Schulentwicklung, obwohl dies unter dem Aspekt des Personalmanagements (u.a. Berücksichtigung von Personal mit Migrationshintergrund, interkulturelle Kompetenzaneignung des Kollegiums durch Fortbildungen) nahe liegen würde.

Die hier im Hinblick auf ihre Bezüge zur interkulturellen Öffnung von Schule näher betrachteten vier Bremer bildungspolitischen Dokumente bieten somit durchaus Anknüpfungspunkte für eine Konkretisierung umfassender Maßnahmen einer interkulturellen Schulentwicklung, auch wenn das Ziel als solches in keinem der Dokumente explizit benannt wird. Im Folgenden soll gezeigt werden, wie vor dem Hintergrund des aktuellen Forschungsstandes sowie Beispielen guter Praxis anderer (Bundes-)Länder die konkrete Umsetzung von zentralen Aspekten interkultureller Schulentwicklung für Bremen aussehen könnte.

5. Zentrale Handlungsfelder interkultureller Schul- und Unterrichtsentwicklung

PISA, IGLU, TIMSS sowie ihre nationalen Ergänzungen (PISA-E 2006, IGLU 2006, TIMSS 2007) haben die besondere Situation von Kindern und Jugendlichen mit Migrationshintergrund innerhalb des deutschen Bildungssystems verstärkt ins öffentliche Bewusstsein gerückt. Konsistent werden hier für unterschiedliche Bereiche Differenzen in den Kompetenzständen zu Ungunsten der Kinder und Jugendlichen mit Migrationshintergrund im Vergleich zu Schülerinnen und Schülern, die keinen Migrationshintergrund haben, nachgewiesen. Im Rahmen der Internationalen Grundschul-Lese-Untersuchung (IGLU) schneiden Kinder aus Familien ohne Migrationshintergrund deutlich besser ab (14,1% erreichen die höchste Kompetenzstufe 5) als Kinder mit Migrationshintergrund, von ihnen erreichen nur 3,6% die höchste Stufe (vgl. Bos u.a. 2007: 253).

Tab. 1:   Verteilung der Kinder mit und ohne Migrationshintergrund auf Lesekompetenzstufen, IGLU 2006

| | **Lesekompetenzstufe** | | | | |
Migrationshintergrund	**1**	**2**	**3**	**4**	**5**
Kein Elternteil im Ausland geboren	1,0	5,7	31,5	47,7	14,2
Beide Elternteile im Ausland geboren	3,2	22,5	44,3	26,4	3,6

Quelle: IGLU 2006, vgl. Schwippert et al. 2007: 253. Angaben in Prozent

Damit ermittelt die IGLU-Studie etwas bessere Ergebnisse bei dieser Schülergruppe als die PISA-Studie, die die Altersstufe der 15-Jährigen in den Blick nimmt (vgl. PISA-Konsortium 2007: 227; auch Baumert u.a. 2001, 2002; PISA-Konsortium Deutschland 2007; Siegert 2008). Hier überschreiten fast 50% der getesteten Jugendlichen aus Zuwandererfamilien im Lesen nicht die elementare Kompetenzstufe I, obwohl 70% von Ihnen die deutsche Schule vollständig durchlaufen haben (vgl. Deutsches Pisa-Konsortium 2001). Das Ausmaß der Kompetenzunterschiede variierte stark in Abhängigkeit vom Herkunftsland der Eltern (vgl. Müller/Stanat 2006), von der sozialen Schichtzugehörigkeit und vom Migrationsstatus der Jugendlichen. Kinder und Jugendliche mit türkischem Migrationshintergrund z.B. schneiden verglichen mit Kindern und Jugendlichen ohne Migrationshintergrund deutlich schlechter ab als Jugendliche, deren Familien aus der ehemaligen Sowjetunion oder Polen stammen. In der PISA-Studie 2000 wurde weiterhin gezeigt, dass Migrantenkinder bei gleicher sprachlicher Kompetenz gegenüber einheimischen Kindern im Übergang von der Primarstufe zu weiteren Schulen nicht benachteiligt sind. Die Beherrschung der deutschen Sprache ist somit entscheidend für den Schulerfolg.

Auch in neueren Vergleichsstudien schneiden Schülerinnen und Schüler mit Migrationshintergrund schlechter ab als Gleichaltrige ohne Migrationshintergrund. Seit der Verabschiedung von gemeinsamen Bildungsstandards durch die KMK für die Grundschulen und den Haupt- und Mittleren Schulabschluss im Jahre 2004 steht den Ländern ein bundesweit geltender Bezugsrahmen für die Überprüfung der Leistungsstände zur Verfügung: „Die Bildungsstandards beschreiben die fachbezogenen Kompetenzen, die Schülerinnen und Schüler bis zu einem gewissen Abschnitt ihrer Schullaufbahn erreicht haben sollen. Die Standards leisten damit auch einen wichtigen Beitrag, um die Gleichwertigkeit der schulischen Ausbildung in den Ländern sicherzustellen" (Köller/Knigge/Tesch 2010). In dem vom Institut für Qualität in der Bildung (IQB) durchgeführten Ländervergleich wurde erstmals zentral überprüft, inwieweit in den einzelnen Ländern die in den Bildungsstandards für den Mittleren Abschluss formulierten Kompetenzanforderungen tatsächlich erreicht werden. Wie bereits in den internationalen Vergleichsstudien belegen auch hier die Stadtstaaten Berlin, Bremen und Hamburg im Fach Deutsch in den getesteten Kompetenzbereichen Lesen, Zuhören, Orthographie den letzten Platz: „Im Kompetenzbereich Lesen liegen die in den Ländern Brandenburg, Hamburg, Berlin und Bremen erzielten Leseleistungen signifikant unter dem deutschen Mittelwert" (ebd. 2010: 89). Die aktuellen Ergebnisse einer Überprüfung des Erreichens der Bildungsstandards zeigen damit, dass ein Drittel der Schülerinnen und Schüler in den jeweiligen Fächern ein Mindestniveau an Kompetenzen nicht erreicht.

Das Bekenntnis, diesen Kindern und Jugendlichen gleiche Bildungschancen zu ermöglichen, findet sich aktuell in jedem einschlägigen bildungspolitischen Präambel-Text; sie ist in Richtlinien und Lehrpläne eingeflossen; die Ständige Konferenz der Kultusminister der Länder in der Bundesrepublik Deutschland (KMK) hat verschiedene beachtenswerte Empfehlungen dazu verabschiedet – beispielsweise die Empfehlung zum interkulturellen Lernen

(1996).[49] Im Jahr 2002 hat die KMK in Reaktion auf die Ergebnisse Deutschlands bei den Schulleitungsstudien im OECD-Vergleich einen zusammenfassenden Bericht „Zuwanderung" verabschiedet, in dem Handlungserfordernisse zur Verbesserung der Bildungserfolge von Kindern und Jugendlichen mit Migrationshintergrund klar benannt sind (vgl. Gogolin/Neumann/Roth 2003: 2). Die Kultusministerkonferenz hat sich auf eine stärkere Konzentration der Förderung leistungsschwächerer Schülerinnen und Schüler verständigt (KMK-Beschluss vom 04.03.2010).[50] Die Umsetzung der Förderstrategien soll, so der KMK-Beschluss (2010): „systematisch evaluiert werden, zu einzelnen Maßnahmen sollten klare Vorgaben auf allen Ebenen (Schulen, Schulaufsicht, Bildungsadministration der Länder) formuliert und die Ergebnisse überprüft werden. Über die Erreichung der beiden Hauptziele – die Erhöhung der Quote derer, die die Mindeststandards für den Hauptschulabschluss erreichen sowie die Halbierung der Zahl der Schülerinnen und Schüler ohne Schulabschluss – berichten die Länder im Jahr 2013" (ebd.: 4).

Diese Schwerpunkte verweisen darauf, dass sich die Effekte einer „institutionellen Diskriminierung" (zum Begriff vgl. Kapitel 1) in den Strukturdaten zur Bildungsbeteiligung von Schülerinnen und Schülern mit Migrationshintergrund ebenso abzeichnen wie in empirischen Untersuchungen zu Schulempfehlungen für Schülerinnen und Schüler mit Migrationshintergrund (vgl.

---

49   Vgl. hierzu ausführlicher Kapitel 2 dieser Expertise, in dem die entsprechenden Dokumente mit ihren Empfehlungen für die interkulturelle Öffnung von Schulen ausgewertet werden.

50   Kernpunkte des Beschlusses „Förderstrategie für leistungsschwächere Schülerinnen und Schüler" sind: individualisiertes Lernen in der Orientierung an gemeinsamen Bildungsstandards mit dem Mindestziel des Erwerbs des Hauptschulabschlusses, Ermöglichung von mehr Lernzeit (u.a. durch Ganztagsschulen), Teamteaching, Entwicklung von Bildungspartnerschaften (u.a. durch lokale Bildungslandschaften), praxisnahe (beruforientierte) Bildungserfahrungen vermitteln, bessere Förderung von Schülerinnen und Schülern mit Migrationshintergrund, mehr Lehrkräfte mit Migrationshintergrund, interkulturelle Kompetenzen für alle, Vielfalt als Chance, Deutschsprachförderung, Förderung von Mehrsprachigkeit, Zertifizierung von Herkunftssprachen, Hauptschulabschlüsse für Schülerinnen und Schüler mit sonderpädagogischem Förderbedarf, Professionalisierung der Berufsorientierung und Gestaltung der Übergänge, Stärkung der Kompetenzen von Lehrerinnen und Lehrern in der Aus- und Fortbildung in den Bereichen Diagnostik, Sprachförderung, individuelle Förderung und integrativer/inklusiver Unterricht, Ergebnisse evaluieren und Erfolgsmodelle verbreiten.

Gomolla/Radtke 2002, Weber 2003). Mithilfe einer strukturellen und inhaltlichen Umorientierung soll institutionelle Diskriminierung verhindert werden. Dass sich Bremen in den wesentlichen Bereichen mit konkreten Strukturreformmaßnahmen und inhaltlicher Umorientierung bildungspolitisch auf den Weg gemacht hat, und hier somit inzwischen gute strukturelle Bedingungen für die Abwehr von Mechanismen institutioneller Diskriminierung in Schule vorliegen, wurde bereits in Kapitel 4 festgestellt. Inwiefern bereits die Umsetzung in die Praxis erfolgt, wo gute Ansätze bereits seit längerem bestehen und wo weiterer Handlungsbedarf besteht, soll im Folgenden anhand der Analyse von vorliegenden Projektberichten, Evaluationen und weiteren projektbezogenen Dokumenten herausgearbeitet werden. Dass dabei ein Akzent auf dem Aspekt des Umgangs mit Mehrsprachigkeit, Sprachförderung und Sprachbildung als zentrales Handlungsfeld interkultureller Öffnung von Schule gesetzt wird, steht in engem Zusammenhang mit dem Befund der Schulleistungsstudien, die hier besonderen Handlungsbedarf offenbaren und – als Reaktion darauf – den diesbezüglich besonders differenzierten bildungspolitischen Empfehlungen der einschlägigen Dokumente (darunter das Bundesweite Integrationsprogramm 2010). Handlungsleitender Kerngedanke ist die Erkenntnis, dass sich am Umgang mit den sprachlichen Voraussetzungen der Schülerinnen und Schüler zugleich die Leistungsfähigkeit wie auch die interkulturelle Orientierung des Bildungssystems offenbart. Damit ist der Umgang mit Sprache ein Kernelement von Schulqualität und Schulentwicklung in einer sprachlich-kulturell pluralen Stadtgesellschaft wie Bremen. Da das Handlungsfeld Sprache theoretisch hochkomplex ist, wird in einem den folgenden Kapiteln vorangestellten Exkurs zunächst der theoretische Bezugsrahmen umrissen.

Exkurs: Zweitspracherwerb, konzeptionelle Schriftlichkeit und Schulerfolg

Die deutsche Sprache ist zugleich Medium des Wissenserwerbs wie auch Erwerbsziel für Schülerinnen und Schüler, die mit Deutsch als Zweitsprache aufwachsen. Kniffka/Siebert-Ott (2009: 17) skizzieren den Erwerbskontext für Deutsch als Zweitsprache im Rahmen von Schule wie folgt: „Schülerinnen und Schüler mit Migrationshintergrund, die an einer deutschen Schule am Regelunterricht teilnehmen, müssen dies in der deutschen Sprache leisten, selbst wenn ihre Deutschkenntnisse noch nicht hinreichend sind." In den Schulen kann es der Deutschunterricht jedoch allein nicht leisten, die verschiedenen sprachlichen Anforderungen zu vermitteln, schließlich wird in den unterschiedlichen Unterrichtsfächern neben dem reinen Fachvokabular auch die Kenntnis bestimmter syntaktischer Strukturen erwartet. Nicht zuletzt aufgrund der Ergebnisse der internationalen Schulleistungsstudien, die sowohl in den Tests zur Lesekompetenz als auch in den Bereichen Mathematik und Naturwissenschaften Kompetenzen im Bereich der konzeptionellen Schriftlichkeit abfragten, setzte sich auf bildungspolitischer Ebene die Überzeugung durch, dass in den verschiedenen Unterrichtsfächern eine systematische, koordinierte Vermittlung der Bildungssprache Deutsch erforderlich ist, damit Schülerinnen und Schüler mit Migrationshintergrund bzw. Deutsch als Zweitsprache schul- und bildungsrelevante sprachliche Fähigkeiten in verschiedenen Themen- und Wissensbereichen ausbilden können.[51] Die Förderung der sprachlichen Bildung von Menschen mit einer anderen Erstsprache als Deutsch ist zudem ein wesentlicher Beitrag zur Herstellung von Chancengleichheit – insbesondere mit Blick auf die Bereiche Bildung,

---

51 Vgl. hierzu auch die Bildungsstandards der Kultusministerkonferenz der Länder für das Fach Deutsch in Haupt- und Realschulen, die insbesondere mit Blick auf die Unterstützung des sprachlichen Lernens von Schülerinnen und Schülern mit Migrationshintergrund darauf hinweisen, dass die Ausbildung sprachlicher Fähigkeiten auch in den anderen Fächern bewusst gestärkt und weiterentwickelt werden muss. (Vgl. Sekretariat der Ständigen Konferenz der Kultusminister der Länder in der Bundesrepublik Deutschland (Hrsg.): Beschlüsse der Kultusministerkonferenz – Bildungsstandards im Fach Deutsch für den Hauptschulabschluss (Jahrgangsstufe 9), München 2005: 7, dort: „Diese Ausbildung sprachlicher Fähigkeiten muss auch in den anderen Fächern bewusst gestärkt und weiterentwickelt werden. Schülerinnen und Schüler mit Lernschwierigkeiten werden durch ein möglichst breit angelegtes sprachliches Lernen nachhaltig unterstützt." bzw. Dies.: Beschlüsse der Kultusministerkonferenz – Bildungsstandards im Fach Deutsch für den Mittleren Schulabschluss, München 2004: 7.

Ausbildung und Arbeitsmarkt (vgl. BMBF 2008: 10). Die Bedeutung guter Kenntnisse in der Unterrichtssprache als „eine unerlässliche Voraussetzung für den Schulerfolg" wird auch im Grünbuch (Europäische Kommission 2008: 10) hervorgehoben. Die KMK schrieb 2004 in ihren Bildungsstandards die Bedeutung der Fachsprache fest. Für das Fach Mathematik (Primarstufe) sind beispielsweise neben den Standards für inhaltsbezogene mathematische Kompetenzen daher auch allgemeine mathematische Kompetenzen aufgeführt, zu denen der Bereich Kommunizieren gehört. Hierunter werden „mathematische Fachbegriffe und Zeichen sachgerecht verwenden" sowie im Bereich „Modellieren" „Sachtexten und anderen Darstellungen der Lebenswirklichkeit die relevanten Informationen entnehmen, Sachprobleme in die Sprache der Mathematik übersetzen, innermathematisch lösen und diese Lösungen auf die Ausgangssituation beziehen, zu Termen, Gleichungen und bildlichen Darstellungen Sachaufgaben formulieren" (KMK 2004: 8). Während die KMK also schon seit langem das Credo vertritt, jeder Unterricht sei Sprachunterricht und dies angesichts einer wachsenden Schülerschaft mit Deutsch als Zweisprache von besonderer Relevanz, wird diese Sichtweise von den Fachlehrkräften nicht selbstverständlich geteilt. So hinterfragt etwa Weißeno (2010: 13) die Notwendigkeit, im Politikunterricht Spracharbeit leisten zu müssen: „Denn die fachliche Leistung hängt wahrscheinlich weniger vom Sprachniveau, sondern entschieden von der Politikkompetenz ab. Es ist mithin fraglich, ob Sprachförderung eine Schwerpunktsetzung im Politikunterricht erfahren muss." Vor diesem Hintergrund erscheint Gogolins 1994 erstmals postulierter „monolingualer Habitus der deutschen Schule" noch immer vorhandene Haltungen abzubilden.[52]

52　Dabei gäbe es Vorbilder, nach denen ein Fachunterricht, der gleichzeitig als Sprachunterricht fungiert, gestaltet werde könnte. Die Didaktiken der Fremdsprachenphilologien verfügen seit geraumer Zeit über didaktische und methodische Konzepte, um die Sachfächer (v.a. die Gesellschaftswissenschaften, seit neuerem auch Naturwissenschaften vgl. Richter/Zimmermann, 2003) in einer Fremdsprache, zumeist Englisch, zu unterrichten. Bei der Realisierung haben sich verschiedene Modelle ausdifferenziert, von denen das Content and Language Integrated Learning (CLIL) aufgrund der „Instrumentalisierung von Fremdsprache *durch* das Sachfach" (Bach 2005: 13) das Modell erster Wahl darstellt. In derartigen Unterrichtsmodellen wird also gezielt (fremd-)sprachliches und fachliches Lernen miteinander verknüpft und das sprachliche Vorwissen der Schülerinnen und Schüler in der Fremdsprache aufgenommen und gefördert.

Im bundesweiten Projekt FörMig konnte nachwiesen werden, dass es nicht irgendeine Art der Sprachförderung ist, die generell geeignet ist, Bildungserfolgschancen zu verbessern. Vielmehr ist es die Förderung nach einer Konzeption, in der die Erkenntnisse der Forschung über Spracherwerb und Sprachentwicklung im Kontext von Mehrsprachigkeit so weit wie möglich berücksichtigt sind (vgl. auch die Arbeitsgruppen des Bundesweiten Integrationsprogramms nach §45 Aufenthaltsgesetz im Handlungsfeld sprachliche Bildung, BAMF 2008). Seit einigen Jahren wird von der Textlinguistik ausgehend versucht, die Unterrichtssprache Deutsch detaillierter zu beschreiben, um die Anforderungen, die an die Schülerinnen und Schüler gestellt werden, genau definieren zu können (für eine nähere Beschreibung der Charakteristika siehe Gogolin 2005, Ortner 2009). Schulische Fachsprachen gehören demnach zu den sprachlichen Varietäten, die dem Bereich der „konzeptionellen Schriftlichkeit" (Koch/Oesterreicher 1985) zugeordnet werden können. Dieses bedeutet, dass sowohl die „medial" gesprochene (z.B. Unterrichtsgespräch, Lehrervortrag) als auch geschriebene Sprache (z.B. Aufsatz, Textaufgabe) in der Schule in ihrer Konzeption eher schriftlich ausgerichtet ist (vgl. Knapp 1999). Bei dem Medium „geschrieben" vs. „gesprochen" handelt es sich um eine dichotome Dimension, wonach eine Äußerung in ihrer Realisierung entweder graphisch oder phonisch ist. Die Konzeption „mündlich" vs. „schriftlich" hingegen ist als Kontinuum zu verstehen. Äußerungen sind demnach „mehr oder weniger" mündlich oder schriftlich, was sich durch eine Vielzahl von Merkmalen und Kommunikationsbedingungen festmachen lässt. Mit mündlichen Äußerungen werden eher dialogische Kommunikationsbedingungen assoziiert, des Weiteren sind die Äußerungen in einen bestimmten Gesprächskontext eingebunden. Schriftliche Produktionen hingegen zeichnen sich zumeist durch monologische Bedingungen aus, sie sind dekontextualisiert. Die Unterscheidung von konzeptioneller Mündlichkeit/Schriftlichkeit unterstützt nicht nur bei der Analyse und Kategorisierung von Texten, sondern spielt auch beim Erst- und Zweitspracherwerb eine entscheidende Rolle (vgl. Kniffka/ Siebert-Ott 2009).

Auch Jim Cummins verweist auf die Bedeutung konzeptionell-schriftlicher Sprachfertigkeiten für den Schulerfolg, indem er die Unterscheidung der Sprache in BICS (Basic Interpersonal Communicative Skills) und CALP (Cognitive Academic Language Proficiency) vornimmt. Mit BICS ist folglich eine alltagsprachliche Kompetenz gemeint, CALP geht über dieses hinaus und bezieht sich auf konzeptionell-schriftliche Fertigkeiten. Diese beiden sprachlichen Register werden nacheinander erworben, so dass CALP auf BICS aufbaut. Es wird davon ausgegangen, dass der Erwerb von BICS relativ schnell erfolgen kann, CALP hingegen dauert mehrere Jahre. So weisen Hakuta et al. (2000) in einer Analyse kalifornischer und kanadischer Schuldistrikte nach, dass die ‚Bildungssprache' bei Schülerinnen und Schülern mit Englisch als Zweitsprache erst nach vier bis sieben Jahren erworben ist. Auch Cummins (vgl. 2006: 41) geht von fünf bis zehn Jahren aus, die die Schülerinnen und Schüler mit Englisch als Zweitsprache benötigen, um Erstsprachler einzuholen. Auf der Grundlage empirischer Ergebnisse führt er auf, dass die eigentliche Dauer jedoch in direktem Zusammenhang mit den Kenntnissen in der Erstsprache steht. So zeigten sich schneller Fortschritte im Englischen bei Schülerinnen und Schülern, die auch in der Erstsprache bessere Kenntnisse hatten. Vor dem Hintergrund, dass Lehrerinnen und Lehrer dazu neigen, aufgrund der gut ausgereiften konzeptionell mündlichen Fertigkeiten auf gute schriftsprachliche Fertigkeiten zu schließen, Knapp (1999) spricht hier von ‚verdeckten Sprachschwierigkeiten', und aus diesem Grund den sprachlichen Schwierigkeiten der Schüler häufig nicht genügend Aufmerksamkeit beimessen, gewinnt die Kontaktdauer weiter an Relevanz. Daher sollte sowohl bei sprachdiagnostischen Verfahren als auch bei schulischen Selektionsprozessen die Kontaktdauer mit der Unterrichtssprache unbedingt in Entscheidungsprozesse integriert werden. Die mit dem Schuljahr 2010/11 beginnende Umstrukturierung des Bremer Schulsystems mit dem Ziel einer voll inklusiven Schule bieten aus spracherwerbstheoretischer sowie sprachdiagnostischer Sicht gute Entwicklungsmöglichkeiten für Lernerinnen und Lerner des Deutschen als Zweitsprache, denn sie ermöglichen längeres gemeinsames Lernen und höherwertige Schulabschlüsse auf unterschiedlichen Wegen (Gymnasium, Oberschule, Werkschule etc.).

Um gezielte Entscheidungen über Sprachfördermaßnahmen auf allen Ebenen zu treffen, ist die Beachtung der Ergebnisse der Spracherwerbsforschung unerlässlich, auch wenn es sich hierbei, anders als bei der Sprachlehr- und -lernforschung, um eine stärker auf Grundlagenforschung konzentrierte Wissenschaft handelt, deren Verbindungen zur pädagogisch-didaktischen Praxis bislang eher schwach ausgeprägt sind. Sie wendet sich dem eigentlichen Sprachaneignungsprozess sowie den an ihm beteiligten Faktoren zu und versucht, Spracherwerbsprozesse in Theorien und Modelle zu fassen (vgl. Ahrenholz 2010a: 66). Da das derzeitige Wissen um Sprachaneignungsprozesse keineswegs vollständig und umfassend ist, ist damit die Schwierigkeit verbunden, Konzepte für die Praxis auf der Basis von noch lückenhaften Forschungsergebnissen zu entwickeln. Auffällig ist, dass die Zweitspracherwerbsforschung Sprachproduktionen von Nichtmuttersprachlern und mehrsprachigen Sprechern völlig anders begreift als Bildungsinstitutionen wie etwa die Schule. Während in Bildungsinstitutionen Äußerungen, die nicht einer – wie auch immer zu definierenden – Norm entsprechen, trotz gegenteiliger Forderungen der Didaktik und Sprachlehrforschung, als tendenziell negativ und fehlerhaft bewertet werden, wird in der Zweitspracherwerbsforschung versucht, die Prinzipien und Mechanismen zu verstehen, die den Zweitspracherwerb und die ihn kennzeichnenden Strukturen bestimmen (vgl. Ahrenholz 2010a: 67). Zwar wird der Erwerbsrahmen „Schule" in der Grundlagenforschung oftmals mitgedacht, jedoch nicht systematisch in diese integriert, etwa in Form von Handlungsempfehlungen für die Praxis. Ferner sollte kritisch angemerkt werden, dass die Mehrzahl der empirischen Ergebnisse aus Einzelfallstudien resultiert, wodurch verallgemeinernde Schlussfolgerungen erschwert werden (vgl. Ehlich 2005).[53] Dennoch gilt es bei politischen Entscheidungsprozessen diese Untersuchungen zu beachten, schließlich zeigen sich je nach Anfangszeitpunkt des Spracherwerbs unterschiedliche Spracherwerbsverläufe, auf welche die Didaktik in unterschiedlicher Weise reagieren muss. Das heißt, es lassen sich auch in einem noch nicht ausreichend beforschten Feld „günstigere" und „weniger günstige" Zeitfenster für Sprachaneignungsprozesse ausmachen.

Wachsen Kinder von Geburt an simultan mit zwei Sprachen auf, spricht man in der Regel vom „doppelten Erstspracherwerb". Untersuchungen zufolge erwerben diese Kinder beide Sprachen in den gleichen Etappen wie einsprachig aufwachsende Kinder (vgl. Müller/Kupisch/Schmitz/Cantone 2006). Wichtig ist es, diese Gruppe von Kindern und Jugendlichen zu unterscheiden, die nicht simultan zwei Erstsprachen ausbilden, sondern sukzessiv mit einer Zweitsprache konfrontiert werden und folglich bei Beginn des Erwerbs der Zweitsprache bereits Kompetenzen in ihrer jeweiligen Erstsprache ausgebildet haben. Bei Zweitsprachenlernerinnen und -lernern muss zwischen „frühem Zweitspracherwerb" und „spätem" Zweitspracherwerb unterschieden werden, denn Studien weisen darauf hin, dass der Erwerb einer zweiten Sprache im Alter von drei bis vier Jahren „qualitativ und quantitativ" (Kniffka/Siebert-Ott 2009: 42) Ähnlichkeiten mit dem monolingualen Erstspracherwerb aufweist,

---

53 Lamparter-Posselt/Jeuk (2010) benennen des Weiteren die unterschiedlichen Forschungsparadigmen Funktionalismus/Konstruktionsgrammatik vs. Generative Grammatik als Schwierigkeit, Spracherwerbsdaten zuverlässig zu deuten.

wohingegen sich bei einem später einsetzenden Erwerb eher Parallelen zum erwachsenen Zweitspracherwerb beobachten lassen. Nichtsdestoweniger gibt es bis heute keine klare Abgrenzung, bis wann man vom eingangs erläuterten doppelten Erstspracherwerb sprechen kann und wann eher von einem frühen Zweitspracherwerb die Rede ist. So dokumentieren Thoma/Tracy (2006, 2009) in einer Untersuchung zum frühen Zweitspracherwerb des Deutschen mit Kleinkindern unterschiedlicher Herkunftssprachen die gleichen Erwerbsstufen wie bei monolingual aufwachsenden Kindern (siehe auch Meisel 2007 sowie Jeuk 2003), wohingegen die Studie von Haberzettl (2005) nachweist, dass 6- bis 8-jährige Lerner mit Erstsprache Türkisch bzw. Russisch beim Erwerb der Satzstellung Ausgangshypothesen auf der Grundlage ihres sprachlichen Vorwissens formulieren und sich so individuelle Erwerbsverläufe abzeichnen.[54] Während also zum Zeitpunkt von drei bis vier Jahren starke Parallelen zum Erstspracherwerb und keine oder nur geringe Übernahmen von Strukturen aus der Erstsprache zu beobachten sind, zeigt sich bei Lernerinnen und Lernern des Deutschen im Grundschulalter, dass die deutsche Sprache für sie eine ‚Zweitsprache‘ ist und von ihnen auf den Strukturen der Erstsprache aufgebaut wird. Charakteristisch für den Zweitspracherwerb ist dessen ‚nichtsystematische‘ Herangehensweise. Die zu der Muttersprache hinzutretende Sprache wird in alltäglicher Kommunikation (und zumindest größtenteils) ohne expliziten Sprachunterricht erworben (vgl. Ahrenholz 2010a: 64). Damit unterscheidet die Spracherwerbsforschung Zweitspracherwerbsprozesse gezielt vom Fremdspracherwerb, welcher eben nicht durch Kommunikation, sondern in einer gesteuerten Lehr-/Lernsituationen erworben wird. Der institutionelle Spracherwerbsprozess folgt einer vorher festgelegten Progression, die in Lehrwerken festgeschrieben wird. Dementsprechend werden von den Lernern einer neuen Sprache auch nur Äußerungen/schriftliche Produktionen erwartet, die vormals im Unterricht systematisch eingeführt und bespro-

---

54 Diese Transferphänomene in Verbindung mit dem Einfluss der Muttersprache auf den Zweitspracherwerb werden immer wieder beobachtet. Doch auch bei bilingual aufwachsenden Kindern mit Deutsch und einer romanischen Sprache (Französisch oder Italienisch) konnte ein Spracheneinfluss in Form positiven oder negativen Transfers beobachtet werden (vgl. Müller et al. 2006). Wichtig ist hierbei zu bedenken, dass beide Transferformen unabhängig von einer möglichen Sprachdominanz auftreten, d.h. sowohl von der schwächeren als auch von der stärkeren Sprache Elemente übernommen werden können. Von Sprachtransfer lässt sich also nicht direkt auf mangelnde Sprachkompetenz schließen.

chen wurden (vgl. Ahrenholz 2010b: 8). Von Kindern und Jugendlichen, die Deutsch als Zweitsprache teilweise ohne jegliche Förderung erwerben, werden hingegen sprachliche Leistungen erwartet, die identisch zu denen von monolingual aufgewachsenen Kindern sind. Dennoch lassen sich die beiden Formen nicht immer klar von einander unterscheiden. Vorkurse für Seiteneinsteiger gelten als Form eines „gemischten Zweitspracherwerbs", schließlich vermischen sich hier außerunterrichtliche Erwerbsprozesse mit institutionalisierter Beschulung.

Der Schwerpunkt der Sprachförderung ist aufgrund der empirischen Befunde der Spracherwerbsforschung im frühen Elementarbereich anzusiedeln; das Ziel ist es, in den ‚frühen' Zweitspracherwerb positiv einzugreifen, um dieses Erwerbsfenster produktiv zu nutzen. Eine kurzfristige Intervention ein Jahr vor Schulbeginn, wie sie in den meisten Bundesländern, so auch in Bremen stattfindet, ist aus dieser Sicht nicht ausreichend. Für gezielte Fördermaßnahmen ist weiterhin unerlässlich, die genauen Spracherwerbsbedingungen der Kinder und Jugendlichen zu kennen, um darauf aufbauend didaktische und methodische Entscheidungen treffen zu können. Folglich gilt es, in Kindergarten und Schule Befragungsinstrumente zu verwenden, die Informationen über den Spracherwerb des jeweiligen Kindes systematisch abfragen. Ein Deutsch-Türkisch zweisprachig aufwachsendes Kind mag im Alter von fünf Jahren in beiden Sprachen geringfügig hinter gleichaltrigen monolingualen Kindern liegen, wird diesen Rückstand aber erwartungsgemäß in einem sprachreichen Umfeld ohne zusätzliche Förderung bis zum Schuleintritt ausgleichen. In gegenüber Sozialdaten blinden, standardisierten Sprachtestverfahren mag dieses Kinder aber genauso als förderbedürftig identifiziert werden, wie eines, das erst vor einem Jahr von der Türkei nach Deutschland gezogen ist, dessen Türkischkenntnisse altersgemäß ausgebildet sind, bei dem der Spracherwerb des Deutschen aber noch deutlich dahinter liegt. Während das erste Kind somit eventuell keinerlei Förderung sondern nur Zeit benötigt, bedarf das zweite Kind schnellstmöglich intensiver Unterstützungsmaßnahmen, die seine gut ausgebildeten Kenntnisse in der Erstsprache berücksichtigen. Letztere sind unter Umständen wiederum besser ausgebildet als die Türkischkenntnisse eines Kindes, welches in Deutschland aufgewachsen ist. Dieses Beispiel verweist auf die Notwendigkeit, gegenüber den individuellen sprachlichen Voraussetzungen von Kindern in Erziehungs- und Bildungsinstitutionen besonders sensibel zu sein. Fördermaßnahmen, die diese sehr heterogenen Lernvoraussetzungen missachten und homogene Lerngruppen herzustellen versuchen, sind voraussichtlich wenig erfolgreich.

Die hier mit ihren zentralen Argumentationslinien referierten Ergebnisse der Spracherwerbsforschung begründen die Bedeutung einer möglichst früh einsetzenden Sprachbildung, die sich durch die gesamte Schulzeit zieht und nicht an einem bestimmten Punkt aufhört, von dem abgenommen wird, die Unterrichtssprache sei ausreichend erworben. Sie verweist ebenfalls auf die Sinnhaftigkeit, schulische Spracherwerbsprozesse in der Herkunftssprache und in der Zweitsprache fächerübergreifend zu koordinieren.

5.1 Sprachförderung und interkulturelle Öffnung an der Schnittstelle Kita-Grundschule

5.1.1 Forschungsstand und Problemaufriss

Integrations- und bildungspolitische Dokumente auf Bundesebene sind sich einig im Hinblick auf das Desiderat einer so früh wie möglich einsetzenden, langfristigen und kontinuierlichen Förderung des Deutscherwerbs (vgl. Nationaler Integrationsplan der Bundesregierung/NIP 2007: 25 sowie Bundesweites Integrationsprogramm/BIP 2010: 16f.). Die Länder verständigten sich darauf, „das Thema sprachliche Bildung als Querschnittsaufgabe im Rahmen der dort geleisteten Bildungsarbeit in die Konzepte der Kindertagesstätten zu implementieren" (ebd.), dabei soll die individuelle Sprachförderung „in Zusammenarbeit mit den Eltern erfolgen" (NIP: 15; BIP 2010: 42). Die Bedeutung des Elementarbereichs für die Sprachförderung fließt auch in die KMK-Empfehlungen ein:

Sprachliche Bildung gehört wesentlich zur Erfüllung des Bildungsauftrages der Kindertageseinrichtungen. Sprachförderung setzt daher ganzheitlich und an den individuellen Bedürfnissen des Kindes an. Sie muss in die Auseinandersetzung des Kindes mit seiner Umwelt eingebunden sein, wenn sie erfolgreich sein will. Sie muss daher möglichst früh und regelmäßig beginnen sowie systematisch aufgebaut sein (KMK 2007: 2).[55]

Auf die Implementierung von verbindlichen Richtlinien wirken sich jedoch nach Lamparter-Posselt/Jeuk (2010: 149) die Freiwilligkeit des Besuchs

---

55 Auch das EU Grünbuch (EU 2008: 10) spricht folgende Bereiche einer vorschulischen Sprachförderung an: „Maßnahmen fördern einen möglichst frühen Spracherwerb durch frühe Sprachtests für alle Kinder; vorschulischen Sprachunterricht und Qualifizierung von Lehrkräften, damit sie die Sprache des Aufnahmelandes als Zweitsprache unterrichten können" (ebd.: 12).

sowie die unterschiedlichen Trägerschaften der einzelnen Einrichtungen der vorschulischen Bildung aus. Die in nahezu allen Bundesländern vorgelegten Richtlinien bzw. Orientierungen haben lediglich empfehlenden Charakter. Glumpler/Apeltauer (1997) heben weiterhin die unterschiedlichen sprachlichen Voraussetzungen der Kinder (s.o.) hervor, die die Gestaltung eines einheitlichen Förderplans unmöglich machen. Dennoch wurden in den letzten Jahren Sprachförderprogramme für mehrsprachige Migrantenkinder mit fehlenden oder altersgemäß unzureichenden Deutschkenntnissen konzipiert und in die Praxis umgesetzt (vgl. Schrey-Dern 2006; Ahrenholz 2006; Deutscher Bundestag 2008). Auch wenn aktuelle Studien (vgl. Publikationen der FörMig-Reihe) dafür plädieren, Sprachfördermaßnahmen in den Kindergartenalltag zu integrieren, zeigen die folgenden Beispiele, dass in der überwiegenden Mehrheit der Angebote in den Ländern ein kompensatorischer Ansatz verfolgt wird, bei dem mit additiven Maßnahmen für die spezifische Gruppe von Kindern mit Deutsch als Zweitsprache migrationsbedingte Deutschdefizite vor der Einschulung ausgeglichen werden sollen: „Ziel der Angebote ist primär die Vermittlung von für die Einschulung ausreichenden Deutschkenntnissen, im Vordergrund stehen insbesondere Kommunikation und alltägliche Verständigung, teilweise aber auch bereits ein erstes Heranführen an Schrift und Texte (Literacy-Erziehung)" (BMBF 2008a: 13).

Die meisten derzeit existierenden und eingesetzten Sprachförderprogramme sind nicht evaluiert. Für die in den Städten Heidelberg und Mannheim durchgeführten Sprachfördermaßnahmen hat jedoch die Landesstiftung Baden-Württemberg u.a. die Pädagogische Hochschule Heidelberg beauftragt, mit dem Projekt EVAS – Evaluation von Sprachförderung bei Vorschulkindern[56] deren Wirksamkeit festzustellen.[57] Die Landesstiftung Ba-

---

56   Auf der Basis eines Prä-Post-Designs werden Gruppen von förderbedürftigen monolingual deutsch- und mehrsprachigen Kindern (N=544), die an einer der oben genannten spezifischen Sprachförderungen teilnehmen, mit Gruppen förderbedürftiger monolingual deutsch- und mehrsprachiger Kinder, die keine gezielte Sprachförderung in ihren Kindertageseinrichtungen erhalten sowie Kindern ohne Förderbedarf verglichen.

57   Die Evaluation der Sprachförderungen erfolgt in Zusammenarbeit mit dem Kinder- und Jugendamt der Stadt Heidelberg, dem Fachbereich Bildung der Stadt Mannheim und dem Seminar für Deutsch als Fremdsprachphilologie (SDF) der Ruprecht-Karls-Universität Heidelberg. Parallel evaluiert die Pädagogische Hochschule Weingarten verschiedene Sprachförderkonzepte unter Berücksichtigung der jeweiligen Bedingungen der Einrichtungen und der individuellen Voraussetzungen der Kinder.

den-Württemberg finanziert mit ihrem Programm „Sag' mal was" seit 2003 Sprachfördermaßnahmen, die 120 Stunden Förderung pro Kind umfassen und in Gruppen von sechs bis zehn Kindern in den Kindertageseinrichtungen durchgeführt werden. Über die Effektivität der eingesetzten Konzepte nach Kaltenbacher und Klages, Penner sowie Tracy war bis zur Durchführung von EVAS nur wenig bekannt. Zwischen Prä- und Post-Test zeigten sich bei den untersuchten Kindern in Heidelberg und Mannheim signifikante Verbesserungen der sprachlichen Leistungen. Allerdings können diese nicht auf den Einsatz der spezifischen Sprachförderungen zurückgeführt werden, da sich die Leistungen von Kindern mit Sprachförderbedarf, die keine spezifische Sprachförderung im letzten Kindergartenjahr erhielten, in vergleichbarem Maße verbesserten. Der Leistungsunterschied zwischen Kindern mit und ohne Sprachförderbedarf bleibt auch nach den gezielten Sprachförderungen groß. Der Einbezug soziodemographischer Faktoren wie z.B. nicht-deutschsprachiger Hintergrund oder sozioökonomischer Status erbrachte keine weiteren differenzierenden Effekte. Zusammenfassend lässt sich feststellen, dass in den beiden wissenschaftlichen Untersuchungen nicht gezeigt werden konnte, dass die Sprachfördermaßnahmen im Programm „Sag' mal was"[58] unter den gegebenen Rahmen- und Untersuchungsbedingungen hinreichend effektiv und effizient zu sein scheinen (vgl. Abschlussbericht „Sag' mal was" 2010: 83). Daraus folgern die Forscher:

> Der gelingende Erwerb einer Zweitsprache wird durch viele Faktoren beeinflusst. Sind im Jahr vor der Einschulung Kenntnisse der Erst- und Zweitsprache (in diesem Falle Deutsch als Zweitsprache, DaZ) noch nicht ausreichend vorhanden, deuten unsere Untersuchungen darauf hin, dass ihr Erwerb unter den derzeitigen Rahmenbedingungen in den meisten Kindertageseinrichtungen nicht in dem Maße gelingt, wie es für die Partizipation am Bildungssystem notwendig wäre. Eine relativ kurze und punktuelle zusätzliche Förderung im letzten Kindergartenjahr scheint demnach nicht auszureichen, um die Sprachdefizite hinreichend auszugleichen (Abschlussbericht „Sag' mal was" 2010: 77).

58　Das Projekt „Sag' mal was" der „Baden-Württemberg Stiftung gGmbH" wird seit 2003 durchgeführt. Es handelt sich um eine additive Maßnahme für Kinder mit Sprachförderbedarf beginnend 1½ Jahre vor Schuleintritt in den Kindergärten. Die intensiven Sprachfördermaßnahmen haben einen Umfang von mindestens 120 Stunden, die sich bei vier bis sechs Stunden pro Woche auf mindestens ein halbes Jahr des Kindergartenjahres verteilen. Dabei muss eine Fördergruppe aus mindestens sechs förderwürdigen Kindern bestehen.

Die Empfehlungen aus EVAS zu den erfolgversprechenden Bedingungen für eine Sprachförderung lauten dementsprechend wie folgt: eine bessere Qualifikation der pädagogischen Fachkräfte, die Situationsorientierung und Kontextgebundenheit der Sprachfördersituationen, das frühzeitige Einsetzen der Sprachförderung (Zu Beginn der Sprachfördermaßnahmen im Programm „Sag mal was" waren die Kinder im Alter von fünf bis sechs Jahren), die Herstellung und Intensivierung der Kooperation mit den Eltern, Information der Eltern über die Bedeutung der Mehrsprachigkeit.

Untersuchungen, die nicht den Zuwachs an Sprachkompetenz im Deutschen, sondern den Effekt früher Förderung auf die spätere Bildungslaufbahn allgemein untersuchen, können hingegen die besonders große Wirkung frühkindlich organisierter Förderung für Kinder aus sozial benachteiligten Familien und für Kinder aus Zuwandererfamilien bestätigen. So kommt Stamm (2009a) in ihrer UNESCO-Grundlagenstudie zur frühkindlichen Bildung zu der Schlussfolgerung, dass frühkindliche Bildungs- und Betreuungsangebote vor allem für Kinder aus Familien mit wenigen bildungsrelevanten Ressourcen von besonderer Relevanz sind. Des Weiteren stellen kompensatorische Maßnahmen in der vorschulischen Entwicklungsphase des Kindes eine vielversprechende Möglichkeit dar, soziale Ungleichheiten teilweise zu verringern. Sie sind damit ein wichtiger Schritt zum Ziel, allen Kindern einen gleichberechtigten Zugang zur Bildung zu gewährleisten (vgl. ebd. 58). Positive Effekte vorschulischer Betreuungsangebote bleiben dabei nicht nur auf die Phase der Kindheit beschränkt, sondern zeigen ebenfalls positive Auswirkungen auf das Schulverhalten des Kindes. Hier kommt es zu weniger Klassenwiederholungen und seltener zum Besuch einer Sonderschule (vgl. Spiess/Büchel/Wagner 2003). Unter Bezugnahme auf Spiess et al. (2003) stellt Schofield (2006) fest, dass mit dem Besuch eines Kindergartens die Wahrscheinlichkeit, eine höhere weiterführende Schule zu besuchten, für Kinder aus Zuwandererfamilien deutlich steigt (vgl. Schofield 2006: 116). Dieser Befund bezieht sich bereits auf einen zeitlichen Rahmen, der noch vor der Umdefinition des Elementarbereiches im Zuge von PISA und IGLU von einer Familien ergänzenden Betreuungs- und Erziehungseinrichtung zur ersten Stufe des Bildungssystems mit stärkerer Betonung von (Sprach-)Bildungsaufgaben lag. Die Studie „Schulerfolg von Migrationskindern" (Lanfranchi 2002) bestätigt diese Befunde. Sie weist den positiven Effekt frühkindlicher, Familien ergänzender Betreuung und Förderung noch vor dem Besuch des Kindergartens, also in der Altersstufe der 1- bis 3-Jährigen auf einen später gelungenen Übergang zur Schule nach.

Bei diesen Kindern zeigte sich eine sprachliche, soziale und hinsichtlich der messbaren Intelligenz weitere Entwicklung als bei denjenigen, die ausschließlich in der Familie aufwuchsen. Als ausschlaggebend für die Erfolge in den Entwicklungsprozessen der Kinder erwiesen sich sowohl die Einbindung und Mitwirkung der Eltern als auch die Einbeziehung hilfreicher Netzwerke im sozialen Nahraum der frühkindlichen Fördermaßnahmen. Für den weiteren Schulerfolg zeigt die Follow-up-Studie von Lanfranchi (2008), dass nicht mehr der Besuch einer familienergänzenden Betreuungseinrichtung entscheidend für den Schulerfolg ist, sondern die Bildungsaspirationen der Eltern (vgl. Stamm 2009: 58). Die im Auftrag der Bertelsmann Stiftung durchgeführte Studie von Fritschi und Oesch (2008) untersucht u.a., ob sich langfristige Auswirkungen auf das zu erwartende Lebenseinkommen nachweisen lassen. Aus den Ergebnissen der Studie lässt sich schließen, dass vorschulische Bildungs- und Betreuungsangebote sozialen Ungleichheiten zumindest teilweise erfolgreich entgegenwirken können. „Es zeigt sich allerdings, dass der Effekt für benachteiligte Kinder (Migranten, Eltern mit Hauptschulabschluss) in Prozentpunkten gemessen kleiner ist als für nicht benachteiligte Kinder" (ebd.: 14).

Als Grundlage für die Förderung bzw. für eine Bedarfsanalyse der integrierten oder additiven Sprachförderung werden seit 2002 verstärkt Sprachstandsdiagnoseinstrumente eingesetzt, wobei die Mehrzahl der Bundesländer (neben Bremen Baden-Württemberg, Berlin, Brandenburg, Hamburg, Niedersachen, Nordrhein-Westfalen und Sachsen-Anhalt) mittlerweile eines der 17 unterschiedlichen Testverfahren verpflichtend eingeführt hat.[59] Die in den einzelnen Bundesländern verwendeten Sprachtests, Beobachtungs- und Schätzverfahren finden in unterschiedlichen Altersstufen vor dem Schuleintritt statt, zumeist im Alter zwischen dreieinhalb und fünfeinhalb Jahren und unterscheiden sich hinsichtlich ihrer Ansprüche an die Güte, ihrer Schwerpunktsetzungen und der Testorganisation.[60] Im Grad der Berücksichtigung der Gütekriterien wird unterschieden nach standardisierten Tests (vgl. SET-K 3-5), die diese umfassend erfüllen müssen, und nach informellen Tests, die diese weniger berücksichtigt, sie zielen meist nur auf die Berücksichtigung einer bestimmten Bezugsnorm (vgl. Kany & Schöler 2007:

---

59 Vgl. die Übersicht in: Bildung in Deutschland 2010.

60 Vgl. die Übersicht bei Ehlich u.a. 2007, Fried 2004; Gogolin/Neumann/Roth 2005; Reich/Roth 2004; Lüdtke/Kallemyer 2007; Dietz/Lisker 2008.

109). Eine weitere Form von Tests sind Screenings (vgl. CITO, Delfin-4, Fit in Deutsch, Deutsch Plus). Sie sind standardisiert aber basieren darauf, keine Vergleiche zu anderen Kindern zu ziehen. Stattdessen wird ein kritischer Leistungswert festgelegt, welcher die Grenze zu einem Förderbedarf darstellt. Screenings sollen dazu dienen, in einem ersten Schritt grob „Risikokinder" herauszufiltern. Gegenüber Tests und testartigen Verfahren, welche (mit Ausnahme von CITO) sprachrezeptive und produktive Elemente enthalten, diese Sprachproben jedoch gezielt erzeugt und nicht spontan sind, hat die Profilanalyse (z.B. HAVAS-5) den Vorteil, Spontansprache zu entlocken und diese mithilfe von aussagekräftigen Indikatoren für die Sprachentwicklung (z.B. Satzstellung) zu analysieren. Individuelle Kompetenzen des Kindes können so berücksichtigt werden. Bei allen Verfahren werden vornehmlich morphologisch-syntaktische Merkmale wie Verbstellung oder Verbflexion, phonologische Aspekte (v.a. Minimalpaare) und Wortschatzvielfalt als Sprachstandsindikatoren ausgewählt (vgl. auch Ehlich u.a. 2007: 47; Lüdtke/Kallmeyer 2007). Einige Spracherfassungsverfahren versuchen verstärkt, Kindern mit Migrationshintergrund und ihren spezifischen Spracherwerbsbiographien besonders gerecht zu werden. Hier sind z.B. das ‚Hamburger Verfahren zur Analyse des Sprachstands Fünfjähriger' (HAVAS-5) zu nennen, das auf Ergebnissen der Zweitspracherwerbsforschung fußt und auch eine mehrsprachige Testung ermöglicht (vgl. Reich/Roth 2003) oder das Verfahren ‚Sprachverhalten und Interesse an Sprache bei Migrantenkindern in Kindertageseinrichtungen (SISMiK)'.

Die bis 2004 bzw. 2007 veröffentlichten Verfahren wurden in zwei Gutachten diskutiert und bewertet (Fried 2004; Ehlich 2007). Insgesamt kamen die Autoren zu einer überwiegend skeptischen Einschätzung der Effizienz der Verfahren für die Feststellung eines Förderbedarfes in Deutsch als Zweitsprache. Sie stellen fest, dass entsprechende Instrumente überwiegend für den ersten bildungsbiographischen Übergang vom Elementar- zum Primarbereich zur Verfügung stehen. Mit einigen Ausnahmen dienen diese der Erkennung von Entwicklungsrisiken (Verzögerungen oder Störungen) beim monolingualen deutschen Spracherwerb. Kritisiert werden die nicht vorhandenen Verfahren für die bildungsbiographischen Schnittstellen vom Primar- zum Sekundarbereich und von der Schule in die berufliche Bildung und die zugrunde gelegten Konstrukte von Sprache und Sprachentwicklung, welche sich nicht an Modellen der Zweisprachigkeit der zu diagnostizierenden Kinder und Jugendlichen orientierten und sich vielmehr auf ein einsprachiges Entwicklungsmodell berufen. Die verwendeten Kategorien und Bewertungsmaßstäbe sind häufig über die Normalitätserwartungen an einsprachig deutsch aufwachsende Kinder und Jugendliche zustande gekommen. Diese Einwände gilt es bei der Anwendung entsprechender Verfahren zu berücksichtigen. Auf Initiative der Bremer Senatorin für Bildung und Wissenschaft hat die Kultusministerkonferenz zu einem länderübergreifenden Vorgehen hinsichtlich gemeinsamer Kriterien für die Sprachstandserhebung beraten und den Schulausschuss beauftragt, unter Einbezug wissenschaftlicher Expertise die in den Ländern verwandten unterschiedlichen Verfahren zusammenzustellen und auszuwerten. In den Blick genommen werden unter anderem die Zielsetzung der Verfahren, die Rahmenbedingungen der Durchführung und die Testgüte.

5.1.2 Umsetzungsbeispiele anderer (Bundes-)Länder

Im Nationalen Integrationsplan haben sich die Länder verpflichtet, gemeinsame bzw. eng aufeinander abgestimmte Bildungs- und Erziehungspläne für Kindertageseinrichtungen und Grundschulen zu erarbeiten. Diese Selbstverpflichtung ist in nahezu allen Ländern umgesetzt. In Bayern, Berlin, Brandenburg, Niedersachsen, Nordrhein-Westfalen, Rheinland-Pfalz und Schleswig-Holstein ist die institutionalisierte Kooperation zwischen Kindertageseinrichtungen und Grundschulen gesetzlich festgeschrieben. So werden in Bayern im Rahmen des Projekts ‚Vorkurs Deutsch 160' die Hälfte der Förderstunden durch Fachkräfte der Kitas und zur Hälfte durch Grundschullehrerinnen und -lehrer durchgeführt. In Niedersachen finden gemeinsame Fortbildungen für pädagogische Fachkräfte des Elementar- und Primarbereichs statt (Projekt: ‚Teams für Fortbildung').

In Berlin[61] erhalten Kinder mit sprachlichem Förderbedarf in Deutsch seit 2006 in Sprachförderkursen drei Förderstunden an jedem Wochentag und damit insgesamt 285 Förderstunden.[62] Von den drei Stunden täglich werden zwei Zeitstunden von einer Lehrkraft mit einer Qualifikation für Deutsch als Zweitsprache, die dritte Zeitstunde von einer Erzieherin mit DaZ-Zusatzqualifikation erteilt. Diese dritte Stunde dient der sprachanregen-

---

61 Alle Informationen entstammen dem Berliner Bildungsserver.

62 Über das Ergebnis des Sprachtests informiert das Schulamt. Wenn bei einem Kind Sprachförderbedarf festgestellt wurde, ist es zur Teilnahme an der einjährigen Sprachförderung verpflichtet.

den Förderung im Spiel und im Miteinander in der Kindergruppe sowie der Förderung motorischer, personaler, sozialer Fähigkeiten. Die Sprachförderung in den Kitas ist darüber hinaus wichtiger Teil der ganzheitlichen Förderung im Kita-Alltag. Seit Sommer 2006 erhalten alle rund 109.000 Kinder, die eine Kita im Land Berlin besuchen, ein Sprachlerntagebuch (Portfolio). Die Grundschule erhält nach Rücksprache mit den Eltern Einblicke in dieses Dokument.

In Bayern erfolgt die vorschulische Sprachförderung seit dem Schuljahr 2008/09 im Umfang von 240 Stunden. 1 ½ Jahre vor der Einschulung unterstützt der Kindergarten im Rahmen von Vorkursen die Migrantenkinder im Umfang von zwei Wochenstunden, im letzten Jahr vor der Einschulung werden die Kinder von der Grundschule im Umfang von drei Wochenstunden gefördert. Die Zielgruppe sind Kinder mit Migrationshintergrund, bei denen mithilfe des SISMIK-Bogens dringender Förderbedarf in der deutschen Sprache festgestellt wurde. Es besteht keine Pflicht zum Besuch des Vorkurses (vgl. Hochholzer 2009).

In Niedersachsen (wie auch in Nordrhein-Westfalen) wird die Sprachstandsdiagnose an das Anmeldeverfahren gekoppelt. Jeweils ca. 15 Monate vor der Einschulung wird das Verfahren ‚Fit in Deutsch‘ (vgl. Niedersächsisches Kultusministerium 2006) angewendet. Aufgrund dieses frühen Testzeitpunktes betont das Niedersächsische Kultusministerium die Bedeutung der Kooperation zwischen den Lehrkräften der Grundschule und den Fachkräften des Kindergartens.[63] Das Verfahren besteht aus fünf Stufen, nach jeder Stufe gibt es die Möglichkeit, das Verfahren abzubrechen. Ergänzt wird das Verfahren durch so genannte ‚begleitende Beobachtungen‘.[64]

---

63   „Die Einschätzung der Erzieherinnen und Erzieher hinsichtlich des Sprachstandes eines Kindes bildet eine bedeutende Informationsquelle. Deshalb sollten die Fachkräfte des Kindergartens, sofern dies organisatorisch einzurichten ist, in das gesamte Verfahren zur Feststellung des Sprachstandes einbezogen werden. Grundschullehrerinnen und Grundschullehrer sollten die Möglichkeit zur Hospitation im Kindergarten nutzen, um das Kind in spielerischen Situationen zu beobachten und daraus Erkenntnisse über den Sprachstand zu gewinnen" (Niedersächsisches Kultusministerium 2006: Fit in Deutsch. Feststellung des Sprachstandes).

64   „Während der Durchführung des Verfahrens oder unmittelbar im Anschluss an die Teile A und B sollen Beobachtungen zur Kommunikationssituation mit dem Kind in den Begleitbogen eingetragen werden. Zum einen wird dadurch das gesamte kommunikative Verhalten des Kindes dokumentiert. Dies kann als Hilfestellung bei unklaren Ergebnissen der einzelnen Aufgaben nützlich sein. Zum anderen soll auf die Aussprache des Kindes geachtet werden. Wenn sich im Sprachstandsfeststellungsverfahren deutli-

Das Verfahren zur Feststellung des Sprachstandes beginnt mit einem Elterngespräch (Stufe A), in dem Informationen zur bisherigen Entwicklung und zum Sprachstand des Kindes und ggf. zu seiner Mehrsprachigkeit erfragt werden (,Sprachbiographie'). Wenn schon im Verlauf dieses Gesprächs deutlich wird, dass das Kind kein oder fast kein Deutsch spricht, wird es zur Teilnahme an den Sprachfördermaßnahmen verpflichtet. Das Verfahren braucht dann nicht durchgeführt zu werden. Der zweite Teil des Verfahrens ist ein Gespräch mit dem Kind in dem es aufgefordert wird „über sich selbst und seine Erfahrungsbereiche Auskunft zu geben." Wenn im Gespräch mit dem Kind deutlich wird, dass es sich altersangemessen auf Deutsch verständigen kann, also über einen altersangemessenen Wortschatz und altersangemessene Sprachstrukturen verfügt und sich flüssig mitteilen kann, kann das Verfahren beendet werden. Nach der Auswertung dieser beider Bestandteile und einer Rücksprache mit den Erzieherinnen und Erziehern des Kindergartens erfolgt die Entscheidung, mit welchen Kindern die Stufen C, D und E durchgeführt werden. Hierbei handelt es sich um eine Abfrage des passiven Wortschatzes sowie des Aufgabenverständnisses und um aktive Äußerungen des Kindes.

In Hamburg wird flächendeckend das Verfahren „Havas-5" eingesetzt. Es handelt sich hierbei um ein diagnostisches Verfahren sowohl zur Analyse des Sprachstands von mehrsprachig aufwachsenden Kindern mit Migrationshintergrund als auch von Kindern mit Muttersprache Deutsch. In dem Verfahren erzählen die Kinder angeregt durch einen Bildimpuls eine kurze Geschichte. Diese wird mittels Auswertungsbogen in verschiedenen Bereichen eingestuft. Insgesamt liefert das Verfahren Hinweise für eine gezielte Sprachförderung des getesteten Kindes. Für jedes förderbedürftige Kind wird auf der Grundlage der HAVAS-Ergebnisse ein individueller Förderplan erstellt und die Förderarbeit dokumentiert. Die Dokumentation wird den Klassenlehrerinnen und -lehrern beim Eintritt ins erste Schuljahr übergeben. Vorgesehen ist eine en-

---

che Hinweise auf *gravierende* Auffälligkeiten in der Aussprache des Kindes ergeben, sollte den Eltern nahe gelegt werden, eine Diagnose von Fachleuten einzuholen. Bei zweisprachigen Kindern ist zu berücksichtigen, dass leichte Abweichungen in der Aussprache nicht ungewöhnlich sind" (Niedersächsisches Kultusministerium 2006: Fit in Deutsch. Feststellung des Sprachstandes).

ge Kooperation mit den Eltern (z.B. Elternabende, aktive Einbindung in die Sprachförderarbeit).[65]

5.1.3 Ausgangslage in Bremen

Im Bremer Schulentwicklungsplan 2008 formuliert die SfBW unter dem Aspekt der „Handlungsfelder der Qualitätsentwicklung" (ebd.: 36) das Erfordernis, Sprachförderung als ‚ganzheitliches Vorhaben' zu definieren, „das in Alltagsgeschehen integrierte und zusätzliche Förderung des Spracherwerbs verzahnt, das die Kompetenzen der Professionen im Elementar- und Primarbereich gemeinsam nutzt und das alle Möglichkeiten der Unterstützung aus dem familiären Umfeld qualifiziert und mobilisiert" (SfBW 2008a: 39). Hier wie an anderen Stellen des SEP 2008 wird die gemeinsame Verantwortung von Sozial- und Bildungsbehörde für (sprachliche) Bildung betont, wenn ein gemeinsames Bildungsverständnis mit dem Ziel eines gemeinsamen Bildungsplans entwickelt werden soll und konkrete gemeinsame Handlungsbereiche definiert werden wie die zusätzliche Sprachförderung vor der Schulpflicht, für die Erzieher und Erzieherinnen sowie Lehrerinnen und Lehrer gemeinsam qualifiziert werden sollen (vgl. ebd.: 43). Festgelegt sind die Parameter für eine vertiefte Zusammenarbeit in den kontinuierlich weiter zu entwickelnden Kooperationsvereinbarungen. Diese bieten einen wichtigen Anknüpfungspunkt für gemeinsame Projekte, von denen im Folgenden die für die hier behandelte Fragestellung relevanten skizziert und beurteilt werden sollen.

Zur institutionellen Zusammenarbeit an der Schnittstelle Kita-Grundschule wurden in Bremen zwei Projekte durchgeführt, die zeitlich aneinander anschlossen. Es handelt sich zum einen um das Projekt ‚Frühes Lernen – Kindergarten und Schule kooperieren', das unter der wissenschaftlichen Begleitung von Prof. Dr. Ursula Carle (Universität Bremen) in den Jahren 2003 bis 2005 durchgeführt wurde. Das Projektdesign war in der Form konzipiert, dass 25 Einrichtungen ein Kernprojekt bildeten, das sich aus vier Verbünden, darunter zwei Großverbünde mit acht bzw. 13 Einrichtungen sowie zwei Kleinverbünde mit jeweils einem Kindertagesheim und einer Grundschule zusammensetzte. Weitere 60 Einrichtungen, die 16 unterschiedlich große Verbünde repräsentierten, waren im Rahmen eines er-

---

65 Vgl. Hamburger Landesrahmenvertrag „Kinderbetreuung in Tageseinrichtungen", FörMig Abschlussbericht 2009: 7 (Freie und Hansestadt Hamburg, Behörde für Schule und Berufsbildung 2009.

weiterten Projektes zusammengefasst. Während das Kernprojekt von der Universität Bremen wissenschaftlich begleitet wurde, fand im erweiterten Projekt lediglich eine Abschlussbefragung statt. Ziel des Projektes war es, den Übergang vom Kindergarten in die Grundschule förderlicher zu gestalten. Hierzu sollten im Projektverbund in den Bereichen „Kooperation", „Elternarbeit" sowie „Curricula" tragfähige wie auch übertragbare Konzepte entwickelt werden. Zu den Ergebnissen des Projektes zählt der Abbau gegenseitiger Ressentiments zwischen Elementarbereich und Grundschule; die angesetzten Hospitationen wurden als gewinnbringend empfunden. Größere Verbünde erwiesen sich als zielführender als kleinere, da sich die Einzugsgebiete von Schule und Kindertageseinrichtungen besser abstimmen lassen und viele Kinder der kooperierenden Kindertageseinrichtung in weiter entfernte Schulen wechselten, die über größere Verbünde besser hätten eingebunden werden können. Darüber hinaus bietet die Arbeit in ortsteilumfassenden größeren Kooperationsverbünden Chancen für eine kostengünstige gemeinsame und externe Prozessmoderation (vgl. Carle/Samuel 2006: 176). Festgestellt wurde, dass die Kernprojekte in ihrer Entwicklung weitergekommen sind als die erweiterten Projekte, denen „eine systematische Plattform [fehlte], wo die Arbeiten der Einrichtungen gesammelt, aufgearbeitet und anderen zur Verfügung gestellt werden können". Carle/Samuel folgern daraus, dass sich „Wissen und Erfahrung zu langsam [verbreiten]", woraus „sich folgern [lässt], dass eine prozessbegleitende Struktur unerlässlich ist." (ebd.: 172) Weiterhin wurde die Elternarbeit bis zuletzt als schwierig beurteilt, lediglich vereinzelt existierten Ansätze zu einer institutionell übergreifenden Elternarbeit. Von besonderem Interesse ist in dem vorliegenden Kontext, dass Carle und Samuel (vgl. ebd.: 181) in der Ergebnisdarstellung nachdrücklich die Bildungs- und Sozialbehörde auffordern, mutiger gemeinsame Vorgaben zur Kooperation zu formulieren. Vorgeschlagen wird die Herausgabe eines allgemeinverbindlichen Übergangskalenders, die Verpflichtung zur gegenseitigen Hospitation, die verpflichtende Aufnahme der Weiterentwicklung der Kooperation mit den Kindertageseinrichtungen in die Jahresplanung der Schulen, die kostenlose Vorschulzeit in einer Kindertageseinrichtung sowie die deutlichere Verpflichtung der Eltern mit Schule und Kindergarten zusammen zu arbeiten. Zu den weiteren, aus den Erfahrungen im Projekt abgeleiteten Empfehlungen gehört die strukturelle Verankerung der Abstimmung und Fortführung kompensatorischer Maßnahmen (vgl. ebd.: 177) sowie die Empfehlung, die Lern- und Entwicklungsdokumentation sollte Grundlage für positive Elterngespräche werden. Es wird darauf hingewiesen, dass bei Übergabegesprächen vom Kindergarten in die Schule, die unter Beteiligung der Lehrerinnen und Lehrer und der Erzieherinnen und Erzieher stattfinden, das Portfolio des Kindes überreicht werden könnte (vgl. ebd.: 179), um eine tiefergehende diagnostische Sichtweise bei den Lehrerinnen und Lehrern zu erzielen. Erstaunlich ist, dass im Projekt ‚Frühes Lernen‘ an keiner Stelle die Aspekte von Deutsch als Zweitsprache, Spracherwerb unter den Bedingungen von Mehrsprachigkeit, Zusammenarbeit mit Eltern mit Migrationshintergrund Erwähnung finden.

Das Projekt ‚TransKiGs‘, das zeitlich unmittelbar an ‚Frühes Lernen‘ anschloss, überraschenderweise jedoch in seiner Dokumentation nicht auf das Vorläuferprojekt verweist, selbst wenn es teilweise bei den teilnehmenden Institutionen zu Überschneidungen kam,[66] war ein BLK-Versuch, der von Anfang 2005 bis Ende 2009 durchgeführt wurde. Sein Auftrag war, die Bildungs- und Erziehungsqualität in Kindertageseinrichtungen und Grundschulen zu stärken sowie den Übergang von der Kita in die Grundschule zu gestalten. Elf regionale Verbünde, die sich aus 45 Kindertagesstätten und 18 Grundschulen zusammensetzen, arbeiteten kooperativ an der Umsetzung der Ziele des Bremer Projektvorhabens. Die Größe der Verbünde war sehr unterschiedlich. Die Spannweite reichte von drei Institutionen (eine Grundschule und zwei Kindertagesstätten) bis hin zu Verbünden mit 14 Institutionen (mehrere Grundschulen und Kindertageseinrichtungen), die Kooperationsbündnisse bildeten (Zahlen gemäß der Projekthomepage). Die Projektstruktur verdeutlicht das folgende Organigramm:

---

66 Der Verbund aus der Vahr nahm an beiden Projekten teil mit nahezu der gleichen Besetzung. Darüber hinaus stellt sich die Frage, warum in TransKiGs auch Kleinverbünde vertreten waren, wenn doch ein Ergebnis von ‚Frühes Lernen‘ war, dass Großverbände die sinnvollere Struktur sind. Für die Entwicklungen zukünftiger Projekte sollten die Ergebnisse von Evaluationen früherer Untersuchungen bei der Entwicklung bzw. Genehmigung neuer Projekte stärker Berücksichtigung erfahren, um Doppelungen auszuschließen und institutionellen Lerneffekten Raum zu geben.

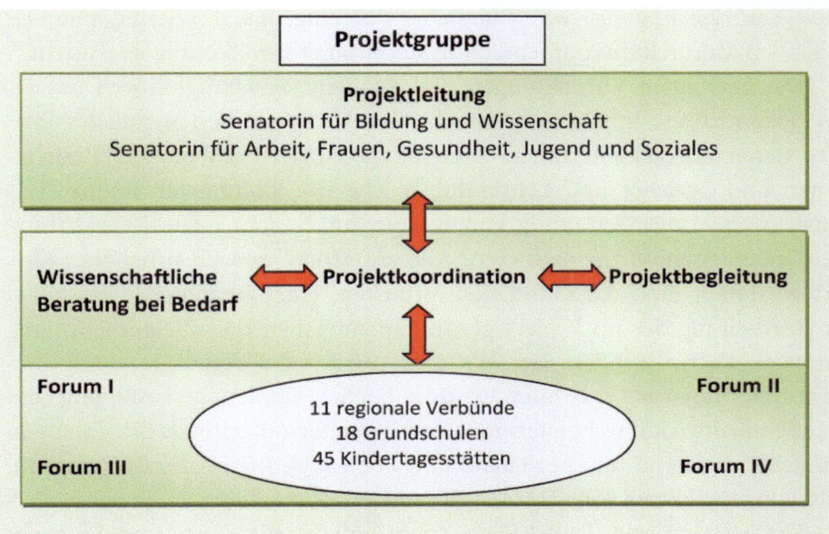

Abb. 4: **Organisationsstruktur des Bremer Landesprojektes „TransKiGs"** nach TransKings. Stärkung der Bildungs- und Erziehungsqualität in Kindertageseinrichtungen und Grundschule. Bremen Projektbeschreibung.[67]

Ziel des Bremer Projektes war es, „durch die gemeinsame Arbeit in den Verbünden einen gelingenden Übergang von der Kita in die Grundschule zu gestalten und damit einen Beitrag zur Kontinuität der kindlichen Bildungsbiografie zu leisten" (SAFGJS/SfBW 2009: 4). Somit handelt es sich um ein „Bildungskonzept von der Geburt bis zum zehnten Lebensjahr" (ebd.: 13). Innerhalb des Projekts wurden zehn inhaltliche Schwerpunkte formuliert, die sich alle am Rahmenplan für Bildung und Erziehung für den Elementarbereich mit seinen verschiedenen Bildungsbereichen sowie den Fachrahmenplänen für die Grundschule orientieren. Auch hier finden sich aus unserer Sicht überraschenderweise unter den Schwerpunkten nicht die Themen „Umgang mit Mehrsprachigkeit bzw. Sprachförderung unter den Bedingungen von Deutsch als Zweitsprache" oder „Interkulturelle Bildung im Kindergarten". Diese Aspekte finden in der dieser Darstellung zugrunde liegenden Dokumentation

---

67 Vgl. http://www.bildung-brandenburg.de/transkigs/projektbeschreibungbremen.html; Zugriff: 29.06.2011.

keine Berücksichtigung, was angesichts der eingangs skizzierten pluralen sprachlich-kulturell Zusammensetzung der Bremer Bevölkerung überrascht.[68]

Die beteiligten Einrichtungen und Schulen verständigten sich auf einen oder mehrere inhaltliche Bereiche. Ein wichtiger Bestandteil des Projekts waren die gemeinsamen Fortbildungen bzw. Fachtage für Erzieherinnen und Erzieher und Lehrkräfte, welche das Bildungsverständnis, Bildungsprozesse, die Gestaltung von Bildungsangeboten, sowie Beobachtung und Dokumentation thematisieren. Alle am Modellversuch beteiligten Kindertagesstätten und Grundschulen erhielten eine zusätzliche Ressource zur Bearbeitung der im Projekt genannten Aufgaben und Ziele im Umfang von zwei Wochenstunden. Des Weiteren wurden die Verbünde durch zwei Fachberaterinnen bzw. -berater aus dem Bereich Kindertagesbetreuung und zwei Schulentwicklungsberaterinnen bzw. -berater unterstützt, die jeweils in „Tandems" beratend und begleitend tätig ward (vgl. Bremische Bürgerschaft, Mitteilung des Senats vom 21. März 2006).[69]

Ein Element von TransKiGs ist die ‚Individuelle Lern- und Entwicklungsdokumentation' (LED) (vgl. Freie Hansestadt Bremen, Die Senatorin für Arbeit, Frauen, Gesundheit, Jugend und Soziales 2010). Das aus Beobachtung und Dokumentationselementen durch die pädagogische Fachkraft sowie Portfolio des Kindes bestehende Instrument soll helfen, den Übergang zwischen dem Elementar- und Primarbereich sinnvoll zu gestalten.[70] Auch wenn die Überprüfung der Erfolge von TransKiGs nicht in standardisierter

---

68   Im Bundesgebiet gibt es durchaus schon in den späten 1990er Jahren ansetzende Projekterfahrungen im Bereich der Organisationsentwicklung im Kindergarten mit dem Schwerpunkt ‚interkulturelle Öffnung'. Ein Beispiel ist der in den Jahren 1998 bis 2001 wissenschaftlich begleitete Modellversuch zur interkulturellen Öffnung in 23 Gelsenkirchener Kindertageseinrichtungen, bei denen – ähnlich wie bei TransKiGs – Netzwerke zwischen abgebenden Kindertagesstätten und 4 Grundschulen hergestellt wurden, um die Übergänge zu verbessern. Im Gegensatz zu TransKiGs wurde dem Aspekt der interkulturellen Öffnung – unterstützt durch den Einsatz zusätzlicher zweisprachiger „interkultureller Fachkräfte" – ein übergeordneter Stellenwert beigemessen (vgl. Karakaşoğlu/Kortfelder 2004).

69   Vgl. [URL: http://www.bremische-buergerschaft.de/drucksachen/136/3056_1.pdf]; Zugriff: 29.06.2011.

70   Die Einführung dieser Maßnahme wurde durch die Fachhochschule Köln (unter Leitung von Prof. Rainer Strätz von 2007–2008) wissenschaftlich begleitet und im Rahmen des Projekts „TransKiGs – Stärkung der Bildungs- und Erziehungsqualität in Kindertageseinrichtungen und Grundschule – Gestaltung des Übergangs" im Hinblick

Form veröffentlicht wurden,[71] scheint das Projekt in seiner Grundstruktur erfolgversprechend gewesen zu sein. Dieses betont die SfBW auch im Schulentwicklungsplan 2008 und zieht folgende Konsequenz: „Die Ergebnisse des Projektes TransKiGs werden ab Herbst 2009 verbindlich in die Fläche übertragen, in Kontrakten der Institutionen vor Ort und unter Beteiligung der Sprachberaterinnen und -berater ausgestaltet" (2008: 43). Nichtsdestoweniger geben weitere Recherchen zu Dokumentationen zum Projekt keine Hinweise auf eine tatsächlich erfolgte Ausweitung in die Breite. Daraus kann a) gefolgert werden, dass diese tatsächlich nicht erfolgt ist, b) sie erfolgt aber der Prozess nicht dokumentiert ist,c) sie unter einem anderen Namen erfolgt oder d) dass diese existierenden TransKiGs-Verbünde in größere Verbundkonzepte wie die in der Umsetzung befindlichen regionalen Bildungslandschaften (beginnend mit der Regionalen Bildungslandschaft Gröpelingen, die im Oktober 2010 eingerichtet wurde) einmünden. Hier besteht eindeutig Klärungsbedarf. Darüber hinaus fehlt den von der SAFGJS sowie SfBW in der Handreichung formulierten Empfehlungen und Checklisten für die Zusammenarbeit zwischen den Institutionen der Charakter der Verbindlichkeit, was einer Verbreitung in die Fläche ebenfalls hinderlich sein dürfte.

Bremen hat sich hinsichtlich eines Sprachstandsmessverfahrens seit 2009 für die flächendeckende Durchführung des CITO-Tests[72] entschieden, das ausschließlich als Screening fungiert.[73] „Der in Holland entwickelte Test wurde der deutschen Sprache und den kulturellen Gegebenheiten angepasst

---

auf den Übergang in die Grundschule erprobt und weiterentwickelt. Die Erkenntnisse wurden in die im August 2010 neu aufgelegte LED eingearbeitet.

71   „Von einer strengen empirischen Vorgehensweise bei der Evaluation [von TransKiGs] in den beteiligten Bundesländern kann dabei allenfalls in Teilbereichen ausgegangen werden" (Schmidt/Rossbach/Sechtig 2010: 358).

72   Der in Bremen verwendete CITO-Test liegt zwar auch auf Türkisch vor, wird aber in dieser Sprache nicht angewandt, da im Schulgesetz: §36 Absatz 2 eine Testung nur in der deutschen Sprache vorgesehen ist. Zudem, so wurde uns seitens der Bildungsbehörde mitgeteilt, würde eine Testung in zwei Sprachen nicht nur zu lang dauern sondern auch den Fakt unberücksichtigt lassen, dass in Bremen Kinder aus über 27 Nationalitäten vertreten seien.

73   Bereits im Schulentwicklungsplan 2008 wird CITO als „diagnostisches Instrument" definiert, „das Hinweise auf spezielle, individuell unterschiedliche Förderbedarfe gibt" (ebd.: 37). Dort wird die Notwendigkeit eines Screening-Verfahrens als Entwicklungsziel beschrieben, das die Kinder mit Förderbedarf sowie deren individuellen Förderbedarf identifizieren soll.

und an rund 5000 Kindern in Duisburg in einem Pretestverfahren unter der Leitung des Landesinstituts für Schule in Soest, der Schulaufsicht Duisburg und der RAA Essen erprobt" (Uysal/Röhner 2005: 115). Von 2009 auf 2010 wurde das Durchführungsverfahren in Bremen optimiert. Seit 2010 erfolgt die Testdurchführung durch Grundschullehrkräfte, die als Sprachberaterinnen und Sprachberater eingesetzt und auch für die Durchführung von CITO speziell qualifiziert wurden und durch Schülerinnen und Schüler der Fachschule für Erzieherinnen/Erzieher, die im Rahmen ihrer Ausbildung mit Dokumentations- und Beobachtungsaufgaben eingebunden sind. Die Verantwortung für die Durchführung und Auswertung von CITO liegt bei der Senatorin für Bildung und Wissenschaft. Dem Einwand, dass der Test den Sprachförderbedarf zu grob ermittle, so dass im ersten Durchgang in Bremen über 50% der Kinder als förderbedürftig identifiziert wurden, wurde mittlerweile mit einer weiteren Differenzierung zwischen „additiver Förderung" (2010: 29,4%) und „klärendem Elterngespräch" (2010: 12,0%) pragmatisch begegnet.

Tab. 2:   Mittels CITO-Test festgestellte Förderbedarfe in Bremen, 2010

Förderbedarfe nach Testergebnis	Absolut	Anteil an getesteten Kindern	Anteil an eingeladenen Kindern
kein Förderbedarf	1884	50,4%	43,9%
Förderbedarf – davon	1549	41,4%	36,2%
- additive Förderung	1100	29,4%	25,7%
- beratendes Elterngespräch	449	12,0%	10,5%
- unklarer Förderbedarf	305	8,2%	7,1%

Quelle: Vorlage Nr. G98/17 für die Sitzung der städtischen Deputation für Bildung am 02. Dezember 2010

Der Schulentwicklungsplan 2008 formuliert eine doppelte Zielsetzung für ein in ihm gefordertes Sprachstandsmessverfahren vor der Schule. Dieses soll nicht nur als Screening ausgelegt sein, sondern auch das Ziel verfolgen „alle Kinder, die einen Förderbedarf haben, durch das Testverfahren festzustellen und den individuellen Förderbedarf zu kennzeichnen" (SfBW 2008a: 38).

Eine Verknüpfung zwischen Diagnostik und individueller Förderung ist mit CITO jedoch nicht möglich, da dieses keine individuellen Förderempfehlungen aufzeigt. Andererseits liegen die Vorteile des CITO-Tests auf der Hand. Zweifelsfrei richtig ist das Argument der Zeitökonomie, denn mehrere Kinder können gleichzeitig getestet werden. Die Auswertung durch das Computerprogramm erhöht die Auswertungsobjektivität, da menschliche Fehlerquellen (z.B. Fehleinschätzung durch die Lehrkraft) ausgeschaltet sind (vgl. Roth 2008). Zudem ist der Test wissenschaftlich erprobt und normiert. In der Literatur werden gegenüber CITO jedoch auch verschiedene Einwände formuliert (vgl. u.a. Roth 2008: 35), die sich z.B. darauf beziehen, dass CITO keine „Bildungssprache" abfragt, d.h. die ermittelten Sprachkompetenzen nicht auf der Ebene des in der Schule verlangen Sprachregisters liegen und dass der Test rein rezeptives Sprachverständnis ermittelt und nicht die Sprachproduktion, die aber zentral wäre für die Feststellung z.B. der Schulfähigkeit oder eines logopädischen Unterstützungsbedarfes.[74]

Kinder, die im Folgejahr eingeschult werden und bei denen durch den CITO-Test ein zusätzlicher Förderbedarf festgestellt wird, werden bis zur Einschulung 36 Wochen mit je zwei Wochenstunden in der Kita zusätzlich gefördert. Somit erhält jedes Kind insgesamt 72 Stunden zusätzliche Förderung in der deutschen Sprache. Jede Einrichtung, in der ein Kind mit Sprachförderbedarf identifiziert wurde, richtet eine Fördergruppe ein. Für Kinder, die nicht in den Kindergarten gehen, bei denen aber Sprachförderbedarf besteht, soll eine dreistündige Förderung pro Woche durch Grundschullehrkräfte (in der zukünftigen Grundschule) erfolgen. Zusätzlich erhalten die Einrichtungen pro Kind Zeiten für die Vorbereitung und Dokumentation der Förderung sowie Stunden für eine gezielte Elternarbeit. (Elterngespräche bzw. Elternabende zum Thema Sprachentwicklung und Sprachförderung). Für diese Gespräche wurde gemeinsam mit den Trägern ein Leitfaden entwickelt. In einer Gruppe können

---

74 Die Begründung der SfBW in ihrem Informationsschreiben zum CITO-Test lautet wie folgt: „Wie gut ein Kind spricht, das können Eltern und auch Pädagoginnen und Pädagogen durch einfaches Zuhören relativ leicht feststellen und entsprechende Förderung anbieten. Sehr viel schwieriger ist es allerdings genau zu bestimmen, wie gut Kinder Sprache tatsächlich *verstehen*. Nun sind Kinder, die große Probleme beim *Verstehen* von Sprache haben, im weiteren Leben zumeist stark benachteiligt. Ihnen bleiben oft viele wichtige Informationen verborgen. Sie haben z.B. große Schwierigkeiten, die Worte der Pädagoginnen und Pädagogen zu verstehen, wenn es gilt neue Dinge zu lernen, sie werden also auch dem Unterricht in der Schule nur mit großen Schwierigkeiten folgen können. Aus diesem Grund soll der Sprachtest Informationen darüber liefern, wie gut Kinder Sprache verstehen, um sie ggf. gezielt fördern zu können. In Bremen und Bremerhaven wird dazu der Sprachtest des holländischen CITO-Instituts eingesetzt."; vgl. [URL: http://www.bildung.bremen.de/fastmedia/ 13/CITO 2010b.pdf]; Zugriff: 06.06.2010.

bis zu sieben Kinder gefördert werden. Für die Sprachförderphase 2010/2011 beträgt die durchschnittliche Gruppengröße 5,2 Kinder. Die Sprachförderung wird von Erzieherinnen und Erziehern mit einer Zusatzqualifikation Sprachförderung im Elementarbereich durchgeführt.[75]

Seit Oktober 2008 findet eine Qualifizierungskampagne (Neu- und Nachschulung) für Erzieherinnen und Erzieher zur Sprachförderin/zum Sprachförderer statt. Grundlage für diese Qualifizierungen bilden die Bremer Arbeitsmaterialien für die Sprachförderung im Elementarbereich, die im Januar 2009 erschienen sind. Bis zum Sommer 2011, so die Auskunft der Behörde, werden rund 415 pädagogische Fachkräfte aus den Kitas an dieser Qualifizierung teilgenommen haben. Zusätzlich zu diesen Sprachförderkräften wurden seit 2006 bis Ende 2011 im Rahmen der einjährigen berufsbegleitenden Fortbildung Spracherziehung in Kindertageseinrichtungen insgesamt 84 Spracherzieherinnen und -erzieher ausgebildet, die in Einrichtungen mit einem hohen Anteil von Kindern mit Migrationshintergrund als so genannte Sprachbeauftragte tätig sind. Im Herbst 2010 wurde das trägerübergreifende Netzwerk Sprache erstmalig für rund 120 Fachkräfte durchgeführt, mit dem Ziel, einen fachlichen Input zu geben und einen kollegialen Austausch zu ermöglichen.

Mittels einer erneuten Testung mit CITO nach der Einschulung soll ein möglicherweise fortdauernder Förderbedarf getestet werden. Bei Bedarf schließen sich weitere Sprachfördermaßnahmen an. Da die Testergebnisse bei der SfBW erhoben werden, können die Daten der ersten und der zweiten Testung mit CITO in Bezug zueinander gesetzt werden. Im Jahr 2010 bestand bei 74,4% der Kinder, die zum zweiten Mal getestet wurden, kein Förderbedarf mehr. Diese Daten können jedoch nur stark eingeschränkt als Resultat der an CITO anschließenden vorschulischen Förderung interpretiert werden, denn es fehlt eine Vergleichsgruppe ohne Förderung, die es erlauben würde, den direkten Rückschluss auf die Wirksamkeit der Fördermaßnahmen zu ziehen. Hinzu kommt, dass viele der 2009 mit „Förderbedarf" getesteten Kinder in diesem Jahr noch gar nicht eingeschult wurden, so dass es sich bei den eingeschulten und getesteten Kindern ggf. um eine positive Auswahl handeln könnte.

---

75 Informationen durch Heidemarie Rose, Abteilungsleiterin, Senatorische Behörde für Soziales.

5.1.4   Handlungsempfehlungen für Bremen

1. Die auf CITO folgende, wöchentlich zweistündige additive Form der Sprachförderung im Kindergarten, wie sie in Bremen derzeit praktiziert wird, ist (so die Befunde aus Baden-Württemberg) im zeitlichen Umfang deutlich zu gering, um Fördereffekte zu zeitigen (Berlin und Bayern sehen mehr als doppelt so viele Stunden vor). Für Kinder mit besonderem Förderbedarf sollte der Umfang dieser Maßnahmen deutlich erweitert werden. Wir sprechen uns in Übereinstimmung mit den Hinweisen im Schulentwicklungsplan 2008 neben additiven Formen der Sprachförderung darüber hinaus nachdrücklich für ein in den Kindergartenalltag grundsätzlich integriertes Sprachförderkonzept aus.

2. Derzeit findet eine einjährige *Zusatz*ausbildung für Erzieherinnen und Erzieher zur Umsetzung eines integrierten Sprachförderkonzeptes in Bremen statt. Die Erzieherinnen- und Erzieherausbildung in Bremen muss aber das Prinzip der durchgehenden und in den Kindergartenalltag integrierten Sprachförderung sowie die Kenntnis von Spracherwerbsprozessen unter den Bedingungen von DaZ und Mehrsprachigkeit in Verbindung mit Grundprinzipien Interkultureller Bildung verbindlich und im angemessenen zeitlichen Umfang curricular für alle vorsehen. Die Inhalte sollten – im Sinne der durchgängigen Sprachförderung und -bildung – mit der Grundschullehrerinnen- und -lehrerausbildung abgestimmt sein.

3. Auch die bereits im Beruf stehenden Erzieherinnen und Erzieher müssten so (weiter-)qualifiziert werden, dass sie den individuellen Sprachförderbedarf bei den Kindern sowie mögliche Veränderungsprozesse diagnostizieren können und zudem Sprachförderung als Bestandteil des Kindergartenalltags verstehen. Hierfür muss die Senatorin für Bildung und Wissenschaft in Kooperation mit der Senatorin für Soziales ihr entsprechendes gemeinsames Fortbildungsangebot für Erzieherinnen und Erzieher und Grundschullehrerinnen und Grundschullehrer im Hinblick auf Sprachstandsdiagnose und Sprachförderung unter den Bedingungen von Mehrsprachigkeit erweitern. Nur so ist eine Umsetzung des Prinzips der durchgängigen Sprachförderung möglich. Fortbildungen in diesem Bereich sollten gemeinsam von der SfBW und der SAFGJS finanziert werden. Die im Dezember 2008 eingerichteten zwei Konsultationskitas

mit dem Schwerpunkt Sprache und Kommunikation[76] sollten als Best-Practice-Beispiele in die Erzieherinnen- und Erzieherfortbildungen wie auch in die Fortbildung von Grundschullehrerinnen und -lehrern z.B. durch Hospitationen einbezogen werden.

4. Die vorgesehene Entwicklung eines gemeinsamen Bremer Bildungsplanes für den Elementar- und Primarbereich (für den Hinweis der Erstellung vgl. Schulentwicklungsplan 2008: 43, Dokument liegt uns jedoch nicht vor) ist vor diesem Hintergrund besonders zu begrüßen, sollte jedoch nicht nur einen empfehlenden sondern einen verbindlichen Charakter haben.

5. Im Einklang mit der Senatorin für Bildung und Wissenschaft erachten wir es „für den Elementarbereich [als] wünschenswert, die Lern- und Entwicklungsdokumentation (LED) verbindlich einzuführen und mit Einverständnis der Eltern als Grundlage für Übergabegespräche zu nutzen" (Schulentwicklungsplan 2008: 43). Aktuell liegt uns keine Information darüber vor, inwiefern die verbindliche Einführung bereits erfolgt ist und wenn ja, welche Erfahrungen bislang mit dem Instrument in der angestrebten verbesserten Kooperation zwischen Kita, Grundschule und Eltern gemacht werden. Aufgrund der Zentralität des Instrumentes für die Kooperation zwischen diesen drei Sozialisations- und Bildungsinstanzen empfehlen wir eine wissenschaftlich begleitete Bestandsaufnahme seiner Nutzung in Bremen.

6. Für die Entwicklung eines individuellen Förderplans für die Kinder in der Grundschule empfehlen wir weiterhin, die Grundschullehrerinnen und Grundschullehrer in Hinblick auf die an die LED anschließende Förderung gezielt fortzubilden. Grundlage für diese Forderung sind u.a. die positiven Erfahrungen mit dem Instrument aus den Projekt ‚Frühes Lernen – Kindergarten und Schule kooperieren' und TransKiGs.

7. Im Schulentwicklungsplan 2008 wird angekündigt: „Die Ergebnisse des Projektes TransKiGs werden ab Herbst 2009 verbindlich in die Fläche übertragen, in Kontrakten der Institutionen vor Ort und unter Beteiligung der Sprachberaterinnen und -berater ausgestaltet" (2008: 43). Die Übertragung in die Fläche ist jedoch bislang nicht erfolgt. Wir betrachten TransKiGs als

---

76 Hierbei handelt es sich um die Kitas Kinder- und Familienzentrum (KuFZ) An Smidts Park und KuFZ Wasserturm, vgl. [URL: http://www.soziales.bremen.de/sixcms/media.php/13/Kokis%202010-neu.pdf]; Zugriff: 29.06.2011.

(inhaltlich im Hinblick auf DaZ und Interkulturelle Bildung) zu erweiterndes Modell für weitere Verbünde, wobei die Kooperationen deutlich verbindlicher festgelegt werden müssten. Es wäre die Aufgabe der Grundschulen, eine festgelegte Anzahl von regelmäßigen Kooperationstreffen mit den abgebenden Kitas zu dokumentieren und verbindliche Absprachen festzuhalten. Gegenstand könnte z.B. mindestens ein verbindliches Gespräch mit den Eltern zukünftiger Erstklässerinnen und Erstklässler vor der Einschulung sein, in dem die Erwartungshaltung der Schule an die Eltern erläutert wird. Hierbei könnten Eltern, die mit dem deutschen Bildungssystem nicht vertraut sind, vermittelt werden, dass sie als Eltern einen eigenen Anteil am Bildungsauftrag haben und hier Kooperationspartner der Schule sind. Dies könnte auch als Indikator für die interkulturelle Öffnung der Schule gewertet werden. Sollte eine Fortsetzung des Projektes geplant sein, müssten die Themen Umgang mit Mehrsprachigkeit sowie Interkulturelle Öffnung als gemeinsame Arbeitsbereiche von Kita und Grundschule explizit benannt werden.

8. Wenn im Schulentwicklungsplan 2008 im Zusammenhang mit der Betonung, ein Sprachförderkonzept müsse auch das Lernumfeld und hier insbesondere den familiären Kontext berücksichtigen, darauf hingewiesen wird, es sei „geplant" (ebd.: 39), Beispiele für Elternbildungsprogramme wie *Hippy, Rucksack, Mama lernt Deutsch* oder *Opstapje* zusammen zu tragen und den Grundschulen zugänglich zu machen, so attestieren wir hier Handlungsbedarf auf der Homepage des *Landesinstituts für Schule (LIS)*, das diesem Desiderat bislang noch nicht nachgekommen ist. Dem LIS obläge es aus unserer Sicht, eben diese Informationen übersichtlich und leicht zugänglich zu bündeln und interessierten Schulen zur Verfügung zu stellen.

9. Um dem im SEP 2008 formulierten und sprachwissenschaftlich legitimierten Anspruch gerecht zu werden, ein förderdiagnostisches Instrument zur Anwendung kommen zu lassen, das individuelle Bedarfe identifizieren kann, wird die Einführung eines zweistufiges Verfahrens nach dem Vorbild etwa von Niedersachsen, Nordrhein-Westfahlen oder Baden-Württemberg empfohlen. In einer ersten Stufe könnte eine „informelle" Überprüfung der kommunikativen Fähigkeiten der Kinder durch speziell geschultes Personal der Kindertagesstätten als Indikator ausreichen. Ein Beispiel hierfür liefert das niedersächsische Verfahren *Fit in Deutsch,*

welches aus einem Elterngespräch sowie einem informellen Gespräch mit dem Kind besteht. Nach diesem Grobscreening sollten Kinder, die hier als sprachauffällig eingestuft werden, an einem diagnostischen Verfahren teilnehmen, welches konkrete Förderbedarfe aufzeigen kann. Als profilanalytisches, in der zweiten Stufe anzuwendendes Verfahren, das im Rahmen von *FörMig* für die Diagnose der Sprachfähigkeiten in der Erst- und Zweitsprache am Übergang vom Elementar- in den Primarbereich empfohlen wird, könnte sich *HAVAS-5* aufgrund der Bedeutung der schulspezifischen Bildungssprache anbieten.

10. Zu begrüßen ist die inzwischen veröffentlichte Verordnung über die Datenverarbeitung durch Schulen und Schulbehörden (Deputationsvorlage vom 28.Oktober 2010), der zufolge „die Verordnung über die Datenverarbeitung durch Schulen und Schulbehörden verändert werden [muss], um zu gewährleisten, dass die Kinder Kindertagesstätten zugeordnet werden können und dementsprechend den Kindertagesstätten die Daten über den Förderbedarf zugänglich gemacht werden können." Mit dieser Änderung des Datenschutzes kommt Bremen einer Aufforderung des BAMF (2008) nach, welches die Länder auffordert, die „auf Länderebene bestehen[den] datenschutzrechtliche[n] Schwierigkeiten, im Sinne der Kinder möglichst unbürokratisch [zu überwinden]. Im Interesse einer vertrauensvollen Zusammenarbeit zwischen Eltern und Bildungseinrichtungen ist die Zustimmung der Eltern für einen Austausch von Informationen über Stand und Fortschritte der sprachlichen Bildung der Kinder von zentraler Bedeutung." *Ergänzend müsste die SAFGJS die SfBW darüber informieren, welches Kind nach CITO welche Form der Förderung erhalten hat. Nur so wäre die Überprüfung der Effizienz von Fördermaßnahmen möglich. Hier zeigt sich der Bedarf an einer Erweiterung der Kooperation zwischen den beiden Senatorischen Behörden.*

5.2   Deutsch als Zweitsprache im schulischen Kontext – Erfordernis der durchgängigen Sprachförderung

5.2.1   Forschungsstand und Problemaufriss

Hinter dem Konzept einer Durchgängigen Sprachbildung steht der Gedanke, gezielte, systematische sprachliche Bildung von Beginn an und während der gesamten Bildungsbiografie für Kinder und Jugendliche sicherzustellen und dabei Methodik und Angebote auf die jeweilige Alters- und Sprachentwicklung der Kinder und Jugendlichen abzustimmen, viele Beteiligte am Bildungsprozess eines Kindes einzubinden, neue Partner zu finden und Kooperationen zwischen den am Sprachbildungsprozess Beteiligten zu fördern, sprachliche Bildung als Aufgabe aller Fächer zu verstehen und in ein ganzheitliches und aufeinander aufbauendes Gesamtkonzept einzubetten, dabei – wo möglich – die Erst- und Zweitsprache zweisprachig aufwachsender Kinder füreinander fruchtbar zu machen (vgl. Desiderate der Arbeitsgruppen des Bundesweiten Integrationsprogramms im Handlungsfeld sprachliche Bildung, BMBF 2008a: 27). Für die Implementierung spezifischer sprachsensibler Unterrichtsinhalte bedarf es Strukturen, die eine durchgehende Sprachförderung und -bildung ermöglichen. Die Forschung über die Risiken, die für Schülerinnen und Schüler mit Migrationshintergrund im deutschen Bildungssystem bestehen, hat vielfach auf die besondere Rolle von Übergängen zwischen Institutionen im Verlauf der Bildungskarriere verwiesen (u.a. Gomolla/Radtke 2003; Konsortium Bildungsberichtserstattung 2006; 2008); speziell wird die Koordination der Sprachförderung zwischen den beteiligten abgebenden und aufnehmenden Institutionen empfohlen (vgl. Konsortium Bildungsberichterstattung 2006: 170). Das Vermeiden von Brüchen in der Betreuung von Kindern und Jugendlichen erscheint umso nötiger als die Untersuchungen des PISA-Konsortiums zu den Leistungen von Jugendlichen gezeigt haben, dass unterdurchschnittliche fachliche Leistungen eng mit der Entwicklung des Leseverstehens „in der Sprache der Tests", sprich im Deutschen, zusammenhängen und dass dieser Zusammenhang in besonderer Weise zu Lasten der Schülerinnen und Schüler aus Migrantenfamilien geht, für die Deutsch in der Regel eine Zweitsprache ist (Deutsches PISA-Konsortium 2001, 2002, 2003, 2008). Durchgängige Sprachförderung bzw. sprachliche Bildung hat jedoch nicht nur eine zeitliche Dimension, sondern bezieht sich auf unterschiedliche Aspekte.

Hier vermittelt das *BLK-Projekt FÖRMIG* grundlegende Einsichten, u.a. mit folgender Kernthese: „Von besonderer Bedeutung ist die Hinführung zur kognitiv anspruchsvollen Bildungssprache von Anfang an und durch die gesamte Schulzeit hindurch" (Gogolin, Neumann, Roth 2003: 46). Aus dem Kontext des Projektes wurde gefordert, die verbreitete Auffassung zu überwinden, Sprachförderung habe sich vor allem und fast ausschließlich auf den Beginn der Bildungslaufbahn zu beziehen und solle als Vermittlung grundlegender Deutschkenntnisse und Korrektur formaler Unsicherheiten – überwiegend über additive, zielgruppenspezifische Fördermaßnahmen[77] – wirken. Gründlich durchgeführt, würde dies eine Sprachförderung im weiteren Bildungsverlauf obsolet machen. Die Projektleitung empfiehlt, diese eng gefasste Zielvorstellung zugunsten eines allgemeineren Begriffs, der so genannten „Bildungssprache" abzulegen, denn die Entwicklung und Bildung sprachlicher Fähigkeiten sei umso aussichtsreicher, je besser die verschiedenen Bereiche institutionellen sprachlichen Lernens, an denen Kinder und Jugendliche teilhaben, aufeinander abgestimmt sind (vgl. FörMig Abschlussbericht 2009: 21). Dies gelte im Besonderen für die Verbindung des fachlichen und sprachlichen Lernens in der Schule. Durchgängige Sprachbildung in diesem Sinne ist eine zentrale Aufgabe des *gesamten* Unterrichts (und nicht nur einer zeitlich befristeten oder additiven Förderung): die Aufgabe nämlich, dafür zu sorgen, dass in der Bildungslaufbahn die sprachlichen Fähigkeiten der Schülerinnen und Schüler mit den inhaltlichen Anforderungen und den Lernzielen der Schule Schritt halten.

Das für FörMig adaptierte Verständnis von sprachlicher Bildung quer durch alle Lernbereiche und Fächer wurde durch den im englischsprachigen Raum etablierten Ansatz *Language across the Curriculum* angeregt. Diese Forderung geht einher mit den Hinweisen des BAMF 2008, denen zu Folge die Bildungs-, Lehr- und Rahmenpläne für Schulen sowie Bildungspläne für Kindertageseinrichtungen im Hinblick auf eine durchgängige sprachliche Bildung, den Umgang mit Mehrsprachigkeit und interkulturelle Erziehung analysiert und gegebenenfalls überarbeitet werden sollen. Weiterhin wird vorgeschlagen, die unterschiedlichen Aktivitäten zur Förderung der bildungssprachlichen Fähigkeiten fächerübergreifend in einem Gesamtsprachencurriculum zu verknüpfen (vgl. Vorschlag der Arbeitsgruppen des Bundesweiten Integrationsprogramms nach §45 Aufenthaltsgesetz im

---

77 Im Zuge der in Kapitel 1 geschilderten ausländerpädagogischen Ansätze wurden seit den 1970er Jahren eine Vielzahl von additiven Maßnahmen in den Bundesländern eingerichtet, die von Vorkursen für Seiteneinsteiger, nationalsprachlichen Klassen (insbesondere Bayern) und muttersprachlichem Ergänzungsunterricht mit landeskundlichen Elementen (je nach Bundesland in der Verantwortung der konsularischen Vertretungen und/oder der Bundesländer) bis zu speziellen Kursen in Deutsch als Zweitsprache (parallel zum Deutschunterricht) reichen und bis heute existieren. Einen anderen Weg gehen vereinzelte Modellprojekte zweisprachiger Alphabetisierung (z.B. Koala durch die RAA in Essen) bzw. zweisprachiger Schulen (z.B. deutsch-türkische Grundschule in Hamburg) (vgl. dazu Kap. 5.4).

Handlungsfeld sprachliche Bildung 2008a: 31). Dabei ist darauf zu achten, dass ein Gesamtsprachencurriculum tatsächlich fächerübergreifend konzipiert wird. Aus diesem Grund fordert das BAMF, die zur durchgängigen Förderung notwendigen Kooperationen zwischen den Bildungseinrichtungen sowie zwischen speziellen Förderangeboten und Regelangeboten zu verstärken und zu systematisieren (vgl. ebd.: 28).

Die universitären Arbeitsgruppen der Didaktik des Deutschen als Zweitsprache haben vielfältige Möglichkeiten vorgelegt, um sprachliche Inhalte in den Fachunterricht zu integrieren. Beispielhaft sei hier auf den von Ahrenholz (2010) herausgegebenen Sammelband hingewiesen, in welchem Konzepte für die DaZ-Förderung im naturwissenschaftlichen Fachunterricht (Tajmel 2010), Biologieunterricht (Kuplas 2010), Chemieunterricht (Schmölzer-Eibinger/ Langer 2010) und Mathematikunterricht (Knapp/Pfaff/Werner 2010) vorgestellt werden. Auch der Ansatz von Josef Leisen zur Leseförderung in allen Fächern (2010) ist in Fachkreisen weit verbreitet. Jedoch ist der Transfer derartiger Konzepte in den Schulalltag bis jetzt nur ungenügend erfolgt, trotz der vielfältigen praxisnahen Handreichungen, die Möglichkeiten aufzeigen, Bildungssprache als Thema in den Fachunterricht zu integrieren. Neben diesen, bestimmte Fächer anvisierenden Konzepten wurde gerade im anglophonen Raum eine Reihe von Konzepten entwickelt, die jedoch (wenn überhaupt) unzureichend untersucht bzw. evaluiert wurden. Diese wurden auch vereinzelt in Deutschland aufgegriffen. Hierzu zählt der Ansatz der *Language Awareness*, welche v.a durch den Briten Eric Hawkins geprägt und in Deutschland durch Sigrid Luchtenberg und Ingelore Oomen-Welke weiterentwickelt wurde (vgl. Oomen-Welke 2010: 481). Mit Language Awareness ist die Sensibilität für und das Bewusstsein über die Funktion von Sprache und ihren Nutzen für das menschliche Leben gemeint[78] (Donmall 1985 in Luchtenberg 2010: 107f.). Etwas detaillierter ist die Definition der im Jahre 1992 gegründeten Association for Language Awareness, die das Konzept als explizites (Sprach-)Wissen über Sprache und bewusste Wahrnehmung und Sensibilität beim Sprachlernen, -lehren und -gebrauch definiert.[79] Insgesamt schlägt sich dieser Gedanke in unterschiedlicher Weise in der Didaktik nieder, besonders in der Deutsch- und Fremdsprachendidaktik.

---

78 Orig.: „Language Awareness is a person's sensitivity to and conscious awareness of the nature of language and its role in human life."

79 Vgl. [URL : http://www.lexically.net/ala/la_defined.htm]; Zugriff: 27.06.2011.

Ein weiteres Konzept für eine durchgehende, integrierte Sprachförderung aus dem angloamerikanischen Raum ist das so genannte *Scaffolding* (zu Deutsch: Baugerüst). Bei dieser Lehrmethode, die für binnendifferenzierenden Unterricht mit Schülerinnen und Schülern unterschiedlicher Sprachstände in der Unterrichtssprache geeignet ist, werden Lernprozesse vorübergehend beispielsweise durch die Bereitstellung einer ersten vollständigen Orientierungsgrundlage in Form von Anleitungen, Denkanstößen und anderen Hilfestellungen initiiert und geleitet. Sobald der/die Lernende im Stande ist, eine bestimmte Teilaufgabe eigenständig zu bearbeiten, entfernt man dieses „Gerüst" schrittweise wieder. Auf diese Weise werden die Schülerinnen und Schüler befähigt, auch bei geringen Sprachkenntnissen Fachaufgaben alleine zu bewältigen. Dies vermittelt Selbstvertrauen. Das temporäre „Gerüst" kann entfernt werden, wenn die Schülerinnen und Schüler ihre Zweitsprache weiterentwickelt haben. Die Aufgaben als solche werden also nicht verändert oder gar vereinfacht, sondern die sprachliche Unterstützungsleistung der Lehrkraft verbessert und intensiviert, denn sie muss nicht nur die gegenwärtige Performanz einer Schülerin/eines Schülers in der Zweitsprache in den Blick nehmen, sondern auch deren/dessen weitere Entwicklung (vgl. Gibbons 2010: 30). Gegenwärtige (evt. noch nicht ausreichende) Sprachkenntnisse der Lernenden werden nicht aus der Defizitperspektive betrachtet, sondern als ein sich weiterzuentwickelndes Gut. Der Ansatz wird bislang eher modellhaft angewendet, z.B. in den Ferienschulen für Schülerinnen und Schüler mit Migrationshintergrund an der Universität Köln.[80]

Das dritte, innovative Konzept zum integrierten Sprach- und Fachlernen ist das in den USA entwickelte *SIOP (Sheltered Instruction Observation Protocol)-Modell*,[81] welches erst seit kurzer Zeit auch in Deutschland punktuell angewendet wird. Auch hier wird die Vermittlung der Unterrichtsinhalte in einer Klasse mit Schülerinnen und Schülern einer Altersstufe aber unterschiedlichen sprachlichen Voraussetzungen auf strategische Weise mit dem Sprachenlernen verbunden (Echevarria/Vogt/Short 2004: 1). Schülerinnen und Schüler, deren Erstsprache nicht die Unterrichtssprache ist, sollen vor sprachlicher Überforderung „geschützt" (sheltered) werden, indem der Unterricht sprachlich an die individuellen Vorkenntnisse der Lernerinnen und Lerner angepasst

---

80   Für weitere Informationen vgl. [URL: http://www.uni-koeln.de/sprachfoerderprojekt/]; Zugriff: 27.06.2011.

81   Zur umfangreichen Evaluation des Instruments: vgl. Short/Echevarria (1999).

wird. Als Grundlage für eine dementsprechende Unterrichtsentwicklung dient der Lehrkraft das SIOP-Protokoll mit dem sie selbst überprüfen kann, ob ihr Unterricht „geschützt" verläuft, d.h. die Schülerinnen und Schüler sprachlich nicht überfordert werden. Es handelt sich somit um eine Art Selbstkontrolle der Lehrkraft. Das Protokoll umfasst einen Kriterienkatalog mit acht Komponenten. Diese lauten Unterrichtsvorbereitung, Aufbau von Hintergrundwissen, verständlicher Input, Strategien, Interaktion, Anwendung, Umsetzung der Stunde sowie Wiederholung und Leistungskontrolle. Die Unterpunkte geben Hinweise darauf, wie Unterricht ablaufen muss, damit alle Schülerinnen und Schüler vom Unterricht profitieren können. So ist bei der Unterrichtsplanung u.a. die „Anpassung des sprachlichen Lernmaterials an das Kompetenzniveau durch Textveränderung und v.a. durch Hilfen zur Texterschließung" zu beachten. Beim Aufbau von Hintergrundwissen ist die „explizite Verknüpfung der Lerninhalte mit den sozialen, kulturellen und allgemein Alltagserfahrungen der Schülerinnen und Schüler" zu berücksichtigen (Beese 2010: 2). Das SIOP-Protokoll liefert damit ein detailliertes Modell (quasi eine „Checkliste") zur Unterrichtsplanung, -gestaltung und -evaluation in allen Fächern. Im deutschsprachigen Raum wurde SIOP im Rahmen eines Ferienprojekts zur Sprachförderung an der Universität Augsburg getestet. Ziel war es, die Sprachförderung zu optimieren und zudem Lehramtsstudierenden mit einem Konzept vertraut zu machen, welches ihnen einen Rahmen gibt, Schülerinnen und Schüler in allen Fächern beim Erwerb der deutschen Sprache zu unterstützen. Die Evaluation ergab folgende Befunde: Das SIOP erleichtert es, Lernprozesse von leistungsschwächeren Schülerinnen und Schülern positiv anzuregen, weiterhin wurden die Kompetenzbereiche Strategie-Lernen und Interaktion verbessert und drittens lassen sich dank des Protokolls Fach- und Sprachunterricht sehr gut verbinden (vgl. Ballis/Schneider 2008). Für einen umfassenden Einsatz des Modells im Regelunterricht müsste das Konzept des SIOP-basierten Unterrichts erweitert werden auf Schülerinnen und Schüler, deren Erstsprache Deutsch ist. Denn SIOP richtet sich bislang in erster Linie an Lernerinnen und Lerner einer Zweitsprache.

Für eine inhaltliche Neugestaltung der sprachlichen Unterstützung von Schülerinnen und Schülern mit Migrationshintergrund ist neben dem Rückgriff auf diese oder ähnliche Unterrichtsgestaltungselemente auch eine systemische Veränderung des Bildungssystems notwendig. Ziel muss es sein, durch die gezielte Vernetzung aller am Bildungsprozess Beteiligten, Projekten wie Institutionen, das sprachliche Niveau von Kindern und Jugendlichen (nicht nur mit Migrationshintergrund) anzuheben. Daher empfiehlt das BMBF das Errichten so genannter *Regionaler Sprachzentren,* „in denen Fortbildung und Materialentwicklung, Vernetzung zwischen den Trägern von Ausbildungsangeboten und Schulen, Migrantenorganisationen sowie anderen Akteuren sprachlicher Bildung koordiniert und angeboten werden" (Bundesweites Integrationsprogramm, BMBF 2010: 54). Bereits in einer früheren Publikation (BMBF 2008a) wird die Institutionen übergreifende Zusammenarbeit betont:

Akteure können außerhalb von Kindertageseinrichtungen und Schulen (etwa Bibliotheken, Migrantenselbstorganisationen etc.) wertvolle Beiträge zur Verknüpfung formeller und informeller Sprachförderung leisten und zusätzliche Sprechgelegenheiten schaffen. Die Kooperation zwischen den Bildungseinrichtungen und weiteren am Sprachbildungsprozess Beteiligten sollte systematisch gefördert werden, etwa durch ihre Einbindung in lokale Netzwerke der sprachlichen Bildung oder gemeinsame Projekte. Die Einbeziehung bürgerschaftlichen Engagements kann die professionelle Arbeit von pädagogischen Fachkräften in der sprachlichen Bildung bereichern und ergänzen, jedoch keinesfalls ersetzen (BAMF 2008a: 31).

Auf die Vorteile einer Kooperation von Bildungseinrichtungen mit Freiwilligen bzw. Ehrenamtlichen weist auch das EU-Grünbuch hin. Die so genannte „Integrierte Bildung", zu der auch die Sprachbildung gehört, wirkt möglichen Segregationstendenzen entgegen und daher ist die Etablierung dieser „ein ausdrückliches Ziel einiger Systeme" (Europäische Kommission 2008: 13). Schließlich haben die Mitgliedstaaten ein Interesse daran, mithilfe einer „Präventivstrategie" dem negativen Einfluss des sozioökonomischen Status und des Migrationshintergrundes auf den Bildungserfolg entgegenzuwirken, indem eine bessere Vernetzung von Einrichtungen hergestellt wird, um erstens eine bessere soziale und ethnische Mischung der Schülerschaft zu erreichen und zweitens die Attraktivität von Schulen mit einem hohen Anteil benachteiligter Schüler zu steigern. Dieses könne, so das Grünbuch, über die Schaffung so genannter „Magnetschulen"[82] geschehen.

---

82 Zitiert wird hier wie folgt: „Magnetschulen sind ursprünglich in den späten 70iger Jahren in den USA entstanden und beruhen auf den Prinzip, durch interessante und attraktive Curricula und Aktivitäten Schüler aus einer breiten Palette aus Mittelklasse-Nachbarschaften anzulocken. So kann die sozioökonomische Balance an der Schule wiederhergestellt und das Bildungsangebot in benachteiligten Stadtteilen verbessert

5.2.2   Umsetzungsbeispiele anderer (Bundes-)Länder

In England wurde mit *Language across the Curriculum* ein Konzept durchgängiger Sprachförderung auf den Grundpfeilern des ‚National Curriculum' entwickelt. Das Curriculum orientiert sich an vier Stufen, die sich auf zusammengefasste Altersgruppen der Schülerinnen und Schüler bzw. ihre besuchten Klassenstufen beziehen.[83] Für alle Schulstufen an öffentlichen und privaten Schulen sind so genannte fächerübergreifende Anforderungen verpflichtend formuliert: das Miteinbeziehen aller Lernenden, die Verwendung von Sprache, die Verwendung von Informations- und Kommunikationstechnologie, Gesundheit und Sicherheit.[84] Diese Bereiche wurden sowohl für die Primarschule als auch die Sekundarschulen weiter ausgestaltet. Es handelt sich dabei um Rahmenlehrpläne mit empfehlendem Charakter. Eine dieser Richtlinien für die Primarstufe ist die *Literacy Strategy* (DfES 2002), für die eine Vielzahl von Praxismaterialien erstellt und zur Verfügung gestellt wird. Ein Bestandteil dieser Strategie ist die *Literacy Hour*. Diese Stunde soll Grundschülerinnen und Grundschülern sowie Lehrerinnen und Lehrern regelmäßig die Möglichkeit geben, sich intensiv mit Literalität zu beschäftigen. Die Unterrichtsstunde wird in vier Zeitabschnitte unterteilt, bei denen je 15 Minuten reserviert sind für a) gemeinsames Lesen oder Schreiben (gesamte Klasse) und b) Wort und/ oder Satzarbeit (gesamte Klasse), weitere 20 Minuten dienen der angeleiteten Gruppen- oder Einzelarbeit und in abschließenden zehn Minuten findet eine Plenumssitzung (gesamte Klasse) statt.[85] Auch wenn diese Unterrichtsstunde nicht verpflichtend ist, wird sie in den meisten Primarschulen in England durchgeführt. Für die Sekundarstufe gilt die Vorgabe *Literacy across the Curriculum* zu unterrichten. Auch hierfür werden eine Vielzahl von Praxismaterialien sowie methodisch-didaktische Hinweise bereitgestellt. Die das Curriculum übergreifenden, differenzierten Richtlinien zur Verwendung von Sprache werden

---

werden." Auch in Europa wurden gewisse Erfahrungen mit Magnetschulen gesammelt, vgl. [URL: http://schulpreis.boschstiftung.de]; Zugriff: 29.06.2011.

83   Key stage 1 bezieht sich auf 5- bis 7-jährige Kinder (1-2 Klasse), Key stage 2 auf 7- bis 11-jährige (3-6 Klasse), Key stage 3 auf 11- bis 14-jährige (7-9 Klasse) und Key stage 4 auf 14- bis 16-jährige (10-11 Klasse)

84   Vgl. [URL: http://curriculum.qcda.gov.uk/key-stages-3-and-4/general-teaching-requirements/index.aspx.]; Zugriff: 29.06.2011.

85   Vgl. [URL: http://www.teachernet.gov.uk/management/atoz/l/literacy/index.cfm?code=main]; Zugriff: 24.11.2010.

in der Präambel der Lehrpläne aufgeführt. Unter Punkt 6 dieser Richtlinien heißt es z.B.:

> Pupils should be taught the technical and specialist vocabulary of subjects and how to use and spell these words. They should also be taught to use the patterns of language vital to understanding and expression in different subjects. These include the construction of sentences, paragraphs and texts that are often used in a subject (for example, language to express causality, chronology, logic, exploration, hypothesis, comparison, and how to ask questions and develop arguments).[86]

Die Auswirkung der Literacy Hour in englischen Grundschulen auf die Leistungen der Schüler wurde ebenso evaluiert (vgl. Machin/McNally 2004) wie die Kosteneffizienz der Strategie. Hierzu verglichen die Autoren die Kosten des Konzepts pro Schülerin und Schüler mit dem ökonomischen Nutzen auf dem Arbeitsmarkt. Insgesamt ziehen die Autoren folgendes Fazit:

> We find that reading and English Key Stage 2 attainment levels rose by more in NLP [National Literacy Project] schools between 1996 and 1998. We also find modest, but positive effects of the policy that persist to age 16, as GCSE [General Certificate of Secondary Education] English performance is seen to be higher for children affected by the NLP. Since significant gender gaps in English performance exist (in favour of girls), we consider whether the literacy hour had a differential impact by gender. We find some evidence that, at age 11, boys benefited more than girls. Finally, we show the benefits of the literacy hour to easily exceed the costs of the policy (Machin/McNally 2004: 25f.).

Eine andere Evaluation der Auswirkungen der Strategie auf die Schulentwicklung anhand von Interviews mit den beteiligten Schulleitungen verdeutlicht die Bedeutung der Akzeptanz eines Programms durch das gesamte Schulpersonal (was in diesem Fall in hohem Maße gegeben war). Nur wenn alle Beteiligten den Sinn in einem gemeinsamen Arbeiten sehen, kann die Weiterentwicklung einer Schule gelingen.[87]

Auch im *Zürcher Konzept QUIMS* wird die Vorstellung zugrunde gelegt, dass es „gesamtheitliche Konzepte von Sprach- und Lernförderung [braucht]. Vereinzelte und unverbundene Maßnahmen genügen nicht. Die Konzepte sol-

---

86　Vgl. die Informationen auf der Homepage des national Curriculum zum „Use of language": [URL: http://curriculum.qcda.gov.uk/key-stages-3-and-4/general-teaching-requirements/use-of-langu	age/index .aspx]; Zugriff: 26.05.2011.

87　Vgl. auch eine Evaluation der Strategie durch das Office for Standards in Education (2002)..

len die Förderung *aller* Schülerinnen und Schüler in diesen Schulen – leistungsstarker und -schwacher, deutscher und nichtdeutscher Erstsprache – und notwendige Differenzierungen umfassen." (Truiniger 2010: 47) Wichtig ist hier die Betonung, dass es sich bei durchgängigen Sprachbildungskonzepten nicht nur um Migrantenförderung handelt, sondern es darum geht, Konzepte für die gesamte Schülerschaft zu entwickeln. Von entscheidender Bedeutung ist auch der Hinweis, dass es sich um eine „langfristig angelegte Strategie mit Entwicklungs-und Unterstützungscharakter [handeln muss], um nachhaltige Wirkungen zu entfalten" (ebd.). Das Zürcher Konzept QUIMS sieht neben den Handlungsfeldern „Förderung des Schulerfolgs" und „Förderung der Integration" auch „Förderung der Sprache" vor (zu QUIMS vgl. auch Kap. III.1 dieser Expertise). Das Ziel von QUIMS ist, Sprache zu einem pädagogischen Schwerpunkt der Schulprogrammarbeit zu machen. Die ‚Handreichung Sprachförderung in der Schulprogrammarbeit mit Fokus auf Deutsch für alle und Deutsch als Zweitsprache' (2007) beschreibt Vorgehen, Begriffe sowie die zur Verfügung stehenden Mittel und Unterstützungsangebote." Im Gegensatz zum National Curriculum und zu FörMig (s.u.) wird das „Handlungsfeld Sprachförderung [...] bei QUIMS ausdrücklich in zwei Bereiche unterteilt: erstens eine Förderung der Literalität für alle Kinder, zweitens eine spezifische Sprachförderung für zweisprachige Kinder" (ebd.: 5). Während die Literalität aller Kinder z.B. durch das „Vortragen" geübt und der Wortschatz erweitert werden soll, werden im Bereich Sprachförderung für zweisprachige Schülerinnen und Schüler Strategien für eine gelingende Sprachbildung formuliert; u.a. wird das Teamteaching mit der DaZ-Lehrperson empfohlen, wobei eine gemeinsame Gestaltung des Unterrichts durch beide Lehrkräfte als am erfolgreichsten bewertet wird. Um diese Ziele zu erreichen, bzw. das Gelingen der Maßnahmen zu überprüfen, wurde von QUIMS ein Kriterienkatalog mit Qualitätsmerkmalen „Umsetzung Volksschulgesetz. Qualitätsmerkmale zum Handlungsfeld ‚Sprachförderung' 2008" erstellt. Die Schulen können ankreuzen, auf welchem Stand sie in ihren Entwicklungen sind und wo noch Handlungsbedarf besteht. Die Handreichung nennt Best-Practice-Beispiele aus QUIMS-Schulen. Generell strebt QUIMS eine fächerübergreifende Förderung der Literalität an. An einer Vielzahl von Stellen wird auf die Übertragbarkeit von Teilkompetenzen verwiesen und betont, dass die Sprachförderung und Sprachbildung nicht nur die Aufgabe des Fachunterrichts ist: „Wenn Schülerinnen und Schüler im Sprachunterricht lernen, methodisch

Texte zu entschlüsseln, können sie diese Fertigkeiten auch für die Textaufgaben in der Mathematik einsetzen. Umgekehrt steigern Kinder und Jugendliche, mit denen das Lesen mathematischer Textaufgaben gezielt geübt wird, ihre allgemeine Lesefertigkeit." (ebd.: 6). Auch wird die Verknüpfung der Fachinhalte innerhalb der Sprachfächer angestrebt: „Die Lehrpersonen der Schule koordinieren soweit als möglich grammatische Begriffe sowie Lehr- und Lernstrategien in den Sprachfächern Deutsch, DaZ, Englisch, Französisch, anderen Fremdsprachen und HSK [‚Heimatliche Sprache und Kultur']" (ebd.: 10). Bei QUIMS beschränkt sich die Förderung von Sprache nicht auf die Institution Schule. So findet eine intensive Elternarbeit statt, zudem werden Möglichkeiten der institutionellen Zusammenarbeit im Bereich der durchgängigen Sprachförderung genannt, die besondere Rolle von Bibliotheken wird hier hervorgehoben. Entscheidend bei der institutionellen Zusammenarbeit ist eine klare inhaltliche und strukturelle Absprache unter den einzelnen Institutionen, die auch Verantwortlichkeiten festlegt. Schließlich zeigten die Ergebnisse der Meta-Evaluation deutscher Projekte zur Eltern- und Familienbildung im Abschlussbericht zum Projekt „Bildungserfolge bei Kindern und Jugendlichen mit Migrationshintergrund durch Zusammenarbeit mit den Eltern" (BAMF 2009), dass es eine Vielzahl einzelner Projekte gibt, die in und im Umfeld der Institution Schule arbeiten, es jedoch meist keine Abstimmung der Projekte unter- und aufeinander gibt. Vor diesem Hintergrund wird die Gefahr gesehen, dass sich Projekte gegenseitig behindern.

In Deutschland hat FöRMig einschlägige Konzepte für die institutionenübergreifende Zusammenarbeit zwischen Bildungseinrichtungen und anderen Partnern (auch Eltern) bei der Sprachförderung vorgelegt. Erst in allmählicher Reaktion auf die PISA-Ergebnisse wird dabei die Sprachförderung als zentrale Aufgabe des Elementarbereiches sowie seine diesbezüglich enge Kooperation mit der Grundschule erkannt, aber es gibt weder ein verbreitetes Instrumentarium dafür, noch sind die pädagogischen Fachkräfte gründlich genug auf diese Aufgabe vorbereitet (Jampert u.a. 2005). Dabei ist zu berücksichtigen, dass Kooperationen zwischen Schulen und anderen Institutionen (hier dem Elementarbereich) verlässliche, stützende und begleitende Strukturen brauchen, um die zielorientierte Verbindung von professioneller Arbeit und freiwilligem Engagement zu ermöglichen.

Aus ihren Erfahrungen in der Kooperation zwischen Kindergärten und Grundschulen hat FöRMig *Berlin* eine Handreichung vorgelegt, welche Möglichkeiten aufzeigt, die Zusammenarbeit zwischen diesen beiden

Einrichtungen gezielt zu fördern und Schwierigkeiten vorzubeugen. Am Beispiel der Kooperation zwischen einer Grundschule aus Neukölln und den naheliegenden Kitas wird aufgezeigt, „in welchen Schritten und mit welchen Maßnahmen sich die Kooperation der Schule mit den Kitas entwickelte, wie Elternbeteiligung und Sprachbildung hierfür den inhaltlichen Rahmen bilden können" (Berliner Senatsverwaltung für Bildung, Wissenschaft und Forschung 2009). Weiterhin konnte durch FörMig aufgezeigt werden, dass die kooperative Gestaltung des Übergangs nur in spezifischen Konstellationen gelingend zu realisieren ist, nämlich dann, wenn ein großer Teil der Schülerschaft einzelner Grundschulen zu einer bestimmten weiterführenden Schule wechselt. So lassen sich Strukturen aufbauen, die eine Zusammenarbeit erst ermöglichen. Entscheidend ist, dass alle Beteiligten die Notwendigkeit einer Kooperation zwischen Institutionen sehen und sich des Mehrwertes bewusst sind. *FörMig Schleswig-Holstein* hat dazu Zielvereinbarungen entwickelt, auf deren Grundlage sich Kooperationspartner über kurz, mittel- und langfristige Ziele verständigen und die Mittel festlegen können, mit denen diese Ziele erreicht werden sollen (Schleswig-Holstein 2009: 10, zitiert in FörMig Abschlussbericht 2009). Ferner betonen die Verantwortlichen des *Berliner FörMig-Projekts* wiederholt, dass die Zusammenarbeit zwischen Bildungsträgern Zeit bedarf. Aus FörMig Berlin wird für den Prozess der allmählichen Annäherung eine Zeitspanne von bis zu zwei Jahren genannt, die erforderlich war, um eine inhaltliche und organisatorische Festigung der Zusammenarbeit zu erreichen (vgl. FörMig Abschlussbericht 2009). Die Bedeutung einer langfristigen Planung bei der Schulentwicklung hebt auch QUIMS hervor: „Damit die Schulprogrammarbeit gelingt, sollte sich ein Lehrerkollegium nicht zuviel Verschiedenes vornehmen und sich für ein Thema genügend Zeit lassen. Oft braucht es mehrere Jahre, bis sich in einer Schule in einem pädagogischen Bereich eine gemeinsame Kultur oder Praxis entwickelt. Nachhaltige Wirkungen zeigen sich meistens erst mittel- und langfristig" (QUIMS: 2007: 14).

Ausgehend von den Befunden internationaler, nationaler und Hamburger Schulleistungsuntersuchungen bündelt das *Hamburger Sprachförderkonzept*, das aufgrund der ähnlichen schulstrukturellen und sozioökonomischen Verfasstheit der beiden Stadtstaaten Hamburg und Bremen für Bremen besonders interessant sein dürfte, Maßnahmen, um die Sprachförderung von Kindern und Jugendlichen mit Sprachentwicklungsschwierigkeiten und solchen mit

Migrationshintergrund weiterzuentwickeln.[88] Das Konzept umfasst den vorschulischen Bereich beginnend mit dem Jahr vor der Einschulung sowie den Primar- und Sekundarbereich I. Übergeordnetes Ziel des Sprachförderkonzepts ist die Verbesserung der Lese-, Schreib- und Sprachkompetenz aller Kinder und Jugendlichen als eine der Basiskompetenzen für den Schulerfolg und für den Übertritt in die Ausbildung. Merkmale des Konzepts sind:

- Eine konsequente Verschränkung der Sprachförderung von Beginn des Eintritts in eine Kindertagesstätte oder Vorschulklasse bis zum Ende der Sekundarstufe I, verbunden mit einem wirksamen und zweckgebundenen Mitteleinsatz,

- eine Systematisierung der Sprachstandsdiagnostik,

- die Gewährleistung der Kontinuität der Förderung sowie eine höhere Verbindlichkeit der Fördermaßnahmen durch Ziel- und Leistungsvereinbarungen zwischen der zuständigen Behörde und den Schulen,

- sowie ein Systemmonitoring, das den Prozess der Implementierung und die einzelnen Maßnahmen evaluiert.

Die Implementierung des Sprachförderkonzepts wird prozessbegleitend durch das Landesinstitut für Lehrerbildung und Schulentwicklung (Abteilung Qualitätsentwicklung und Standardsicherung) evaluiert. Darüber hinaus erfasst das Landesinstitut in einem Monitoring diejenigen von den Schulen gemeldeten Schülerinnen und Schüler (durch Codenummern anonymisiert), deren Ergebnisse in den Erhebungen auf Schwierigkeiten schließen lassen. Auf der Grundlage dieser Ergebnisse werden Förderpläne für die einzelnen Schülerinnen und Schüler erstellt. Für Kinder mit einem ausgeprägten Sprachförderbedarf erhalten die Schulen gesondert Ressourcen zur Durchführung einer individuellen additiven schulischen Sprachförderung in zusätzlicher Lernzeit außerhalb des Regelunterrichts. Bei zusätzlichem Förderbedarf wird auch in der Grundschule ein individueller Förderplan erstellt und die Förderarbeit dokumentiert (ebd.). So werden in Hamburg „Schülerinnen und Schüler mit einer anderen Erstsprache [...] auch danach bewertet, wie sie mit ihrem eigenen Sprachlernprozess in der Zweitsprache Deutsch umgehen."

---

88 Für ausführliche Informationen zum Hamburger Sprachförderkonzept siehe die Homepage LI Hamburg, vgl. [URL: http://www.li-hamburg.de/abt.liq/liq.projekte/liq. projekte.14/index.html; Zugriff: 29.06.2011.

Konzepte für eine integrative Förderung der Schülerinnen und Schüler sollen darüber hinaus gewährleisten, dass die gesamte Unterrichtspraxis auf die Lernsituation der Kinder mit sprachlichem Förderbedarf bezogen wird. So soll Sprachförderung in der Grundschule im Wesentlichen integrativ erfolgen, sie sollte eine übergreifende Aufgabe des Unterrichts in allen Fächern darstellen. Insgesamt wird die Aufgabe für die Lehrerinnen und Lehrer folgendermaßen formuliert: „Die Lehrerinnen und Lehrer im Fachunterricht berücksichtigen, dass Schülerinnen und Schüler, die Deutsch als Zweitsprache sprechen, nicht in jedem Fall auf intuitive und automatisierte Sprachkenntnisse zurückgreifen können. Deshalb orientiert sich der Unterricht am lebensweltlichen Spracherwerb der Schülerinnen und Schüler und setzt an den individuellen Sprachvoraussetzungen an." (Rahmenplan Deutsch, Hamburg 2010 [DaF1] c: 9) Unterstützung für die Realisierung der Sprachförderung in allen Fächern erhalten die Lehrkräfte durch Sprachlernkoordinatorinnen und -koordinatoren, die als Funktionsträgerinnen und Funktionsträger auch für die Umsetzung des schuleigenen Sprachförderkonzepts zuständig sind.

5.2.3 Ausgangslage in Bremen

Wie bereits eingangs gezeigt wurde, wird im Land Bremen bereits sowohl im Schulgesetz als auch im Schulentwicklungsplan 2008 auf die hervorgehobe Bedeutung der kontinuierlichen Sprachbildung hingewiesen. Ein diesbezüglicher Handlungsbedarf wurde somit erkannt und erste Planungen beschrieben. Hierauf verweist beispielsweise die bereits begonnene Ausbildung von Sprachberaterinnen und -beratern für alle Grundschulen und Schulen der Sekundarstufe I. Diese qualifizierten Lehrerinnen und Lehrer sollen zukünftig Sprachförderkonzepte in die Fläche bringen.

Das Bildungsressort verteilt jährlich ca. 244.000 Euro für so genannte sozialintegrative Maßnahmen an Grundschulen und Schulen der Sek. I (Schulen der Sek. II werden nicht berücksichtigt), zu denen auch die ‚Maßnahmen der Migrantenförderung im Rahmen des Sozialstrukturbedarfs an Schulen' gehören. Aus der Aufstellung der genauen Kostenverteilung geht hervor, dass eine Reihe von Bremer Schulen gesonderte DaZ-Kurse anbieten, diese werden schulintern ausgewertet. Andere Schulen fördern integrativ. Die Rückmeldungen der Schulen an die SfBW über die Verwendung der Gelder sind allerdings eher allgemein gehalten.[89] Weiterhin fördert die SfBW

---

89 Informationen von H. Kehlenbeck; E-Mail vom 08.11.2010.

in Kooperation mit der Mercator-Stiftung und die Universität Bremen das *Bremer Förderprojekt für Schülerinnen und Schüler der Sek. I und Sek. II mit Migrationshintergrund,* welches Schülerinnen und Schülern seit 2006 in einer Vielzahl von Fächern durch Unterricht in Kleingruppen von 5 bis 7 Lernenden in den Räumen der Universität mit Hilfe von speziell für diese Tätigkeit ausgebildeten (Lehramts-)Studierenden in ihrer fachlichen und (deutsch-)sprachlichen Entwicklung unterstützt.[90]

Die SfBW führt darüber hinaus seit 2004 regelmäßig jährlich dreiwöchige *Sommercamps* für ca. 350 Grundschülerinnen und Grundschüler am Übergang von der dritten zur vierten Klasse mit Migrationshinweis durch, in denen mit gezielter Sprachförderung unterstützt durch theaterpädagogische Freizeitangebote eine zusätzliche Förderung der Kinder in Deutsch als Zweitsprache intendiert ist. Das erste Sommercamp fand mit Unterstützung der Jacobs-Stiftung und unter der wissenschaftlichen Begleitung des Max-Planck-Instituts für Bildungsforschung (Berlin) statt. Untersucht wurde, welchen Einfluss explizite und implizite Sprachförderung auf die deutschen Sprachkompetenzen bei Kindern mit Migrationshintergrund haben. In einem Kontrollgruppendesign wurde eine Gruppe der Kinder, die an dem Camp teilnahm und sowohl zusätzliche DaZ-Förderung wie auch theaterpädagogische Anregungen erhielt, mit einer Gruppe, die nur am theaterpädagogischen Angebot teilnahm im Hinblick auf ihre Lernfortschritte im Deutschen verglichen. Es zeigte sich in den schriftlichen Tests ein deutlicher Lernzuwachs von über einem Jahr bei Kindern, die an der zusätzlichen DaZ-Förderung teilgenommen hatten, nicht aber bei den Kindern, die ausschließlich das theaterpädagogische Begleitprogramm besucht hatten (vgl. Stanat/Baumert/Müller 2005). Dieses zuerst in Bremen durchgeführte Konzept wurde später von anderen Bundesländern übernommen (u.a. Bayern, Hamburg).

---

90 Der unveröffentlichte Abschlussbericht des *Bremer Förderprojekts für Kinder und Jugendliche mit Migrationshintergrund* (Projektleitung Prof. Dr. Stefanie Haberzettl, Prof. Dr. Yasemin Karakaşoğlu) (vgl. Karakaşoğlu/Haberzettl (Hrsg.) (2009); vgl. auch Gruhn/Cantone/Karakaşoğlu (2011) zeigt u.a. die vielfach positive Notenentwicklung der Projektteilnehmerinnen und -teilnehmer sowie die positiven Entwicklungen in Bezug auf das Selbstkonzept (besonders im Hinblick auf die Verwendung der deutschen Sprache) auf. Aktuell sind 220 Schülerinnen und Schüler sowie 35 studentische Förderlehrerinnen und -lehrer in das Projekt involviert, dessen Förderung durch einen Matching-Fund zwischen der Stiftung Mercator, der Universität Bremen und der SfBW bis 2013 gesichert ist.

Seit 2010 wird auch das Projekt *Lesen ist Schlau* durch die SfBW in der Stadtgemeinde Bremen in Kooperation mit der Universität Bremen und dem Landesinstitut für Schule (LIS) durchgeführt. Schülerinnen und Schüler der 8. Jahrgangsstufe mit extremen Lesedefiziten erhalten durch in der Universität speziell hierfür ausgebildete Studierende pro Woche zusätzlich vier Stunden Leseförderung. Dabei stehen Lesestrategien und der Umgang mit Fachtexten der verschiedenen Fächer im Vordergrund. Derzeit wird das Projekt mit 16 Studierenden an vier Pilotschulen mit 64 Schülerinnen und Schülern durchgeführt, die entweder von ihren Lehrkräften als besonders gefährdet angesehen werden oder den Wunsch geäußert haben, am Projekt teilzunehmen. Ziel des Projekts ist die mit der Leseförderung verbundene Leistungssteigerung in allen Fächern. Auch wenn das Projekt nicht nur auf die Gruppe der Schülerinnen und Schüler mit Deutsch als Zweitsprache abstellt, gehört doch die Mehrzahl der teilnehmenden Schülerinnen und Schüler zu diesem Personenkreis, was in der Qualifikation der Studierenden sowie der Lehrkräfte auch inhaltlich entsprechend berücksichtigt wird. Parallel zur Ausbildung der Studierenden erfolgen Fortbildungen im Bereich der Leseförderung für die Lehrkräfte des achten Jahrgangs der beteiligten vier Schulen durch das LIS. Die Fortsetzung im Schuljahr 2011/2012 mit Mitteln zur Umsetzung der Schulentwicklung ist gesichert.[91] Das Projekt verbindet konzeptionell durch Kontrakte sowohl die drei wichtigen Akteure in der Lehrerbildung (Universität, SBfBW, LIS) wie auch die Schülerinnen- und Schülerförderung mit einer Praxis-Qualifikation von Studierenden im Rahmen des Studiums und einer Lehrerkollegienfortbildung zum Thema Leseförderung. Die Teilnahme an dem Projekt ist für die vier freiwillig teilnehmenden Schulen an die Verpflichtung gekoppelt, im Sekundarstufen I-Bereich ein eigenes gesamtschulisches Leseförderungskonzept zu entwickeln. Das Projekt stellt damit ebenso einen Beitrag zur Schulentwicklung wie zur Lehramtsstudierendenausbildung dar.

Bremen führt damit bislang folglich eine Reihe von additiven, teilweise recht innovativen (z.B. Sommercamp) Maßnahmen zur sprachlichen Förderung von Kindern und Jugendlichen mit Migrationshintergrund in allen

---

91 Dieses Projekt wurde auf Seiten der Universität bis April 2011 von Prof. Dr. Yasemin Karakaşoğlu geleitet, von Katja Baginski koordiniert und inhaltlich betreut und von Mirja Gruhn wissenschaftlich evaluiert. Evaluiert werden mit Hilfe eines Kontrollgruppendesigns die Fortschritte der Schülerinnen und Schüler in der Lesegeschwindigkeit und in der Aneignung von Lesestrategien. Seit April 2011 werden das Projekt und die wissenschaftliche Begleitung von Prof. Anne Levin geleitet.

Schulstufen durch und kommt damit seinen selbstformulierten Zielen im Bremer Integrationskonzept nach, welches „eine Reihe von sprachlichen und anderen Förderprogrammen [vorsieht, mit denen] der Bildungserfolg der Kinder und Jugendlichen verbessert und der Zugang zur Ausbildung und beruflichen Bildung erleichtert werden [soll]" (Konzeption zur Integration von Zuwanderern und Zuwanderinnen im Lande Bremen 2007–2011: 4). Wie diese Formulierung bereits andeutet, verfolgte das Land bislang damit eher eine Politik der zusätzlichen Maßnahmen, häufig auf Projektbasis, als der integrierten, konzeptionell kohärenten Sprachförderung und -bildung. Es können trotz der langjährigen Erfahrungen mit dem BLK-Projekt FörMig (welches auch in Bremen vertreten war mit den Bremen spezifischen Bausteinen ‚Performative Spiele‘, ‚Erzählwerkstatt‘ und ‚Förderung von Sprachkompetenz und Selbstwirksamkeit – FörMig SuS‘) nur wenige konsequente Kooperationspartnerschaften in der Sprachförderung und -bildung ausgemacht werden, auf die aus diesem Kontext heraus aufgebaut werden könnte.

Während der Übergang vom Elementar- in den Primarbereich nicht zuletzt durch die Projekte *Frühes Lernen* und *TransKiGs* ins Bewusstsein einiger Beteiligten gerückt wurde, finden sich kaum Äquivalente am Übergang Primarbereich-Sekundarstufe I. An dem FörMig-Transfer-Projekt, in dem auch dieser Übergang in den Blick genommen wird, beteiligte sich Bremen mit Ausnahme der Ausbildung von Sprachberaterinnen und Sprachberatern nicht (vgl. Schulentwicklungsplan 2008: 51), wobei dies auch für andere Bundesländer gilt, die an FörMig teilgenommen hatten. Auf die Projektlandschaft, welche zulasten einer durchgängigen Sprachbildung geht, deutet auch der Schulentwicklungsplan hin. So sollen „im Rahmen eines auf Nachhaltigkeit und Kontinuität gerichteten Sprachförderungskonzeptes zielgruppenspezifisch sprachunterstützende Maßnahmen in allen Schulformen und auf allen Schulstufen durchgeführt [werden]" (Schulentwicklungsplan 2008: 50f.) Als Beispiele werden Vorkurse, sozialintegrative Maßnahmen und Sommercamps genannt, doch diese, unkoordiniert nebeneinander stehenden Maßnahmen stellen kein Schulstufen übergreifendes und kohärentes Sprachförderkonzept dar.

Mit der Ausbildung der Sprachberater und Sprachberaterinnen (analog zum Hamburger Konzept der Sprachkoordinatoren/Sprachkoordinatorinnen) in der Grundschule sowie in der Sekundarstufe I, die 2009 begonnen hat und von denen die ersten in diesem Jahr ihre Funktion an den Schulen aufgenommen haben, ist inzwischen jedoch ein strategisches Instrument zur Implementierung von auf die jeweilige Schule bezogenen Sprachförder- und -bildungskonzepten geschaffen worden, das vielversprechend für die Grundlage eines landesweit koordinierten, integrierten und durchgängigen Sprachförderkonzeptes für alle Schulformen (inklusive Elementarbereich) ist. Aufbauend auf den Empfehlung aus dem Schulentwicklungsplan 2008, wonach die Senatorin für Bildung und Wissenschaft „nach Bestandsaufnahme und unter Bewertung der bestehenden Maßnahmen ein auf Nachhaltigkeit und Kontinuität gerichtetes Sprachförderkonzept (erstellt), das die Belange von Schülerinnen und Schülern nicht deutscher Herkunftssprache bzw. familiärer Verkehrssprache mit berücksichtigt" (SfBW 2008a: 52) sollen im Folgenden zentrale und konkrete Handlungsempfehlungen für die Implementierung eines solchen Konzeptes unter Nutzung der bereits bestehenden und erfolgreich umgesetzten Sprachfördermaßnahmen gegeben werden.

5.2.4 Handlungsempfehlungen für Bremen

Durch die Anlage dieser Untersuchung, die sich nur auf die Analyse bereits vorliegender und durch die Bildungsbehörde zur Verfügung gestellter Dokumente bezieht, ist es uns nicht möglich die aktuelle Praxis einer in den Fachunterricht integrierten Sprachförderung an den Bremer Schulen in den Blick zu nehmen. Eine Möglichkeit, Aspekte der Unterrichtsebene dennoch ansatzweise nachzuvollziehen, bieten die Rahmenbildungspläne des Landes. Diese werden im Folgenden auf Hinweise zu diesem Thema hin untersucht. Auffällig ist dabei, dass zwar auf die spezifischen Fachsprachen der einzelnen Fächer verwiesen wird, die Bedeutung von sprachsensiblem Fachunterricht jedoch erst zögerlich Einzug in die curricularen Vorgaben des Landesinstituts für Schule findet. Hier besteht Entwicklungsbedarf in Richtung einer Sensibilisierung für die Bedeutung des Fachunterrichts als Sprachbildungsunterricht und die Verknüpfung fachübergreifender Sprachbildung und Interkultureller Bildung unter Einbezug der Herkunfts- und Fremdsprachen.

Es zeigt sich, dass in den Rahmenplänen (fremd-)sprachliche und interkulturelle Bildung als miteinander eng verknüpfte Lernziele verstanden werden, deren Vermittlung vorrangige Aufgabe der Fremdsprachenfächer ist, während diese Aspekte im weiteren Fachunterricht (anders als etwa in Berlin, exemplarisch: Senatsverwaltung für Bildung, Jugend und Sport Berlin (2006): Rahmenplan für die Gymnasiale Oberstufe Biologie) jedoch weitgehend vernachlässigt werden. Keine inhaltliche und didaktische Verknüpfung findet statt zwischen dem Fremdsprachen-, Herkunftssprachen- und Deutschunterricht. Die 2007 neu vorgelegten Lehrpläne für die Sekundarstufe 1 (2007: 4) laufen durch die Einführung der Oberschule aus. Dabei zeichnet sich eine veränderte Akzentsetzung im Bereich „Sprachbildung in allen Fächern" sowie „Interkulturelles Lernen" mit Einführung der Oberschule ab. Während die 2007 vorgelegten Rahmenpläne über keinen allgemeinen Teil verfügten, so werden die Rahmenpläne der neuen Oberschule durch einen fächerübergreifenden Abschnitt eingeleitet, in dem es heißt:

> Unabdingbare Voraussetzung für den schulischen Erfolg und die gesellschaftliche Integrationsfähigkeit ist die Entwicklung von Sprachkompetenz. Ihre Förderung und Stärkung ist somit verbindliche Aufgabe aller Fächer. Dies beinhaltet insbesondere die Entwicklung einer umfassenden Lesekompetenz („reading literacy") (exempl.: Freie Hansestadt Bremen, Senatorin für Bildung und Wissenschaft 2010c).

Dieser Passus wird in den Rahmenlehrplänen für die gymnasiale Oberstufe Sekundarstufe II nicht aufgenommen und verweist damit auf die implizite Annahme, die Schülerinnen und Schüler dieser Schulform bedürften keiner derartigen sprachlichen Unterstützung (mehr). Die pädagogischen Leitideen lauten für diese Schulform demnach:

> Schülerinnen und Schüler sollen dazu angehalten werden, aktiv am kulturellen Leben teilzunehmen. Sie sollen das Erlernen von Sprachen als Möglichkeit zur Erweiterung ihres Weltbildes begreifen. Die Auseinandersetzung mit ästhetischen und kulturellen Wertmaßstäben zwingt junge Erwachsene dazu, eigene Sichtweisen und Haltungen kritisch zu befragen, eventuell zu relativieren, und fremde Weltbilder zu tolerieren (exempl.: Freie Hansestadt Bremen, Senator für Bildung und Wissenschaft 2002a).

Für die Fächer Gesellschaft/Politik, Mathematik und Naturwissenschaften wurden die Rahmenpläne für die neue Oberschule im Vergleich zur Sekundarschule und Gesamtschule um Aufgaben und Ziele erweitert, bei denen es um „die Entwicklung und Förderung einer umfassenden Sprach- und Lesekompetenz [als] wesentlicher Bestandteil des Lernbereichs Gesellschaft und Politik/Mathematik/Naturwissenschaften" geht (Freie Hansestadt Bremen, Senatorin für Bildung und Wissenschaft 2010c: 5; 2010d: 6; 2010e: 7). Hier wird erstmals gegenüber den ehemaligen Rahmenplänen dem Desiderat einer fächerübergreifenden Sensibilisierung für die Sprachbildung entsprochen. Gleichzeitig findet jedoch im Vergleich zu den Rahmenplänen der Gesamtschule fünf bis zehn in der Oberschule eine Rücknahme der Berücksichtigung von migrationsbedingter Mehrsprachigkeit statt. So wurde im Rahmenplan Gesamtschule fünf bis zehn Deutsch (Freie Hansestadt Bremen, Senatorin für Bildung und Wissenschaft 2007a) noch wie folgt Bezug auf die Mehrsprachigkeit der Schülerinnen und Schüler genommen: „Auf dem Wege einer umfassenden Sensibilisierung für Sprache gewinnen deutsch- und fremdsprachige Heranwachsende zunehmende Sicherheit im interaktiven Sprachhandeln und Selbstausdruck" (ebd.: 5), wurde dieser Verweis im Zuge der Umstrukturierung des Bremer Schulsystems gestrichen. Stattdessen steht bei den Aufgaben und Zielen des Deutschunterrichts im Bildungsplan Deutsch für die Oberschule von 2010:

> Sprache ist auch Trägermedium kultureller Identität. Mit der fortschreitenden europäischen Integration wird nicht nur interkulturelles Bewusstsein geschaffen, sondern werden auch regionale Identitäten bewusster wahrgenommen und selbstbewusster gelebt. In diesem Zusammenhang ist der Erwerb von regional-sprachlichen Kompetenzen als Teil der Regionalkultur und Identität von hoher Bedeutung. Die Regionalsprache umfasst für Bremer und Bremerhavener Schülerinnen und Schüler vor allem Varietäten des Niederdeutschen. Der Deutschunterricht trägt damit zu der in der ‚Europäischen Charta der Regional- und Minderheitensprachen' getroffenen Vereinbarung bei, die Regionalsprache zu bewahren und zu fördern (Freie Hansestadt Bremen, Senatorin für Bildung und Wissenschaft 2010f: 5).

Während also der europäische Verweis auf die Regionalsprachen im Bildungsplan Deutsch aufgenommen wird, wird der gleichzeitige Verweis auf die Bewahrung und Förderung von Minderheitensprachen, deren Existenz in Bremen in besonderem Maße das Resultat außereuropäischer Migrationsbewegungen ist, nicht berücksichtigt. Dies ist insofern nicht nachvollziehbar als Schülerinnen und Schüler an Bremens Schulen immerhin 26 verschiedene Herkunfts-/Muttersprachen sprechen und dieser Fakt hier keine Erwähnung findet. Somit wird die Bedeutung der Fachsprachen und damit der Förderung von deutschsprachigen Fertigkeiten im Fachunterricht bislang weder durchgehend in den Bremer Bildungsplänen noch im Bremer Schulentwicklungsplan (2008) berücksichtigt, während Verknüpfungen zum Interkulturellen Lernen in allen Fächern durchaus hergestellt werden.

In Bremen wie auch in Berlin oder Hamburg nehmen die Fremdsprachen eine Sonderstellung im Bereich Interkulturelles Lernen ein, bei den anderen Rahmenplänen finden sich lediglich punktuelle Bezüge zur sprachlichen und kulturellen Vielfalt. Insgesamt verweisen alle Dokumente auf das Richtziel der „systematische[n] Entwicklung und Förderung der kommunikativen Kompetenz und interkulturellen Handlungsfähigkeit der Schülerinnen und Schüler in praktischen Anwendungsbezügen" (S. 5 in den Plänen Englisch, Spanisch/Französisch, Polnisch, Russisch, Türkisch). Zu den Aufgaben und Zielen des Fremdsprachenunterrichts zählt die Ausbildung „Interkultureller Kompetenzen". Hierzu zählen „soziokulturelles Orientierungswissen, verständnisvoller Umgang mit kultureller Differenz, praktische Bewältigung interkultureller Begegnungssituationen" (alle Sprachen S. 5). Gemessen an dem in Kapitel 1 skizzierten Verständnis interkultureller Kompetenz im Fachdiskurs Interkultureller Bildung vermittelt der folgende Auszug aus den Rahmenplänen für den Fremdsprachenunterricht insbesondere in seinen letzten drei Zeilen ein eher essentialistisches Kulturverständnis, das von grundsätzlich ‚anderen‘ und damit als ‚fremd‘ empfundenen Traditionen anderer ‚Gesellschaften‘ und ‚Kulturen‘ ausgeht, mit denen die Schülerinnen und Schüler (hier ausschließlich adressiert als diejenigen deutscher Herkunft) im Fremdsprachenunterricht konfrontiert würden.

Interkulturelle Kompetenzen

Interkulturelle Kompetenzen sind mehr als Wissen und mehr als eine Technik. Sie sind auch und vor allem Haltungen, die ihren Ausdruck gleichermaßen im Denken, Fühlen und Handeln und ihre Verankerung in entsprechenden Lebenserfahrungen und ethischen Prinzipien haben. Interkulturelle Kompetenzen beinhalten Einsicht in die Kulturabhängigkeit des eigenen Denkens, Handelns und Verhaltens sowie die Fähigkeit und Bereitschaft zur Wahrnehmung und Analyse fremdkultureller Perspektiven. Dazu gehört die Vermittlung exemplarischen geographischen und historischen Wissens ebenso wie die Entwicklung zunehmend vorurteilsfreien Denkens und Handelns. Dabei sollen die Schülerinnen und Schüler Klischeevorstellungen erkennen und abbauen. Kulturellen Unterschieden gegenüber sollen sie aufgeschlossen sein und diese respektieren, aber gegebenenfalls auch kritisch reflektieren. In ihrem Sprechen und Handeln sollen die Schülerinnen und Schüler aufgeschlossen umgehen mit den für sie ungewohnten Erfahrungen, fremden Situationen und Denkweisen. Sie werden sich kultureller Missverständnisse bewusst und bemühen sich um Rücksichtnahme und Verständnis. Das Erlernen elementarer Kommunikationsmuster und Interaktionsregeln aus Ländern des englisch-, spanisch-, französisch-, polnisch-, russisch-, türkischsprachigen Raumes hilft ihnen, sich auf die im Vergleich mit ihrer eigenen Tradition noch fremde Gesellschaft und Kultur einzustellen. (Englisch S. 7, Spanisch/Französisch S. 7, Polnisch S. 8, Russisch S. 8, Türkisch S. 8)

Die Rahmenpläne für die Gesamtschule fünf bis zehn der Fächer Polnisch, Russisch und Türkisch sind identisch:

> Ziel des Unterrichts ist die standardsprachliche Beherrschung des Polnischen/ Russischen/Türkischen als Kommunikationsmittel. Die bewusste und reflektierte Auseinandersetzung mit der polnischen/russischen/türkischen und der deutschen Sprache innerhalb der Lebenswelt der Schülerinnen und Schüler trägt wesentlich zur Weiterentwicklung der Zweisprachigkeit bei und ist daher eine wesentliche Aufgabe des Polnisch/Russisch/Türkischunterrichts. Darüber hinaus leistet das Angebot, Polnisch/Russisch/Türkisch als Fremdsprache in der Schule zu erlernen, einen wichtigen Beitrag zur Integration von Schülerinnen und Schülern, deren Erstsprache Polnisch/Russisch/Türkisch ist. Für diese Schülerinnen und Schüler ist der Erhalt bzw. die Erweiterung ihrer sprachlichen Kompetenz im Hinblick auf die Klärung ihrer kulturellen Identität individuell bedeutsam. Sie erfahren durch die Möglichkeit, ihre Erstsprache zu festigen und weiter zu entwickeln eine Anerkennung ihrer sprachlichen Kompetenz und erleben, dass die kulturellen Leistungen Polens/Russlands/der Türkei auch hier geschätzt werden. Dieses Angebot leistet auch einen wichtigen Beitrag bei der Erziehung zur Mehrsprachigkeit, da das Lernen in der Zweitsprache vom sprachlich bewussten Umgang mit der Erstsprache profitiert. Zudem kann in Lerngruppen, in denen Schülerinnen und Schüler aus deutsch- und aus polnisch-/russisch-/türkischsprachigen Familien gemeinsam lernen, das gegenseitige Kennenlernen unterschiedlicher kultureller Muster in besonderem Maße die interkulturelle Kompetenz fördern. (Rahmenpläne für die Gesamtschule 5-10 der Fächer Polnisch, Russisch und Türkisch (Freie Hansestadt Bremen, Senatorin für Bildung und Wissenschaft 2007b; 2007c; 2007d: 5)).

Des Weiteren zählen die „Entwicklung interkultureller Handlungsfähigkeit", „Förderung der Zweisprachigkeit sowie die Entwicklung eines Sprachlernmodells, das den Transfer auf weiteres Sprachenlernen erlaubt" zu den Zielen des Unterrichts in Polnisch, Russisch, Türkisch (ebd.).

Insgesamt unterscheiden sich die auslaufenden Rahmenpläne für die Gymnasiale Oberstufe und die im Zuge der Neustrukturierung der gymnasialen Oberstufe formulierten Bildungspläne in ihren Bezügen zur Mehrsprachigkeit und Multikulturalität der Bremer Schülerschaft nur wenig voneinander. Die Zweisprachigkeit eines Teiles der Schülerschaft wird, außer in dem herkunftssprachlich orientierten Fremdsprachenunterricht, nicht erwähnt. Auffällig ist auch hier, dass die Curricula des Fremdsprachenunterrichts bzw. Herkunftssprachenunterrichts eine Sonderstellung in ihren Bezügen zum Interkulturellen Lernen einnehmen, jedoch handelt es sich hier primär um den Dialog mit den zielsprachlichen Kulturen und nicht um übersprachliche interkulturelle Kompetenz, die sich u.a. auch auf die in Deutschland entwickelten und lebendigen ‚Migrantenkulturen' bezieht.

Im Vergleich zu den älteren Rahmenplänen bezieht der neue Bildungsplan das „Interkulturelle Lernen" in die Standards aller Fremdsprachen sowohl im Grund- als auch im Leistungskurs ein. Auch hier ist das Ziel die „interkulturelle Kompetenz", die sich im Wesentlichen auf die Aneignung von Orientierungswissen über die Zielsprachenländer, eine Wahrnehmung anderskultureller Verhaltensweisen als „als Angebot von Lebens- und Handlungsalternativen" und Auseinandersetzung mit anderen und „der eigenen Kultur" reduziert. (Freie Hansestadt Bremen, Senatorin für Bildung und Wissenschaft 2008d: 13; 2008e: 14, 2007c: 14; 2008f: 14; 2007d: 12).

Der Vergleich der Rahmenlehrpläne für das Fach Türkisch als Fremdsprache in der Gymnasialen Oberstufe macht die veränderte wissenschaftliche Datenlage sowie die veränderten sprachlichen Ausgangsbedingungen der Kursteilnehmerinnen und -teilnehmer deutlich. In der Version von 2002 heißt es noch:

> Für viele in Deutschland lebende türkische Schülerinnen und Schüler ist die erste sprachliche Entwicklung an das Türkische gebunden. Sie lernen diese Sprache als Muttersprache und benutzen sie als Verständigungsmittel in der Familie bzw. im Freundeskreis. Ihr Bewusstsein und ihr Denken ist sehr stark von dieser Sprache geprägt. Je besser sie ihre Muttersprache beherrschen, desto leichter fällt ihnen in der Regel auch das Erlernen des *Deutschen als Zweitsprache* bzw. das Erlernen anderer schulisch vermittelter Fremdsprachen. Das Türkische ist auch für die, deren frühe Sprachentwicklung zunehmend von der deutschen Sprache geprägt oder beeinflusst wird, von besonderer Bedeutung (Freie Hansestadt Bremen, Senator für Bildung und Wissenschaft 2002a: 15).

In der neuen Version von 2009 findet sich jedoch folgender Wortlaut, der die Teilnehmerinnen und Teilnehmer nicht auf diejenigen türkischer Herkunft einschränkt: „Das Fach Türkisch wird in der Regel von Schülerinnen und Schülern besucht, die auch im Lebensalltag einen Bezug zur Sprache und Kultur der Türkei haben". Offenbar wurde in Rezeption der diesbezüglich widersprüchlichen Forschungsbefunde auch die Passage entfernt, die Kenntnisse in der türkischen Sprache unterstützten den Erwerb der Zweitsprache Deutsch. Stattdessen wurde ein Textbauschnitt eingefügt, welcher auch im Rahmenplan für Englisch zu finden ist: „Im Türkisch/Englischunterricht der Qualifikationsphase erweitern und vertiefen die Schülerinnen und Schüler ihre interkulturelle, kommunikative und methodische Kompetenz. Es gelingt ihnen zunehmend, in mehrsprachigen Situationen selbstsicher, selbstbewusst und fachkompetent zu handeln. Sie nutzen ihr Wissen über die kulturellen und sprachlichen Besonderheiten des türkischsprachigen/englischsprachigen Raums und deren spezielle Ausprägung in Kunst, Literatur, Film, Theater und anderen Medien (2008d: 5)."

In den weiteren Rahmenlehrplänen für die Gymnasiale Oberstufe wird der Begriff ‚interkulturell' wenn überhaupt nur punktuell und sehr unkonkret verwendet, wie das Beispiel aus dem Rahmenplan Geographie (Freie Hansestadt Bremen, Senator für Bildung und Wissenschaft 2002b: 17) unter dem Punkt Gegenstand des Geographieunterrichts zeigt: „Die Schule muss im Rahmen des Bildungsprozesses interkulturelles Lernen, globales Denken und lokales Handeln sowie die europäische Integration fördern. Dies sind allgemeine Ziele im Aufgabenfeld II, und dazu leistet das im Geographieunterricht erworbene Fachwissen seinen Beitrag." Ihm wird zugeschrieben, durch die Vermittlung von Anerkennung und Achtung fremder Kulturen „eine wesentliche Grundlage für eine von Toleranz, Solidarität und Verständnisbereitschaft gegenüber anderen geprägte Gesellschaft" zu bilden (ebd. 18).

Dieser kursorische Einblick in aktuelle Rahmenlehrpläne der Unterrichtsfächer und der Vergleich zu früheren Versionen macht deutlich, dass ein verändertes Verständnis der interkulturellen und mehrsprachigen Lebensrealität von Schülerinnen und Schülern punktuell Eingang gefunden haben in die neueren Formulierungen, hier jedoch nach wie vor noch kein umfassendes Verständnis interkultureller Orientierung und fächerübergreifender, integrierter und schulstufenverbindender sprachlicher Bildung auszumachen ist.

11. Wir empfehlen der SfBW, verbindliche Rahmenpläne für Deutsch als Zweitsprache zu formulieren und in diesen Mindeststandards in Anlehnung an den GERS zu fixieren. Nur bei fest definierten Zielen ist es möglich, gelingende und weniger gelingende Förderstrukturen und Rahmenbedingungen zu identifizieren.

12. Empfohlen wird die Erstellung eines verbindlich geltenden, Schulformen und -stufen übergreifenden Sprachförderkonzepts der SfBW. Inhaltlich empfehlen wir die Orientierung an dem Konzept „Language across the Curriculum" oder dem Hamburger Sprachförderkonzept, das u.a. über die Übernahme der Einrichtung von Sprachberaterinnen und -beratern an Schulen in Bremen bereits in Teilen umgesetzt wird. Dabei wäre es die Aufgabe von Schulen mit Unterstützung durch die Sprachberaterinnen

und -berater für den jeweiligen schulischen Kontext herauszuarbeiten, mit welchen Voraussetzungen ihre Schülerinnen und Schüler an die Schulen kommen und welche Maßnahmen eine Unterstützung für diese spezifische Zielgruppe bedeuten. Durchgängige Sprachbildung muss in bildungsnahen Milieus mit anderen Schwerpunkten erfolgen als in Stadtteilen mit einem hohen Anteil an Kindern und Jugendlichen mit Migrationshintergrund. Daher sollten die Schulen die konkreten Inhalte der sprachlichen und interkulturellen Öffnung selbst ausgestalten (vgl. Strategie zur Entwicklung eines Leseförderungskonzepts im Projekt Lesen ist schlau). Für die Vergabe von finanziellen Ressourcen zur Umsetzung des Sprachförderkonzepts sollten die Gelder nicht nur – wie bisher – nach dem Kriterium des Sozialindikators vergeben werden sondern von dem Vorliegen einer konkreten Projektbeschreibung mit Evaluationskonzept abhängig gemacht werden. Die Vergabe der Gelder ist mit einer Berichtspflicht der Schulen anhand zuvor verabredeter Standards zu verbinden. Für die Entwicklung entsprechender Konzepte benötigen die Schulen fachliche Unterstützung, die durch das vorgeschlagene (s.u.) ‚Kompetenzzentrum Interkulturelle Bildung und DaZ‘ am Landesinstitut für Schule gewährleistet werden müsste.

13. Den jeweiligen Fächern sollten in den Bildungsplänen konkrete Hinweise gegeben werden, wie Sprachbildung in den Unterricht integriert werden kann. Hamburg, das einen Rahmenplan Deutsch mit DaZ-Anteil (Freie und Hansestadt Hamburg, Behörde für Schule und Berufsbildung 2010a, b, 2011d) vorgelegt hat, liefert ein Beispiel dafür, wie die Bildungspläne der einzelnen Fächer um einen DaZ-Anteil ergänzt werden könnten. Diese müssten wie im Hamburger Beispiel zunächst allgemein Bezug nehmen auf den Zweitspracherwerb der Schülerinnen und Schüler und hervorheben, dass eine kontinuierliche und planvolle Sprachförderung in allen Fächern geschehen muss. Bremen wird nahegelegt, die Chance einer Neuorientierung dahingehend zu nutzen, hier noch einen Schritt weiter zu gehen und einen alle Schulstufen und Fächer übergreifenden Querbildungsplan DaZ/Interkulturelle Bildung zu erstellen und zu implementieren. In diesem Zusammenhang wird eine rechtliche Vorgabe, Sprachbildung und interkulturelle Bildung als durchgängige Aufgabe in allen Fächern anzusehen, als unerlässlich betrachtet.

14. An Bremer Schulen sollte, unterstützt durch die bereits implementierten Sprachberaterinnen und Sprachberater eine umfassende Weiterqualifikation von Lehrerinnen und Lehrern aller Schulstufen und -formen im Hinblick auf den adäquaten Umgang mit den sprachlich und kulturell pluralen Voraussetzungen und Sprachbildungsbedarfen ihrer Schülerinnen und Schüler erfolgen.

15. In Anlehnung an die Empfehlungen des BAMF (ebd.) empfehlen wir für Bremen die verbindliche Implementierung von Mechanismen, die sicherstellen, dass Lernstand und -fortschritte der Kinder in einer Bildungseinrichtung dem pädagogischen Personal in der sich anschließenden Bildungseinrichtung transparent gemacht und weitergegeben werden. Als geeignetes Instrument wird die Einführung eines Sprachlernportfolios für die deutsche Sprache, in Anlehnung an das Europäische Portfolio der Sprachen empfohlen. Dieses Portfolio wäre ein Anschluss an die Lernentwicklungsdokumentation (LED) und würde in der Grundschule begonnen werden und die Schülerinnen und Schüler bis in die Sek. II begleiten. Ähnlich wie in Hamburg könnte das Portfolio die Ergebnisse der Sprachstandsdiagnose sowie die Förderpläne für das jeweilige Kind enthalten.

16. Im Sinne einer über die Schule hinausgehenden, den Übergang zur Berufsausbildung begleitenden Diagnostik empfehlen wir weiterhin in der Sek. I die flächendeckende Einführung des Berufswahlpasses (vgl. hierzu auch Kapitel 5.6)[92] mit der Bremer Ergänzung „Interkulturelles Portfolio" (entwickelt im Rahmen des FöRMiG-Projektes SUS, vgl. Piontek 2008), welches sprachliche fachspezifische Kompetenzen berücksichtigt.

17. Im Zuge unserer Recherchen zeigte sich die Schwierigkeit, aktuelle Informationen über alle in Bremen durchgeführten Maßnahmen zu erhalten. Hier besteht Handlungsbedarf, denn nur wenn alle Beteiligten, Schulen, Freie Träger, Kindertagestätten, von ihren jeweiligen Projekten wissen, können Synergieeffekte entstehen und sich die Akteure vernetzten. Nur so kann auch verhindert werden, dass über neue Projekte ‚das Rad immer

---

92 Auf Anfrage der Autoren des Berufswahlpasses erstellte der Programmträger eine Anlage zur ‚Handreichung zum Berufswahlpass' (erscheint demnächst unter http:// www.berufswahlpass.de). Sie ist für Lehrkräfte geschrieben und soll dazu beitragen, beim Einsatz des Berufswahlpasses sprachliche Aspekte stärker zu berücksichtigen, insbesondere die Mehrsprachigkeit der Jugendlichen als Kompetenz wahrzunehmen.

wieder neu erfunden wird'. Wir würdigen die Vielzahl der erfolgreichen (Sprachförder-)Projekte im Land Bremen doch erfordert die notwendige inhaltliche Neuorientierung eine transparente Informationspolitik. Die bei unterschiedlichen Behörden und Abteilungen innerhalb der Behörden verstreut vorliegenden Informationen zu den Projekten und Konzepten im Bereich Sprachförderung/Sprachliche Bildung sowie interkulturelle Öffnung in KiTa, Grundschule und weiterführenden Schulen müssen gesichtet, gebündelt und aufbereitet werden. Die vorgelegte Expertise bietet hierfür wichtige Ansatzpunkte. SfBW, SfASJFG und LIS müssen sich über die zentrale Verantwortung für die Sammlung und Präsentation der Informationen einigen und sich über eine ansprechende und übersichtliche Form der elektronischen Auflistung, Präsentation, Aktualisierung sowie Verlinkung weiterer Informationen verständigen. Dies dient nicht nur der Transparenz in die Stadt hinein sondern auch der Außenpräsentation, die deutlich verbessert werden kann.

18. In einem weiteren Schritt wird die konkrete Vernetzung der in der Stadt durchgeführten Maßnahmen und Konzepte zu einem Gesamtkonzept durchgängiger sprachlicher und Interkultureller Bildung mit Hilfe eines an QUIMS angelehnten Programms empfohlen. Hierfür müsste unter Federführung des LIS sowie prominenter Beteiligung der SfBW und der SfASJFG eine Steuerungsstelle eingerichtet werden (Kompetenzzentrum Interkulturelle Bildung/DaZ), die den Prozess anleitet und fachlich sowie strukturierend begleitet.

19. Zur Implementierung des Konzeptes wird ein zweiphasiges Vorgehen im Rahmen eines langfristig ausgelegten, lokalen Pilotprojekts (in Anlehnung an QUIMS) vorgeschlagen, das in kurzer (die ersten zwei Jahre), mittlerer (die weiteren drei Jahre) und langfristiger (die weiteren fünf Jahre) Perspektive abgesichert sein müsste. Die erste Phase (Dauer zwei Jahre) würde dem Aufbau des Netzwerkes, der Bestandsaufnahme und Ergänzung bestehender Sprachförder- und interkulturellen Maßnahmen und Konzepte im Netzwerk sowie der Festlegung von gemeinsamen Arbeitsschwerpunkten dienen. Wir empfehlen, eine solche Pilotphase dem bereits existierenden Netzwerk aus *Lernen vor Ort* und *Lokale Bildungslandschaft Gröpelingen* anzuschließen. Konkret könnten in den Stadtteilen Walle und Gröpelingen ca. fünf Oberschulen, acht Grundschulen und die im näheren Umfeld situierten KiTas einbezogen werden. Im ersten Jahr wäre es Aufgabe der

Beteiligten über Kontrakte klare gemeinsame Arbeitsbereiche, Zielsetzungen und eine Zeitschiene mit Zwischenergebnissen zu vereinbaren und eine Bestandsaufnahme des Status Quo im Netzwerk vorzunehmen. Im zweiten Jahr sollten vor dem Hintergrund dieser Bestandsaufnahme ein bis zwei gemeinsame inhaltliche Schwerpunkte für die kommenden drei Jahre vereinbart und mit deren Umsetzung begonnen werden. Im fünften Jahr sollte das Projekt unter Berücksichtigung der Erfahrungen in Walle/ Gröpelingen auf andere Stadtteile ausgeweitet werden. Als Instrumente zur Umsetzung von durchgängiger Sprachbildung und Interkultureller Bildung können sowohl bereits fertig entwickelte und umfassend erprobte Module aus QUIMS (z.B. zur Förderung der Sprachbildung oder zur Förderung der Integration) wie auch Materialien aus dem Hamburger Sprachförderkonzept übernommen werden, die für den jeweiligen schulischen Kontext adaptiert würden. Entscheidend für den Erfolg eines solchen langfristigen Modellprojekts sind Schulleitungen, die von dem interkulturellen Schulentwicklungsprozess als der Herstellung von mehr Chancengerechtigkeit für ihre Schülerinnen und Schüler dienlichem Prozess überzeugt sind und diese Überzeugung an das Kollegium weitergeben können. So betont auch Sliwka (2010: 211f.), dass sich in Deutschland zwar einzelne Lehrkräfte bemühen, die Vielfalt als Chance zu begreifen, es sich hier aber um individuelle Bemühungen handelt und nicht um ein Schulkonzept. Dort, wo der produktive Umgang mit sprachlicher und kultureller Vielfalt Teil einer Schulprogrammatik ist, resultiert dies aus einer führungsstarken Schulleitung (vgl. Wiltzius 2011)[93].

20. Diesen Themenbereich abschließend empfehlen wird in Anlehnung an QUIMS, das „Bremer Sprachbildungskonzept" nach Beendigung der Pilotphase sowie einer Erweiterungsphase ins Schulgesetz festzuschreiben.

21. Um die Qualität der so in Gang gesetzten Schulentwicklung zu prüfen, betrachten wir das sich derzeit in Bremen in Vorbereitung befindliche Monitoring für unerlässlich. Es müsste jedoch für einzelne Aspekte (z.B. Erhebung der Einstellungsmuster der am Prozess Beteiligten im Längsschnitt, teilnehmende Beobachtungen von Teamsitzungen und Interaktionen im

---

93 Martine Wiltzius arbeitet in ihrer Dissertation (2011) zur Umsetzung von Diversity Management an einer Bremer und Luxemburgischen Grundschule eben diese Grundvoraussetzungen für das Gelingen der Strategie im pädagogischen Handlungsfeld Schule heraus.

Unterricht, Auswertung von Projekttagebüchern) um qualitative Elemente ergänzt werden, da es im interkulturellen Schulentwicklungsprozess nicht nur um organisatorische, sondern insbesondere auch um Fragen der Einstellungs- und Haltungsänderungen bei den Beteiligten geht.

5.3   Maßnahmen zur Integration von Seiteneinsteigerinnen und Seiteneinsteigern

5.3.1   Forschungsstand und Problemaufriss

Kinder und Jugendliche, die erst im Laufe ihrer Schulzeit nach Deutschland zuwandern, haben als so genannte Seiteneinsteiger einen speziellen Förderbedarf für ihre Integration in das Bildungssystem und insbesondere für die nachholende Förderung ihrer Deutschkenntnisse. In der Bundesrepublik „besteht Einigkeit darüber, allen Kindern, die Defizite in der deutschen Sprache aufweisen, die Förderung zukommen zu lassen, die ihnen eine gleichberechtigte Teilnahme an Unterricht und Bildung ermöglicht." (NIP 2007: 25) Daher sehen alle Bundesländer besondere Maßnahmen zur Eingliederung dieser Gruppe vor. Diese fallen jedoch recht unterschiedlich aus. Die östlichen Bundesländer verzichten weitgehend auf eigene Klassen, in denen Schülerinnen und Schüler beschult werden, deren Deutschkenntnisse noch nicht ausreichend sind, um dem Regelunterricht zu folgen. Dies liegt vornehmlich an der geringen Zahl der Kinder, die in diesen Regionen in das deutsche Schulsystem quer einsteigt. Die westlichen Bundesländer haben seit 1970 Erfahrung mit Seiteneinsteigern. Gogolin/Neumann/Roth (2003) sprechen von einem „differenzierten System von Vorbereitungsmaßnahmen", dessen Ziel es vornehmlich ist, Deutsch als Zweitsprache zu lernen. Die meisten Bundesländer greifen hier auf so genannte „Vorkurse" oder „Vorklassen" zurück um Lerner zunächst intensiv zu fördern. Jedoch wird im Bundesweiten Integrationsprogramm (2010: 40) betont, dass Förder-, Intensiv- bzw. Sprachlernklassen, in denen sprachintensive Fächer getrennt unterrichtet werden, auf maximal zwei Jahre begrenzt werden sollten und die frühzeitige Integration in die Regelklasse gefördert werden sollte. Für Schülerinnen und Schüler, die als Seiteneinsteiger in das deutsche Schulsystem eingemündet sind und über eine „gymnasiale Oberstufen-Berechtigung", jedoch nicht über ausreichende Deutschkenntnisse für einen direkten Übergang in das Gymnasium verfügen, sollten passgenaue Maßnahmen entwickelt werden, die einen raschen Erwerb bildungssprachlicher Deutschkenntnisse mit dem Ziel der Aufnahme in die gymnasiale Oberstufe ermöglichen.

Insgesamt herrscht Uneinigkeit darüber, welche Form der Förderung, die integrative Beschulung von Anfang an (durch ergänzende Zweitsprachangebote) oder die separate Beschulung, also ein Sprachintensivkurs, langfristig zu besseren Ergebnissen führt. Die EU (2010) fordert, dass „beide Modelle hinsichtlich ihrer Eignung und Gliederung noch weiter evaluiert und diskutiert werden [müssen]." Sprachliche und kognitive Entwicklung gehen Hand in Hand, das bedeutet, dass Schülerinnen und Schüler mit Migrationshintergrund die Sprache besser in einer sinnvollen, praxisbezogenen und interaktiven Umgebung erlernen. Aus dieser Erkenntnis folgern Niessen/Huddleston im Namen der Europäischen Kommission

> dass das Erlernen der Zweitsprache das themenbezogene Lernen nach dem Lehrplan der Regelschule integrieren sollte. Die erfolgreichsten Programme beinhalten demnach:
> – systematisch hohe Standards und Anforderungen für das Erlernen der Zweitsprache
> – enge Zusammenarbeit zwischen Lehrern der Regelfächer und Sprachlehrern;
> – zentral entwickelte Unterrichtsmaterialien;
> – Regelungen, die zu mehr – und nicht weniger – Kontaktstunden für teilnehmende Neuankömmlinge führen;
> – Maßnahmen zur Vermeidung von Stigmatisierung der Teilnehmer" (EU 2010: 153).

Niessen/Huddleston betonen die Wichtigkeit der „genauen Einstufung der ausländischen Lernerfahrungen von Neuankömmlingen" und werfen die Frage auf, ob Mitarbeiterinnen und Mitarbeiter von Schulen über die Fachkompetenz oder die Mittel verfügen, das jeweilige Schulbildungsniveau einer Schülerin bzw. eines Schülers festzustellen. Zu der Schwierigkeit der Vergleichbarkeit ausländischer Schulsysteme kommen noch Sprachbarrieren, wenn das Kind und seine Eltern über keine oder nur geringe Deutschkenntnisse verfügen. Die Autoren betonen die Problematik einer Zurückstellung, wenn fachliche Kompetenzen durch sprachliche Schwierigkeiten nicht erkannt werden (vgl. ebd.: 152). Aus diesen Schwierigkeiten resultiert folgendes Erfordernis:

> Die staatlichen Einrichtungen sollten einheitlich anzuwendende Kriterien zur Einstufung der Vorbildung erstellen, die auf aktuellen Informationen über das Herkunftsland basieren. Gleichzeitig können Instrumente angewandt werden, um die Beherrschung der Unterrichtssprache zu beurteilen und um entsprechende Sprachförderprogramme zu gestalten. Kürzlich eingeführte Maßnahmen zur Beurteilung der Vorbildung in etlichen Ländern kommen jedoch zu selten zum

Zug, da weder die Zuwanderer noch die Verwaltungsbehörden, denen diese zur Verfügung stehen, ausreichend über sie informiert sind (ebd.).

Ein positives Beispiel für den Umgang mit den Sprachkenntnissen Neuzugewanderter stellt Frankreich dar. Hier werden das schulische Niveau und die Kenntnisse in der französischen Sprache bei der Ankunft von einer speziellen Dienststelle des Ministeriums für nationale Bildung in einer für die Schülerin oder den Schüler verständlichen Sprache eingestuft (ebd.).

5.3.2 Umsetzungsbeispiele anderer (Bundes-)Länder

Berlin verfügt über unterschiedliche Formen der Beschulung für Schülerinnen und Schüler nichtdeutscher Herkunftssprache, die bisher keine deutsche Schule besucht haben, so wenig Deutsch sprechen, dass sie dem Unterricht in der Regelklasse voraussichtlich nicht folgen können und in einen bereits begonnenen Bildungsgang als Seiteneinsteiger eintreten. Sie werden in so genannten Kleinklassen schul- und jahrgangsstufenübergreifend unterrichtet. Diese Klassen dienen ausschließlich dem intensiven Erwerb der deutschen Sprache. Die individuelle Aufenthaltsdauer in einer Kleinklasse soll höchstens 36 Unterrichtswochen betragen. Rechtliche Grundlage dieser Kurse ist der 2002 veröffentlichte Rahmenplan für Unterricht und Erziehung in der Berliner Schule – Deutsch als Zweitsprache (Berliner Senatsverwaltung für Bildung, Jugend und Sport 2002). Bis auf die Ziffern 5.2 bis 5.6, die den berlinspezifischen Ansatz darlegen, entspricht der Rahmenplan dem ‚Lehrplan für Deutsch als Zweitsprache' des Freistaates Bayern (Bayerisches Staatsministerium für Unterricht und Kultus, 2002). Insgesamt bezieht sich der Rahmenplan auf Schülerinnen und Schüler im Alter von sechs bis 15 Jahren unterschiedlicher Niveaustufen in allen Schularten. Die Entscheidung über die im Unterricht einzusetzenden Lehr- und Lernmittel trifft die Lehrkraft. Der Rahmenplan gilt für alle Organisationsformen, d.h. für intensive Deutschkurse, zusätzlichen Förderunterricht in Deutsch als Zweitsprache, standortbezogene Konzepte der Sprachförderung sowie Förderklassen. Für Kinder, die in Berlin eingeschult werden, sind spezielle Sprachlehrgänge vorhanden, ab der 5. Klasse beziehen sich die Lehrgänge auf die Förderung im Bereich Fachsprache. Für Seiteneinsteiger hat der Senat einen speziellen Lehrgang vorgelegt, dem Alter der Schülerinnen und Schüler entsprechend wird Lehrgang 1 (für 6- bis 10-Jährige) oder Lehrgang 2 (für 11- bis 15-Jährige) eingesetzt. Im Laufe von 12 Monaten sollten mindestens drei Lernfelder bewältigt werden. Die Materialien und

Anregungen umfassen die Themenfelder Ausspracheschulung, Grammatik (Äußerungsbereiche und mögliche Sprachmittel) sowie Evaluationsmöglichkeiten.

In Hamburg werden grundsätzlich alle Schülerinnen und Schüler aus dem Ausland, deren Kenntnisse in der deutschen Sprache für den Besuch einer Regelklasse nicht ausreichen, in einjährige Sondermaßnahmen eingeschult, die so genannten Vorbereitungsklassen.[94] Es werden fünf Sondermaßnahmen unterschieden: Alphabetisierungsklassen (ABC), einjährige Vorbereitungsklassen für die Jahrgangsstufen drei bis acht (VK), Gymnasiale Vorbereitungsklassen (VK Gy 7/8, VK GyO 9/10), zweijährige Vorbereitungsklassen zur Vorbereitung auf den Hauptschulabschluss (VK-HA) und darauf aufbauend, einjährige Vorbereitungsklassen, die auf den Realschulabschluss vorbereiten (VK-RA). Für die Vorbereitungsklassen für die Primarschule, die Stadtteilschule sowie das Gymnasium Sek 1 legte die Stadt Bildungspläne in Deutsch als Zweitsprache vor (vgl. Freie und Hansestadt Hamburg, Behörde für Schule und Berufsbildung 2010a, b, c). Inhaltlich gliedern sich diese Vorklassen in zwei Phasen. Die Grundstufe fördert grundlegende Kenntnisse in der deutschen Sprache, in der Aufbaustufe geht es um differenziertes Ausdrücken eigener Interessen und Bedürfnisse, um begründete Äußerungen der Meinung und das Kommentieren einfacher Texte. Nach dem Wechsel in die Regelklasse erfolgt ggf. eine integrative und additive Förderung für ein weiteres Jahr. Der Rahmenplan bietet Lehr- und Lernmaterial als thematischer Baukasten, aus denen Lehrerinnen und Lehrer Texte, Übungen und Aufgaben entsprechend dem Leistungsvermögen auswählen können. Des Weiteren wurden Mindestanforderungen definiert. Am Ende der Aufbaustufe in der Primarschule soll die Stufe A2+ des GERS erreicht werden, mit Beendigung der Aufbaustufe für weiterführende Schulen das Niveau B1 des GERS. Bei Erreichen der Mindestanforderungen ist ein Wechseln in eine Regelklasse jederzeit möglich. Zur Unterstützung der Lehrkräfte beinhalten die Rahmenpläne auch eine Gesamtübersicht über grammatikalische Strukturen, welche die Schülerinnen und Schüler bis zum Ende der Aufbaustufe kennengelernt haben sollen (passives Beherrschen).

Der Freistaat Sachsen wählt eine etwas andere Herangehensweise. Die Integration von Seiteneinsteigern wird in drei Etappen geregelt, wobei das Ziel

---

94 Für Informationen zu den Vorkursen vgl. [URL: http://www.li-hamburg.de/fix/files/doc/Text%20VKs.pdf]; Zugriff 29.06.2011.

ist, die Schülerinnen und Schüler möglichst rasch in den Regelunterricht zu übergeben (vgl. Sächsisches Staatsministerium für Kultus 2000/2009). Diese strukturellen Vorgaben werden im „Lehrplan für Vorbereitungsgruppen, Vorbereitungsklassen, Vorbereitungsklassen mit berufspraktischen Aspekten – Deutsch als Zweitsprache" (2000/2009) des Sächsischen Staatsministeriums für Kultus verbindlich geregelt. Die erste Etappe umfasst vier bis acht Wochen, die zweite Etappe sechs bis zwölf Monate, in der dritten Etappe sind die Schülerinnen und Schüler in den Regelunterricht integriert: „In der ersten Etappe soll die sprachliche Grundlage für die Fähigkeit zur Teilnahme am Regelunterricht und am sozialen Leben der unmittelbaren Umwelt gelegt werden. Um dieses Ziel so rasch wie möglich zu erreichen, werden Vorbereitungsklassen/-gruppen zum Erlernen des Deutschen als Zweitsprache gebildet. In dieser Etappe werden Grundlagen für bildungssprachliche Fähigkeiten gelegt bzw. ausgebaut (ebd.: 5)." In der zweiten Phase werden die Zuwanderinnen und Zuwanderer in den Regelunterricht teilintegriert, d.h. sie nehmen an einigen Fächern des regulären Unterrichts teil, erhalten aber zusätzlich Unterricht in Deutsch als Zweitsprache „Bei den Entscheidungen über die Wahl der Fächer empfiehlt es sich, eine Reihenfolge von weniger sprachbetonten hin zu stärker sprachbetonten Fächern zu planen. Das Erlernen des Deutschen als Zweitsprache wird in der Vorbereitungsklasse/-gruppe fortgesetzt, ändert aber seinen Charakter. Im Mittelpunkt steht die Ausbildung mündlicher und schriftlicher kommunikativer Handlungsfähigkeit mit besonderem Gewicht auf dem Ausbau bildungssprachlicher Fähigkeiten" (ebd.). In der dritten Etappe sind die Schülerinnen und Schüler voll in die Regelklassen integriert; Deutsch als Zweitsprache wird nun schullaufbahnbegleitend unterrichtet. Auch hier steht der Aufbau bildungssprachlicher Fähigkeiten im Mittelpunkt. Im speziellen Teil des Lehrplans zu Zielen, Inhalten und Methoden des Unterrichts von Deutsch als Zweitsprache werden die einzelnen Etappen spezifiziert.

5.3.3 Ausgangslage in Bremen

Schülerinnen und Schüler, die als sog. Seiteneinsteiger bzw. -einsteigerinnen ins deutsche Schulsystem eintreten, erhalten derzeit eine gesonderte Förderung. Dies wird in der Regel damit begründet, dass diese Schülerinnen und Schüler aufgrund des (bildungs-)biographischen Umbruchs gerade zu Beginn einen ‚Schonraum' zur Entwicklung von Basiskompetenzen in Deutsch benötigen. Sie werden in Bremen in so genannten Vorkursen organisiert. Der Unterricht wird von Personen mit einer Qualifikation im Fach Deutsch als

Zweitsprache (DaZ) durchgeführt. Zurzeit werden an 15 Grundschulen jährlich ca. 120 Schülerinnen und Schüler für 10 Wochen (max. 20 Wochen, pro Woche 20 Stunden Sprachförderung) in die bestehenden Vorkurse aufgenommen.

Die Vorkurse für Grundschülerinnen und Grundschüler werden von vier freien Trägern durchgeführt. Die Fortbildung der Kursleiterinnen und Kursleiter erfolgt über die freien Träger, sie werden zusätzlich von einer pädagogischen Mitarbeiterin der Senatorin für Bildung und Wissenschaft begleitet. Einer Evaluation der Senatorin für Bildung und Wissenschaft aus dem Jahre 2007 zufolge hat sich die inhaltliche Durchführung bewährt. Darüber hinaus werden jährlich ca. 300 Grundschülerinnen und Grundschüler integrativ von den Vorkursleiterinnen und -leitern gefördert, wenn nach dem Besuch eines Vorkurses weiterhin ein Sprachförderbedarf besteht. In der Sekundarstufe I sind 15 regionale Vorkurse eingerichtet, in diese werden jährlich ca. 150 Schülerinnen und Schüler aufgenommen. Die Verweildauer beträgt hier in der Regel ein Jahr, maximal aber zwei Jahre. Weitere 330 Schülerinnen und Schüler erhalten nach dem Besuch des Vorkurses eine integrative Förderung durch die Vorkursleiterinnen und Vorkursleiter. Für die Sekundarstufe II (allgemeinbildender und berufsbildender Zweig) wurden zwei Kurse eingerichtet, in die jährlich ca. zehn neue Schülerinnen und Schüler eintreten. Auch hier gilt, dass die Verweildauer in der Regel ein Jahr beträgt, aber zwei Jahre nicht überschreitet.

Die genauen Inhalte für die Förderung werden in Bremen nicht gesetzlich geregelt, doch liegt für den DaZ-Unterricht in der Grundschule die Handreichung ‚Deutsch als Zweitsprache – Handreichungen für die Primarstufe‘ (2002, herausgegeben von der SfBW) vor, welche ursprünglich vom Bayrischen Staatsministeriums für Unterricht und Kultus herausgegeben und dann für Bremen adaptiert wurde. Die Handreichung versteht sich als Ergänzung zum Rahmenplan ‚Deutsch für die Primarstufe‘. Allerdings ist den uns vorliegenden Dokumenten nicht zu entnehmen, inwiefern diese Handreichung eine verbindliche Grundlage für die Vorkurse bildet.

5.3.4 Handlungsempfehlungen für Bremen

22. In Ergänzung zu der in 5.2 getroffenen Empfehlung soll hier darauf hingewiesen werden, dass verbindliche Rahmenpläne für Deutsch als Zweitsprache mit Mindeststandards in Anlehnung an den GERS eine transparente Struktur auch für Schülerinnen und Schüler sowie deren

Eltern im Hinblick auf die Frage schafft, unter welchen Voraussetzungen die Seiteneinsteigerinnen und -einsteiger in eine Regelklasse wechseln können.

23. Angesichts des Anspruches des Bremer Schulsystems, sich schrittweise zu einem vollständig inklusiven System zu wandeln, stellt sich die Frage des Umgangs mit den etablierten Vorklassen neu. Wir empfehlen der SfBW, das bisherige Verfahren der Vorkurse, die in der Regel ein Jahr getrennter Beschulung vorsehen, zugunsten eines dreistufigen, schrittweise integrativen Verfahrens in Anlehnung an das sächsische Modell zu ändern. Dabei sollte die Phase der ausschließlichen Beschulung in der Vorklasse ca. 20 Wochen umfassen, in einer zweiten Phase mit ebenfalls 20 Wochen Dauer sollten die Seiteneinsteiger und -einsteigerinnen über die Teilnahme an weniger sprachlastigen Fächer in die Regelklassen integriert werden. In der dritten Phase, nach Abschluss eines Jahres, ist dann die volle Eingliederung in die Regelklasse vorgesehen. Für die immer auch individuelle Entscheidung, wann und in welchen Fächern eine Schülerin oder ein Schüler am Regelunterricht teilnehmen sollte, muss geprüft werden, inwiefern hier entsprechende diagnostische Instrumente bereits vorliegen oder entwickelt werden müssten. Eine enge inhaltlich-didaktische Kooperation zwischen den betreffenden Lehrkräften ist in diesem Konzept unerlässlich.

5.4   Umgang mit Mehrsprachigkeit – Herkunftssprachenunterricht

5.4.1   Forschungsstand und Problemaufriss

Seit einigen Jahren gibt es in zahlreichen Bundesländern Bestrebungen, das Schulsprachenangebot neben den ‚klassischen' Fremdsprachen auf die durch Migrationsbewegungen in Deutschland prominenten Sprachen auszuweiten.[95] In der ‚Gemeinsamen Erklärung der Kultusministerkonferenz und der

---

95   In der Bundesrepublik wurde das Angebot einer herkunftssprachlichen Beschulung in einigen Bundesländern bereits in den 60er Jahren ausgebaut, um den Kindern der damaligen Gastarbeiter eine Rückkehr in ihre Heimat zu ermöglichen. Spätestens seitdem sich Ende der 1980er Jahre abzeichnete, dass der überwiegende Teil der in Deutschland lebenden ehemaligen Gastarbeiter und ihrer Familien nicht in die Herkunftsländer zurückkehren würde, wurde die Zielsetzung allerdings verändert. Seitdem soll der Herkunftssprachenunterricht nicht mehr in erster Linie auf eine mögliche Rückkehr in das Ursprungsland vorbereiten, sondern den Schülerinnen und Schülern mit

Organisationen von Menschen mit Migrationshintergrund' (2007) verpflichten sich die Länder, die Herkunftssprachen der Schülerinnen und Schüler mit Migrationshintergrund anzuerkennen: „Neben dem Erwerb der deutschen Sprache erkennen die Länder die Bedeutung der Mehrsprachigkeit für alle Kinder und Jugendlichen an. Dies schließt die Herkunfts- oder Familiensprachen der Kinder und Jugendlichen mit Migrationshintergrund ein. Es sind geeignete Maßnahmen zu identifizieren, die das Prinzip der Mehrsprachigkeit im Schulalltag angemessen verankern (KMK 2007)." Auch im Grünbuch der Europäischen Kommission (2008) wird die Stärkung der Herkunftssprache angeregt. Begründet wird die Unterstützung in diesem Bereich wie folgt:

> Die Stärkung der Herkunftssprache kann in bildungspolitischer Hinsicht vorteilhaft sein. Die Beherrschung der Herkunftssprache ist wertvoll für das kulturelle Bewusstsein und das Selbstwertgefühl von Migrantenkindern und kann auch für die künftige Beschäftigungsfähigkeit ein Pluspunkt sein. Außerdem ziehen manche Migrantenfamilien eine eventuelle Rückkehr in das Herkunftsland als mögliche Option in Betracht; dies wird durch die Unterweisung in der Herkunftssprache erleichtert (Europäische Kommission 2008: 12).

Die Förderung der Mehrsprachigkeit allgemein in Deutschland, wie auch in der Europäischen Union insgesamt, wird folglich nicht in Frage gestellt sondern sogar durch offensive Bekenntnisse zum Erhalt von Mehrsprachigkeit (vgl. Schlussfolgerungen des Rates vom 22. Mai 2008 zur Mehrsprachigkeit Amtsblatt Nr. C 140 vom 06/06/2008 S. 0014f) normativ gestützt. Es wird angestrebt, allen Schülerinnen und Schülern bis zum Ende der 10. Klasse Kenntnisse in drei Sprachen zu vermitteln, die Muttersprache eingeschlossen. Zu diesem Zweck wurde das europäische Portfolio der Sprachen entwickelt. Dieses wird bis dato zumeist im Fremdsprachenunterricht angewendet, könnte jedoch, so Bainski (2008: 27) in „eine Sprachlernkonzeption der Förderung von Mehrsprachigkeit integriert werden" und damit die Herkunftssprachen der Schülerinnen und Schüler einbeziehen.

Neben dem Nutzen der verbesserten Sprachkenntnisse im familiären Bereich und für den Erwerb des Deutschen werden Sprachkompetenzen in Migrantensprachen auch als positiv für den Arbeitsmarkt gewertet, wie die

---

Migrationshintergrund ermöglichen, die Familiensprache auch im Bereich der konzeptionellen Schriftlichkeit zu lernen, um damit ihre Identitätsbildung und innerfamiliäre Kommunikationsfähigkeit zu unterstützen.

Expertise ‚Nutzung der Mehrsprachigkeit von Menschen mit Migrationshintergrund – Berufsfelder mit besonderem Potenzial' von Meyer (2008) zeigt. Im Fokus dieser für das BAMF erstellten Studie stehen diejenigen Berufsfelder, für die Kenntnisse in einer Herkunftssprache von besonderer Bedeutung sind: „Dort, wo der Zugang von Personen mit geringen Deutschkenntnissen zu gewerblichen und sozialen Dienstleistungen eingeschränkt ist, besteht dieser Bedarf. Neben der Fokussierung auf Konstellationen innerhalb Deutschlands wird auch der Nutzen von Herkunftssprachen für Unternehmen beschrieben, die in ihren Kontakten in die Türkei und die Russische Föderation auf die Verwendung von Herkunftssprachen angewiesen sind (Meyer 2008: 8)." Daher empfiehlt Meyer im Auftrag des BAMF, das Potenzial der Mehrsprachigkeit von Menschen mit Migrationshintergrund gezielter zu unterstützen. Arbeitgeber müssten sich dem Nutzen dieser Kompetenz bewusst werden und diese systematisch einsetzen. Jedoch müssten die Schülerinnen und Schüler hierfür Kenntnisse etwa in Form von Wirtschaftsrussisch oder Wirtschaftstürkisch verfügen. Daher „sollte der Erwerb berufsbezogener herkunftssprachlicher Kenntnisse in allgemeinbildenden und berufsbildenden Schulen unterstützt werden (ebd.: 63)." Zudem unterstreicht das BAMF die Bedeutung von bestimmten Qualitätsmerkmalen, denen herkunftssprachlicher Unterricht genügen muss, damit er sich positiv auf die Sprachentwicklung bilingual lebender Kinder oder Jugendlicher auswirken kann. Um dies zu erreichen und um Mehrsprachigkeit als Ressource für Deutschland und Europa im globalen Wettbewerb nutzen zu können, sollte der Unterricht an den Europäischen Referenzrahmen für Sprachen angepasst, mit den Methoden modernen Sprachunterrichts und individuellen Lernens unterrichtet sowie stärker als bisher mit dem Regelunterricht verzahnt werden (ebd.: 62). Hinsichtlich der Umsetzung (welche sich auf den US-amerikanischen Raum bezieht, aber durchaus auch auf andere Einwanderungsländer generalisierbar ist) betont Reed, dass der Schwerpunkt auf der „Schriftsprache in beiden Sprachen" liegen müsse (Reed 2006: 129)." Dies deckt sich mit den oben beschriebenen Erkenntnissen zu möglichen Interdependenzen zwischen Kompetenzen in der L1 und L2.

Während sich also seitens der Bildungspolitik zumindest ein prinzipieller Konsens eingestellt hat, neben der Förderung der Erst- bzw. Zweitsprache Deutsch und den „klassischen" Schulfremdsprachen Englisch, Französisch, Latein und neuerdings Spanisch auch die Erstsprachen der Schülerinnen und Schüler mit Migrationshintergrund zu fördern, gilt dies keinesfalls für die wissenschaftliche Auseinandersetzung mit dieser Thematik. Hierbei lassen sich zwei kontroverse Meinungen beobachten, die jedoch die Tatsache vereint, ihre Positionen nicht mit (nach strengen wissenschaftlichen Kriterien) belastbaren Daten unterstützen zu können. Die Diskussion wird daher eher von normativen Positionen bestimmt als dass sie durch empirische Daten gestützt wäre. Insgesamt sind – und das sehen die an der Diskussion beteiligten Wissenschaftlerinnen und Wissenschaftler ebenso – die Erkenntnisse der vorliegenden Untersuchungen zur mehrsprachigen Förderung von Kindern und Jugendlichen mit Migrationshintergrund als lückenhaft zu bezeichnen (vgl. Gogolin/Neumann/Roth 2003; Söhn 2005; Limbird/Stanat 2006). Allemann-Ghionda u.a. (2010: 7) fassen die Kontroverse folgendermaßen zusammen:

> Erstens geht es um die philosophische oder ethische Frage der Gleichwertigkeit und ggf. der institutionellen Gleichstellungen. Zweitens geht es um die Bedeutung der Herkunftssprachen und der Herkunftskulturen für die psychische, soziale und sprachliche Entwicklung sowie für die Akkulturation und Adaptation der bikulturell und zwei- oder mehrsprachig aufwachsenden Kinder und Jugendlichen.

Eine besondere Rolle nimmt in dieser Debatte der Erziehungswissenschaftler Jim Cummins ein. In seiner Durchsicht vieler Studien aus dem us-amerikanischen und kanadischen Raum kommt Cummins zu dem Schluss, dass „in praktisch keinem jemals evaluierten Programm – sei es an Schülerinnen und Schülern der sprachlichen Mehrheit oder der sprachlichen Minderheit gerichtet – die Zeit, in der man die Minderheitensprache unterrichtete, auf Kosten der schulischen Entwicklung der Schülerinnen und Schüler in der Mehrheitssprache ging" (Cummins 2006: 47). Vielmehr unterstütze die Migrantensprache die Leistungen in der Zweisprache, da eine Korrelation zwischen der Schriftsprachfähigkeit beiden Sprachen festgestellt werden konnte: „Eine beeindruckende Zahl von Forschungsarbeiten [ergab] eine mäßige Korrelation zwischen den Schriftsprachfähigkeiten zweisprachiger Schülerinnen und Schülern in beiden Sprachen, sofern die Schülerinnen und Schüler Gelegenheit hatten, sich Schrift in beiden Sprachen anzueignen. Ein *expliziter* Unterricht in der Zweisprache sei demnach nötig, „um die Vorteile dieses sprachübergreifenden Transfers festzustellen" (ebd.). Der Kausalbeziehung, dass ein „straffer Zusammenhang zwischen dem Erwerb einer Zweitsprache und dem der jeweiligen Erstsprache" besteht, wie sie Jim Cummins 1979 in der sog. Interdependenzhypothese formulierte, wird heute jedoch nicht mehr uneingeschränkt zugestimmt (vgl. Cummins 2003, siehe auch: Gogolin 2005).

Als Begründungen für die Unterweisung in der Herkunftssprache werden eine Reihe weiterer Aspekte genannt. In der Debatte steht die Bedeutung der Herkunftssprache für den Erwerb des Deutschen im Vordergrund (vgl. Maas/Mehlem/Schröder 2004). Es geht aber auch um den Erwerb von weiteren Sprachen. Insgesamt wird angenommen, dass sich die qualifizierte Kenntnis der Herkunftssprache positiv auf das Erlernen der Verkehrssprache (vgl. Gogolin/Neumann/Roth 2003) sowie auf den Erwerb weiterer Fremdsprachen (vgl. Hesse/Göbel/Hartig 2008, Rauch/Jurecka/Hesse 2010) auswirkt. Erwartet wird gleichzeitig ein positiver Effekt auf die kognitiven Fähigkeiten (vgl. Bialystock 2005, Cummins 2000) und damit auf den schulischen Leistungen allgemein (vgl. Cummins 1979, 2000 sowie Portes/Rumbaut 2001). Des Weiteren ermöglicht eine gute Sprachkompetenz in der Herkunftssprache eine Einbindung in die Herkunftsgruppe in Form von sozialen Bildungen, Netzwerken, Orientierungen, Identitäten. Die Sprache mobilisiere wichtige Ressourcen, die den strukturellen Erfolg befördern. Aus dieser Perspektive werden ethnische Ressourcen als ‚kulturelles Kapital‘ und damit als Potential für den Aufstieg gesehen (vgl. Fürstenau 2005, Gogolin/Neumann/Roth 2003). Rau et al. 2010 zeigen, dass sich herkunftssprachliche Kompetenz positiv auf das Selbstkonzept auswirkt. Diese so genannte kulturelle Herangehensweise (siehe auch Portes/Rumbault 2001) betont, dass eine positive Einstellung sowohl zur Herkunfts- als auch zur Aufnahmekultur und zu den jeweiligen Sprachen den Integrationsprozess und den schulischen Erfolg beschleunigt. Reed (2006: 129) sieht weiterhin die Einführung eines zweisprachigen Curriculums als effektive Maßnahme für den „Abbau von institutionellem Rassismus.“

Die Kontroverse um die Vor- und Nachteile einer Beschulung in der Erstsprache wurde insbesondere mit den veröffentlichten Metaanalysen mehrerer empirischer Studien zur Interdependenzhypothese von Dieter Hopf (2005), Janina Söhn (2005) und Hartmut Esser (2006) entfacht, welche diese Thesen bezweifelten und sich kritisch mit den dieser Theorie zu Grunde liegenden Studien beschäftigten. Insgesamt kommt Hopf (2005) zu dem Schluss, dass eine Unterweisung in der Herkunftssprache die Kompetenzen in der deutschen Sprache verringert und angesichts der nur geringen zur Verfügung stehenden Lernzeit alle Anstrengungen auf die Förderung der Zweitsprache Deutsch abzielen sollten (time-on-task-hypothesis). Auch Esser (2006) spricht sich nach einer Metaanalyse der bis dahin publizierten Studien sowie ergänzender eigener Rechnungen gegen die Unterstützung der Herkunftssprache aus, da diese keine positiven Effekte auf den Schulerfolg im Allgemeinen habe, die über die Kompetenz des Deutschen hinausgehen. Für eine erfolgreiche schulische und berufliche Karriere würden lediglich Ressourcen benötigt, welche im Kontext der jeweiligen Gesellschaft als wichtig erachtet werden. In erster Linie geht es hier um die Aneignung aufnahmelandsspezifischer Kompetenzen wie den Erwerb der Verkehrssprache, Aufnahme interethnischer Beziehungen, Ausrichtung an Orientierungen der jeweiligen Gesellschaft. Die Pflege ethnischer Ressourcen (u.E. fälschlich als ‚Eigenschaften' bezeichnet) wird hingegen nicht als zuträglich erachtet, aber auch nicht als hinderlich (Esser 2009). Die Auswertung von Söhn (2005) kommt zu folgendem Ergebnis: „Diese wenigen verlässlichen Studien lassen die Schlussfolgerung zu, dass zweisprachiger Unterricht im Vergleich zu monolingualen Alternativen in der Regel keine negative Wirkung auf die gemessenen Leistungen in der Zweitsprache hat. Ein konsistenter positiver Effekt kann nicht nachgewiesen werden" (Söhn 2005: 2).

Interessanterweise wird bei den Gegnern des herkunftssprachlichen Unterrichts der Nutzen für den Erwerb von herkunftssprachlichen Kompetenzen wenig bis gar nicht thematisiert, was nicht zuletzt auch aus der Tatsache resultiert, dass zurzeit keine Studie existiert, die die Effekte von Herkunftsprachenunterricht in einem Kontrollgruppendesign misst. Aus diesem Grund beschränken sich die kritischen Stimmen auf die Frage, inwieweit der erfolgreiche Erwerb des Deutschen durch Migrantinnen und Migranten von der Beherrschung einer Herkunftssprache abhängt oder welche Bedeutung Herkunftssprachen für den Erfolg am Arbeitsmarkt und davon abhängende Integrationsprozesse haben. Gogolin/Roth (2008: 34) sehen daher die Argumente der Gegner von zweisprachigen Ansätzen als unhaltbar an, schließlich „kommen [diese] zu dem Schluss, dass die Förderung der Zweisprachigkeit kein Gewinn sei, da sie nicht zuverlässig zu einem Vorsprung gegenüber einsprachigen Modellen in der Zweitsprache führen." Dabei sei bereits von einem Erfolg zu sprechen, wenn sie zu identischen Ergebnisse in der Zweitsprache führen wie einsprachige Programme, darüber hinaus aber die Schülerinnen und Schüler befähigen, in der Herkunftssprache lesen und schreiben zu können (vgl. ebd.). Zu diesem Fazit kommt schließlich auch Söhn (2005: 64):

> Die eigentliche Leistung von Modellen zweisprachiger Erziehung besteht darin, dass Kinder zusätzlich in ihrer Muttersprache Lesen und Schreiben lernen und dabei offenbar mit monolingual unterrichteten Kindern derselben Herkunftssprache

in den (in L2 gemessenen) Schulleistungen zumindest gleichauf liegen, obwohl sie (je nach Modell) weniger Unterrichtsstunden in L2 haben.

Während Hopf, Esser und Söhn in ihren Untersuchungen Datensätze nutzten, in denen die Kenntnisse in der Herkunftssprache selbst eingeschätzt wurden, wird in neueren Studien darauf Wert gelegt, die Kenntnisse in der Herkunftssprache mit zu erheben. Dieses neue Verfahren hat die Diskussion für und gegen herkunftsprachliche Beschulung erneut entfacht, denn während Hesse/Göbel/Hartig (2008) anhand des DESI-Datensatzes mit Selbsteinschätzungen einen positiven Zusammenhang zwischen herkunftssprachlichen Kenntnissen und den Deutsch- und Englischkenntnissen nachweisen können, gelingt dies Rauch/Jurecka/Hesse (2010) in ihren Untersuchungen nicht mehr. Die Autoren untersuchten und verglichen die schriftsprachlichen Leistungen Türkisch-Deutsch bilingualer Schülerinnen und Schüler im Türkischen, Deutschen und Englischen miteinander und verwenden zusätzlich Selbsteinschätzungsskalen, auf denen die Schülerinnen und Schüler ihre Verstehens- und Ausdrucksfähigkeiten in den jeweiligen Sprachen einschätzen sollten. Hier zeigte sich, dass die Türkischkenntnisse in der Regel zu gut eingeschätzt werden, denn 74% der Schülerinnen und Schüler blieben unter dem Niveau B1 des GERS. Es kann also nur ein Viertel mit etwas längeren und komplexeren türkischen Texten selbständig arbeiten. Dollmann/Kristen (2010) untersuchten den Zusammenhang zwischen den Sprachkompetenzen in der Erstsprache Türkisch und Zweitsprache Deutsch von Kölner Drittklässlern in Abhängigkeit der kognitiven Kompetenzen (gemessen anhand des CFT20[96]), der Mathematiknote, der Mathematikleistung (gemessen anhand des DEMAT[97]) sowie der Leseleistung (WLLP[98]). Insgesamt konnten keine positiven Effekte der kompetenten Bilingualität gegenüber der monolingualen Assimilation nachgewiesen werden. Jedoch merken die Autoren an, dass die Erhebung

---

96   Die Autoren begründen die Auswahl dieses Instrumentes wie folgt: „Dieser Test misst die Fähigkeit, figurale Beziehungen und formal-logische Denkprobleme mit unterschiedlichem Komplexitätsgrad zu erkennen und innerhalb einer bestimmten Zeit zu verarbeiten. Die einzelnen Testaufgaben des CFT20 sind sprachfrei gehalten, um sprachlich bedingte Nachteile weitgehend zu vermeiden." (Dollmann/Kristen 2010)

97   „Mit dem deutschen Mathematiktest für dritte Klassen (Roick/Gölitz/Hasselhorn 2004) wird ein lehrplangültiges Testverfahren eingesetzt, das zentrale Inhaltskomplexe der Grundschulgrammatik berücksichtigt."

98   WLLP steht für Würzburger Leise Leseprobe (Küspert/Schneider 1998).

mit Angehörigen ähnlicher Sprachfamilien sowie besonders bildungserfolgreichen Schülerinnen und Schülern der griechischen und vietnamesischen Zuwanderungsgruppen wiederholt werden müsste.

Gemeinsam ist den Studien von Rauch/Jurecka/Hesse (2010), Hesse/Göbel/Hartig (2008) sowie Dollmann/Kristen (2010), dass sie aus empirisch-sozialwissenschaftlicher Perspektive versuchen, einen Zusammenhang zwischen Einzelsprachen herzustellen, der seitens der Sprachwissenschaft und Spracherwerbsforschung als eher unwahrscheinlich einzuschätzen ist. Schließlich postuliert die Interdependenzhypothese, dass ein positiver Transfer zwischen der Erst- und Zweitsprache nur im Bereich der konzeptionellen Schriftlichkeit, also im Bereich der CALP zu erwarten ist, nicht aber im Bereich der konzeptionellen Mündlichkeit (der BICS) zu finden ist. Folglich kann es erst zu Transferphänomenen kommen kann, wenn CALP erreicht ist. Die Studie von Hesse, Göbel und Hartig (2008) kam jedoch zu dem Ergebnis, dass 75 Prozent nicht das Niveau B1 des GERS erreichen, und demzufolge über keine konzeptionell-schriftlichen Kenntnisse in der L1 verfügen. Aus der Perspektive der Interdependenzhypothese lässt sich daher vermuten, dass die Schülerinnen und Schüler in beiden Sprachen lediglich konzeptionell-mündliche Kenntnisse aufgebaut haben und es somit gar nicht zu einem Wissenstransfer kommen kann. Gruppenmittelwerte eigenen sich daher aus sprachwissenschaftlicher Perspektive für eine Analyse nicht. Folglich ist es fraglich, ob ohne gezielte Unterrichtung in der Erstsprache Türkisch (bestenfalls verknüpft mit dem Unterricht in Deutsch als Zweitsprache) überhaupt kognitive Vorteile für die Schülerinnen und Schüler mit Migrationshintergrund entstehen können. So stellten auch Swain et al. (1990) sowie Sanz (2000) fest, dass der Erfolg beim Erwerb einer dritten Sprache bei Bilingualen weniger von mündlich-kommunikativer Sprachkompetenz als vielmehr von Schriftsprachbeherrschung abhängt.

Insgesamt können empirische Untersuchungen nicht zweifelsfrei bestätigen, dass sich schriftsprachliche, durch Unterricht erworbene Kenntnisse in den jeweiligen Herkunftssprachen positiv auf den Bildungserfolg bzw. allgemein auf die Kognition von Kindern und Jugendlichen mit Migrationshintergrund auswirken. Es gibt aber auch keine Untersuchungen, die zweifelsfrei zeigen können, dass sich Beschulung in der Herkunftssprache in irgendeiner Form negativ auf den Erwerb des Deutschen oder den Bildungserfolg allgemein auswirkt. Aus diesem Grund ist es aus unserer Sicht zu begrüßen, dass die

Bildungspolitik mittlerweile eine ‚pädagogische' Herangehensweise gewählt hat und den identitätsstiftenden, kommunikativen Charakter von Sprache über die empirischen Befunde stellt.

5.4.2 Umsetzungsbeispiele anderer (Bundes-)Länder

Organisation von Herkunftssprachenunterricht

Insgesamt lassen sich bundesweit unterschiedliche Organisationsweisen des Herkunftsprachlichen Unterrichts festhalten, die sich aber grob in zwei Kategorien einteilen lassen. Entweder es handelt sich bei dem Herkunftssprachenunterricht um ein freiwilliges zusätzliches Unterrichtsangebot oder aber um ein Schulsprachenangebot, welches in den Kanon der Fremdsprachen aufgenommen wurde und damit zeugnis-, versetzungs- und abschlussrelevant ist (vgl. Anhang 2).

In Nordrhein-Westfalen können Schulen Herkunftssprachenunterricht einrichten, sofern die Mindestwerte für eine Klassenbildung, d.h. 15 Schüler in der Primar- und 18 Schüler in der Sekundarschule erreicht sind, wobei ein jahrgangs- und schulübergreifendes Angebot möglich ist (vgl. Ministerium für Schule und Weiterbildung NRW 2009). Lehrpläne für herkunftssprachlichen Unterricht legen verbindliche sprachliche Ziele fest. Strukturell wird der Herkunftsprachenunterricht in der Primarschule im Umfang von ca. fünf Wochenstunden ergänzend zum eigentlichen Unterricht erteilt: In der Sekundarstufe 1 ist es möglich, die Herkunftsprache als Fremdsprache anrechnen zu lassen. Am Ende der Sekundarstufe 1 steht eine obligatorische Sprachprüfung (sprachliche und soziokulturelle Fähigkeiten) die sich nach den Verfahrensregeln für die Sprachprüfung der Pflichtfremdsprachen oder Wahlpflichtfremdsprachen richten. Generell wird die Teilnahme am herkunftssprachlichen Unterricht durch eine entsprechende Anlage im Zeugnis bescheinigt, Leistungsbewertungen werden im Zeugnis vermerkt. Die Schulen, die herkunftssprachlichen Unterricht anstelle einer Fremdsprache anbieten, erhalten Stellenzuschläge. Die Lehrkräfte für den herkunftssprachlichen Unterricht müssen über eine entsprechende Ausbildung im Fach des herkunftssprachlichen Unterrichts nach deutschem Recht verfügen oder die Sprachqualifikation C1 in der entsprechenden Sprache nachweisen und an einer didaktischen und methodischen Fortbildung für herkunftssprachlichen Unterricht teilnehmen. Falls eine Lehrkraft über die Sprachqualifikation C1 und die Lehrbefähigung für eine Fremdsprache verfügt, sind keine weiteren didaktisch-methodischen Fortbildungen notwendig (vgl. ebd.: 5-11).

In Hamburg liegen sehr detaillierte Bildungspläne für den Herkunftssprachenunterricht für die Primarschule, Stadtteilschule Sekundarstufe I sowie Gymnasium Sekundarstufe I vor (vgl. Freie und Hansestadt Hamburg, Behörde für Schule und Berufsbildung 2011a; 2011b; 2010f: 156). Diese beinhalten neben den zu erreichenden Kompetenzen und deren Erwerb auch die Anforderungen und Inhalte des Herkunftssprachenunterrichts sowie Informationen über die einzelsprachlichen Basisgrammatiken. Für die Stadtteilschule (Sekundarstufe I) werden die Sprachen Bosnisch, Chinesisch, Farsi, Italienisch, Polnisch, Portugiesisch, Russisch, Spanisch und Türkisch aufgelistet. Wie auch in Nordrhein-Westfalen ist der Herkunftsprachenunterricht in der Primarschule ein zusätzliches Fach, die Teilnahme ist demnach freiwillig, die Bildungspläne eröffnen die Möglichkeit, das Angebot vormittags oder nachmittags anzusiedeln und bereits in der Vorschule mit der Beschulung zu beginnen. Auch ist eine jahrgangsübergreifende Unterweisung möglich (max. drei Jg.). Die Mindestanforderungen orientieren sich an der ersten Fremdsprache, für die Leistungsüberprüfung werden Lernentwicklungsberichte geführt. Diese sind wiederum für die Übergangsentscheidung relevant (ebd. 2010d: 8). Auch in Hamburg können die Herkunftssprachen anstelle der zweiten Fremdsprache gewertet werden. Die Zielgruppe sind Schülerinnen und Schüler mit Vorkenntnissen in der jeweiligen Sprache: „Der herkunftssprachliche Unterricht an der Stadtteilschule knüpft an die unterschiedlichen, lebensweltlich geprägten Sprachfähigkeiten der Schülerinnen und Schüler an und entwickelt grundlegende Kompetenzen im Sprechen und Zuhören, im Lesen und Schreiben, im Nachdenken über Sprache und in der Sprachmittlung" (ebd. 2010e: 10).

Die Stadt Hamburg sieht für das Fach ‚Herkunftssprachen‘ an der Stadtteilschule zwei Organisationsformen vor, zum einen als zusätzliches Fach und als Herkunftssprachen anstelle der zweiten bzw. dritten Fremdsprache. Die Rahmenpläne gelten für beide Organisationsformen. Herkunftssprachen als zusätzliches Fach ist ein zusätzlicher Unterricht, die Teilnahme ist freiwillig. Die Mindestanforderungen orientieren sich an der ersten Fremdsprache. Herkunftssprachen anstelle der zweiten bzw. dritten Fremdsprache werden im Umfang der jeweiligen Fremdsprache unterrichtet. Die Mindestanforderungen orientieren sich an der ersten Fremdsprache (vgl. ebd.: 11). Der Rahmenplan für herkunftssprachlichen Unterricht am Gymnasium berücksichtigt explizit die Sprachen Italienisch, Polnisch, Portugiesisch und Türkisch. Auch hier richtet sich das Angebot an Schülerinnen und Schüler mit entsprechenden Vorkenntnissen:

> Schülerinnen und Schüler, die am herkunftssprachlichen Unterricht teilnehmen, sprechen mit unterschiedlicher Häufigkeit und Kompetenz die Sprache(n) des Herkunftslandes ihrer Familie – je nachdem, welche Rolle diese innerhalb der familiären Kommunikation und in der außerfamiliären Lebenswelt spielen. [...] Der herkunftssprachliche Unterricht berücksichtigt, dass seine Lerngruppen in der Regel sehr heterogen zusammengesetzt sind, da die Schülerinnen und Schüler unterschiedliche sprachliche und kulturelle Biografien haben, die sich aus der Migrationsgeschichte ihrer Familien ergeben, und die andererseits jahrgangs- oder auch schulübergreifend gebildet werden (Freie und Hansestadt Hamburg, Behörde für Schule und Berufsbildung 2010f: 17).

Im Unterschied zu Hamburg verfügt Berlin über Lehrpläne, in denen die Sprachen jeweils einzeln behandelt werden, deren Zielgruppe aber keineswegs nur Muttersprachlerinnen und Muttersprachler sind. Die Sprachen Polnisch, Russisch und Türkisch gelten als Fremdsprachen, was sich auch in den Zielen des Unterrichts widerspiegelt. Dieses ist im Rahmenplan für die Sekundarstufe I für Türkisch und Polnisch wie folgt formuliert: „Das zentrale Ziel des Unterrichts in der zweiten und dritten Fremdsprache besteht in der Erweiterung der durch die erste Fremdsprache erworbenen interkulturellen fremdsprachigen Handlungsfähigkeit" (Berliner Senatsverwaltung für Schule, Jugend und Sport 2006: 9). Auch im Rahmenplan für die Sekundarstufe I Türkisch/Polnisch heißt es:

> Der Unterricht in der zweiten und dritten Fremdsprache trägt damit einer zuneh- mend national-, kultur- und sprachgrenzenüberschreitenden Lebenswirklichkeit der heute Heranwachsenden Rechnung. Er bildet die Voraussetzung für Verstehen und Verständigung, für privates Kennenlernen, für berufliche Mobilität und Kooperation. So begleitet er die Lernenden beim Aufbau einer individuellen Mehrsprachigkeit (Muttersprache plus mindestens zwei Fremdsprachen) (ebd.).

Gerade Polnisch nimmt eine zentrale Rolle in der Berliner Schulsprachen- landschaft ein: „Polnisch ist die Sprache unserer unmittelbaren östlichen Nachbarn. In der erweiterten Europäischen Union gewinnt die Kenntnis des Polnischen in Deutschland an gesellschaftlicher, kultureller, wirtschaftlicher und politischer Bedeutung" (ebd.: 9).

Modelle zweisprachiger Beschulung

Einen wichtigen Beitrag zur Debatte um den Herkunftssprachenunterricht bzw. zur frühen Unterweisung in einer Herkunftssprache bieten die Studien zu den Bilingualen Zweigen an Grundschulen[99] in Hamburg.[100] Diese speziellen Klassen sollen zur Hälfte aus Kindern mit lebensweltlichen Kompetenzen in Deutsch und der Partnersprache und zur anderen Hälfte aus einsprachig-deutsch aufwachsenden Kindern zusammengesetzt werden. 2007 wurde der ‚Abschlussbericht über die italienisch-deutschen, portugiesisch-deutschen und spanisch-deutschen Modellklassen' veröffentlicht, 2010 lag der Schwerpunkt auf der sprachlichen Entwicklung der Kinder in den türkisch-deutschen Klassen. Die Berichte geben nicht nur einen interessanten Einblick in die sprachliche Entwicklung in der deutschen sowie Partnersprache, sondern berichten auch über die methodisch-didaktischen Unterrichtsprinzipien und referieren die Einschätzungen der Eltern über das Projekt. Für die Evaluation geben die Autoren an, dass die erzielten Resultate „für sich in Anspruch nehmen [können], aus der ersten systematischen prozessbegleitenden Evaluation eines bilingualen Schulversuchs in Deutschland hervorgegangen zu sein (Abschlussbericht 2009: 4)." Als eine besondere Leistung des Projekts heben die Autoren die Entkopplung von Leistungen und Elternhaus hervor. So zeigte sich bei den IGLU-Aufgaben ein nur sehr geringer Zusammenhang zwischen dem Bildungsverlauf der Eltern und dem sozioökonomischen Status der Familien. Mittels dieses Schulmodells scheint es offenbar möglich zu sein, „die „Vererbung" des schulischen Misserfolgs zu verhindern und die Kopplung der Schulleistung an die soziale Herkunft zu durchbrechen (ebd.: 62)." So wurde in dem deutsch-türkischen Schulversuch erreicht, dass „bei relativ niedrigem Sozialschichtindex in den beiden Klassen Ergebnisse in der Verkehrssprache Deutsch erzielt werden, die am nationalen Mittelwert liegen. Im Türkischen erreichen sie immerhin eine im Mittel doch elementare Lesekompetenz – die mit entsprechenden Kenntnissen der Sprache Türkisch eingeschulten Kinder kommen sogar deutlich weiter (ebd.: 70). Eine Angleichung der Sprachstände der deutschen Schülerinnen und Schüler und der in der Partnersprache dominanten Schülerinnen und Schüler gelang jedoch nur bedingt. Die ein-

---

99 Es handelt sich nicht um ganze bilinguale *Schulen* sondern um *einzelne Klassen* an ansonsten monolingual deutschsprachigen Schulen, die das bilinguale Konzept umsetzen.

100 Positiv hervorzuheben ist, dass das bilinguale Angebot seit dem Schuljahr 2007/08 an einer nahegelegenen integrierten Gesamtschule fortgeführt wird.

sprachig deutsch aufgewachsenen Kinder hatten gegenüber Kindern, deren Zweitspracherwerb erst mit Schuleintritt begann, auch nach vier Jahren bilingualen Unterrichts noch einen deutlichen Vorteil im Deutschen (vgl. Gogolin/ Neumann/Roth 2007). Wenn man aber mit Cummins (2006) bedenkt, dass der Zweitspracherwerb nach vier Jahren in der Regel nicht abgeschlossen ist, so ist dieses Ergebnis, wie auch die Autoren des Schulversuchs es interpretieren, „insgesamt ermutigend" (Gogolin/Neumann/Roth 2007: 61). Darüber hinaus ist zu unterstreichen, dass die Schülerinnen und Schüler, die bereits mit Kenntnissen in der deutschen Sprache eingeschult wurden, die monolingual deutschsprachig aufgewachsenen Kinder im Deutschen einholen konnten. Selbige Beobachtung konnte auch für diejenigen Kinder gemacht werden, welche zweisprachig, jedoch nicht mit der Partnersprache, in das Projekt aufgenommen wurden. Auch sie stehen den monolingual-deutsch aufgewachsenen Kindern in nichts nach (Gogolin/Neumann/Roth 2009: 155).

Während die sprachlichen Entwicklungen in der deutschen Sprache aufgrund der zuverlässigen Datensituation sehr detailliert geschildert werden können, reicht in der Partnersprache die Anzahl der beteiligten Schülerinnen und Schüler nicht aus, um eine detaillierte Auswertung vorzunehmen. Als ‚globales Ergebnis' des Schulversuchs formulieren die Autoren daher, „dass es signifikante Unterschiede der Kinder mit partnersprachlichen Kenntnissen bei Schuleintritt zu denen der beiden anderen Gruppen gibt. Die meisten deutsch einsprachig und zweisprachig mit einer anderen Familiensprache eingeschulten Kinder verwenden keine komplexen syntaktischen Mittel in den Partnersprachen" (ebd.).

Neben den bilingualen Grundschulen in Hamburg erweisen sich die KOALA-Klassen in NRW und Hessen (koordiniertes zweisprachiges Lernen in Deutsch und der Herkunftssprache der Schülerinnen und Schüler mit Zuwanderungsgeschichte) als ein erfolgversprechendes Modell zweisprachiger Beschulung. Gemäß den Ausführungen der RAA–NRW[101] wurde dieses Angebot von der Berliner „Arbeitsstelle zweisprachige Erziehung" für den Primarbereich konzipiert und auf eine Laufzeit von zwei Jahren angelegt. Das Ziel ist eine systematische Alphabetisierungsmethode in zwei Sprachen, wobei – und das ist das Besondere an dem Konzept z.B. im Gegensatz zum üblichen Herkunftssprachenunterricht – die Unterrichtsmethoden, die kontrastive Arbeit und die behandelten Sachunterrichtsthemen in Deutsch und z.B.

---

101 Die folgenden Informationen entstammen der KOALA-Homepage: [URL: http://www. raa.de/koala1.html.]; Zugriff: 29.06.2011.

Türkisch jeweils aufeinander abgestimmt werden. Formen von KOALA können allerdings nur an Schulen eingeführt werden, an denen größere Gruppen von Schülerinnen und Schülern einer bestimmten Familiensprache zusammengefasst werden können. Schulen mit Kindern, die eine Vielzahl verschiedener Sprachen mitbringen, können dennoch auf sinnvolle Weise andere Konzepte von Zweisprachigkeit (u.a. in Anlehnung an Begegnungssprachenkonzepte oder Language Awareness) entwickeln. Hierzu gibt es u.a. gute Beispiele für flexible Konzepte in Großbritannien und Schweden, z.B. Phasen von Blockunterricht zum Thema ‚Sprache‘. Für die bilinguale Alphabetisierung in türkischer und deutscher Sprache liegen öffentlich zugängliche Materialien vor, die vor allem im Rahmen des KOALA-Projekts entwickelt worden sind, zwei Verlage[102] bieten zweisprachige Unterrichtsmaterialien für die Umsetzung dieses Ansatzes an. Diese gilt es auf ihre Eignung im Herkunftssprachenunterricht in Bremen zu überprüfen. Vom Hessischen Kultusministerium wird in Verbindung mit Koala die Reihe „Öğrenmeyi Öğrenelim" empfohlen: „Diese Materialsammlung ist für den offenen und differenzierten Unterricht geeignet. Sie kann sowohl für KOALA als auch für den Türkischunterricht allgemein eingesetzt werden."[103]

Im Rahmen des FörMig-Modellprogramms in Nordrhein-Westfalen, Schwerpunkt ‚Sprachstandsfeststellung, Sprachförderung‘, erprobte die Region Köln an 10 Grundschulen (6 KOALA-Schulen und 4 Vergleichsschulen) drei unterschiedliche Konzepte der Sprachförderung im Vergleich miteinander, nämlich die koordinierte Alphabetisierung im Vergleich zur additiven Kombination von Deutschförderung und Muttersprachlichem Unterricht und zur Deutschförderung ohne muttersprachliche Elemente (vgl. Modellprogramm FörMig NRW in Köln 2010). Das Hauptinteresse galt dabei der Entwicklung der Schriftsprache. Die Untersuchung zeigte nach dem 1. Schuljahr kaum fassbare Unterschiede zwischen den drei Förderkonzepten auf. Im zweiten Schuljahr ergaben sich Unterschiede im Bereich des Textschreibens in der deutschen Sprache. Hier lagen die Schülerinnen und Schüler aus den KOALA-Klassen und aus den Klassen mit ausschließlicher Deutschförderung gleichauf. Dagegen schnitten die Schülerinnen und Schüler, die Deutschförderung und Muttersprachlichen Unterricht erhielten, signifikant schlechter ab. Im Türkischen zeigte sich ein eindeutiger Vorteil der KOALA-Klassen bei

---

102 Es handelt sich um den Önel-Verlag und Anadolu-Verlag.

103 Auf der KOALA-Homepage werden beispielhafte Eigenmaterialien bereitgestellt. [URL: http://www.koala-projekt.de/html/materialien.html]; Zugriff: 29.06.2011.

der Rechtschreibung, und zwar gegenüber beiden anderen Modellen. Die Schülerinnen und Schüler des kombinierten Modells schnitten hier zwar etwas besser ab als diejenigen, die ausschließlich im Deutschen gefördert werden; der Unterschied war aber nicht signifikant. Insgesamt folgern die Autoren, „dass sich die Organisation und das Schulklima der KOALA-Schulen positiv auf die Aneignung der türkischen Schriftsprache und wenigstens teilweise auch der deutschen Schriftsprache auswirken."

5.4.3   Ausgangslage in Bremen

Bremen bietet ein besonders umfangreiches Angebot für den Herkunftssprachenunterricht im Grund- und Sekundarschulbereich an. Kurse werden eingerichtet, sobald 12 Schülerinnen und Schüler Bedarf anmelden. Alle herkunftssprachlichen Angebote werden schulbezogen oder schulübergreifend vorgehalten. In den Grundschulen handelt es sich um ein zusätzliches Angebot zur Förderung der Herkunftssprache. In der Sek. I und II werden Herkunftssprachen sowohl als freiwillige zusätzliche Angebote sowie als zweite Fremdsprache realisiert (Deputationsvorlage zum 2. Umsetzungsbericht der Konzeption zur Integration von Zuwanderern und Zuwanderinnen im Lande Bremen 2007–2011).

Aktuell werden über Lehrkräfte der Senatorin für Bildung und Wissenschaft freiwillige muttersprachliche Angebote für die Sprachen Türkisch, Russisch, Polnisch, Persisch und Kurdisch realisiert. In Verantwortung der jeweiligen Konsulate werden Türkisch, Portugiesisch, Italienisch, Serbisch und Griechisch als Herkunftssprachen angeboten. Diese Lehrerinnen und Lehrer sind in der Regel in Bremen oder im Herkunftsland ausgebildete Lehrerinnen und Lehrer, die ein Studium in der Herkunftssprache oder mindestens ein Fremdsprachenstudium auf Lehramt studiert haben. In Verantwortung von Migrantenorganisationen liegt das schulübergreifende Angebot in Chinesisch, Persisch und Tamilisch. Schülerinnen und Schüler mit Migrationshintergrund können in der Sekundarstufe I und II Türkisch, Polnisch und Russisch als Zweite Fremdsprache wählen.[104] Türkischstämmige Schülerinnen und Schüler, von denen derzeit 248 dieses Angebot wahrnehmen, sollen sich in naher Zukunft ihre Sprachkenntnisse auf dem Niveau B1 oder B2 des GERS zerti-

---

104 Stand: 10.11.2010, Informationen zusammengestellt durch H. Kehlenbeck.

fizieren lassen können.[105] Die Behörde will dieses Angebot im kommenden Schuljahr auf weitere Schulen ausweiten (Information der SfBW 02.02.2011). Der Unterricht in der Herkunftssprache als 2. Fremdsprache ist versetzungsrelevant (so weit es Versetzungen in den oberen Jahrgängen der Sek. I noch gibt) und abschlussrelevant. Darüber hinaus ist es möglich, durch eine Feststellungsprüfung sich die Herkunftssprache in allgemeinbildenden und berufsbildenden Schulen der Sekundarstufe II als zweite Fremdsprache anerkennen zu lassen. Bis heute liegt keine Evaluation des herkunftssprachlichen Unterrichts vor, wobei dies für alle Bundesländer gilt. Laut Umsetzungsbericht 2009 ist diese jedoch von Seiten der SfBW für Bremen geplant. Zurzeit können daher keine Aussagen über die Qualität und den damit verbundenen Erfolg des Unterrichts gemacht werden. Sehr gut dokumentiert ist durch die SfBW hingegen die Organisationsform und Quantität des Unterrichts. Zur Verbesserung des Informationsflusses und zur besseren Nutzung des breiten Sprachenangebotes im Herkunftssprachenbereich an Bremer Schulen plant die SfBW einen interaktiven Mehrsprachigkeitsatlas zu erstellen, der über die Homepage abrufbar sein und sehr konkret über das jeweilige, vor Ort nutzbare Herkunfts-/Fremdsprachenangebot informieren soll (Information v. Ilsemann SfBW, Stand 02.02.02011).

Zwischen der SBfBW und den zahlenmäßig in Bremen am stärksten vertretenen Migrantengruppen findet ein unregelmäßiger Austausch über Bedarfe, Steigerung der Qualität des Unterrichts sowie Ausbildung der Lehrenden statt.[106] Neben der Forderung nach mehr Herkunftssprachenangeboten im Rahmen der regulären Fremdsprachenangebote an den Bremer Schulen wird von den Interessensvertretungen der Migranten in Bremen gefordert, dass die

---

105 Vgl. [URL: http://www.gruene-fraktion-bremen.de/cms/default/dokbin/357/357855. antwort_grosse_ anfrage_foerderung _von_me.pdf]; Zugriff: 10.12.2010.

106 Besonders weit etabliert hat sich eine Gesprächsrunde zwischen Vertretern der SBfBW und dem „Bündnis für die türkische Sprache", dessen Ziel die höhere gesellschaftliche Anerkennung für die türkische aber auch anderen Migrantensprachen ist, u.a. über einen professionelleren Umgang mit dem entsprechenden Angebot an den Schulen. Die Ergebnisse der Beratungen, dokumentiert über Gesprächsprotokolle fließen in die folgende Darstellung ein. Darüber hinaus wurden Forderungen an das Land Bremen in Bezug auf den Herkunftssprachenunterricht in dem Workshop „Schule in der Einwanderungsgesellschaft – Vielfalt als Chance" des Bremer Integrationsgipfels vom 23.09.2009 (vgl. Protokoll des Workshops in Dokumentation des Integrationsgipfels) aufgestellt, die hier ebenfalls berücksichtigt wurden.

Werbung für diese Sprachen an den Schulen in gleichem Umfang erfolgen sollte, wie für die anderen Fremdsprachenangebote. Darüber hinaus wünschen die Interessensvertretungen, dass Schulleitungen darin motiviert werden, Angebote in Migrantensprachen an der eigenen Schule zu verankern ohne Angst vor einem möglichen Label als ‚leistungsschwache Ausländerschule‘, denn solche Angebote würden auch von leistungsstarken Schülerinnen und Schülern mit Migrationshintergrund und ihren Familien befürwortet. Wichtig sei aber auch eine bessere Qualifikation der in den Migrantensprachen unterrichtenden Lehrkräfte, wozu die Einrichtung von Stellen für entsprechende Fachleiterinnen und Fachleiter am LIS nötig wäre. Darüber hinaus spricht sich das Bremer ‚Bündnis für die türkische Sprache‘, ein Zusammenschluss von Migrantenselbstorganisationen und Einzelpersonen, der sich für die Förderung und den Erhalt türkischsprachiger Kenntnisse der Kinder und Jugendlichen von Familien mit Migrationshintergrund aus der Türkei einsetzt, für eine sukzessive Ablösung der türkischen Konsulatslehrerinnen und -lehrer durch Senatslehrerinnen und -lehrer aus. Aktuell haben Entwicklungen stattgefunden, die einigen der Forderungen bereits entgegen kommen. Dies sei hier exemplarisch für den türkischen Herkunftssprachenunterricht wiedergegeben: So soll es ab dem 01.02.2011 jährlich drei Referendariatsplätze für angehende Türkischlehrerinnen und -lehrer geben, die von einer Fachleiterin des LI in Hamburg betreut werden. Die Kandidatinnen bzw. Kandidaten müssen ein Fremdsprachenstudium vorweisen. Bei Lehrkräftemangel soll auf den Pool der Universität Hamburg zurückgegriffen werden. Die SfBW wird darüber hinaus Prüferlizenzen für Türkischlehrkräfte erteilen und ab Sommer 2011 die Teilnahme von Schülerinnen und Schülern am Türkischunterricht zertifizieren. Schulen sollen auf ihren Internetseiten ihr Sprachangebot für die Herkunftssprachen zugänglich machen und bei der öffentlichen Anwahlvorstellung der Fremdsprachenangebote diese (darunter eben auch Türkisch) entsprechend berücksichtigen.[107]

Darüber hinaus wurde inzwischen ein ‚Bericht für Mehrsprachigkeit in Bremen‘ zur Vorlage für die Bildungsdeputation am 17.02.2011 erarbeitet, dem der Entwurf für ein Konzept ‚Mehrsprachigkeit in Bremen‘ zu entnehmen ist. Mit diesem Dokument bekennt sich Bremen zur Anerkennung der „Wichtigkeit mehrsprachiger Kompetenzen in einer globalisierten Welt und

---

107 Vgl. Gesprächsprotokoll des Bündnisses für die türkische Sprache vom 28.01.2011, erstellt von Adnan Erol (zweiter Vorsitzender).

einem zusammenwachsenden Europa" mit drei Zielen für den Ausbau der Mehrsprachigkeit in Bremen. Dieser soll a) der Sicherstellung gleichberechtigter Teilhabe am gesellschaftlichen Leben für alle Bevölkerungsgruppen, b) der Anbahnung größtmöglicher Mobilität auf dem globalen Arbeitsmarkt und c) der erweiterten Wertschätzung kultureller und sprachlicher Vielfalt dienen (SfBW: Vorlage für die Deputation für Bildung am 17.02.2011). In der Deputationsvorlage wird Mehrsprachigkeit als Bereicherung und wichtige Ressource für Bremens Wirtschaft und Gesellschaft bezeichnet, wobei – und dies wird im Dokument mehrfach betont – die Förderung des Deutschen als Verkehrssprache an erster Stelle stehe (vgl. ebd: 2f.). Die bereits angesprochenen Sprachförderangebote im schulischen Bereich werden ebenso genannt wie die Notwendigkeit von mehr mehrsprachigem pädagogischem Personal in den entsprechenden Einrichtungen. Dort heißt es auch, dass geprüft werden solle, „ob das Angebot in den Herkunftssprachen verbessert werden könne" (ebd. 7). Perspektivisch gelte es „im schulischen Bereich eine frühe Sprachbegegnung anzubahnen, kommunikative Grundkompetenzen in mindestens zwei Sprachen zu sichern und den Herkunftssprachen eine besondere Wertschätzung zukommen zu lassen", eine „breite Sprachbegegnung" (ebd.) soll ausdrücklich für alle Schülerinnen und Schüler eröffnet werden.

5.4.4 Handlungsempfehlungen für Bremen

24. Die im Schulentwicklungsplan 2008 angekündigte Evaluation des Herkunftssprachenunterrichts sollte dringend umgesetzt werden, um die Qualität des Unterrichts und damit nicht nur seine Akzeptanz bei den Eltern, sondern auch seine Nutzung für arbeitsmarktbezogene Ziele der Jugendlichen zu steigern. Bremen könnte mit einer umfassenden Evaluation des Herkunftssprachenunterrichts zumindest der hier vertretenen größten Migrantensprachen eine Vorreiterrolle im Bundesländervergleich spielen.

25. Bildungspläne für die Herkunftssprachen als zweite Fremdsprachen liegen vor. Dies gilt nicht für den sonstigen herkunftssprachlichen Unterricht. Um seine Qualität und Akzeptanz zu steigern, wird empfohlen auch für dieses freiwillige Angebot Bildungspläne zu entwickeln. Diese würden erheblich zur Orientierung an verbindlichen Standards beitragen und Erfolgskontrollen ermöglichen.

26. Aus den Erfahrungen mit KOALA leiten wir auch für den herkunftssprachlichen Unterricht in der Sek. I ab, dass koordinierte Sprachkonzepte

zu besseren Ergebnissen zumindest in der Herkunftssprache führen. Daher empfehlen wir – auch in Übereinstimmung mit den Empfehlungen des Nationalen Integrationsplans und des Bundesweiten Integrationsprogramms, die Inhalte des herkunftssprachlichen Unterrichts thematisch an den Deutschunterricht zu koppeln. Hier ist eine enge Kooperation zwischen den Lehrkräften des Deutschen und denen der Herkunftssprachen unerlässlich.

27. Für den Primarbereich lässt sich aus den vorliegenden Evaluationsergebnissen zu KOALA vorsichtig folgern, dass dieses Konzept zu für beide Sprachen größeren Lernfortschritten führt als ein additiver Unterricht in der Herkunftssprache. Da Bremen sich für eine Ausweitung des Herkunftssprachenangebotes entschieden hat und hier den Anspruch an eine qualitative Verbesserung formuliert, sollten Alternativen zur jetzigen Praxis in Erwägung gezogen werden. Für Bremen bieten sich grundsätzlich zwei Alternativen zur Erprobung bilingualer Modelle unter Berücksichtigung der größten Migrantensprachen an: a) die Einführung je einer KOALA-Klasse für Türkisch und Russisch als Modellversuche an zwei ausgewählten Schulstandorten oder b) die Einführung von bilingualen Zweigen in ausgewählten Grundschulen (eine Klasse pro Jahrgang). Wir favorisieren das KOALA-Konzept, da dieses sich in den Evaluationen als eindeutig zielführend im Hinblick auf die Leistungen in der Herkunftssprache erwiesen hat, während das Hamburger Modell der zweisprachigen Klassen sehr voraussetzungsreich und zugleich im Hinblick auf den ‚output' weniger eindeutig ist. Aber auch die Umsetzung des KOALA-Konzepts ist abhängig von dem Vorhandensein qualifizierter Lehrerinnen und Lehrer und deren Interesse an einer Weiterentwicklung einer Didaktik des zweisprachigen Unterrichts. Für das Modell liegen entsprechende didaktische Materialien sowie Erfahrungen in der Lehrerinnen- und Lehrerfortbildung vor, auf die für eine Umsetzung in Bremen relativ unaufwändig zurückgegriffen werden könnte.

28. Den Vorschlag von Bainski (vgl. 2008: 27) sowie auch des Berichts ‚Konzept für Mehrsprachigkeit in Bremen' (17.02.2011) aufnehmend, wird angeregt, die Herkunftssprachen, deren Kenntnis über die Niveaustufen des Gemeinsamen Europäischen Referenzrahmens für Sprachen zertifiziert werden müsste (dies ist in Bremen bereits angedacht) in ein europäisches Portfolio der Sprachen einzubeziehen und damit die diesbezügliche

Sprachlernkonzeption in die Förderung von Mehrsprachigkeit zu integrieren. Auch hier könnte Bremen mit seinem Konzept für Mehrsprachigkeit als Grundlage bundesweit eine Vorreiterfunktion einnehmen.

29. Wenn im Bremer Konzept für Mehrsprachigkeit vorsichtig angeregt wird, zu prüfen, „ob eine mehrsprachige Beschilderung in öffentlichen Gebäuden, zumindest in einzelnen häufig vorkommenden Migrantensprachen, realisierbar und sinnvoll ist" und sogar mit besonderem Bezug zu den Herkunftssprachen die Empfehlung an öffentliche Institutionen ergeht, „Mehrsprachigkeit zu betonen", so soll hier im Sinne einer interkulturellen Schulentwicklung, die sich auch in der materiellen Ausstattung des Schulgebäudes äußert (z.B. durch mehrsprachige Literatur in der Schulbibliothek sowie den Zugang aller zu einem interkulturellen Jahreskalender) nachdrücklich empfohlen werden, die zentrale Beschilderung in den Bremer Schulgebäuden der mehrsprachigen Schülerinnen- und Schüler sowie Elternschaft anzupassen. Dies sollte als generelle Empfehlung an alle Schulen ergehen, denn der Umgang mit sprachlich-kultureller Vielfalt ist nicht nur ein Aspekt der Sozialisation von Kindern und Jugendlichen in Stadtteilen mit hohen Anteilen einer Bevölkerung mit Migrationshintergrund. Eine solche mehrsprachige Beschilderung ist zugleich funktional im Hinblick auf die Orientierung von Eltern und Kindern in der Schule und ein Symbol der Anerkennung und Wertschätzung von Vielfalt.

5.5 Interkulturelle Kooperation zwischen Kita-Eltern-Schule

5.5.1 Forschungsstand und Problemaufriss

Sowohl die Erziehungswissenschaften als auch die Soziologie und Sozialpsychologie (vgl. Nauck 1995; Hofer/Klein-Allermann/Noack 1992) heben die zentrale Bedeutung der Familie als Sozialisationsinstanz hervor. Sozialisationstheorien und -studien betonen einhellig, dass die Familie für den größten Teil der Heranwachsenden der zentrale soziale Ort für die Herausbildung grundlegender Gefühle und Wertorientierungen, kognitiver Schemata, von Kompetenzen sozialen Handelns, Leistungsmotivation, Sprachstil, Weltdeutungen und Bildung des Gewissens ist (vgl. Zimmermann 2006: 84).

Nach Sichtung der internationalen Forschungsliteratur kommen auch Schwaiger und Neumann (2010) hinsichtlich des Verhältnisses von familiärer Sozialisation und Schulerfolg von Schülerinnen und Schülern mit Migrationshintergrund zu dem Schluss, „dass sich das schulische Engagement von Eltern auf allen Altersstufen positiv auf die Leistungen der Schülerinnen und Schüler auswirkt", insbesondere dann, „wenn es sich direkt auf das Lernen der Kinder bezieht, d. h. wenn die Eltern entweder das häusliche Lernen ihrer Kinder fördern oder aber wenn sie im Unterricht mitwirken" (Schwaiger/ Neumann 2010: 64). Dabei erweisen sich aktive Unterstützungsformen der häuslichen Lernaktivitäten und die Bereitstellung einer lernförderlichen Umgebung innerhalb der Familie im Gegensatz zu passiven Formen (z.B. Nutzung von Elterngesprächen und Elterninformationen durch Lehrerinnen und Lehrer) als besonders förderlich für den Schulerfolg (vgl. ebd.: 64f.). Eine aktuelle Studie von Dollmann (2010) konnte einen positiven Zusammenhang zwischen den hohen Bildungsaspirationen von Familien mit türkischem Migrationshintergrund und der Kompetenzentwicklung ihrer Kinder nachweisen.[108] Demnach gehen hohe Bildungswünsche der Eltern mit höheren Leistungen der Kinder einher, dies gilt insbesondere bei den Mathematik- und Rechtsschreibungsleistungen (vgl. ebd.: 114f.). Die Chance von Kindern aus türkischstämmigen Familien auf die Real- statt auf die Hauptschule zu gehen, ist bei ihnen etwa drei Mal höher als bei Grundschulabgängerinnen und Grundschulabgänger gleicher sozialer Herkunft aus deutschen Familien (vgl. ebd.: 169).

Im Rahmen eines Schulbegleitforschungsprojektes wurden Entscheidungen und Erwartungen von Eltern mit und ohne Migrationshintergrund hinsichtlich der Übergänge ihrer Kinder von der Grundschule in die Sekundarstufe I untersucht (vgl. Heyer u.a. 2010)[109]. Die Auswertung der 40 qualitativ ge-

---

108 In den Jahren 2005 bis 2007 wurden rund 1400 Kinder sowohl mit türkischem Migrationshintergrund als auch ohne Migrationshintergrund sowie deren Eltern an 98 Kölner Grundschulen befragt.

109 Das Schulbegleitforschungsprojekt ‚Migration und Übergänge' wurde im Stadtteil Osterholz-Tenever durchgeführt (Heyer u.a. 2010). Im Zeitraum von 2007 bis 2010 wurden in dem Forschungsnetzwerk, in dem elf Schulleitungen (drei Grundschulen und acht Schulen der Sek. I/Sek. II) zusammen mit Erziehungswissenschaftlerinnen und -wissenschaftlern der Universität Bremen, die Übergangsentscheidungen von Eltern und Schülerinnen und Schülern mit und ohne Migrationshintergrund analysiert und daraus Handlungsempfehlungen für eine verbesserte Kommunikation mit Eltern im interkulturellen Kontext abgeleitet.

führten Elterninterviews offenbarte eine Reihe von Handlungserfordernissen, die auf die Relevanz einer guten Kommunikation und Kooperation zwischen Eltern und Schule insbesondere an den Übergängen im System hinweisen: Eltern vermissten teilweise eine interkulturelle Offenheit gegenüber ihren familiären Hintergründen und Wünschen und somit eine unvoreingenommene Beratung durch die Lehrerinnen und Lehrer (vgl. auch Blickenstorfer 2009 sowie Westphal 2009 in Fürstenau/Gomolla 2009). Für eine effektive Beratung ist die Kenntnis von Profilen und speziellen Angeboten der jeweilig anschließenden Schulen im Stadtteil bzw. im Einzugsgebiet unabdingbar. Dies kann durch eine verbindliche, schulstufenübergreifende Vernetzung der Schulleitungen und Kollegien (z.B. Etablierung eines schulischen Stadtteilnetzwerks) erreicht werden. Vor allem die Lehrerinnen und Lehrer, die Klassen vor den jeweiligen Übergängen betreuen, müssen hier umfassend informiert sein, um der von den Eltern eingeforderten Beratungsaufgabe gerecht werden zu können, die im Kontext einer migrationsbedingten Pluralität aufgrund fehlender Erfahrungen mit dem deutschen Bildungssystem besonders nachgefragt wird. Auch in dieser Befragung zeigten sich die Eltern mit Migrationshintergrund als besonders bildungsorientiert und -interessiert, auch wenn ihnen häufig die entsprechenden sprachlichen und Bildungsressourcen zu fehlen scheinen (vgl. auch Hawighorst 2009 in Fürstenau/Gomolla 2009: 55). Ein respekt- und würdevoller Umgang mit ihren Anliegen und Wünschen führt zu großem Vertrauen in die Institution und weiterer Einsatzbereitschaft. Diese Befunde decken sich mit denjenigen zahlreicher anderer (vgl. BAMF 2008b: 6, Barz/Tippelt 2004). Auch die vom Bundesamt für Migration und Flüchtlinge in Auftrag gegebene Expertise „Elternvertreter mit Migrationshintergrund in Schulen" (Kröner 2009) zeigt anhand von Dokumentenanalysen, Fragebögen und Interviews zu den Organisationsformen, gesetzlichen Rahmenbedingungen und Engagementschwerpunkten von Elternvertretern und Elternvereinen sowie deren Wahrnehmung von Schulklima und Werten auf, dass sich Eltern mit Migrationshintergrund aufgrund von Sprachbarrieren und mangelndem Bezug zu den Lehrkräften weniger engagieren als Eltern ohne Migrationshintergrund. Allerdings ergab die Untersuchung auch, dass Eltern mit Migrationshintergrund auf Anfrage durchaus bereit sind, aktiv in der Schule mitzuarbeiten: „Eltern mit Migrationshintergrund sind oft zurückhaltend und warten darauf, angesprochen zu werden, bevor sie sich engagieren [...]" (ebd.: 61). Daraus folgert der Autor, dass „der Interaktion zwischen Lehrkräften und Eltern [...] eine zentrale Rolle für das Engagement der Eltern zu[kommt]. Hier gilt es, den Eltern gegenüber Offenheit zu signalisieren und aufeinander zuzugehen." (ebd.: 56) Gomolla (vgl. 2009: 29) verweist ebenfalls darauf, dass Eltern mit Migrationshintergrund oft Hemmschwellen sprachlicher und kultureller Art bei der Kontaktaufnahme und Kommunikation mit den Lehrkräften zu überwinden haben. Die Passivität auf Seiten der Migranteneltern am Schulgeschehen ihrer Kinder kann auch damit erklärt werden, dass Eltern mit Migrationshintergrund andere Vorstellungen darüber haben, welche Aufgaben die Schule zu erbringen hat. „Bildung und schulische Erziehung wird in einigen Herkunftsländern ausschließlich als eine Aufgabe der Schule verstanden und die Institution Schule als ein Organ des Staates lässt häufig weder Einmischung noch Beeinflussung zu" (Robbe 2009: 36). Auch das BLK-Gutachten (vgl. Gogolin/Neumann/Roth 2003, siehe auch Westphal 2009) benennt eine Reihe von Gründen für den mangelnden Kontakt der Eltern mit Migrationshintergrund zu den jeweiligen Bildungsinstitutionen. Wie auch Kröner (2009) heben die Autorinnen und Autoren hervor, dass nicht nur sprachliche Barrieren den Austausch mit Erzieherinnen und Erziehern und Lehrkräften erschweren, denn auch Lehrkräfte des herkunftssprachlichen Unterrichts, die die Sprache der Eltern sprechen, berichten von der geringen Kontaktaufnahme. Aus diesem Grund werden weitere Gründe wie eigene Bildungserfahrungen im Heimatland oder die schlechte ökonomische Lage der Familien genannt. Um eine aktive Mitwirkung von Eltern mit Migrationserfahrung zu erreichen, muss sich Elternarbeit folglich „an den Erwartungen, Rechten und Pflichten der Eltern orientieren und nicht daran, wie es oft zu beobachten ist, was die deutsche Schule von den Eltern erwartet" (Keltek 2007: 25). Aus diesem Grund erscheint es umso einleuchtender, dass im Zuge der Debatte um eine Verbesserung des Bildungssystems, der Bildungsbeteiligung und des Bildungserfolges (nicht nur von Schülerinnen und Schülern mit Migrationshintergrund), der Eltern- und Familienbildung eine zentrale Rolle eingeräumt wird. Hierbei ist zu berücksichtigen, dass Eltern ihren Kindern gegenüber zwar einen Bildungsauftrag zu erfüllen haben, die Umsetzung jedoch eine gewisse Kenntnis über das deutsche Schulsystem bedarf (Rupp und Smolka 2007). Hinzu kommt, dass sich viele Eltern mit Migrationshintergrund der Wichtigkeit der Erstsprache für den Erwerb der Zweitsprache nicht bewusst oder unsicher über die richtige Spracherziehung sind (vgl. De Cillia 2003). Sie benötigen in einem Bildungssystem wie dem deutschen, das stark auf die Mitwirkung der Eltern als Unterstützer der schulisch vermittelten Bildung setzt, Informationen über das System, die Erwartungen an ihre Rolle als Eltern und den Spracherwerb im mehrsprachigen Kontext sowie über Möglichkeiten und Ideen, wie Kinder beim Spracherwerb unterstützt werden können. In den jüngeren Veröffentlichungen zur Elementarpädagogik wird dem Vorlesen eine zentrale Rolle in der Sprachförderung eingeräumt, ist doch der Wechsel zwischen konzeptioneller Schriftlichkeit und vorlesebegleitenden – oder anschließenden Dialogen eine geeignete Möglichkeit, Kindern sowohl Nähe – als auch Distanzsprache (vgl. Koch/Oesterreicher 1985; 1995) zu vermitteln. Daher plädieren Forscher aus dem Bereich der Lesesozialisation verstärkt für Elternprogramme (Family Literacy), die die Wichtigkeit der sprachlichen Unterstützung gerade von Kindern, die aus so genannten bildungsfernen Familien kommen und für die Literalität keine kulturelle Selbstverständlichkeit ist, in den Vordergrund rücken. Aufgrund der empirischen Befunde der Stiftung Lesen (2007), gemäß derer 42% aller Eltern mit Migrationshintergrund im Vergleich zu 18% der Eltern ohne Migrationshintergrund die Frage verneinen, ihren Kindern in letzter Zeit Geschichten vorgelesen haben, steht diese Gruppe im Zentrum der Förder- und Unterstützungsprogramme. Eindrucksvolle Belege für die hohe Bedeutung der familialen Nähe zum Schrifttum für Bildungserfolg liefern Studien aus den Niederlanden. Bei zweisprachigen Kindern aus Migrantenfamilien kann eine Förderung der Familiensprache, die mit guter Zweitsprachförderung Hand in Hand geht, Nachteile aus der geringen Schriftnähe der Familie kompensieren (vgl. Leseman u.a. 2007).

Als Reaktion auf die hier wiedergegebenen Befunde steigt die Zahl der unterstützenden Elternbildungsprogramme gerade für Eltern mit Migrationshintergrund stetig an und es werden Verbesserungsempfehlungen für die Zusammenarbeit von Schulen und Eltern mit Migrationshintergrund gegeben. Im Vordergrund steht hier die verbesserte Interaktion zwischen Lehrern und Eltern mit Migrationshintergrund wobei besonders der Kontakt zu Müttern mittels direkter Ansprachen aufgebaut werden soll (ebd.: 61), die Vernetzung der Eltern z.B. durch mehr Aktivitäten mit und in der Schule (ebd.: 59) sowie Sprachkurse zur Überwindung der Sprachbarrieren (ebd.: 64f.). Eine Voraussetzung für die erfolgreiche Elternarbeit erfordert dabei Kontinuität und langfristige Ansprechpartner, zu denen Vertrauen aufgebaut werden kann (ebd., siehe auch Kröner 2009). Die Arbeitsgruppen des Bundesweiten Integrationsprogramms im Handlungsfeld sprachliche Bildung empfiehlt daher, mit der Elternarbeit im Elementarbereich zu beginnen und diese in der Schule und bei Bedarf bis zum erfolgreichen Abschluss einer Berufsausbildung weiterzuführen (vgl. BAMF 2008a: 56, siehe auch Keltek 2007). Insgesamt sollten bei der Arbeit mit Eltern mit Migrationshintergrund folgende zwei Aspekte im Mittelpunkt stehen: Information und Wissensvermittlung über das deutsche Bildungs- und Ausbildungssystem, über die Rechte und Pflichten von Eltern, über ihre Mitwirkungsmöglichkeiten, über konkrete Unterstützungs- und Beratungsangebote, um ihre Erziehungsaufgabe im Rahmen einer modernen Erziehung selbstbewusst wahrnehmen und die sprachliche Entwicklung ihrer Kinder adäquat fördern zu können (vgl. BAMF 2008a: 56).

Das Ziel von Elternarbeit ist die Verbesserung der Erziehungskompetenz, welche Schneewind (2005) in vier Arten von Kompetenzen unterteilt: Selbstbezogene Kompetenzen, womit das pädagogische Wissen der Eltern und deren unterschiedliche Erziehungsziele gemeint sind, kindbezogene Kompetenzen, die als Voraussetzung für die Eltern-Kind-Interaktion gelten, kontextbezogene Kompetenzen, d.h. die Gestaltung und Aufrechterhaltung einer entwicklungsförderlichen Umgebung für das Kind und zuletzt handlungsbezogene Kompetenzen sprich Maßnahmen und Strategien der Eltern, ihre Kinder pädagogisch zu fördern. Eine intensivere Elternarbeit scheitert häufig, u.a. weil weder der Schul- noch der Kindergartenalltag mit seinen Rahmenbedingungen den Lehrkräften und pädagogischen Fachkräften ausreichende zeitliche Ressourcen für eine intensivere Elternarbeit lässt. Die Evaluation der Anteile zum Elternempowerment aus dem Projekt *Sag' mal was* kommt daher zu dem Schluss, dass derartige Programme „weitergehende Unterstützung [benötigen], um diese anspruchsvolle, aber äußerst wichtige Aufgabe erfüllen zu können" (Abschlussbericht ‚Sag' mal was' 2010: 82). Auch die Empfehlungen der Arbeitsgruppen des Bundesweiten Integrationsprogramms im Handlungsfeld sprachliche Bildung zielen in diese Richtung. Um möglichst effektiv wirken und nachhaltig bestehen zu können, bedarf es „eine[r] strukturelle[n] Verankerung von Elternprogrammen im Rahmen der Regelförderung" (BAMF 2008a: 56). Die Arbeitsgruppen plädieren weiterhin dafür, die Elternarbeit und Angebote der Elternbildung in die Arbeit von Bildungseinrichtungen zu integrieren und Mitarbeiterinnen und Mitarbeiter auf diesem Gebiet zu qualifizieren. Dies wäre auch eine Schlussfolgerung aus dem inzwischen ausgelaufenen Bremer Projekt *Schule und Eltern Hand in Hand*, das an der Tami-Oelfken-Grundschule mit Unterstützung einer wissenschaftlichen Mitarbeiterin der Universität Bremen durchgeführt wurde, dessen Ansatz der Zusammenarbeit von Schule mit Eltern über den Projektstatus hinaus jedoch nur dann gesichert gewesen wäre, wenn die erprobten Arbeitsformen durch interkulturell geschultes, schulisches Personal selbst hätten fortgesetzt werden können.

Für die Zusammenarbeit mit Eltern mit Migrationshintergrund haben sich insbesondere Multiplikatorenprogramme bewährt. Diese erleichtern die Zielgruppenarbeit und wirken deutlich über die Reichweite der Bildungseinrichtungen hinaus. In verstärktem Maße sollten deshalb Kooperationen zwischen professionellen Sprachförderangeboten in Bildungseinrichtungen und Akteurinnen und Akteuren mit Multiplikatorenfunktion gefördert werden, etwa bei der Ausbildung von sog. Stadtteilmüttern (vgl. BAMF 2008a: 59). In Deutschland gibt es verschiedene Multiplikatorenprogramme, die bundesweit unterschiedlich breit implementiert sind. Die bekanntesten sind *Opstapje*[110], *HIPPY*[111], *Rucksack, Griffbereit* und *FemmesTische* (vgl. BAMF 2008b: 16). Alle wurden (teilweise mehrfach, vgl. Rucksack) unter wissenschaftlichen Gesichtspunkten evaluiert (vgl. hierzu auch Schwaiger/Neumann 2010) und sind aus anderen Ländern adaptiert und teilweise modifiziert in Deutschland übernommen worden. Opstapje, Rucksack und Griffbereit stammen aus den Niederlanden, HIPPY aus Israel und FemmesTische aus der Schweiz. Für Deutschland erfolgte eine übergreifende Evaluation durch die vom BAMF an die PH Freiburg in Auftrag gegebene „Untersuchung zu Multiplikatorenmodellen für die Arbeit mit Eltern mit Migrationshintergrund" (vgl. BAMF 2008b). Mithilfe von Fragebogen sowie Experteninterviews wurden insgesamt 150 Projekte befragt.[112] Es zeigte sich, dass „fast 86% der Teilnehmenden der Unterschicht bzw. der unteren Mittelschicht [entstammen]. Es werden somit eher bildungsferne Personen erreicht (BAMF 2008b: 44)." In diesem Zusammenhang stehen auch die selbstdefinierten Ziele der

---

110 Das Multiplikatorenprogramm Opstapje („Sprungbrett") wurde vom Deutschen Jugend Institut (DJI) wissenschaftlich an den Modellstandorten Bremen und Nürnberg über den Zeitraum 2001-2004 begleitet und evaluiert (vgl. Sann/Thrum 2005). Dort heißt es: „Mit Opstapje gelingt es, sozial benachteiligte und bildungsferne Familien für ein Angebot der Familienbildung zu gewinnen und kontinuierlich zu begleiten: nur 16,5% Programmabbrüchen über zwei Programmjahre. Die wichtigsten Faktoren dabei sind die Gehstruktur mit Hausbesuchen, und dass die Hausbesucherinnen aus dem Umfeld der Zielgruppe stammen."

111 *HIPPY* bedeutet ‚Home Instruction for Parents of Preschool Youngsters'. 1991 wurde HIPPY zunächst als Modellprojekt in Nürnberg und Bremen eingeführt, heute gibt es deutschlandweit 24 Standorte (vgl. BAMF 2008: 16).

112 Beteiligt waren die Programme HIPPY, FemmesTische, Rucksack, Griffbereit, Opstapje und Frühstart.

Programme, die sich einerseits auf eine Kompetenzerweiterung der Eltern im Umgang mit ihren Kindern und andererseits auf die Wissenserweiterung über das deutsche Bildungssystem bei den Eltern beziehen (vgl. BAMF 2008b: 53). Insgesamt zeigen die Ergebnisse dieser Studie, dass „Elternbildungsprogramme für Eltern mit Migrationshintergrund, die mit Multiplikatoren arbeiten, [nicht nur] sehr nachgefragt sind, es zeigt sich sogar, dass die Nachfrage nach Multiplikatorenprogrammen das derzeitige Angebot übersteigt." Aus diesem Grund empfiehlt das BAMF (2008b) „den Ausbau dieser Form der Elternbildung auf der Grundlage der erhobenen Daten nachdrücklich."

Dennoch sollten die positiven Effekte der von Elternbildungsprogrammen nicht überschätzt werden. So kommen Friedrich, Siegert und Schuller (BAMF 2009) anhand einer Sichtung der vorhandenen Dokumente und Evaluationen zu dem Ergebnis, dass die Frage nach den Effekten familienorientierter Projekte aufgrund fehlender empirischer Basis nicht eindeutig beantwortet werden kann. Es sei zwar insgesamt hervorzuheben, dass die Mehrzahl (15 von 25) der im Rahmen des Papers vorgestellten familienzentrierten Projekte evaluiert wurden, hier jedoch von einer sehr weiten Definition von Evaluation ausgegangen werden muss. Untersucht wurden primär die unmittelbaren Effekte der Maßnahme sowie die Akzeptanz des Programms bei der Zielgruppe. Insgesamt bleibt es daher schwierig abzuschätzen, inwieweit diese Projekte und Maßnahmen auch langfristig und mittelbar dazu beitragen, den Bildungserfolg der Kinder und Jugendlichen mit Migrationshintergrund zu sichern bzw. zu verbessern. Bemängelt wird, dass zu wenige Evaluationen auf die langfristigen Effekte der Projekte abzielen und die meisten Studien ohne Kontrollgruppendesign konzipiert wurden. Da in den USA Evaluationen dieser Art durchgeführt wurden, scheint das Design grundsätzlich denkbar und möglich.

Grundsätzlich kann festgestellt werden, dass in Deutschland im Hinblick auf die Kooperation mit Eltern sehr viel mehr vorschulische Projekte als schulische Projekte existieren. Ein Vergleich zwischen vorschulischen und schulbegleitenden Projekten zeigt weiterhin, dass sich die Angebote hinsichtlich ihrer Komplexität, Dauer und Intensität voneinander unterscheiden. Komplexe und intensive Projekte existieren primär im vorschulischen Bereich. Schulbegleitende Programme sind dagegen vergleichsweise einfach aufgebaut (vgl. BAMF 2009: 58). Zudem sind die einzelnen Projekte unzureichend aufeinander abgestimmt. Hier besteht Handlungsbedarf, denn die Autoren sehen die Gefahr einer gegenseitigen Behinderung der einzelnen Projekte, weshalb sie für eine stärkere Vernetzung und Koordination der unterschiedlichen familienbezogenen Angebote in einer Kommune plädieren. Es gilt „Programme zu entwickeln, die aufeinander abgestimmt die Kinder und ihre Familien über die einzelnen Entwicklungsphasen hinweg unterstützen können." Als Beispiel für aufeinander aufbauende Projekte werden Griffbereit und Rucksack genannt (BMBF 2009: 62).

5.5.2 Umsetzungsbeispiele anderer (Bundes-)Länder

Eine Vielzahl von FöRMiG-Projekten hat gezielt Eltern eingebunden und gleichsam ‚Lesenetze' für die Kinder in den Kindertagesstätten und Schulen gespannt. Das Hamburger Projekt *Family Literacy* (FLY) hat eine solche Mehrfacheinbettung exemplarisch geleistet. Es wendet sich an Eltern und Pädagoginnen und Pädagogen im Elementarbereich und im Eingangsbereich der Grundschule und vermittelt Kindern und Eltern vielfältige Möglichkeiten mit Schriftwerken umzugehen – und zwar sowohl rezeptiv (z.B. gemeinsames Lesen von Bilderbüchern und Hören von Geschichten) als auch kreativ (z.B. Schreiben und Illustrieren kleiner Bücher, Besuche von Museen).[113] Das FLY-Konzept verbindet theoretische Elemente durch die Auseinandersetzung mit pädagogisch-psychologischen Themen wie Feinmotorik, Lesen- und Schreiben lernen, Zuhören, Konzentration und Aufmerksamkeit mit stark praktisch- und handlungsorientierten Aktivitäten, die den Eltern helfen, ihre Kinder beim Zugang zu Schrift zu unterstützen. Unter Anleitung von pädagogischen Fachkräften werden gemeinsam Wege gesucht, wie die Kinder beim Lernen unterstützt und wie eventuelle Lernschwierigkeiten überwunden werden können. Das FLY-Konzept wurde mithilfe leitfadengestützter Interviews mit insgesamt 300 Eltern und beteiligten pädagogischen Fachkräften vom LI Hamburg evaluiert. Die Ergebnisse zeigen, dass Eltern sowie pädagogische Fachkräfte mehr Freude am Lernen der Kinder bemerkten und große Fortschritte in ih-

---

113 Eine Hamburger Grundschule setzt FLY beispielsweise so um: In der Vorschule kommen die Eltern vormittags für etwa zwei Stunden in die Klasse und lesen, basteln, spielen oder malen gemeinsam mit ihrem (und anderen) Kindern. In den ersten Klassen gibt es eine ‚Spiel- und Lernwerkstatt für Eltern und Kinder', die am Nachmittag angeboten wird: Eltern können mit ihrem Kind Bilderbücher anschauen, Lernspiele für zu Hause basteln oder Spiele spielen. Lehrkräfte stehen in dieser Zeit für Fragen und Beratung zur Verfügung. Am Vormittag können die Eltern mit am Unterricht teilnehmen und z.B. Bilderbücher vorlesen oder Buchstaben erkennen und schreiben.

ren sprachlichen und literalen Fähigkeiten ausmachen konnten. Zudem gaben einige Eltern an, dass sie ihre eigenen Sprachkenntnisse durch FLY ausbauen konnten (vgl. Salem/Rabkin 2010: 387ff.).

Auch in dem Zürcher QUIMS-Schulmodell spielt eine enge Zusammenarbeit zwischen Schule und Elternhaus im Hinblick auf die Förderung der Literalität eine große Rolle. In dem Projekt *Eltern zusammen mit Kindern (ElzuKi)* lernen Eltern im Kindergarten und in den ersten drei Klassenstufen von der Lehrperson ihres Kindes, wie sie dieses bei der Erreichung der schulischen Lernziele altersgerecht unterstützen können. In gemeinsamen Gesprächen werden gute Ansätze verstärkt und Probleme in der Erziehung besprochen. Im Zentrum stehen jedoch Lernspiele, die die Eltern in den ElzuKi-Kursen sofort erproben. In dem Elternkurs bekommen die Eltern Aufgabenblätter (in der deutschen aber auch in sieben anderen Sprachen), welche sie zu Hause mit ihrem Kind bearbeiten können. Darüber hinaus werden in Gesprächen Parallelen und Unterschiede der verschiedenen Bildungssysteme in den Herkunftsländern der Eltern erarbeitet. Durch die Reflexion der eigenen Schulerfahrung können diese als Ressource genutzt werden. Die Zielsetzung besteht in dem Aufbau einer langfristigen und nachhaltigen Kooperation zwischen Lehrperson und Eltern im gemeinsamen Bemühen, die Fortschritte der Kinder zu stärken (vgl. BKZV 2007: 22; Elzuki 2007).

Ein weiteres und in zwölf anderen Bundesländern praktiziertes Best- Practice-Beispiel ist *Home Instruction for Parents of Preschool Youngsters* (HIPPY) mit dem Schwerpunkt der Sprach- und Literalitätsförderung in der Vor- und Grundschule. An dem Standort Berlin (seit 1998) richtet sich das niedrigschwellige HIPPY-Mutter-Kind-Programm explizit an Eltern mit türkischem und arabischem Migrationshintergrund, die Kinder im Alter von vier bis sechs Jahren haben. Dabei wird die Mutter in ihrer erzieherischen Kompetenz gestärkt mit dem Ziel die Lernfähigkeit, den allgemeine Entwicklungsprozess und den sprachlichen Kompetenzerwerb ihres Kindes und generell die Schaffung eines positiven familiären Klimas zu fördern, um den Übergang vom Kindergarten in die Grundschule vorzubereiten und zu erleichtern. Dabei besuchen muttersprachige Hausbesucherinnen, die vorher für ihre Tätigkeit entsprechend qualifiziert werden, die Mütter in ihrem gewohnten Umfeld zu Hause. Die Mütter sollen über praktische Handlungs- und Orientierungshilfen durch Rollenspiele und Anleitung in die Lage versetzt werden, ihren Kindern spielerisch altersgerechte Lernerfahrungen zu vermitteln. Neben den regelmäßigen Hausbesuchen finden im Programmverlauf zweiwöchig Gruppentreffen aller HIPPY-Teilnehmenden statt. Hier haben die Mütter die Gelegenheit, sich kennen zu lernen und auszutauschen. Gemeinsam mit der Koordinatorin werden die Gruppentreffen inhaltlich vorbereitet und geleitet. Diskussionsinhalte sind Themen wie Schule, Erziehung und gesunde Ernährung (vgl. Börühan

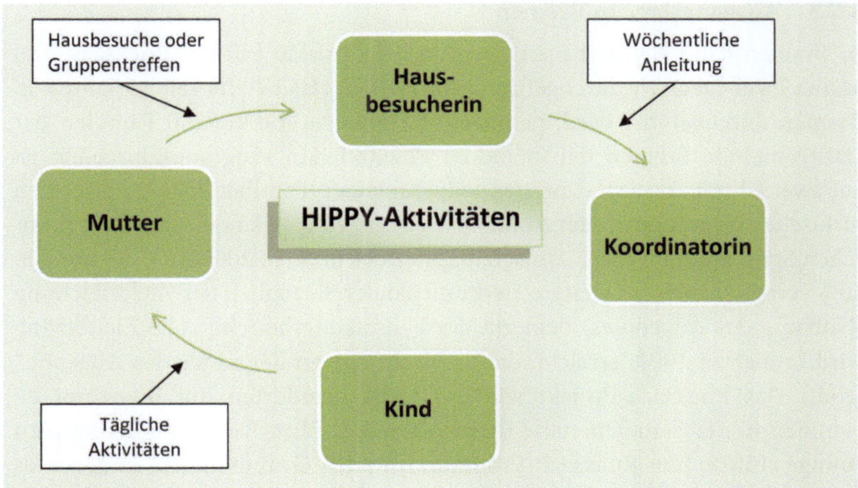

Abb. 5:   **Zyklische Kette der Interaktionsprozesse im HIPPY-Programm** nach Altınışık 2005: 60 in Bierschock/Dürnberger/Rupp 2007: 7.

2007: 2ff.). Wie hier deutlich wird, ist ein zentrales Element des Programms die sog. „Dreiwinkeligkeit", die besagt, dass Arbeits- und Lernbeziehungen zwischen drei interagierenden Personen bestehen: der Koordinatorin vor Ort, der Hausbesucherin und dem teilnehmendem Elternteil:

Zu Hippy existiert eine qualitativ angelegte Evaluation aus Wien, die im Rahmen einer universitären Qualifikationsarbeit nach einem Jahr Laufzeit des Projektes erfolgte. Das Projekt, an dem 90 Grundschulen teilnahmen, wurde von allen involvierten Personengruppen prinzipiell als sinnvoll eingeschätzt, als Pluspunkte wurden die Niederschwelligkeit, das Kinderbetreuungsangebot, der Standort Schule, die Kurszeit während der Unterrichtszeit, der niedrige Kursbeitrag, die Stärkung des Selbstbewusstseins der Mütter und damit einhergehende Verbesserung der sprachlichen und der Alltagskompetenz genannt. Negativ wurde angemerkt, dass die Anzahl der Kurseinheiten für die

Erfüllung der Ziele des Curriculums nicht ausreichend war, des Weiteren merkten die Kursleiterinnen die schwierigen Rahmenbedingungen bei der Kursorganisation und -durchführung und die zu geringe Entlohnung an (Blaschitz/Dorostkar 2007).

5.5.3   Ausgangslage in Bremen

In Bremen (und Bremerhaven) werden die Projekte HIPPY, Rucksack und Mama lernt Deutsch durchgeführt. An HIPPY, das bereits seit 15 Jahren in Bremen durchgeführt wird, nehmen 14 Standorte mit ca. 180 Familien der Stadtgemeinde Bremen teil (Stand 31.12.2009). Ein Programmdurchlauf ist auf zwei Jahren angelegt. Von den teilnehmenden Familien hatten 65% einen türkischen Migrationshintergrund, 30% der Beteiligten kamen „aus dem russischen Sprachraum" (vgl. 2. Umsetzungsbericht Bremen 2009: 12), die übrigen 10% verteilten sich auf weitere Herkunftsländer. Bezüglich der Zielerreichung (Nutzung des Angebotes) bemerkt der Umsetzungsbericht: „Die Zielsetzung wird immer zu 100% erreicht, da die Nachfrage größer ist als das Angebot." (ebd.) Das Rucksack-Projekt wird an sechs Standorten mit insgesamt 67 Familien in der Stadtgemeinde Bremen durchgeführt. Dem Umsetzungsplan zufolge „führte [das Rucksack-Programm] in den Grundschulen, in denen es durchgeführt wurde, zu guten Erfolgen." (ebd.: 13) Als Evaluationsinstrument dienen Anwesenheitslisten, „die daraufhin ausgewertet werden, wie viele Mütter regelmäßig an den Gruppentreffen teilnehmen." Des Weiteren werden Fragebögen verteilt, um Verbesserungsvorschläge in die Konzeption einarbeiten zu können. Im Zeitraum zwischen 2007–2009 wurden zwei arabischsprachige und fünf türkischsprachige Gruppen eingerichtet.

Daneben hat die SfAFGJS in Kooperation mit MiGRA und dem DRK so genannte KOOP-Spielkreise an ausgewählten Kitas für Kinder und Mütter aus Migrantenfamilien eingerichtet, um mögliche Distanzen bei den Eltern gegenüber der vorschulischen Einrichtung abzubauen. In Dezember 2010 organisierte der Bremer Rat für Integration zusammen mit der Soziabehörde eine öffentlichkeitswirksame Aktion mit einer Straßenbahn, auf der der Schriftzug „Ich gehe in den Kindergarten" in verschiedenen Migrantensprachen für den frühen Besuch des Kindertagesstätte warb. Die Aktion war verbunden mit einem Flyer, der in den dominierenden Migrantensprachen Bremens über das Anmeldeverfahren zum Kindergarten informierte.

Das Projekt Mama lernt Deutsch wurde in Kooperation mit dem Büro der Ausländerbeauftragten sowie dem Senator für Bildung in Bremen 2000 entwickelt und in Bremen an elf Standorten mit 160 Teilnehmerinnen sowie an sieben Standorten in Bremerhaven mit 90 Teilnehmerinnen durchgeführt. Die Kurse werden kostenlos als verlässliches Angebot im Stadtteil angeboten, die Finanzierung erfolgt über die Senatorin für Arbeit, Frauen, Gesundheit, Jugend und Soziales und den Magistrat der Stadt Bremerhaven. Das Projekt wendet sich an Mütter von Grundschul- und Kindergartenkindern und bietet ihnen Deutschkurse durch Mitarbeiterinnen des Paritätischen Bildungswerks dort an, wo auch ihre Kinder lernen. Mit diesem Angebot sollen Mütter gestärkt und – auch sprachlich – in die Lage versetzt werden, den schulischen Weg ihrer Kinder zu begleiten und zu unterstützen. Das paritätische Bildungswerk evaluiert das Projekt über a) ein mündlichen Feedback-Verfahren, b) einen in regelmäßigen Abständen eingesetzten schriftlichen Fragebogen zur Qualitätssicherung (vgl. (Freie Hansestadt Bremen, Senatorin für Arbeit, Frauen, Gesundheit, Jugend und Soziales/Paritätisches Bildungswerk Landesverband Bremen 2010). Auch die Treffen mit den beteiligten Schulleitungen dienen der Bestandsaufnahme, Auswertung und Weiterentwicklung des Projektes. Zudem fand im Sommer 2004 eine ausführliche Befragung von Teilnehmerinnen im Rahmen einer an der Universität Bremen vorgelegten Abschlussarbeit statt (vgl. Beaumart 2004). Ein anderes Verfahren sowohl zur Evaluation als auch zur Qualitätssicherung stellen die regelmäßigen Treffen der Kursleiterinnen dar, bei denen es um Erfahrungsaustausch und gemeinsame Fortbildung geht.

Das Projekt Opstapje[114] wird in Bremen an drei Standorten mit 45 Familien der Stadtgemeinde Bremen durchgeführt. Es nehmen überwiegend Familien mit türkischem und russischem Migrationshintergrund teil, am Standort Huchting setzt sich die Gruppe primär aus Familien ohne Migrationshintergrund zusammen.

Für die Gestaltung des Übergangs Kita – Schule wurde in Bremen das Programm FIT-Eltern entwickelt. Ein besonderes Anliegen des Programms ist es, die Zusammenarbeit zwischen Kita bzw. der Schule und den Eltern mit Migrationshintergrund zu fördern. Zu seinen zentralen Zielen gehört nicht nur die Vermittlung von Informationen über die kognitive, emotiona-

---

114 Das Programm richtet sich vorrangig an bildungsbenachteiligte Familien, Familien in schwierigen Lebenslagen sowie an Familien mit Migrationshintergrund. Es dauert 18 Monate (2 x 30 Wochen) und findet im Wesentlichen zu Hause statt, so dass auch Familien erreicht werden, die andere Angebote der Familienbildung und Erziehungshilfe nicht in Anspruch nehmen. Es versteht sich als Beitrag zur Stärkung von elterlicher Eigenverantwortung und Selbstständigkeit.

le und psychosexuelle Entwicklung des Kindes und des Jugendlichen und die Verbesserung der Familiendynamik, sondern auch die Förderung des schulischen und beruflichen Erfolgs der Kinder durch Informationen über das Bildungs- und Ausbildungssystem. Das familienorientierte Training sieht die Eltern als bildungslaufbahnbegleitende Ansprechpartner ihrer Kinder, deren Einfluss auf die Bildungs- und Berufsorientierung der Kinder groß ist. Seit 2007 finden unter der Leitung der Senatorin für Soziales regelmäßig Qualifizierungen von zukünftigen Kursleiterinnen und Kursleitern mit Migrationshintergrund statt. In einer fast einjährigen Qualifizierung beschäftigen sich die zukünftigen Kursleiterinnen und Kursleiter nicht nur intensiv mit den später in den Gruppen zu vermittelnden Inhalten, zur Ausbildung gehört auch der Austausch mit Fachleuten verschiedener Themengebiete. Die meisten Kurse werden in Deutsch und einer zusätzlichen Sprache (Arabisch, Persisch, Russisch, Türkisch) gehalten. Sie werden einmal wöchentlich vormittags in Kitas und an Schulen in neun Bremer Stadtteilen angeboten. Nach dem Ende des ersten FIT-Programm-Durchlaufes wurden die teilnehmenden Eltern nach ihren Erfahrungen und ihrer Zufriedenheit mit dem absolvierten Training mittels eines standardisierten Leitfadeninterviews mit offenen und geschlossenen Fragen befragt. Die Evaluation des Programms zeigt, dass 80% der Befragten durch den Besuch des Kurses FIT-Eltern selbstbewusster und in der Erziehung und schulischen Begleitung ihrer Kinder sicherer geworden sind. 90% der befragten Teilnehmerinnen und Teilnehmer konnten nachvollziehen, dass die Schule auch von den Eltern eine Anstrengung zur gezielten Förderung der Kinder erwartet. Über 90% der Befragten gaben an, neue Möglichkeiten kennen gelernt zu haben, ihre Kinder zu fördern (vgl. die Senatorin für Arbeit, Frauen, Gesundheit, Jugend und Soziales 2010).

Im Bremer Schulentwicklungsplan (2008: 39) werden die umfangreichen Erfahrungen der Kitas im Hinblick auf die Zusammenarbeit mit Eltern mit Migrationshintergrund gewürdigt und darauf hingewiesen, dass es „vielfältige Beispiele in Kitas für eine gute Kooperation und Beteiligung von Eltern" gebe. Hier sollen die Kitas offenbar eine Vorreiterfunktion für die Grundschulen übernehmen, wenn es weiter heißt: „Es ist geplant, diese Beispiele zusammenzutragen und Grundschulen zugänglich zu machen."

Im Bereich der Schulen sind über schriftliche Dokumentationen nur wenige Aktivitäten der Zusammenarbeit mit Eltern mit Migrationshintergrund zu ermitteln, was nicht bedeuten muss, dass einzelne Schulen hier nicht möglicherweise gute Konzepte realisieren. Bekannt geworden ist das Bremer Projekt *Schule Eltern – Hand in Hand* (Laufzeit Mai 2005–Juni 2008), das an der Tami-Oelfken-Ganztagsgrundschule in Bremen-Nord mit wissenschaftlicher Begleitung der Universität Bremen (Prof. Leithäuser, Pädagogische Psychologie) durchgeführt wurde.[115] Kern des Projektes war die Einrichtung eines Elterncafes in den Räumen der Schule für informelle Treffen der Eltern untereinander sowie Informationsveranstaltungen mit Erziehungs- und Gesundheitsexpertinnen und -experten. Zielgruppe waren die Eltern mit türkischem und kurdischem Hintergrund, die durch eine türkisch-kurdischstämmige wissenschaftliche Mitarbeiterin eine Ansprechpartnerin in der Schule erhielten (vgl. Akademie für Arbeit und Politik 2008: 6). Das Projekt erreichte zwar das Ziel, Eltern mit Migrationshintergrund näher an die Schule heranzuführen, es führte jedoch nicht zu einer größeren Akzeptanz der Schule im Stadtteil und auch ein Transfer des Konzepts auf andere Grundschulen mit einer ähnlichen ethnischen und Bildungsstruktur der Elternschaft ist nicht erfolgt (vgl. Umsetzungsbericht Bremen 2009).

An zwei Grundschulen in Bremen werden teilweise ehrenamtliche, teilweise über die SfAFGJS bezahlte *Sprachmittler* für Türkisch, Kurdisch und Arabisch eingesetzt, die Dolmetscherdienste in der Kommunikation zwischen Eltern und Schule leisten sowie Elternbesuche im Dienste der Schule unternehmen. Damit wird deutlich, dass Bremen durchaus über sinnvolle, teilweise selbst entwickelte, meist aber an anderen Orten bereits erprobte und teilweise auch evaluierte Ansätze interkultureller Konzepte zur Elternbildung und zur Zusammenarbeit mit Eltern vor allem im Elementarbereiche und (nur vereinzelt) in der Grundschule verfügt, diese aber nicht allgemein verbreitet sind und nur unzureichend aufeinander aufbauen bzw. miteinander verzahnt sind.

5.5.4 Handlungsempfehlungen für Bremen

30. Wir empfehlen, aufbauend auf den Erfahrungen von TransKiGs und vor dem Hintergrund der zu entwickelnden gemeinsamen Bildungspläne von Elementar- und Primarbereich, einen institutionalisierten Austausch zwischen Elementar- und Primarbereich über erfolgreiche Kooperationsmodelle mit Eltern mit und ohne Migrationshintergrund sowie über die Möglichkeiten und Grenzen der Übertragung diesbezüglicher Projekte

---

115 Vgl. die Homepage der Tami-Oelfken-Schule [URL: http://www.tami-oelfken-schule.de/Schule.htm]; Zugriff: 29.06.2011.

vom Elementar- auf den Primarbereich. Dieser Austausch soll auch der Vernetzung dieser beiden Institutionen im Hinblick auf die interkulturelle Zusammenarbeit mit Eltern dienen. Projekte wie das Hamburger FLY oder das Zürcher ElzuKi bieten inhaltliche und systematische Anregungen für ähnliche Projekte an der Schnittstelle zwischen Kindertagesstätte und Schule in Bremen.

31. Im Bremer Schulentwicklungsplan 2008 wird die Übergangsberatung von der Grundschule in die Sekundarstufe I als – von Seiten der Schule – verpflichtende, individuelle und sich auf sehr unterschiedliche Aspekte (von der Einschätzung der Begabungen, Interessen und Schwächen des Kindes bis hin zu dem Angebotsprofil der aufnehmenden Schule) beziehende Beratung der Eltern definiert (vgl. SfBW 2008a: 78). Hierfür sollen die Lehrerinnen und Lehrer, so der SEP, in Fortbildungen zu Elternberatung weitergebildet werden. Vor dem Hintergrund vielfach nicht adäquat kommunizierter gegenseitiger Erwartungen von Eltern mit Migrationshintergrund und Lehrerinnen und Lehrern empfehlen wir, diese Fortbildungen in breitem Umfang und ganz explizit als „Kooperation mit und Beratung von Eltern im interkulturellen Kontext" durchzuführen. Aufgrund der Wichtigkeit der guten Kooperation mit Eltern sollte das Thema der interkulturell sensiblen Elterngespräche auch in der ersten und zweiten Phase der Lehrerinnen- und Lehrerausbildung einen deutlich größeren Raum als bislang einnehmen.

32. Um Eltern mit wenig Deutschkenntnissen den Kontakt zur Grundschule zu erleichtern und den notwendigen Informationsfluss zu sichern, wird hier empfohlen, in Übereinstimmung mit dem ‚Bremer Konzept für Mehrsprachigkeit' die Informationspolitik stärker und offensiver auf Mehrsprachigkeit anzulegen. Hierzu gehört die Einführung mehrsprachiger Elternbriefe, deren Vorlagen durch Muttersprachenlehrerinnen und -lehrer der SfBW erarbeitet und den Schulen zentral zur Verfügung gestellt werden könnten sowie die Vermittlung von mehrsprachigen Informationen zur Schule an den Informationstagen für Eltern der neuen Schülerinnen- und Schülerjahrgänge. Hier wäre es z.B. möglich, an diesen Tagen mit Hilfe engagierter fremdsprachiger Eltern mit Migrationshintergrund derzeitiger Schülerinnen- und Schülerjahrgänge Infotische (temporäre Sprachpavillions) für die an der Schule am stärksten vertretenen Sprachen einzurichten, die als solche gekennzeichnet sind und an denen Eltern ein

niedrigschwelliges Angebot für einen ersten Austausch über die Erfahrungen mit der Schule nutzen könnten. Als äußerst hilfreich wird das System der Sprachmittler beurteilt, das bereits vereinzelt umgesetzt wird. Dies sollte deutlich ausgebaut und in die Breite gebracht werden. Damit verbunden wäre auch eine Qualifikation der Sprachmittler (verbunden mit einer Zertifizierung) im Hinblick auf Aspekte von Mediation und Gesprächsführung.

5.6 Interkulturelle Aspekte und sprachliche Bildung am Übergang Schule-Beruf/Studium

5.6.1 Forschungsstand und Problemaufriss

Der Übergang von der Schule in eine duale Berufsausbildung stellt eine zentrale Weichenstellung in der Bildungsbiographie junger Menschen dar, die den zukünftigen Bildungsverlauf und berufliche Lebenschancen nachhaltig bestimmt. Es ist unstrittig, dass Jugendliche mit Migrationshintergrund deutlich größere Schwierigkeiten als diejenigen ohne Migrationshintergrund haben, nach der allgemeinbildenden Pflichtschule in das duale System der Berufsausbildung einzumünden. Der Berufsbildungsstatistik des Statistischen Bundesamtes zufolge, liegt die Ausbildungsbeteiligungsquote von Jugendlichen mit einer ausländischen Staatsbürgerschaft bei 24%.[116] Junge Menschen mit deutscher Staatsbürgerschaft befinden sich mit einem Anteil von 58% eines Jahrgangs mehr als doppelt so oft in einer dualen Ausbildung (vgl. BIBB 2009: 164). Auch die BIBB-Längsschnitterhebung (2006), die Bildungs- und Berufsverläufe von insgesamt 7.230 Jugendlichen mit und ohne Migrationshintergrund in den ersten drei Jahren nach Schulende untersucht, konstatiert problematische Übergangsverläufe bei Schulabgängerinnen und -abgängern aus Migrantenfamilien. Bei überproportional vielen jungen Menschen mit Migrationshintergrund (30% gegenüber 17% ohne Migrationshintergrund) ist der dauerhafte Übergang in eine betriebliche oder eine schulische Berufsausbildung langwierig oder gelingt überhaupt nicht (vgl. Beicht/Granato 2009: 17). Die schlechteren Chancen der beruflichen Partizipation von Jugendlichen mit Migrationshintergrund liegen u.a. darin begründet, dass sie die allge-

---

116 Dies gilt in verschärfter Form für die Benachteiligung jugendlicher Flüchtlinge beim Zugang zur beruflichen Ausbildung und zum Arbeitsmarkt, die von ihrer unsicheren Aufenthaltssituation und ihrem Rechtsstatus abhängt.

meinbildenden Schulen im Vergleich zu Jugendlichen ohne Migrationshintergrund mit niedrigeren Schulabschlüssen und schlechteren Schulnoten[117] verlassen. Doch dieser Fakt klärt den engen Zusammenhang zwischen niedrigerer Berufsbildungsbeteiligung und Migrationshintergrund nicht vollständig auf. Selbst unter Kontrolle der schulischen Bildungsvoraussetzungen und dem Interesse an einer Berufsausbildung sind die Einmündungschancen von Schulabgängerinnen und -abgängern mit Migrationshintergrund in eine berufliche Ausbildung geringer als die der jeweiligen Vergleichsgruppe ohne Migrationshintergrund (vgl. Granato u.a. 2010: 7). Dabei ist nach Herkunftsgruppen zu differenzieren. Der Übergang von der Schule in die Berufsausbildung erweist sich gerade für Bewerberinnen und Bewerber türkischer und arabischer Herkunft als besonders schwierig. Aussiedlerinnen und Aussiedler haben zwar geringere Chancen auf eine berufliche Ausbildung als Bewerberinnen und Bewerber ohne Migrationshintergrund, jedoch höhere als andere Gruppen mit Migrationshintergrund (vgl. ebd.: 10). Aber auch Schulabgängerinnen und -abgänger mit Migrationshintergrund, die über einen mittleren Schulabschluss und gute Noten verfügen, haben im Vergleich zu deutschen Jugendlichen geringere Chancen auf einen Einmündungserfolg in eine berufliche Ausbildung. Lediglich 56% der Jugendlichen mit Migrationshintergrund im Vergleich zu 75% ohne Migrationshintergrund schaffen einen erfolgreichen Übergangsprozess im Verlauf eines Jahres nach Schulende. Nach drei Jahren ist es 78% der Jugendlichen aus Migrantenfamilien und 92% aus einheimischen Familien gelungen, in eine duale Ausbildung erfolgreich einzumünden (vgl. Beicht/Granato 2009: 22). Die Erfolglosigkeit der Lehrstellensuche kann auch nicht auf geringere Bemühungen um einen Ausbildungsplatz zurückgeführt werden. Jugendliche mit und ohne Migrationshintergrund unterscheiden sich inzwischen vergleichsweise kaum bei den angewendeten Suchstrategien am Übergang Schule-Ausbildung (vgl. ebd.: 14f.). Wenn offenbar bei der Zuweisung von Chancen für die Einmündung

---

117 Für eine Teilgruppe der Jugendlichen mit Migrationshintergrund, die im Blick auf zukünftige Berufskarrieren aus der PISA-Studie als Bildungsverlierer hervorgegangen sind, sind die Chancen auf eine erfolgreiche Teilhabe an beruflicher Bildung besonders prekär. Insbesondere die Lesekompetenz bei männlichen Jugendlichen aus bildungsfernen und sozioökonomisch schlechter gestellten Familien überschreitet am Ende der Pflichtschulzeit nicht das erste elementare Kompetenzniveau. Daher sollte der Ausgangspunkt einer systematischen Berufsorientierung die zu erwerbenden Kompetenzen im Hinblick auf die Ausbildungsreife sein.

in eine Berufsausbildung leistungsferne Merkmale herangezogen werden, dann greift an dieser Stelle der Erklärungsansatz der institutionellen Diskriminierung. Diese wird durch unterschiedliche Argumentationsmuster und Handlungslogiken erklärt: „Es werden Mechanismen herausgestellt, die diese Jugendlichen hinter Deutschen zurückstehen lassen, so z.B. die fehlende bzw. geringere Einbindung der Jugendlichen und ihrer Familien in soziale Netzwerke, die den [Bewerberinnen und] Bewerbern bessere Ausgangsbedingungen verschaffen, die Auswahlkriterien der Betriebe, die soziale Hintergrundmerkmale und soziale Orientierungen (z.B. Aussehen, Integrationsbereitschaft) berücksichtigen" (Boos-Nünning u.a. 2010: 40). Ein nicht zu unterschätzender Einfluss auf die geringen Zugangschancen von Jugendlichen mit Migrationshintergrund zur Berufsausbildung geht somit von den Selektionsprozessen der Betriebe bei der Vergabe der Ausbildungsplätze aus (z.B. Rekrutierungsstrategien und Vorbehalte von Betrieben und Verwaltungen, Unterbewertung interkultureller Kompetenzen) (vgl. Granato 2009b: 117f.). Institutionelle Diskriminierung im Kontext betrieblicher Selektion konnte durch das Forschungsprojekt *Lehrlingsselektion in Klein- und Mittelbetrieben* an der Universität Freiburg nachgewiesen werden. Eine beträchtliche Zahl von Betrieben begegnet Bewerbungen von als ausländisch geltenden Jugendlichen mit Vorbehalten oder lehnt sie gar ab. Dabei bedienen sich die Betriebe am häufigsten der Argumente, die Jugendlichen würden über mangelnde Sprachkenntnisse verfügen und hätten schulische Defizite. Weiter wird der Inländervorrang als eine naturgegebene Strategie einer besseren betrieblichen Passung und einer Vermeidung von fremdsprachlich homogenen Mitarbeitergruppen dargestellt. Die Lehrlingsauswahl entpuppt sich als ein effektives Steuerungsinstrument, mit dem die Betriebe den Zuwachs einer bestimmten Klientel ausländischer Herkunft gezielt zu vermeiden versuchen (vgl. Imdorf 2007: 29). Neben den geringen Chancen auf eine Ausbildungsstelle kann weiter ein erhöhtes Abbruchrisiko einer Berufslehre bei Auszubildenden mit Migrationshintergrund festgestellt werden. Eine Bremer Regionaluntersuchung in handwerklichen Berufen (2008) zeigte, dass von den zu Beginn der Probezeit erfassten 22% Auszubildenden mit Migrationshintergrund (146 Jugendliche) zur Zwischenprüfung 16% (87) und zum Ende der Ausbildung nur noch 14% (59) erfasst werden konnten (vgl. Quante-Brandt/Grabow 2009: 38). Aus den Ergebnissen leiten die Autorinnen ab, dass diese Auszubildenden ohne eine spezielle Berücksichtigung des

Migrationshintergrundes gefährdet sind, aus dem beruflichen Bildungssystem endgültig herauszufallen (vgl. ebd.: 51).

Bei der Analyse der Datenlage zur Übergangssituation Schule-Beruf von Migrantenjugendlichen fällt weiter auf, dass sich die Berufswünsche junger Migrantinnen und Migranten nur auf wenige Ausbildungsberufe konzentrieren oder dass ihnen oft ein konkreter Berufswunsch fehlt. Die dritte Erhebung der Münchner Schulabsolventenstudie (2010)[118] belegt, dass insbesondere männliche Jugendliche der ersten Generation (46,4%), die nicht in Deutschland geboren sind, und weibliche Jugendliche mit türkischem Migrationshintergrund (47,6%) im Vergleich zu Jugendlichen ohne Migrationshintergrund (64,5%) seltener einen sicheren Berufswunsch äußern (vgl. Großkurth u.a. 2010: 66). Weiter werden deutliche Unterschiede in der Wahl des Ausbildungsberufs zwischen einzelnen Migrantengruppen konstatiert. Während Mädchen ohne Migrationshintergrund zu rund einem Viertel Ausbildungsplätze in sozialen Berufen (z.B. Kinderpflegerin, Sozialbetreuerin) bevorzugen, entscheidet sich ein geringerer Anteil von Mädchen mit Migrationshintergrund (9% der ersten und 18% der zweiten Generation) für soziale Berufsrichtungen. Dagegen werden der Beruf der pharmazeutisch-technischen Angestellten und die Berufe des Berufsfelds Körperpflege nahezu ausschließlich von Mädchen mit Migrationshintergrund gewählt (vgl. ebd.: 70).

Bei der Wahl eines Berufes sind die Jugendlichen auf die Unterstützung und Mithilfe ihrer Eltern angewiesen. Somit sind die Eltern wichtige Begleiter im Prozess der Berufsorientierung, denn sie sind Vorbilder für eine erfolgreiche soziale Integration ihrer Kinder, die durch eine Berufsausbildung belegt wird. Eltern nehmen aber auch durch ihre Erwartungshaltung, Anregungen und konkrete Ratschläge zur Berufswahl, die meist an der eigenen Berufsbiographie orientiert ist, einen direkten Einfluss auf die Berufsfindung ihrer Kinder (vgl. Pätzold 2004: 571). Die zentrale Bedeutung der Eltern bei der Platzierung ihrer Kinder im Berufssystem reicht also „von der Grundlegung von Basiskompetenzen und -motivationen bis zur Bildungslaufbahnberatung und Biographieplanung, von der Sicherung adäquater Lern- und Arbeitsbedingungen bis zur konkreten schulischen Lernunterstützung" (Boos-

---

118 An dieser DJI-Übergangsstudie (2010) haben sich insgesamt 768 Münchner Jugendliche der Haupt-, Wirtschafts- und Förderschulen beteiligt. Davon hatten 69,9% der Jugendlichen einen Migrationshintergrund, der über den Geburtsort ermittelt wurde (vgl. Großkurth et al. 2010: 8f.).

Nünning/Karakaşoğlu 2006: 203). Eltern mit Migrationshintergrund sind grundsätzlich an der Bildung ihrer Kinder interessiert und weisen hohe Bildungsaspirationen auf, wie eine aktuelle Studie des Bundesministeriums für Familie, Senioren, Frauen und Jugend (BMFSFJ)(2010) zeigt. Bei gleicher Zugehörigkeit zur unteren Schicht der Bevölkerung haben die Eltern mit Migrationshintergrund sogar deutlich höhere Bildungsaspirationen (Abitur) für ihr Kind als Eltern ohne Migrationshintergrund (vgl. ebd.: 31f.). Die ambitionierten Bildungswünsche der Eltern mit Migrationshintergrund können in manchen Fällen mit hohen, zum Teil als unrealistisch einzustufenden Erwartungen an die Kinder gekoppelt sein. Dies ist insbesondere dann der Fall, wenn Eltern von Hauptschülern von ihren Kindern erwarten, eine akademische Bildungslaufbahn einzuschlagen. Hintergrund ist, dass viele Eltern mit Migrationshintergrund einen sozialen Aufstieg und Prestige nur mit akademischen Berufen wie Arzt/Ärztin oder Anwalt/Anwältin in Verbindung bringen (vgl. Uslucan 2009: 15f.). Bei ausbleibendem oder geringem Erfolg der Kinder führt dieses Auseinanderklaffen vielfach zu Enttäuschungen auf Seiten der Eltern und psychischen Belastungen bei Kindern. Vielen Eltern mit Migrationshintergrund fällt es aufgrund ihrer eigenen Bildungsbiographie aus dem Herkunftsland bzw. nur punktueller Erfahrungen mit dem deutschen Bildungssystem schwer, sich im differenzierten Bildungssystem zurechtzufinden. Sie wünschen sich konkrete Beratung durch Lehrerinnen und Lehrer. Dies bestätigten verschiedene Untersuchungen, u.a. auch das Bremer Schulbegleitungsforschungsprojekt „Migration und Übergänge" (2007–2009). In einer qualitativen Befragung bei Eltern von Grundschülerinnen und -schülern mit und ohne Migrationshintergrund konnte gezeigt werden, dass insbesondere Migranteneltern nur unzureichend über die schulischen Bildungsangebote im Stadtteil informiert sind und keine Schwerpunkte und Besonderheiten von schulformspezifischen Bildungsgängen in der nötigen Deutlichkeit erkennen (vgl. Heyer u.a. 2010). Darüber hinaus fehlen Kenntnisse über und Erfahrungen bei der Gestaltung des Übergangs von der Schule in die Berufsausbildung. So zeigte auch die BIBB-Übergangsstudie, dass Jugendliche mit Migrationshintergrund (63%) viel seltener Unterstützung von ihren Eltern oder anderen Familienangehörigen bei der Kontaktaufnahme zu Ausbildungsbetrieben erhalten als einheimische Deutsche (76%) (vgl. Beicht/Granato 2009: 14). Wie die Jugendlichen bestimmte Beratungsangebote beurteilen und welche Beratungsformate als hilfreich empfunden werden, ermittelte die Studie zur Entwicklung und Akzeptanz der Bildungsoffensive Ulm (2009), bei der 482 Jugendliche und davon 68% mit Migrationshintergrund, überwiegend Hauptschülerinnen und -schüler, befragt wurden. Individuelle Beratungsformate (z.B. durch Lehrerinnen und Lehrer sowie Schulsozialarbeiterinnen und -arbeiter) und Trainingsangebote werden von den Jugendlichen als hilfreicher empfunden als allgemeine und gruppenbezogene Informationsveranstaltungen wie z.B. der Besuch des Berufsinformationszentrums oder der Bildungsmesse (vgl. Kucharz u.a. 2009: 152ff.). Eine regionale Studie des Deutschen Jugendinstituts (2007) im Stuttgarter Raum ermittelte, dass hinsichtlich der Hilfe beim Übergang in die Berufsausbildung Lehrpersonen bei Schülerinnen und Schülern mit Migrationshintergrund aus den Haupt- und Förderschulen eine vergleichsweise größere Rolle spielen, während für Schülerinnen und Schüler ohne Migrationshintergrund die Berufsberatung wichtiger ist. Der Anteil Jugendlicher, der angab, keine Ratgeber im familiären Umfeld zu haben, war unter Jugendlichen mit Migrationshintergrund doppelt so hoch, wie bei denjenigen ohne (vgl. Kuhnke/Reißig 2007: 47f.).[119] Aus diesen Ergebnissen kann zusammenfassend gefolgert werden, dass eine verbindliche Ansprechperson, die über die institutionellen Zuständigkeiten hinaus solange da ist, bis eine gute Lösung, im besten Fall ein Ausbildungsplatz gefunden ist, zielführend für eine adäquate Begleitung der Jugendlichen an dem Übergang Schule-Beruf ist.

Vor diesem Hintergrund gewinnen Unterstützungs- und Beratungsangebote, die die Orientierungs-, Entscheidungs- und Handlungsfähigkeit beim Übergang Schule-Beruf stärken, für die Jugendlichen mit Migrationshintergrund an Bedeutung. Die dargestellten Forschungsergebnisse verweisen zum einen auf den höheren Unterstützungs- und Beratungsbedarf von Jugendlichen mit Migrationshintergrund am Übergang Schule-Beruf durch Dritte und zum anderen auf die Notwendigkeit einer stärkeren Zusammen-

---

119 Auch die quantitative Befragung eines 10. Schuljahrgangs an drei Schulen der Sekundarstufe I im Stadtteil Osterholz-Tenever im Rahmen des Schulbegleitforschungsprojektes „Migration und Übergänge", an der sich 507 Schülerinnen und Schüler mit und ohne Migrationshintergrund beteiligt haben, bestätigte, dass Lehrerinnen und Lehrer für Jugendliche mit Migrationshintergrund eine wichtigere Rolle für Bildungsentscheidungen am Übergang von der Sekundarstufe I in die Sekundarstufe II bzw. in eine berufliche Ausbildung spielen als für Jugendliche ohne Migrationshintergrund, die hier in erster Linie Eltern und Peers als beratende Personen angeben (vgl. Heyer et al. 2010).

arbeit der Institutionen mit Migranteneltern an diesem integrationspolitisch besonders wichtigen Übergang. Lehrpersonen müssen in ihrer Rolle als zentrale Ansprechpartnerinnen und -partner für Schülerinnen und Schüler mit Migrationshintergrund sowie ihrer Eltern in Fragen zur Gestaltung und Bewältigung von gelingenden Übergangsprozessen gestärkt werden und in der Ausbildung ihrer Beratungskompetenzen unterstützt werden.

Darüber hinaus erweisen sich, so auch der Nationale Integrationsplan (2007), für die Zielgruppe der Jugendlichen mit Migrationshintergrund individuelle Begleitkonzepte (auch Mentoring oder Coaching genannt), die häufig mit erfolgreichen Vorbildern arbeiten, als den Übergangsprozess Schule-Beruf besonders zielführende Unterstützungsansätze. Individuelle Begleitungskonzepte verfolgen das gemeinsame Ziel, Schülerinnen und Schülern bei der Bewältigung des Übergangs Schule-Beruf eine an ihren individuellen Unterstützungsbedarfen ausgerichtete Hilfestellung anzubieten. Auf der Grundlage einer vergleichenden achtjährigen Langzeituntersuchung von ca. 1000 Kindern und Jugendlichen mit und ohne Migrationshintergrund, die an dem amerikanischen Projekt „Big Brothers Big Sisters"[120] teilgenommen haben, konnten Tierney u.a. (1995) belegen, dass eine gute Mentoring-Beziehung direkte und messbare Auswirkungen auf das Leben der teilnehmenden Kindern und Jugendlichen hat. Es wurde den Kindern und Jugendlichen bessere Entwicklungstendenzen bescheinigt (vgl. Ramm 2009: 97). Darüber hinaus zeigten im Vergleich zu der Kontrollgruppe Kinder und Jugendliche aus Minderheitsfamilien, die das Programm durchlaufen haben, zu fast zwei Drittel weniger Drogenkonsum und Alkoholkonsum und weniger Gewaltbereitschaft. Darüber hinaus schätzten die an dem Programm Teilnehmenden die Beziehungen zu ihren Eltern und Freunden als vertrauensvoller ein. Kinder und Jugendliche mit einem vertrauten Mentor „fehlten nur halb so viele Tage in der Schule, fühlten sich besser in der Lage, ihre Schulaufgaben zu bewältigen und hatten einen besseren Notendurchschnitt als die Kinder der Vergleichsgruppe ohne Mentor" (ebd.: 101). Die positiven Effekte werden nicht nur für die am Mentoring teilnehmenden Schülerinnen und Schüler festgestellt, sondern zeigen sich auch in der Zunahme der Kompetenzen der

---

120 Big Brothers Big Sisters wurde 1904 in New York gegründet. Zurzeit gibt es 590 regionale Büros in Nordamerika. Über zehn Länder, darunter Kanada, Australien, die Niederlande, Polen und Russland, haben das Programm übernommen. 2006 wurde Big Brothers Big Sisters Deutschland mit Sitz in Ludwigshafen gegründet.

Personen, die als Mentorinnen und Mentoren agieren. Die Mentorentätigkeit verbessert das Lernverhalten und die sozialen Kompetenzen vor allem bei studentischen Mentorinnen und Mentoren, die das Mentoring als praxisnahes Lehr-/Lernangebot nutzen (vgl. ebd.: 135ff.). Weiter können auch positive Effekte aus Mentoring-Programmen im deutschsprachigen Raum am Beispiel des Mentoring-Modells „NetWork.21 – Leben und Arbeiten in der transkulturellen Gesellschaft des 21. Jahrhunderts"[121] nachgezeichnet werden. Über die individuell ausgerichtete Tandembeziehung konnten die durch fehlende soziale Ressourcen bedingten Schwächen im bisherigen Bildungsweg ausgeglichen werden. Diesen Nutzen aus der persönlich gestalteten One-to-one-Beziehung haben insbesondere junge Frauen mit Migrationshintergrund wahrgenommen, indem sie eine stabile Beziehung zur Mentorin aufbauten, die ihnen langfristig im weiteren Berufsweg soziales Kapital zur Verfügung stellten konnte (vgl. Jung/Schubert 2010: 141). Anhand der gewonnenen Erkenntnisse im Rahmen des Projekts Net-Work.21 wird daher von den Autorinnen empfohlen, „formelles Mentoring als bildungs- und integrationspolitisches Instrument zu den vorhandenen institutionellen Beratungsangeboten und zur Kompensation der ungleich verteilten familiären und sozialen Unterstützungsleistungen an Hochschulen und Universitäten als freiwilliges, ergänzendes Angebot zu implementieren" (ebd.: 141).

Als unabdingbare Voraussetzungen für den Erfolg von Mentoring-Programmen sind vereinbarte Qualitätsstandards anzusehen. Hier wird in erster Linie eine für die Mentorentätigkeit hinreichende Qualifizierung der Mentorinnen und Mentoren genannt, die als thematische Bereiche Kommunikationstraining, Beziehungsaufbau und Interaktion mit der Zielgruppe beinhaltet sowie die Mentorinnen und Mentoren darauf vorbereitet, in der pädagogischen Beziehungsarbeit eindeutige Grenzen zu setzten (vgl. Ramm 2009: 102 nach Tierny u.a. 1995: 22ff.; auch Wojciechowicz 2009a: 104ff.).

Im Bundesweiten Integrationsprogramm (BAMF 2010) wird die Vermittlung von berufsbezogenen Deutschkenntnissen als ein weiteres wichtiges Handlungsfeld für Interventionen beim Übergang Schule-Beruf identifiziert

---

121 Das bundesweite Projekt hat sich zum Ziel gesetzt, durch Lern-, Erfahrungs- und Bildungsangebote die beruflichen Orientierungsmöglichkeiten von jungen Akademikerinnen und Akademikern mit und ohne Migrationshintergrund zu verbessern und zu stärken. Entstehen soll schließlich ein Netzwerk junger Frauen und Männer, die Bildungsorientierung und gesellschaftliches Engagement miteinander verbinden.

und betont, dass dies als Auftrag aller zuständigen Bildungsinstitutionen im Übergangssystem Schule-Beruf verstanden werden muss (vgl. ebd.: 44). Denn erfolgreiches fachliches Lernen und berufliche Handlungsfähigkeit sind untrennbar verbunden mit der Beherrschung des Deutschen auf bildungssprachlichem Niveau (vgl. Ohm 2010: 31). Das Bundesweite Integrationsprogramm schlägt daher vor, sprachliche Bildung als einen Bestandteil der Rahmencurricula der berufsbildenden Schulen zu verankern. „Die Rolle der berufsbildenden Schulen im Bereich Deutsch als Zweitsprache sollte […] deutlicher definiert werden, unter anderem durch die Entwicklung spezifischer Konzepte zur Vermittlung bildungssprachlicher, berufsbezogener Kenntnisse von Deutsch als Zweitsprache" (BMBF 2010: 46f.). Die Basis erfolgreicher berufsspezifischer Sprachbildung ist daher eine flächendeckende Lehrkräftequalifizierung.

Aus der Expertise der ‚Beruflichen Qualifizierung für Zielgruppen mit besonderem Förderbedarf' (BQF-Programm)[122] formulieren die Autorinnen und Autoren Empfehlungen für die zukünftige Ausgestaltung von Förderprogrammen beim Übergang Schule-Beruf, die die Bedeutung und Aktualität einer ganzheitlichen Herangehensweise beim Übergang Schule-Beruf unterstreichen. Das oberste Ziel ist nach wie vor der Abschluss eines anerkannten Ausbildungsberufs. Vor dem Hintergrund von Umstrukturierungen am Arbeitsmarkt und der brüchiger gewordenen Erwerbsbiographie, die sich nicht mehr an einer lebenslänglichen Gültigkeit orientieren kann, tritt das Ziel, in eine stabile berufliche Perspektive einzumünden für einen nicht unerheblichen Teil von Jugendlichen in weite Ferne. Parallel zu Angeboten der beruflichen Integration müssten die Jugendlichen daher auch darauf vorbereitet werden, mit Phasen der Arbeitslosigkeit und mit Brüchen in der Erwerbsbiographie umzugehen, diese zu überwinden und alternative Wege in die Beschäftigung zu suchen (vgl. Gericke/Sommer 2008: 50f.). Aus politischer Sicht wird weiter als notwendig erachtet, die anhaltend hohe Jugendarbeitslosigkeit als Tatsache und die Benachteiligtenförderung als Daueraufgabe anzuerkennen und vor

---

122 Das Projekt (2001–2006) zielte darauf ab, die berufliche Benachteiligtenförderung strukturell und qualitativ-inhaltlich weiter zu entwickeln, die Effizienz vorhandener Fördermaßnahmen zu steigern, Lücken im Angebot der Benachteiligtenförderung zu schließen, im Ausbildungssystem wirkende Akteurinnen und Akteure für die berufliche Qualifizierung von Jugendlichen mit besonderem Förderbedarf zu sensibilisieren und die berufliche Integration von Migrantinnen und Migranten zu verbessern, vgl. [URL: http://www.kompetenzen-foerdern.de/1279.php]; Zugriff 29.06.2011.

diesem Hintergrund gangbare Integrationsperspektiven mit Verbindlichkeit für die Zielgruppen zu entwickeln (vgl. ebd.: 51).

Ausgehend von dem uneinheitlichen Feld der Benachteiligtenförderung, über das ein hoher Anteil von Jugendlichen mit Migrationshintergrund ‚versorgt‘ wird, wird die Entwicklung eines gemeinsam getragenen Berufskonzepts, etwa ‚Fach-Profis für Benachteiligte‘, für erstrebenswert erachtet. In diesem Kontext ist es notwendig, sowohl Lehrkräfte wie auch pädagogische Fachkräfte in und außerhalb von Schule angemessen auf den Umgang und die Beratungs- und Unterstützungsbedarfe von benachteiligten Jugendlichen vorzubereiten. Berufsvorbereitend, -begleitend und -nachqualifizierend sollte unter anderem die Ausbildung diagnostischer Fähigkeiten, von Selbstreflexion, kompetenter Umgang mit Biographiearbeit, Herstellung einer Ausgewogenheit zwischen Engagement und professioneller Distanz sowie die Fähigkeit zur Organisationsentwicklung und Netzwerkbildung bei den pädagogischen Professionellen sichergestellt werden. Einzelne Einrichtungen sind mit der nachhaltigen Förderung benachteiligter Jugendlicher überfordert, weshalb Expertinnen und Experten darüber hinaus die Entwicklung regionaler Netzwerkbildung und die Kooperation von Einrichtungen der Benachteiligtenförderung empfehlen. Hier sind nicht nur persönliche Kontakte, wechselseitiges Vertrauen sowie konkrete und verbindliche Absprachen von zentraler Bedeutung, sondern auch die Bereitstellung von erforderlichen Ressourcen (vgl. Gericke/Sommer 2008: 52). Als Standards für eine zeit- und bedarfsgemäße Förderung für Benachteiligte wird die Lebensweltorientierung[123] und das Prinzip der Individualisierung herausgestellt. Weiter wird die wichtige Rolle von verlässlichen, langfristigen Ansprechpartnern betont, die die Jugendlichen über die Übergangsschwellen hinweg kompetent begleiten sollen (vgl. ebd.: 53ff.). Ein wesentlicher Bestandteil der Qualitätsstandards für die Organisations- und Personalentwicklung ist der Ansatz des Cultural-Mainstreaming:

---

123 Als konzeptionelles Vorbild werden die dänischen „Produktionsschulen“ genannt. Sie sind arbeitsorientierte Bildungseinrichtungen, die auf den Beruf vorbereiten sollen. Darüber hinaus bieten sie ein Bildungsangebot für benachteiligte Jugendliche und stellen eine Alternative zum Berufsvorbereitungsjahr (BVJ) dar (vgl. Gericke/ Sommer 2008:54). In Bremen gibt es seit dem Schuljahresbeginn 2009/2010, analog den Produktionsschulen, die Werkschulen, auf die wir später noch eingehen.

> Hauptaufgabe von Cultural Mainstreaming ist es sicherzustellen, dass die zugrunde gelegten Entscheidungskriterien und -abläufe in den Institutionen und bei politischen Maßnahmen daraufhin überprüft werden, ob diese eine gleichberechtigte Teilhabe aller Beteiligten ermöglichen. In Abgrenzung zu bisherigen zielgruppenspezifischen Maßnahmen und Strategien orientiert sich das Cultural Mainstreaming am Handlungsbedarf des Individuums, es wird also immer überprüft, ob eventuell migrantenspezifische Lebensbedingungen, Orientierungen und Voraussetzungen berücksichtigt werden müssen (BMBF 2009: 13f.).

Analog zur Strategie des Gender-Mainstreaming werden abschließend zehn Parameter formuliert, anhand derer Cultural-Mainstreaming in detailliertere Maßnahmen umzusetzen wäre:

Planung und Umsetzung des Vorhabens:

–   Analyse der herkunfts- und kulturspezifischen Ursachen für Problemlagen und der sich ggf. daraus ergebende unterschiedlicher Unterstützungsbedarf verschiedener Gruppen vor der Maßnahmenplanung.

–   Konkrete Formulierung von Gleichstellungszielen, so dass sich daraus Maßnahmen ableiten lassen.

–   Sicherstellung, dass die an der Durchführung der Maßnahme Mitwirkenden für eine Umsetzung des Cultural-Mainstreaming hinreichend qualifiziert sind.

Arbeit mit der Zielgruppe:

–   Berücksichtigung des Cultural-Mainstreaming bei der Definition der Zielgruppen oder bei der Feststellung von Anteilen bestimmter Gruppen unter den Teilnehmenden (z.B. der Anteil von Jugendlichen mit und ohne Migrationshintergrund).

–   Angepasst an die herkunfts- und kulturspezifisch unterschiedlichen Probleme und den Bedarf an Unterstützung werden inhaltlich differenzierte Maßnahmen durchgeführt.

–   Die Didaktik und Sprache der Maßnahmen ist an die herkunfts- und kulturspezifischen Unterschiede angepasst.

–   Die Rahmenbedingungen der Maßnahmen geben den sich nach Herkunft oder Kultur unterscheidenden Gruppen die gleiche Chance, an den Maßnahmen teilzunehmen (z.B. Berücksichtigung von Feiertagen oder die Sprach, in der über Teilnahmemöglichkeiten informiert wird).

– Zur Qualitätssicherung des Projektes gehört es, die Ergebnisse auch differenziert für Gruppen mit unterschiedlicher Herkunft oder Kultur zu überprüfen.

Arbeit mit den Akteurinnen und Akteuren im Umfeld der Zielgruppe:

– Die Arbeit mit Multiplikatorinnen und Multiplikatoren beinhaltet die Auseinandersetzung mit dem Cultural-Mainstreaming-Ansatz.

– Die Auswahl von Multiplikatorinnen und Multiplikatoren für die Projektarbeit folgte auch dem Cultural-Mainstreaming-Ansatz (z.B. Netzwerkpartnerinnen und -partner wegen ihres Zugangs zu einer der Gruppen ausgewählt) (Gericke/Sommer 2008: 102ff.).

Ergänzt werden müsste diese Liste, die an der je individuellen Situation der Jugendlichen mit Migrationshintergrund als „Marktbenachteiligte" ansetzt (Granato 2009a: 32), um die Identifikation der Ressourcen von jungen Migrantinnen und Migranten (z.B. interkulturelle Potenziale). So könnten die Verantwortlichen in Betrieben in entsprechenden Stellenausschreibungen interkulturelle Kompetenzen ausdrücklich fordern und sie könnten diese in Bewerbungsgesprächen explizit thematisieren. Die Sichtbarmachung interkultureller Potenziale von Jugendlichen mit Migrationshintergrund müsste darüber hinaus auch ein fester Bestandteil der schulischen Berufsorientierung sein. Aus Sicht von Granato sind ebenfalls regionale (berufliche) Netzwerke notwendig, um die Kooperation zwischen allen am Übergangsprozess Beteiligten nachhaltig zu fördern, denn schulische Interventionen zur Verbesserung des Übergangs Schule-Beruf zeigen keinen Erfolg, wenn die bestehenden Bedenken der Unternehmen gegenüber Jugendlichen mit Migrationshintergrund nicht ausgeräumt werden. Gleichzeitig müssten daher bisherige Anstrengungen zur Sensibilisierung im Hinblick auf Interkulturelle Kompetenz von Personalverantwortlichen in Betrieben und Verwaltungen sowie Akteurinnen und Akteuren in Kammern und Berufsverbänden weitergeführt werden. Nur so ist es möglich, die Ressourcen der Jugendlichen mit Migrationshintergrund wahrzunehmen und für den beruflichen Bildungsweg erfolgreich einzusetzen. Notwendig ist eine in den Rahmenplänen für berufliche Ausbildung dauerhafte Verankerung von ‚Interkulturellen Kompetenzen' als eine übergreifende Qualifikation für alle. Die Zunahme interkulturell geprägter Unternehmen sowie die globale Vernetzung auf dem Arbeitsmarkt machen den Erwerb interkultureller Kompetenz auch für Schülerinnen und

Schüler der Mehrheitsgesellschaft unabdingbar (vgl. ebd.: 32).[124] Darüber hinaus fordert Granato, das Potenzial des in 2008 in Deutschland eingeführten Ausbildungsbonus[125] zur Steigerung betrieblicher Ausbildungsmöglichkeiten für Altbewerberinnen und -bewerber insgesamt und insbesondere für Altbewerberinnen und -bewerber mit Migrationshintergrund auszuloten (vgl. ebd.: 33).

Eine wichtige Empfehlung für eine verbesserte Unterstützung von Jugendlichen mit Migrationshintergrund in der Übergangssituation Schule-Beruf, die explizit im Nationalen Integrationsplan genannt wird, ist die Etablierung eines flächendeckenden Systems regionaler Prozessketten (vgl. Presse und Informationsamt der Bundesregierung 2007: 72f.). Hierzu bedürfe es netzwerkbasierter Interventionsstrategien im sozialen Nahraum, die sich an den regionalen Gegebenheiten orientieren.[126] Die Netzwerke sind verbunden durch eine gemeinsame Zielsetzung; sie tauschen Kompetenzen untereinander aus und stellen Instrumente sowie Konzepte für den Transfer bereit. Durch die Netzwerkbildung kann die nachhaltige Wirksamkeit und Qualität von Angeboten verbessert, die Zielgenauigkeit vergrößert, eine Doppelung von Angeboten vermieden und das Herausfiltern regional bestmöglicher Angebote ermöglicht werden (vgl. ebd.: 227ff.). Eine besondere Bedeutung erhält dabei die Einbeziehung von migrationsspezifischen Einrichtungen, die allerdings erleichtert wird, wenn die Beteiligten interkulturelle Kompetenzen mitbringen. Einzubeziehen sind z.B. spezifische Einrichtungen mit langjähriger

---

124 Settelmeyer (2008) zeigt anhand qualitativer Interviews mit jungen Fachkräften mit Migrationshintergrund, die in Deutschland eine Ausbildung zur medizinischen Fachangestellten, Einzelhandelskauffrau und -mann sowie Einzelhandelskauffrau und -mann für Spedition und Logistikleistungen erfolgreich abgeschlossen haben, wie sie ihre interkulturellen Kompetenzen im beruflichen Kontext erfolgreich einsetzen und wie davon die Betriebe profitieren können.

125 Bei dem Ausbildungsbonus handelt es sich um einen finanziellen Zuschuss, der die Kosten der Ausbildung reduziert. Er wird an Arbeitgeberinnen und Arbeitgeber gezahlt, die für Jugendliche zusätzliche betriebliche Ausbildungsstellen anbieten. Die Höhe des Bonus richtet sich nach der Höhe der tariflichen oder ortsüblichen Ausbildungsvergütung im ersten Lehrjahr.

126 „Ein Netzwerk ist ein Forum, in dem Beteiligte als Vertreterinnen und Vertreter ihrer Organisation (Agentur für Arbeit, Kammern, Schulen und aller/anderer relevanten Gruppen) oder als Einzelpersonen auftreten und zur Lösung eines gemeinsamen Handlungsproblems nicht hierarchisch strukturiert, also gleichberechtigt kommunizieren" (Baumgratz-Gangl/Zaschel 2009: 227).

Erfahrung in der Bildungs- und Beratungsarbeit mit Migrantenjugendlichen, wie die Beratungsstellen der Wohlfahrtsverbände oder in neuerer Zeit die Jugendmigrationsdienste, aber auch kommunale Einrichtungen mit Aufgaben der Ausländerbetreuung, der interkulturellen Arbeit bzw. der multikulturellen Stadtentwicklung (vgl. Boos-Nünning u.a. 2010: 80). Die Migrantenselbstorganisationen üben deshalb eine wichtige Funktion in der kommunalen Landschaft aus, weil sie soziale Netzwerke mit integrierender Funktion darstellen, selbst dann, wenn das Thema Integration kein ausdrückliches Ziel ist. Sie geben durch ihre niederschwelligen Hilfsangebote Orientierungen und Unterstützungen, die für Migrantinnen und Migranten notwendig sind, um sich in der Mehrheitsgesellschaft zurechtzufinden (vgl. ebd.: 82).

5.6.2 Umsetzungsbeispiele anderer (Bundes-)Länder

Eine interkulturell sensible Berufsorientierung im Sinne eines erziehungstheoretisch reflektierten Gesamtmodells ist noch kein verbreitetes Konzept. Nach intensiven Recherchen wurden daher nur wenige erfolgreiche Schulkonzepte zur interkulturellen Berufsorientierung ermittelt, die für Bremen vorbildlich sein könnten. Die folgenden Beispiele aus Hessen, aus NRW und aus Berlin zeigen, wie Schulen einen wichtigen Beitrag dazu leisten können, die vielfältigen Angebote zur Berufsorientierung zu strukturieren, aufeinander abzustimmen und sich den spezifischen Problemen der Berufsorientierung von Jugendlichen mit Migrationshintergrund zu widmen.

In ihrer pädagogischen Zielsetzung verfolgt die Philipp-Reis-Schule (Grund- und Hauptschule) in Gelnhausen (Hessen), die einen Anteil an Schülerinnen und Schülern mit Migrationshintergrund von 68% aufweist, das Konzept der *Interkulturellen Berufsorientierung (IO)*, für das sie auch mit dem Preis ‚Potenziale entfalten: Bildung für Integration in Hessen‘ in der Kategorie ‚Förderung ausbildungsbezogener und beruflicher Kompetenzen‘ ausgezeichnet wurde. Das schulische Konzept zur Berufsorientierung geht von der Annahme aus, dass die Eltern in die Berufsorientierung ihrer Kinder eingebunden werden müssen und es daher gilt, Netzwerke zwischen Eltern, Betrieben und Schule zu knüpfen, um die Schullaufbahn zur Grundlage einer sozial wie beruflich erfolgreichen Integration zu machen. Dabei werden fehlende deutsche Sprachkenntnisse der Eltern nicht als Integrationsablehnung interpretiert, sondern diesbezüglich ganz spezifische Angebote zur Unterstützung gemacht. Der Erfolg des Konzepts beruht darauf, mit den Eltern über persönliche Ansprache und Hausbesuche als Basis eines Vertrauensverhältnisses, in denen den Eltern Wertschätzung und Anerkennung entgegen gebracht wird, Kontakt herzustellen und diesen kontinuierlich zu pflegen. Eltern mit unzureichenden Sprachkenntnissen können an Deutschkursen an der Schule teilnehmen und bekommen bei allen wichtigen Terminen, die im Zusammenhang mit der Bildungslaufbahn ihres Kindes stehen, eine Sprachmittlerin oder ein -mittler zur Seite gestellt. Darüber hinaus bemüht sich die Schule, Kontakte zu Kultur- bzw. Migrantenvereinen herzustellen und um Kontaktaufnahme mit ausländischen Unternehmen zur Findung von Praktikanten- und Ausbildungsstellen. Ein weiterer Schwerpunkt der Arbeit besteht in der Gewinnung ehemaliger Schülerinnen und Schüler mit Migrationshintergrund, die als Multiplikatoren für Infoabende und sonstige Veranstaltungen eingesetzt werden können (vgl. Philipp-Reis-Schule 2010: 2f.). Ziel dieses interkulturellen Berufsorientierungskonzepts ist eine systematische und auf Dauer angelegte, zwischen allen für die Berufsorientierung Jugendlicher bedeutsamen Stellen und Personengruppen abgestimmte Kooperation.

Ein weiteres interessantes Projekt zur Förderung schulischer Berufsorientierung von Jugendlichen mit und ohne Migrationshintergrund ist das landesweite Projekt *Zukunft fördern. Vertiefte Berufsorientierung gestalten* an den Schulen in Nordrhein-Westfalen, das von der Regionaldirektion NRW der Bundesagentur für Arbeit und dem nordrhein-westfälischen Ministerium für Schule und Weiterbildung finanziell getragen wird. Zum einen werden die beteiligten Jugendlichen durch zehn verschiedene Förderangebote in ihren individuellen Fähigkeiten bestärkt, zum anderen wird eine Berufsorientierung forciert, die bestehende Möglichkeiten auf dem Ausbildungsmarkt verdeutlicht und mit den Talenten und Interessen der Schülerinnen und Schüler abgleicht. So sollen passgenaue Lösungen für den Einstieg in die Ausbildung erarbeitet werden. Die zehn Projektmodule werden an den Schulen in bereits bestehende Berufsorientierungskonzepte eingebaut, so dass die Einbindung in das Schulprogramm sowie eine Nachhaltigkeit und dauerhafte Struktur der Maßnahmen gewährleistet werden können. Folgende Module stehen den Schulen zur Verfügung:

(1) Berufsorientierungsbüro: Berufs- und Studienorientierung einen Raum geben!

(2) Berufsorientierungscamp: Orientierung schaffen!

(3) Kompetenzfeststellung: Kompetenzen individuell fördern!

(4) Berufsorientierung an Förderschulen: Mit Handicaps einen Weg in den Beruf finden!

(5) Stärkung der Sprachkompetenz: Berufsorientierung über Sprache fördern!

(6) Schülerfirmen: Selbstständigkeit erproben!

(7) Auslandspraktikum: Horizonte erweitern!

(8) Duales Orientierungspraktikum: Studienorientierung schaffen!

(9) Theaterpädagogisches Berufswahltraining: Auftritt: Beruf!

(10) Sozialpraktikum: Sozialkompetent in den Beruf!.[127]

Die Schulen können angepasst an ihre eigenen Schwerpunktsetzungen und spezifischen Bedarfe ihrer Schülerschaft aus diesen Unterstützungsangeboten auswählen und diese in ihr schulinternes Konzept zur Berufsorientierung integrieren (vgl. Stiftung Partner für Schule NRW).[128] Für das theaterpädagogische Modul 9 ‚Auftritt-Beruf‘ ist die Regionale Arbeitsstelle zur Förderung von Kindern und Jugendlichen aus Zuwandererfamilien (RAA) verantwortlich. Die Jugendlichen werden mit kreativen Methoden der darstellenden Kunst und mittels theaterpädagogischer Elemente bei der Berufswahl unterstützt. Zielsetzung des Moduls ist das Erkennen eigener Stärken und Potenziale, die Verbesserung der Konflikt- und Kommunikationsfähigkeit, die Hilfestellung im Berufswahlprozess und das Kennenlernen verschiedener Berufsgruppen. In diesem Modul wird mit der Methode des Perspektivwechsels gearbeitet, es werden Übungen zur Selbst- und Fremdwahrnehmung durchgeführt und in Rollenspielen typische (geschlechtsspezifische) Lebenssituationen von den Teilnehmenden angesprochen und gemeinsam in der Gruppe nach Lösungsvorschlägen und neuen Perspektiven gesucht. Dabei werden männliche und weibliche Modulleitungen mit unterschiedlichem Migrationshintergrund eingesetzt (vgl. RAA 2008: 1ff.).

Hinsichtlich der Qualifizierung der Lehrkräfte für die Gestaltung einer kompetenten interkulturellen Berufsorientierung kann die einjährige Fortbildungsreihe *Interkulturell sensible Berufsorientierung an Berliner Schulen*

---

127 Übersicht über die Module unter: [URL: http://www.partner-fuer-schule.nrw.de/dev/ t3/zukunft-foerdern/ module.html.; Zugriff: 29.06.2011.

128 Informationen zum Projekt ‚Zukunft fördern‘ bietet die Homepage der Stiftung ‚Partner für Schule‘. [URL: http://www.partner-fuer-schule.nrw.de/dev/t3/zukunft-foerdern/]; Zugriff: 26.06.2011.

im Rahmen des von der Robert Bosch Stiftung geförderten Projekts *Lokale Initiativen zur Integration junger Migranten (LISA)* in Ausbildung und Beruf als vorbildlich betrachtet werden. Ziel der Fortbildung ist es, interkulturell sensible Berufsorientierung verlässlich an den Schulen zu verankern, angepasst an den Bedarf der jeweiligen Schule. Dabei knüpft die Arbeit an den konkreten Voraussetzungen und Bedarfen der Jugendlichen mit Migrationshintergrund an und bindet individuelle, ethnisch-kulturelle sowie soziale Faktoren in den Berufswahlprozess ein. Darüber hinaus nehmen die Lehrpersonen aktiv an einem Transfer guter Praxisbeispiele teil und werden motiviert und qualifiziert, weitere Entwicklungsaufgaben selbst durchzuführen. Sie entwickeln, adaptieren und wenden interkulturell sensible Materialien und Ansätze entsprechend den Erfordernissen an ihrer Schule an.[129]

Der *Berufswahlpass*[130] gilt als DAS erfolgreiche Instrument zur Unterstützung des individuellen Orientierungsprozesses bei der Berufswahl von Schülerinnen und Schülern und wird daher als Standardinstrument in insgesamt zwölf Bundesländern, darunter auch in Bremen, während der Schulzeit eingesetzt.[131] Der Berufswahlpass ist ein strukturierendes Instrument für eine

---

129 Für weitere Informationen zur Berliner LISA-Fortbildung vgl. [URL: http://www.ibbw. de/Fortbildung.aspx?FortbildungNr=2&BID=23]; Zugriff: 29.06.2011.

130 Der Berufswahlpass entstand im Rahmen des Programms *Schule – Wirtschaft/Arbeitsleben* des Bundesministeriums für Bildung und Forschung (BMBF) im Projekt *Flexibilisierungsbausteine und Berufswahlpass*. Dieses Projekt wurde als Verbundprojekt der Länder Berlin, Brandenburg, Bremen, Hamburg, Mecklenburg-Vorpommern, Niedersachsen und Schleswig-Holstein durchgeführt und endete im Dezember 2005. Der Berufswahlpass besteht aus einer robusten DIN A4-Sammelmappe und farbigen Registerblättern, die in vier Bereiche eingeteilt und vertiefend bearbeitet werden sollen: 1) Angebote zur schulischen Berufsorientierung; 2) Mein Weg zur Berufswahl, indem eine Analyse der Stärken, Interessen und Ziele von Schülerinnen und Schülern vorgenommen wird; 3) Dokumentation des eigenen Bildungsgangs und 4) Lebensordner, vgl. [URL: http://www.berufswahlpass.de/bwp-fuer-schueler/download/; Zugriff: 29.06.2011.

131 Seit dem Schuljahr 2000/01 wird der Berufswahlpass in Bremen, Hamburg, Brandenburg, Berlin, Mecklenburg-Vorpommern und Niedersachsen eingesetzt. Ohne entsprechende Evaluationsergebnisse hat er sich mittlerweile zu einem Standardinstrument schulischer Berufsorientierung entwickelt. Um mehr über die Stärken und Schwächen des Instrumentes zu erfahren, diese empirisch fundiert bewerten zu können und Perspektiven für zukünftige Entwicklungen aufzuzeigen, wäre jedoch eine umfassende Langzeiterhebung mit einer Kontrollgruppe notwendig. Dabei sollten verschiedene qualitative oder quantitative Untersuchungsmethoden kombiniert werden, um ein um-

systematische Berufsvorbereitung, der die einzelnen Schritte der Schülerinnen und Schüler bei der Auseinandersetzung mit der Berufsentscheidung begleitet. Bei der Dokumentation werden die Ergebnisse außerschulischer bzw. informeller Bildungsprozesse explizit berücksichtigt. Das Instrument soll Schülerinnen und Schülern zur Klärung der eigenen Neigungen und Fähigkeiten anregen und die Eigeninitiative, Selbstverantwortlichkeit und individuelle Lernplanung fördern. Mit dem Einsatz des Berufswahlpasses soll insbesondere der Prozesscharakter der Berufswahl angemessen berücksichtigt werden. Ein weiterer wichtiger Aspekt ist, dass der Berufswahlpass neben den Lehrkräften, der Berufsberatung und den Betrieben auch den Eltern ermöglichen soll, die Jugendlichen auf ihrem Berufsfindungsweg zu unterstützen (vgl. Arnold 2006: 7ff.). Im Folgenden soll der Berufswahlpass insbesondere unter dem Aspekt betrachtet werden, inwiefern auch die Zielgruppe der Jugendlichen mit Migrationshintergrund in seiner konzeptionellen Ausrichtung Berücksichtigung findet. Obwohl der Berufswahlpass in fast allen Ländern bundesweit implementiert ist, liegt bislang erst eine regionale Evaluation aus Hamburg (Arnold 2006) zur Wirkungsweise vor, die weder Angaben zum Migrationsstatus der Schülerschaft noch zum Migrantenanteil an beteiligten Schulen enthält. Dabei wurden Informationen mittels einer Befragung von Schulleitungen aus 42 Schulen sowie koordinierenden Lehrkräften für Berufsorientierung an Schulen gewonnen, zudem wurden insgesamt 13 Lehrkräfte sowie Schülerinnen und Schüler aus fünf Klassen unterschiedlicher Schulformen, die seit mindestens einem Jahr mit dem Berufswahlpass arbeiteten, interviewt (vgl. ebd.: 12ff.).[132] Den Auskünften der Schülerinnen und Schüler ist zu entnehmen, dass sie die Arbeit mit dem Berufswahlpass interessant finden, insbesondere die Beschäftigung mit dem eigenen Kompetenzprofil, bei der die Ermittlung und Reflexion der eigenen Fähigkeiten im Vordergrund steht. Die Analysen zeigen, dass ein enger Zusammenhang zwischen Interesse, Intensität der Arbeit mit dem Berufswahlpass und dem von ihnen selbst eingeschätzten

---

fassendes Bild zu generieren und verschiedene Perspektiven der Berufsorientierung zu erfassen und zu bewerten.

132 Da die Evaluation nach einjähriger Erfahrung mit dem Berufswahlpass stattgefunden hat, die Arbeit mit dem Instrument jedoch konzeptionell auf vier Schuljahre (von Klasse 7 bis zur Klasse 10) ausgelegt ist, kann die Hamburger Evaluation keine Bewertung der Entwicklung des individuellen Berufswahlprozesses der Schülerinnen und Schüler mit Hilfe des Berufswahlpasses leisten. Nicht außer Acht gelassen sollte, dass der aktuelle Berufswahlpass seit 2006 weiterentwickelt worden ist.

Nutzen des Instruments besteht und vor allem Mädchen von der Arbeit mit dem Berufswahlpass profitieren. Demnach zeigen sie mehr Interesse an den Aufgaben, die der Berufswahlpass stellt und sie arbeiten intensiver mit dem Material als Jungen. Weiter wird festgestellt, dass Schülerinnen und Schüler, die von sich sagen, sie seien besonders gut im Lernen, wenn ihnen etwas erklärt wird, am Berufswahlpass weniger interessiert sind (vgl. ebd.: 61). Diese Ergebnisse werden von den Lehrkräften aller Schulformen weitgehend bestätigt. „Nach den Erfahrungen und Einschätzungen der Lehrkräfte sind die im Berufswahlpass formulierten Aufgaben so komplex und voraussetzungsreich, dass sie auch von leistungsstarken Jugendlichen nicht ohne Vorbereitung und Unterstützung bearbeitet werden können" (vgl. ebd.: 60). Um die Fähigkeiten zur Selbstorganisation und Selbststeuerung der Schülerinnen und Schüler zu unterstützen, müssen sie an die selbstständige Bearbeitung von Aufgaben des Berufswahlpasses schrittweise herangeführt und kontinuierlich begleitet werden. Bezüglich der Möglichkeiten, die Eltern in die Arbeit mit dem Berufswahlpass einzubeziehen, kommt Arnold resümierend zu der Aussage, dass die Rolle der Eltern im Prozess der Berufswahl zwar als wichtig erkannt wird, die Zusammenarbeit zwischen Elternhaus und Schule sich jedoch schwierig gestaltet. Die Mehrheit der befragten Lehrkräfte aller Schulformen berichten über sprachliche Barrieren, die vor allem bei Eltern mit Migrationshintergrund auftreten und folglich die Texte des Berufswahlpasses nicht verstanden werden. Daher können die Eltern ihren Kindern bei der Bearbeitung kaum helfen (vgl. ebd.: 38). Die befragten Jugendlichen schätzen den Berufswahlpass als ansprechend gestalteten Ordner, in dem sie persönliche Unterlagen aufbewahren und mit dessen Hilfe sie mehr über sich selbst erfahren können, wobei einige über den Umfang der Texte und Aufgaben klagen (vgl. ebd.: 61).

Im Rahmen einer Evaluation der Bund-Länder-Kommission für Bildungsplanung und Forschungsförderung wurden die Erfahrungen im Umgang mit dem *Profilpass*,[133] einem die Bildungs- und Berufswahlentscheidung be-

---

133 Der Profilpass ist ein deutschlandweit angewendeter Qualifikationsnachweis im Rahmen der Berufs- und Weiterbildung. Ziel ist es, die eigenen Fähigkeiten und informell erworbenen Kompetenzen bewusst zu machen und für die berufliche Laufbahn zu nutzen (vgl. http://www.profilpass-online.de/; Zugriff: 23.01.2011). Der Profilpass hat mit dem Berufswahlpass gemeinsam, dass beide biographische Instrumente zur Feststellung von Kompetenzen darstellen, die auf unterschiedlichen Wegen erworben wurden. Weil auch der Profilpass in verschiedenen Bundesprogrammen zur Berufsorientierung eingesetzt wird, sollten der Berufswahlpass und der Profilpass aufeinander abgestimmt

gleitenden Instrument analog des Berufswahlpasses, ausgewertet. Auch hier wird das Instrument von den Nutzerinnen und Nutzern als positiv bewertet. Der Profilpass „dient gerade bei benachteiligten Personengruppen, die besonders auf Beratung angewiesen sind, zur Stärkung des Selbstwertgefühls sowie zu einer Ermutigung im Hinblick auf Bildungs- und Arbeitsmarktaktivitäten" (Bund-Länder-Kommission für Bildungsplanung und Forschungsförderung 2006: 107). Befragte Migrantinnen und Migranten gaben wesentlich häufiger als solche ohne Migrationshintergrund an, einen persönlichen Nutzen in der Arbeit mit dem Profilpass zu erkennen (vgl. ebd.: 89 und 105). Trotz der nachweislich positiven Effekte zeigt die Evaluation des Profilpasses jedoch deutlich, dass dieser eine nicht zu unterschätzende Anforderung an die Sprachfertigkeit der Nutzer darstellt. Insbesondere Personen mit Migrationshintergrund zeigen große Probleme mit dem Leseverständnis und bei der Benennung und Formulierung von eigenen Kompetenzen (vgl. ebd. 114f.). Hier wird schnell sichtbar, dass eine Begleitung der Schülerinnen und Schüler beim Einsatz des Berufswahlpasses als Mittel zur Kompetenzerweiterung in der beruflichen Orientierung sichergestellt werden muss. Aus den hier vorliegenden Ergebnissen zum Berufswahlpass und dem Profilpass lässt sich zusammenfassend schließen, dass die beiden Instrumente dem Prozess der Berufsorientierung systematisieren und strukturieren helfen. Auf der individuellen Ebene profitieren die Schülerinnen und Schüler vor allem von der Beschäftigung mit dem eigenen Kompetenzprofil und der Ermittlung und Reflexion der eigenen Fähigkeiten.

In dem Abschnitt zur Problemanalyse der Übergangssituation Schule-Beruf wurde deutlich herausgestellt, dass einer zielgerichteten Förderung der berufsbezogenen Sprachkompetenz in der Schule mehr Aufmerksamkeit geschenkt werden soll. Das Modellprojekt der schulischen sprachlichen Bildung *Integrierte Sprachförderung in Berufsvorbereitung und Ausbildung (SPAS)* kann als ein vorbildliches Projekt herangezogen werden, das deutlich macht, wie eine in den Unterricht integrierte Sprachbildung an berufsvorbereitenden Schulen umgesetzt werden kann. Das SPAS-Modellprojekt (2006-2011) strebt eine Qualitätsverbesserung der Sprachvermittlung an und wird durch die Berliner Senatsverwaltung für Bildung, Wissenschaft und

---

werden und als ein gemeinsames Instrument zukünftig Verbreitung finden, vgl. [URL: http://www.die-bonn.de/Weiterbildung/Informationsdienste/Forschungslandkarte/ projekt.aspx?id =579]; Zugriff: 23.03.2011.

Forschung und den Europäischen Sozialfonds gefördert. Ziel ist, an beruflichen Schulen, in der Berufsvorbereitung und in der Ausbildung eine in den Fachunterricht integrierte Sprachförderung in Form von Unterrichtsprojekten zu implementieren bzw. in fachbezogene Curricula einzubetten (vgl. Laufer 2010: 77). Im Gegensatz zu konventionellen Sprachförderangeboten innerhalb der DaZ-Förderung erfolgt im SPAS-Projekt keine getrennte Vermittlung von Deutschkompetenzen und Fachwissen, sondern es findet die Integration von Sprachfördermodulen im berufsvorbereitenden bzw. berufsausbildenden Fachunterricht statt. An der Entwicklung sind Lehrkräfte verschiedener Unterrichtsfächer sowie der DaZ-Förderung, Mitarbeiterinnen und Mitarbeiter von Trägern der Jugendberufshilfe, Sprachwissenschaftlerinnen und -wissenschaftler und Pädagoginnen und Pädagogen beteiligt. Die Sprachfördermodule werden in unterschiedlichen Berufsfeldern wie Gesundheit, Körperpflege, Gastronomie, Handel, Büro und Handwerk erarbeitet und an verschiedenen Berliner Schulen erprobt (vgl. ebd.: 78). Arbeitsschwerpunkte des Projekte sind: 1) die Entwicklung, Erprobung und Evaluierung berufsfeldbezogener ‚Sprachförderbausteine‘; 2) der Einsatz eines Sprachstandsfeststellungsverfahrens; 3) die Entwicklung und Durchführung von Schulungen; 4) die Etablierung einer interdisziplinären Zusammenarbeit auf Schulebene und Einsatz von Beauftragten für Sprachförderung und 5) die Implementierung der Ergebnisse.

Die von Gericke/Sommer (2008) und Boos-Nünning u.a. (2010) empfohlenen Maßnahmen zur regionalen Netzwerkbildung werden in der Praxis bereits erfolgreich umgesetzt. Einen funktionsübergreifenden Ansatz zur Etablierung und Optimierung ganzheitlicher Prozessketten stellt das Netzwerk *Integration durch Qualifizierung* z.B. in Berlin dar. Dieses Modell stellt die arbeitsteilige Zusammenarbeit unterschiedlicher lokaler Akteurinnen und Akteure mit unterschiedlichen Unterstützungsleistungen in den Vordergrund und verfolgt das Ziel einer möglichst flächendeckenden Installierung von regionalen Prozessketten[134] zur beruflichen Integration. „Damit verbindet sich die Idee, Menschen mit Migrationshintergrund so zu unterstützen, dass sie notwendige und passgenaue Unterstützungsleistungen erhalten, damit die berufliche Integration in den Arbeitsmarkt gelingt. Dies setzt voraus, dass die Angebote koordiniert sind und dass sie die Zielgruppe erreichen.

---

134 Siehe hierzu auch das Modell der Weinheimer Bildungskette, das im Kapitel 3.3 ausführlicher beschrieben wurde.

Doppelförderungen oder Förderungen ohne Anschluss werden dadurch vermieden" (Zentralstelle für die Weiterbildung im Handwerk 2010: 9f.). Um Integrationsfortschritte zu fördern, orientiert sich das Modell an sequenziellen Strategien, in denen Personen mehrere aufeinanderfolgende Maßnahmen absolvieren. Dabei können fünf Phasen unterschieden werden (siehe Abb. 6): die Phase „Zugang, Ansprache und Information"; 2) die Phase „Berufliche Orientierung und Planung"; 3) die Phase „Umsetzung und Qualifizierung"; 4)

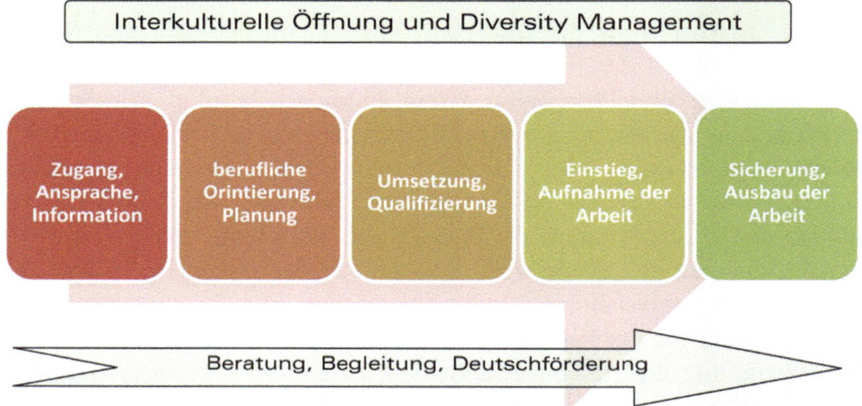

Abb. 6:   **Prozesskette für eine berufliche Integration nach Netzwerk Integration durch Qualifizierung** nach Netzwerk Integration durch Qualifizierung 2010: 6.

die Phase „Einstieg in die Erwerbstätigkeit"; 5) die Phase „Erwerbstätigkeit sichern und entwickeln". Darüber hinaus werden Querschnittsthemen wie z.B. Antidiskriminierung und die Interkulturelle Öffnung von Organisationen und Institutionen einbezogen (vgl. ebd.: 12f.).

Ein anderes Beispiel zur regionalen Gestaltung des Übergangsmanagements ist das in Stuttgart eingerichtete *Regionale Übergangsmanagement Schule-Beruf (RÜM)* (Laufzeit Mai 2008–März 2012)[135]. Ein zentrales Ziel der regionalen Koordinierungsstelle des Übergangsmanagements ist eine

---

135 Die Gesamtverantwortung trägt die Sozialbürgermeisterin, Referat Soziales, Jugend und Familie. Koordination und Durchführung liegen in der Verantwortung des Jugendamtes. Das Vorhaben wird aus Mitteln des Bundesministeriums für Bildung und Forschung und aus dem Europäischen Sozialfonds gefördert.

Zusammenstellung der laufenden Angebote zur Unterstützung der beruflichen Perspektiven Jugendlicher in Stuttgart. Damit soll die Transparenz über vorhandene Angebote erhöht, die Angebote gut miteinander abgestimmt und verzahnt, Doppelstrukturen abgebaut und neue anschlussorientierte Bildungsangebote aufgebaut werden. Durch die Schaffung systematischer, langfristiger und verlässlicher Kooperationsstrukturen soll die Verfolgung und die Umsetzung von gemeinsam formulierten Zielen im Sinne einer nachhaltigen Qualitätssicherung ermöglicht werden. Im Vordergrund steht der Aufbau einer nachhaltig wirkenden Dreiecksstruktur, in der Schulen, Wirtschaft und Jugendhilfe intensiv zusammenarbeiten. Darüber hinaus ist die Koordinierungsstelle des Übergangsmanagements in Stuttgart für die Verbesserung der lokalen Datenlage bzw. für den Aufbau eines längsschnittlichen Bildungsmonitorings individueller Verläufe zuständig, mit deren Hilfe konkretes Wissen erlangt werden kann, wo und in welcher Weise die Bildungswege junger Erwachsener beim Übergang Schule-Beruf behindert werden. Von der Einrichtung der RÜM-Stellen profitieren insbesondere die Haupt- und Werkschulen, die bei der Entwicklung eines ausgewogenen Gesamtkonzepts punktuell oder über einen Zeitraum von circa einem guten Jahr kostenlos unterstützend begleitet werden. Hierzu organisiert die Koordinierungsstelle jährliche Werktaggespräche, in denen ein fachlicher Erfahrungsaustausch ermöglicht wird.[136] Für den Aufbau eines regionalen Gesamtfördersystems ist die Steuerungsgruppe u25 verantwortlich, die sich aus Geschäftsführungen der Agentur und des JobCenters, der Jugendamtsleiter sowie der Arbeitsförderer, der Leiterin des Staatlichen Schulamtes und der Integrationsbeauftragten der Stadt zusammensetzt. „Es handelt sich damit um einen Kommunikations- und Abstimmungsort der Spitzen der beteiligten Systeme, in dem systematisch das Schulwesen sowie das Querschnittsthema Migration einbezogen werden" (DJI 2010).[137]

---

136 Für weitere Informationen zum Regionalen Übergangsmanagement Schule-Beruf (RÜM), vgl.[URL: http://www.stuttgart.de/ruem]; Zugriff: 6.01.2011).

137 Einen dringenden Handlungsbedarf im Hinblick auf die Sicherstellung eines gelungenen Übergangs von der Schule in die Ausbildung für Schülerinnen und Schüler mit Migrationshintergrund signalisieren auch die Ergebnisse des dritten Berichtes der Stuttgarter Schulabsolventenstudie (2010). 10% der ehemaligen Hauptschülerinnen und -schüler im dritten Übergangsjahr nach dem Schulabschluss bleiben unversorgt. Knapp 94% der unversorgten Jugendlichen haben einen Migrationshintergrund. Das

5.6.3 Ausgangslage in Bremen

Bremen ist ein Bundesland, dessen Ausbildungsangebot auch sehr stark von Schülerinnen und Schülern aus dem Umland wahrgenommen wird. Daher sind die Daten zum Übergangsmanagement der Jugendlichen von der Schule in eine Berufsausbildung sehr differenziert zu betrachten. Eine Reanalyse der Daten der integrierten Ausbildungsberichterstattung der statistischen Ämter des Bundes und der Länder machen deutlich, dass in Bremen ein mit 30% substantieller, überdurchschnittlich hoher Anteil der Berufseinsteigerinnen und -einsteiger in das berufliche Übergangssystem übergeht (vgl. Hessisches Statistisches Landesamt 2010: 8). Vor dem Hintergrund der eingangs formulierten hohen sozialen Koppelung von Migration und Bildungsbeteiligung ist davon auszugehen, dass sich bei Schülerinnen und Schülern mit Migrationshintergrund der Übergang Schule-Beruf noch problematischer gestaltet. Auch wenn differenziertere Analysen noch ausstehen, erscheint eine Verbesserung der Berufsfähigkeit und Berufsorientierung sowie ein professionelleres Management des Übergangs in Regelinstitutionen in interkultureller Perspektive in Bremen daher von besonderer Bedeutung.

Aktuell scheinen Ansätze zur kooperativen Arbeit in Bremen bereits gut verankert zu sein. Ein Grundlagenpapier zur Kooperationsvereinbarung unterschiedlicher Partnerinnen und Partner bilden die *Bremer Vereinbarungen für Ausbildung und Fachkräftesicherung 2011 bis 2013* (BVfAF), die von einem großen Kreis an Arbeitgeber- und Arbeitnehmervertretungen sowie der Senatorin für Bildung und Wissenschaft, der Senatorin für Arbeit, Frauen, Gesundheit, Jugend und Soziales, der Senatorin für Finanzen und der Agenturen für Arbeit Bremen und Bremerhaven im Dezember 2010 unterzeichnet wurden. Die BVfAF bilden einen zentralen Referenzpunkt für die Reflexion und Gestaltung der kommunalen Kooperationspraxen im Übergang Schule-Beruf. Hier verpflichten sich die Partnerinnen und Partner der Bremer Bildung und Beschäftigung, ihren Beitrag zur Berufsorientierung und zum Übergang Schule-Beruf zu leisten und ihre jeweiligen Beiträge aufeinander abzustimmen und zu beziehen. Die Unterzeichnerinnen und Unterzeichner haben 13 konkrete Verabredungen ausgehandelt und sehen in den kommenden zwei Jahren die Priorität einer gemeinsamen Zielsetzung bei der Steigerung von Angeboten an dualen Ausbildungsplätzen und der Minimierung der

---

Problem der Ausbildungslosigkeit betrifft damit primär junge Migrantinnen und Migranten (vgl. Gaupp/Geier 2010: 46f.).

Anzahl von Jugendlichen, die die Schule ohne qualifizierenden Abschluss verlassen. In der fünften Vereinbarung ist die Zielgruppe der Jugendlichen mit Migrationshintergrund explizit benannt, die für eine duale Ausbildung noch stärker gewonnen werden soll. Ein wesentliches Ziel wird in dem verstärkten Informieren der Migranteneltern über das duale Ausbildungssystem gesehen. Als Kooperationspartner wird hier der Bremer Rat für Integration genannt, mit dessen Hilfe geeignete Verfahren besprochen und umgesetzt werden sollen (vgl. BVfAF 2010: 6). Bestandteil der Bremer Vereinbarungen ist die Verbesserung und systematische Weiterentwicklung der schulischen Berufsorientierung, die im Anhang 1: *Eckpunkte zum Gesamtkonzept Berufsorientierung und Übergang Schule-Beruf* (GBOÜ) präzisiert wird. Die Frage der Zuständigkeit und Verantwortung für die Realisierung der Zielvorgaben ist weitgehend geregelt. Bei dem Gesamtkonzept wird die Agentur für Arbeit als wichtigster Partner ausdrücklich genannt, mit der auch die Bildungsbehörde eine verbindliche, durch einen Vertrag geregelte Kooperation eingeht. Auch die Kooperation mit Betrieben wird angestrebt (vgl. GBOÜ 2010: 12f.). Die Zielvereinbarungen zur schulischen Berufsorientierung umfassen insgesamt elf Aspekte beim Übergang von der allgemeinbildenden Schule in eine Ausbildung. Auch hier wird ausdrücklich darauf verwiesen, dass bei der Umsetzung der geplanten Konzepte den besonderen Belangen von Jugendlichen mit Migrationshintergrund Rechnung getragen werden soll (vgl. ebd.: 1). Die durch die Senatorin für Bildung und Wissenschaft in den Bremer Vereinbarungen zugesicherten Maßnahmen sind unmittelbar handlungsleitend. Die in dem Eckpunkte-Papier erklärten Ziele im Bereich der Berufsorientierung werden in einer Richtlinie zur Berufsorientierung an allgemeinbildenden Schulen umgesetzt.

Mit dem Rahmenkonzept der Bremer Vereinbarungen zeigt Bremen viel Handlungsbereitschaft in der Verbesserung des Übergangs Schule-Beruf und konkretisiert die Planungen mit einer Reihe von Maßnahmen und Vorhaben im Übergangsmanagement. Es wurde erkannt, dass die Realisierung eines besseren Übergangs Schule-Beruf die Schule vor nicht unerhebliche Probleme stellt und ohne Einbindung externer Unterstützung nicht zu realisieren ist. Allerdings muss hier auch kritisch angemerkt werden, dass zu diesem Zeitpunkt noch keine Aussagen darüber getroffen werden können, inwieweit die formulierte Absichtserklärung auf der Handlungsebene greift. Hier sind künftige Entwicklungen aufmerksam weiterzuverfolgen. Neben dem bereits bestehenden Monitoring über statistische Datenreihen zu den Übergangsquoten von Jugendlichen mit und ohne Migrationshintergrund sowie ihrem erfolgreichen Abschluss der Ausbildung, wäre der Erfolg der Maßnahmen durch eine prozessbegleitende Evaluation zu überprüfen. Sinnvoll wären hier qualitative Interviews mit Lehrerinnen und Lehrern von Abschlussklassen, Betriebsinhaberinnen und -inhabern, Ausbildern und Ausbilderinnen sowie Auszubildenden mit und ohne Migrationshintergrund zu ihren Erfahrungen mit der Umsetzung der Vereinbarung.

Die Schule übernimmt eine präventive und vorbereitende Funktion bei der Förderung der Berufswahlreife und Berufswahlkompetenz, die die Jugendlichen am Ende der Schulzeit nicht nur zu einer bewussten Berufsentscheidung befähigt, sondern ihnen darüber hinaus notwendige Kompetenzen zur Gestaltung der eigenen beruflichen Entwicklung vermittelt. Eine wesentliche Aufgabe der Schule ist dabei die Vorbereitung auf die Arbeitswelt mit der Vermittlung dafür zentraler Kompetenzen:

> Ziel der schulischen Arbeits- und Berufsorientierung ist es, die Schülerinnen und Schüler beim Erwerb von Kenntnissen und Fähigkeiten sowie beim Aufbau notwendiger Handlungskompetenzen zu unterstützen, um rechtzeitige und langfristige Lernprozesse für einen erfolgreichen Übergang von der Schule in die Arbeits- und Berufswelt zu ermöglichen. Dabei ist zu beachten, dass die Vorbereitung einer Berufswahlentscheidung und erwerbsorientierte Lebensplanung individualisiert verlaufen (Richtlinie zur Arbeits- und Berufsorientierung in der Sekundarstufe I vom 1. August 2008).

Weiter heißt es in der Richtlinie, dass die Berufsorientierung den Prozess einer kritischen Auseinandersetzung mit den geschlechterspezifisch unterschiedlichen Rollenerwartungen in der Berufswelt und bei der Lebensplanung strukturieren soll. Zur Erstellung von Konzepten geschlechtssensibler Berufsorientierungsmaßnahmen wird daher explizit aufgefordert (vgl. ebd.). Ausgeblendet wird in der Richtlinie, dass die Reflexion und Bearbeitung gesellschaftlich vorgegebener Geschlechterrollen auch immer von der ethnischen Zugehörigkeit überlagert wird. Die Auseinandersetzung mit der eigenen beruflichen Zukunft geschieht vor dem Hintergrund gesellschaftlicher Bedingungen, Werten und Normen sowie sozialer Ressourcen. Diese sind auch als Gegenstand pädagogischer Bemühungen zu begreifen.

Der Richtlinie zur Arbeits- und Berufsorientierung in der Sekundarstufe I ist zu entnehmen, dass die Bremer Schulen die Eigenständigkeit besitzen, ihr Konzept zur Berufsorientierung auf der Grundlage der unterschiedlichen schulformspezifischen Zielsetzungen und der Gegebenheiten in ihrem schulischen Umfeld selbst zu entwickeln und durchzuführen. Daher kann davon ausgegangen werden, dass auch wenn Konzepte zur Berufsorientierung in den Schulen vorhanden sind, diese im Verständnis und in inhaltlicher Ausführung des Berufsorientierungsprogramms große Diskrepanzen aufweisen. Weil uns keine Angaben zu laufenden Projekten und Konzepten der schulischen Berufsorientierung in Bremen vorliegen, muss die Beantwortung der Frage, wie intensiv, konsequent, systematisch und kontinuierlich sich die Einzelschule mit der Aufgabe der Berufsorientierung identifiziert und beschäftigt und inwiefern sie dabei die besondere Bildungsbenachteiligung von Jugendlichen mit Migrationshintergrund beim Übergang Schule-Beruf in ihrem Konzept zur schulischen Berufsorietierung berücksichtigt, offen bleiben.[138] Eine empirische Bestandsaufnahme im Bereich der schulischen Berufsorientierung und Systematisierung schuleigener Konzepte wird jedoch als sinnvoll erachtet, um einen Überblick über den derzeitigen Ist-Zustand der Investitionsbemühungen, die inhaltliche Schwerpunktsetzung und die Integration der Aktivitäten in curriculare Zusammenhänge zu erhalten. Ein weiteres Ziel der Qualitätssteigerung der schulischen Berufsorientierung in Bremen sollte daher zukünftig sein, besonderen Wert auf begleitende Dokumentation und Evaluation der angebotenen Maßnahmen zur Berufsorientierung und -vorbereitung an Schulen zu legen, um den Nutzen und die möglichen Entwicklungspotenziale systematisch aufzudecken und konkrete Hinweise für einen flächendeckenden Ausbau und eine Optimierung der Berufsorientierungsmaßnahmen zu erhalten.

Anhaltspunkte für die Etablierung einer systematischeren Berufsorientierung an Bremer Schulen liefert das Instrument: *Qualitätssiegel ‚Schule mit vorbildlicher Berufsorientierung' (SvBO)*. Das Qualitätssiegel SvBO ist ein Zertifikat für Schulen, die in vorbildlicher Weise ihre Schülerinnen und Schüler auf die Arbeitswelt vorbereiten und sie bei dem Übergang ins Berufsleben angemessen unterstützen. Zielgruppen sind die allgemeinbildenden Schulen der Sekundarstufe I und II und die Förderzentren im Land Bremen. Die Schulen entschieden bis vor kurzem noch selbst, ob sie an der Zertifizierung teilnehmen möchten und eine Bewerbung einreichen. Mit der Unterzeichnung der Bremer Vereinbarungen ist seit Dezember 2010 die Teilnahme der Oberschulen und Gymnasien verpflichtend. Das Qualitätssiegel hat eine Gültigkeit von drei Jahren. Die Jury bilden engagierte Persönlichkeiten aus Schule, Wissen-

---

138 Transparenz im Hinblick auf die konzeptionelle Ausgestaltung der Berufsorientierung an Bremer Schulen soll nach den Bremer Vereinbarungen, dadurch erreicht werden, dass die Schulen ihre Konzepte zur Berufsorientierung auf ihrer Homepage öffentlich machen müssen.

schaft, Gesellschaft und Wirtschaft. Seit 2006 wurden 27 Schulen mit dem Qualitätssiegel ausgezeichnet (vgl. Landesinstitut für Schule Bremen 2010). Um mit dem Qualitätssiegel SvBO ausgezeichnet zu werden, müssen die Schulen die gesetzten Anforderungen für die Entwicklung und Sicherung eines wirksamen und nachhaltigen Konzepts der Berufsorientierung erfüllen. Im Einzelnen handelt es sich hier um 15 Kriterien, die zwei Aufgabenbereichen – I. Kompetenzentwicklung und II. Berufsorientierung[139] – zugeordnet werden. Die inhaltliche Klassifizierung der Qualitätskriterien zur Berufsorientierung zeigt, dass es sich hierbei um differenzierte und umfassende Maßnahmen handelt. So verfolgt z.B. der Einsatz des Berufswahlpasses einen schülerzentrierten Ansatz, der den Schülerinnen und Schülern zum einen hilft, ihr persönliches Stärkenprofil zu ermitteln und zum anderen ihren Weg zu einer Berufsentscheidung dokumentiert. Weiter werden Maßnahmen aufgeführt, bei denen die Jugendlichen praktische Arbeitserfahrungen (z.B. in Form von Praktika) sammeln, um konkrete Vorstellungen über Berufsbilder zu entwickeln und solche, die die Kooperation von Maßnahmen und beteiligten Akteuren in den Blick nehmen und dabei berufskundliche Informationen vermitteln (z.B. Besuche beim Berufsinformationszentrum, Einladungen von ausbildungsbegleitenden Personen und Lehrmeisterinnen und -meistern in den Unterricht). Auch das Prinzip, die Berufsorientierung in den Gesamtunterricht durch fachbezogenes oder fächerübergreifendes projektorientiertes Arbeiten einfließen zu lassen, findet in dem Kriterienkatalog Berücksichtigung. Darüber hinaus sollen Kompetenzdiagnosen berufliche Stärken, Interessensschwerpunkte und Entwicklungsmöglichkeiten der Schülerinnen und Schüler herausarbeiten helfen. Eine systematische Beratung und individuelle Übergangsbegleitung von Jugendlichen im Übergang Schule-Beruf lässt sich hingegen nicht aus-

---

139 Als grundsätzliche Voraussetzungen für die Vergabe des Qualitätssiegels im Bereich der Berufsorientierung werden folgende Kriterien angesehen: 1) Stellenwert der Berufsorientierung im Schulprogramm und in der schulinternen Lehrerfortbildung; 2) Das Berufsorientierung-Konzept ist allen Beteiligten (Schülerschaft, Eltern, Lehrpersonen) bekannt, wird reflektiert und evaluiert; 3) Individuelle Fähigkeiten und Interessen werden bewusst gemacht und dokumentiert; 4) Berufsinformationsangebote werden genutzt; 5) Praxiserfahrungen werden ermöglicht; 6) Bewerbungstraining und Assessment-Center-Verfahren werden eingesetzt; 7) Die Berufsorietierung ist fachbezogenes und fächerübergreifendes Thema und 8) Kooperation mit externen Partnern sind anzustreben. Die Checkliste für das Bremer Qualitätssiegel „Schule mit vorbildlicher Beruforientierung" findet sich unter: [URL: http://www.lis.bremen.de/sixcms/media.php/13/Indikatoren_%20Stand_2008.pdf]; Zugriff: 29.06.2011.

machen. Die Notwendigkeit einer individuellen Übergangsbegleitung wurde jedoch erkannt und in dem Papier BVfAF folgendermaßen festgehalten: „Es hat sich gezeigt, dass ab Jahrgangsstufe 9 oder 10 eine individuelle Begleitung der Jugendlichen bei der Suche nach einem Ausbildungsplatz häufig erfolgreicher ist als ‚Pauschalangebote'. In Bremen gibt es eine Reihe von verschiedenen Modellen. Die Partner der Bremer Vereinbarungen organisieren weitere ehrenamtliche Patenschaften" (vgl. GBOÜ 2010: 21.).[140]

Bei den Indikatoren des Bremer Qualitätssiegels SvBO handelt es sich eher um allgemein gehaltene Kriterien, die in einen breiten Rahmen eingebettet sind. Diese lassen der Umsetzung des schuleigenen Konzepts zur Berufsorientierung einen relativ großen Gestaltungsspielraum, vielfältige Aktivitäten zur Berufsorientierung zu unternehmen, das Konzept bedarfsorientiert und spezifisch an die Schülerschaft und die Schule anzupassen. Allgemein gehaltene Kriterien bieten zwar die Möglichkeit der weitgehenden Standardisierung, bergen aber die Gefahr die spezifischen Bedürfnisse unterschiedlicher Gruppen, hier die von Jugendlichen mit Migrationshintergrund, bei der Berufsorientierung zu übersehen, weil die Konzepte der Berufsvorbereitung dann zu breit angesetzt sind. In diesem Zusammenhang kann von einer (nicht-intendierten) systematischen Ausblendung durch Nichtthematisierung gesprochen werden. Eine zentrale Herausforderung besteht daher darin, auf der einen Seite die schulische Berufsorientierung nicht auf zielgruppenspezifische Angebote zu reduzieren. Auf der anderen Seite sollte aber in Berufsorientierungskonzepten, die sich prinzipiell auf alle Schülerinnen und Schüler beziehen, die beschriebene besondere (Bildungsbenachteiligten-)Problematik des Übergangs von der Schule in den Beruf bei Jugendlichen mit Migrationshintergrund nicht außer Acht gelassen werden. Quer durch die vorgegebenen Indikatoren des

---

140 Auch für den Bereich der berufsvorbereitenden Berufsfachschulen ist eine „zentrale Beratungs- und Bewerbungsstelle", angedockt an die berufspädagogischen Beratungsstelle der allgemeinen Berufsschule, geplant. Alle Jugendlichen in den Abschlussklassen der allgemeinbildenden Schulen, die im darauffolgenden Schuljahr eine der oben genannten Klassen besuchen wollen, müssen sich dort bewerben und u.a. begründen, warum sie nicht in die berufliche Ausbildung wollen oder können. Es soll dort festgestellt werden, welche Hilfe Jugendliche benötigen, um eine Berufsausbildung erfolgreich antreten zu können. Elternarbeit wird ein Schwerpunkt dieser Beratung sein. Die allgemeinbildende Schule erhält ein Feedback. Ein ESF-Antrag, in dem es darum geht, Jugendliche zu unterstützen, die besonderer Begleitung/Unterstützung in dualer Ausbildung bedürfen, ist in Vorbereitung (Angaben von Frau Jendrich, Senatorin für Bildung und Wissenschaft, Bremen).

Qualitätssiegels lassen sich keine konkreten Vorgaben finden, die die besonders hohen Übergangshürden von Jugendlichen mit Migrationshintergrund durch eine interkulturell reflektierte Ausgestaltung der Berufsorientierung aufgreifen. Auch eine vergleichende Bestandsaufnahme der Kriterienkataloge der bundesweiten Qualitätssiegel zur Berufs- und Studienorientierung kritisiert die beschränkte thematische Ausrichtung. In keinem der gesichteten Kriterienkataloge wird auf soziale Kontexte wie z.B. den Migrationshintergrund der Schülerschaft eingegangen (vgl. Lippegaus-Grünau/Mahl/ Stolz 2010: 55). Einer solchen Gefahr kann unseres Erachtens mit einer Binnendifferenzierung der Angebote zur Berufsorientierung begegnet werden. Eine Sichtbarmachung interkultureller Orientierung in der Berufsorientierung bedeutet ein klares Bekenntnis zur kulturellen Vielfalt als Normalität und entspricht auch der vom BMBF (2009) geforderten Implementierung des Cultural Mainstreaming (s.o.). Ein differenzierteres Angebot bietet darüber hinaus mehr Möglichkeiten, auf die Bedarfe spezifischer Gruppen einzugehen, bis hin zu einer Individualisierung, die in der Richtlinie zur Arbeits- und Berufsorietierung in der Sekundarstufe I vom 1. August 2008 explizit gefordert wird.

Auch in Bremen wird der *Berufswahlpass* zur Entwicklung der Orientierungskompetenz beim Übergang Schule-Beruf von Schülerinnen und Schülern eingesetzt. Der Einsatz des schülerzentrierten Ansatzes der Berufsorientierung ist ein verbindliches Element der schulischen Berufsorientierung, wenn die Schulen mit dem Bremer Qualitätssiegel SvBO ausgezeichnet werden wollen (vgl. Landesinstitut für Schule Bremen 2010). In dem GBOÜ der Bremer Vereinbarungen wird sogar angestrebt, den Berufswahlpass im Unterricht der Oberschule und der Gymnasien ab Jahrgangsstufe 7 zukünftig verbindlich einzuführen und damit die Berufsorientierung als allgemeine Bildungs- und Erziehungsaufgabe sichtbar zu machen (vgl. BVfAF 2010: 10). Zur Kontinuität des Einsatzes im Rahmen der schulischen Berufsvorbereitung soll der Berufswahlpass über die Sekundarstufe I hinaus unter Nutzung eines Zusatzmoduls in der Sekundarstufe II weiterverwendet werden.

Die Einführung des Berufswahlpasses wurde in Bremen im Rahmen des Programms *Schule-Wirtschaft/Arbeitsleben* im Projekt *Werkstattphase und Berufswahlpass*, von Prof. Heinz-Dieter Schulz (Universität Bremen) wissenschaftlich begleitet.[141] Die wissenschaftliche Begleitung (2002–2005) verfolgte a) das Ziel der Verbreitung des Instrumentes durch Initiierung von Informationsveranstaltungen und Lehrerfortbildungen sowie b) das Ziel der Erprobung und Weiterentwicklung des Berufswahlpasses. Als prozessbegleitendes Evaluationsinstrument dienten Projekttagebücher, die von den Lehrenden kontinuierlich geführt wurden. Die Erfahrungen aus der Arbeit mit dem Berufswahlpass zeigen, „dass er als wirkungsvolles Instrument der Berufsorientierung funktionieren kann und die Schulen bei der Weiterentwicklung ihrer jeweiligen individuellen Berufsorientierungskonzepte unterstützt. Die Bewertungen der Akteure ergeben bestätigend, dass die Arbeit der Schulen im Projekt sowohl zur Werkstattphase als auch zum Berufswahlpass einen wesentlichen Beitrag für positive Anstöße in ihren Schulentwicklungsprozessen geleistet hat" (Rump/Schulz 2005: 7). Schwierigkeiten im Umgang mit dem Berufswahlpass konnten bei jungen Migrantinnen und Migranten bzw. Seiteneinsteigerinnen und Seiteneinsteigern mit geringen Deutschkenntnissen identifiziert werden, die eine adressatengerechte Hinführung zu der Arbeit mit dem Berufswahlpass benötigten. Hier entstanden erste Entwürfe für Materialien zu Betriebserkundungen, zu einer Berufsorientierungsanalyse sowie zu Berufsbildern (vgl. ebd.: 12). Aufgrund ihrer eingeschränkten Chancen auf dem Ausbildungs- und Berufsmarkt benötigen auch Schülerinnen und Schüler der Förderzentren zielgruppenspezifische Arbeitsmaterialien, bei denen thematische Schwerpunkte wie z.B. der Umgang mit Arbeitslosigkeit, Jobs und Fördermaßnahmen mit Mittelpunkt stehen (vgl. ebd.: 16).

Wenn es um speziell an die Bedürfnisse von jungen Migrantinnen und Migranten angepasste Förderinstrumente beim Übergang Schule-Beruf geht, kann hier das im Rahmen des FöRMIG-Projektes *Förderung von Sprachkompetenz und Selbstwirksamkeit* (Laufzeit 2005-2008) unter der Leitung von Regina Piontek (LIS) entwickeltes Bremer ‚Portfolio Interkulturelle

---

141 Im Rahmen des Projektes ‚Werkstattphase und Berufswahlpass' ist die Forschungswerkstatt Arbeits- und Berufsorientierung für Lehramtsstudierende unter der Leitung von Prof. Rolf Oberliesen an der Universität Bremen entstanden. Gegenstand der Forschungswerkstatt war die wissenschaftliche Begleitung des Projektes, insbesondere wurden die Einzelmaßnahmen, die Umsetzung von modularen Angeboten zur Werkstattphase sowie die Auswirkungen der Werkstattarbeit und des Berufswahlpasses auf das Berufswahlverhalten im Rahmen von nicht-veröffentlichten Abschlussarbeiten evaluiert.

Kompetenz' genannt werden. Das Portfolio verfolgt einen ressourcenorientierten Ansatz und hat zum Ziel, die Stärken und Potenziale von Jugendlichen mit Migrationshintergrund, die durch spezifische Lebenssituationen in der Migration entstehen, für den beruflichen Kontext explizit zum Ausgangspunkt zu machen. Die Zielsetzung liegt weiter darin, „Jugendlichen eine Struktur zu bieten, die es ihnen ermöglicht, Fähigkeiten, die sie ihrer Meinung nach erworben haben und die für ihre Selbstdarstellung und Berufsfindung relevant sein können, zu erkennen und auszudrücken. Die Jugendlichen sollen also befähigt werden, ihre Kompetenzen zu beschreiben, was voraussetzt, dass sie über entsprechende sprachliche Mittel verfügen oder diese im Prozess der Portfolio-Bearbeitung erwerben. Die Arbeit mit einem Portfolio enthält also immer auch die Dimension der Schriftsprachenförderung, da ein Zweck der Portfolio-Arbeit die sprachliche Darstellung eigener Fähigkeiten ist" (Piontek 2009: 34). Das Portfolio Interkulturelle Kompetenz versteht sich als ein offenes System, das sich in andere Portfolio-Strukturen leicht einpassen lässt (z.B. in den Berufswahlpass) und damit als gezielte Ergänzung zu interkulturell unsensiblen die Berufsorientierung begleitenden Instrumenten dient (vgl. ebd.: 35). Auch wenn es dem Projekt damit gelungen ist, ein innovatives Instrument zur Sichtbarmachung von Interkulturellen Kompetenzen zu entwickeln, muss kritisch angemerkt werden, dass es keine Nachhaltigkeit im Hinblick auf die Einbindung in die Konzeption der schulischen Berufsorientierung entfaltete. Es ist dem Projekt nicht gelungen, weitere Akteurinnen und Akteure aus dem Bereich der Berufsorientierung (z.B. im Rahmen der Entwicklung und des Einsatzes des Berufswahlpasses) in die Entwicklung und Durchführung des Modellversuches so einzubeziehen, dass hier ein Transfer in bestehende Konzepte hätte stattfinden können.

In Bezug auf die Zusammenarbeit von Schule und Eltern mit Migrationshintergrund, die sich explizit der Unterstützung der Übergangsphase Schule-Beruf widmet, konnten in Bremen keine dokumentierten Maßnahmen identifiziert werden. Es wird deutlich, dass hier ein verstärkter Handlungsbedarf besteht. Als im weitesten Sinne diesem Aspekt zuzuordnendes Projekt, das in seiner Konzeption, die Erziehungs- und Beziehungskompetenz der Eltern mit Migrationshintergrund zu stärken versucht, kann das *Familienorientierte Integrationstraining (FIT)* (Laufzeit 01.10.2008–30.09.2010) genannt werden.

Die Senatorin für Bildung und Wissenschaft ersetzt zum Schuljahr 2010/11 (Vorlaufphase für 6 Pilotschulen bereits ab Schuljahr 2009/10) die bisherigen Bildungsangebote Berufseingangsstufe/Berufsfachschule durch den, beginnend mit der 9. Klasse, neu eingeführten dreijährigen Bildungsgang *Werkschule* als eine berufsbildende Schulart, die mit der (erweiterten) Berufsbildungsreife endet. Das Werkschulenkonzept antwortet auf das Erfordernis, Schülerinnen und Schüler mit erheblichen Schwierigkeiten im schulischen Alltag, „die voraussichtlich den Besuch der Sekundarstufe II nicht schaffen werden", eine besondere Vorbereitung auf den Berufsausbildungseinstieg mit sozialpädagogischer Begleitung zukommen zu lassen und ihnen, entsprechend der Zielsetzung der Senatorin für Bildung und Wissenschaft, alle Kinder und Jugendlichen zur Abschlussprüfung zu führen (SfBW 2008a: 93). Das curriculare bzw. methodisch-didaktische Grundprinzip der Bremer Werkschulen ist die Verknüpfung von theoretischem Unterricht und einem stark handlungs- und arbeitsorientierten Lernen, indem versucht wird, Schülerinnen und Schüler durch die Übernahme von Verantwortung für praktische Arbeitsergebnisse neu für das eigene Lernen zu motivieren. Werkschulen stellen ein schulisches Angebot für bildungsbenachteiligte Jugendliche dar, das unter den Aspekten Individualisierung, Differenzierung und Qualifizierung den beteiligten Jugendlichen realistische Chancen für eine auf die Schulausbildung folgende Einmündung in eine berufliche Perspektive eröffnen will (vgl. SfBW 2008a: 94 und SfBW 2010b: 4f.).[142]

Ähnlich wie in Berlin wird derzeit auch an den berufsbildenden Schulen in Bremen versucht, das Modell *Integrierte Sprachförderung in Berufsvorbereitung und Ausbildung (SPAS)* zu etablieren. Damit wird auch in Bremen die Einführung einer „Kultur der Sprachförderung, d.h. die selbstverständliche und systematische Verknüpfung aller unserer Bildungsgänge mit der sprachlichen Förderung" (Jendrich 2011: 2)[143] vorangetrieben. In jeder Unterrichtsstunde soll die Sprache der Jugendlichen individuell gefördert werden. Damit übernehmen alle Lehrpersonen der Werkschulen und auch Lehrerinnen und Lehrer im berufsbildenden Bereich Verantwortung für die sprachliche Entwicklung ihrer Schülerinnen und Schüler mit Deutsch als Zweitsprache. Auf der Grundlage des Konzeptes ‚Integrierte Sprachförderung' sollen Sprachförderbeauftragte ausgebildet und als zentrale Multiplikatorinnen und Multi-

---

142 Der Aufbau und die Etablierung der Bremer Werkschulen wird von Prof. Michael Gessler am Institut für Technik und Bildung in Bremen im Zeitraum 2010 bis 2012 wissenschaftlich begleitet. Bislang liegen noch keine Zwischenergebnisse vor.

143 Die zuständige Mitarbeiterin der SfBW, Frau Jendrich stellte uns ein behördeninternes Papier zur Verfügung, der die Planung für die Umsetzung des Konzeptes zu entnehmen war.

plikatoren an den Schulen eingesetzt werden (vgl. ebd.: 4). Die Notwendigkeit einer integrierten Sprachförderung und der Entwicklung eines diesbezüglichen Konzeptes für die Berufsvorbereitung und -ausbildung wurde damit in Bremen erkannt, wobei die Umsetzung des SPAS-Konzeptes derzeit noch einen Modellcharakter aufweist. Bislang haben punktuelle Fortbildungen für 40 Lehrerinnen und Lehrern zu dem Konzept stattgefunden. Ein expliziter Bezug zu einer verbindlichen, integrierten Sprachförderung als Regelangebot in entsprechenden Curricula steht allerdings noch aus.

Darüber hinaus wurden auch in Bremen mit Hilfe von zivilgesellschaftlichen Organisationen erste erfolgreiche Mentoring-Ansätze mit spezifischen Instrumenten zur Begleitung und zum individuellen Coaching beim Übergang von der Schule in die Hochschule implementiert.[144] Beispielhaft sei das Projekt *MiCoach- das UniCoachingProjekt zur Studienorientierung für Schülerinnen und Schüler mit Migrationshintergrund der gymnasialen Oberstufe* am Arbeitsgebiet Interkulturelle Bildung der Universität Bremen genannt. Im Mittelpunkt der Bildungsberatungsform steht die Orientierungshilfe für die Auswahl geeigneter Bildungsangebote und die Unterstützung bei der Entscheidungsfindung für eine geeignete Bildungsteilnahme der Zielgruppe von Schülerinnen und Schülern der Sek.II mit Migrationshintergrund. Die grundlegende Idee des auf Bildungsförderung und -beratung ausgerichteten Mentoring basiert auf dem Prinzip der persönlichen Hilfestellung, bei dem Lehramtsstudierende mit und ohne Migrationshintergrund ein bis zwei Schülerinnen und/oder Schüler mit Migrationshintergrund beim Übergang

---

144 Die uns zur Verfügung stehende Datenlage erlaubt uns kein umfassendes Bild zur Repräsentanz von Angeboten zur individuellen Beratung und Begleitung im Übergang an den Bremer Schulen, da dieses ein Feld ist, in dem insbesondere zivilgesellschaftliche Akteure wie Stiftungen besonders aktiv sind, ihre Arbeit jedoch nicht von der Behörde der SfBW dokumentiert wird. Hier wäre eine gesonderte Bestandsaufnahme durch eine schulweite Befragung von Schulleitungen vorzunehmen, um die entsprechenden Angebote zu erfassen und zu dokumentieren. Bekannt ist uns, dass z.B. das Mentoring-Projekt des ‚Interkulturellen Bildungs- & Fördervereins für Schüler und Studenten IBFS e.V.' (Bochum) mit finanzieller Unterstützung durch die Bremer Caritas-Stiftung ein Projekt an der Gesamtschule Ost durchführt, bei dem im Schneeballsystem Studierende Schülerinnen und Schüler der SEK II, diese Schülerinnen und Schüler der SEK I und diese wiederum Schülerinnen und Schüler der Grundschule bei den Hausaufgaben unterstützen, um damit einen erfolgreichen Übergang in die nächste Bildungsstufe zu ermöglichen. Eine Evaluation des Projektes wird durch Jun.Prof. Carolin Rotter von der Universität Hamburg durchgeführt, Ergebnisse sind nicht öffentlich zugänglich.

Schule-Studium unterstützen. Die Teilnahme am Projekt wird in Verbindung mit dem verpflichtend zu besuchenden Qualifizierungs-Workshop im Rahmen des Lehramtsstudiums mit Kreditpunkten anerkannt und ist damit ein Bestandteil der universitären Lehramtsausbildung. In einer qualitativen Evaluation, bei der subjektive Perspektiven von teilnehmenden Schülerinnen als Angebotnutzerinnen im Mittelpunkt standen, wurde das MiCoach-Projekt einer Bewertung unterzogen. In der Projektevaluation konnte herausgestellt werden, dass das Beratungsformat MiCoach auf individuelle und komplexe Problemkonstellationen und Beratungsbedürfnisse, die sich durch eine inhaltliche Mehrdimensionalität ‚Sprachproblematik‘, ‚Schulbelastungen‘ und ‚Verunsicherungen in der Studienwahl‘ auszeichnen, effektiv reagiert (vgl. Wojciechowicz 2010a: 110; Wojciechowicz 2010b: 37ff.). Die Schülerinnen erwerben in ihrer eigenen Wahrnehmung Lern- und Arbeitstechniken und verbessern ihre Kompetenzen im Deutschen mit Blick auf eine eher auf akademische Belange fokussierte konzeptionelle Schriftlichkeit auch in der gesprochenen Sprache. Auf diese Weise wird ihnen dabei geholfen, die schulischen Herausforderungen im Hinblick auf die Ausbildung einer akademischen Sprachkompetenz besser zu bewältigen und den Übergang zur Universität zu erleichtern. Wie schon beschrieben, hat Bremen die Notwendigkeit der individuellen Begleitung der Jugendlichen bei der Suche nach einem Ausbildungsplatz und beim Übergang in den dualen Ausbildungsmarkt durch berufserfahrene Paten erkannt und als Zielsetzung der Bremer Vereinbarungen festgehalten (vgl. GBOÜ 2010: 21).

Als weitere Bremer Mentoring-Programme[145], die Jugendliche (allerdings ohne spezifische Differenzierung nach dem Merkmal mit oder ohne Migrationshintergrund oder Berücksichtigung eines Ansatzes des Cultural Mainstreaming) am Übergang Schule-Ausbildung begleiten, können die *Ausbildungsbrücke* und das Projekt *Brücke*[146] der Universität Bremen genannt werden, mit deren Umsetzung bislang gute Erfahrungen gemacht wurden. Die Bremer Ausbildungsbrücke ist ein Patenprojekt, indem ehrenamtliche

---

145 Ergänzend kann hier noch auf noch weitere Mentoring-Projekte hingewiesen werden: „Zeig, was du kannst" (eine gemeinsame Initiative des BMBF und der Stiftung der Deutschen Wirtschaft), Perspektive betriebliche Ausbildung und die BMBF-Bildungsketten-Initiative.

146 Beide Projekte haben zum Zeitpunkt der Berichterstattung (noch) keine Evaluationsberichte vorgelegt.

Ausbildungspaten, zumeist ältere Erwachsene mit Erfahrungen in unterschiedlichen Berufen, benachteiligte Schülerinnen und Schüler über vier Jahre am Übergang von der Schule in die Berufsausbildung begleiten. Die Einzelziele sind das Bestehen des Schulabschlusses, eine differenzierte, individuelle Berufsorientierung, Bewerbungsbegleitung und langfristige Anbahnung der konkreten Ausbildungsverhältnisse.[147] Ein anderes Bremer Coaching-Projekt, das auf individuelle Förderung von Schülerinnen und Schülern der Werkschulen zielt, ist das Projekt ‚Bildungsbiographische Brüche in Kindes- und Jugendalter: Diagnose, Förderung und Prävention' (BRÜCKE), angesiedelt bei der Arbeitsgruppe Sozialisation und Bildung an der Universität Bremen unter der Leitung von Prof. Christian Palentien. In Kleingruppenarbeit versuchen Lehramtsstudierende überfachliche und fachliche Kompetenzdefizite von Schülerinnen und Schülern zu diagnostizieren und diese gezielt durch Förderungsangebote zu reduzieren, um bildungsbiographische Brüche zu überwinden und so Zukunftsperspektiven für Ausbildung und Beruf zu eröffnen (vgl. Palentien/Wachs 2010: 2ff.).

Der *Bremer Qualitreff e.V.*, bei dem Ehrenamtliche aus der Berufswelt in die Beratung und Begleitung von Jugendlichen an den Übergängen zwischen Schule, Qualifizierung und Beruf eingebunden sind, kann hingegen als ein Projekt guter Praxis zur Berufsorientierung auch für jugendliche Migrantinnen und Migranten identifiziert werden, da diese hier explizit als Zielgruppe genannt und Ehrenamtliche mit Migrationshintergrund in die Durchführung des Projektes eingebunden sind. Qualitreff e.V. arbeitet nach dem Prinzip, von den Berufs- und Lebenserfahrungen anderer zu profitieren. Dies gibt Schülerinnen und Schülern die Möglichkeit, aus erster Hand zu erfahren, wie der Übergang zwischen Schule und Beruf erfolgreich gemeistert werden kann und in welcher Weise Schlüsselqualifikationen im Arbeitsalltag benötigt werden. Gerade für Jugendliche mit Migrationshintergrund, die – wie oben geschildert – weniger über die notwendigen sozialen Netzwerke und Bezüge

---

147 Die Ausbildungsbrücke ist ein bundesweites Netzwerk der Initiative „Arbeit durch Management/Patemodell" des Diakonischen Werkes Berlin-Brandenburg-Schlesische Oberlausitz. Die erste Standorteröffnung fand im Mai 2009 in der Albert-Einstein-Schule statt. Derzeit bestehen Kooperationsverträge mit fünf Bremer Schulen, in deren Rahmen rund 50 Patenschaften geschlossen werden konnten, vgl. [URL: http://www.ausbildungsbruecke.patenmodell.de/startseite/]; Zugriff: 06.01.2011)

zur Arbeitswelt verfügen, kann diese organisierte Form des Austauschs eine Möglichkeit sein, wichtige, ausbildungsrelevante Kontakte zu knüpfen.[148]

Ein weiteres Projekt, das nicht mit einem individuellen Coaching arbeitet aber im weiteren Sinne einen ganzheitlichen Ansatz verfolgt, ist das *Start-Stipendium*, das an besonders bildungserfolgreiche und zugleich sozial engagierte Schülerinnen und Schüler mit Migrationshintergrund vergeben wird. Bremen beteiligt sich an diesem bundesweiten Projekt durch eine jährliche Auswahl besonders vieler Bewerberinnen und Bewerber (2009 waren es insgesamt 36 Schülerinnen und 12 Schüler aus Bremen und Bremerhaven). Die Stipendiaten erhalten neben einem monatlichen Check von 100 Euro zusätzlich Büchergeld, einen Laptop, nehmen an Fortbildungsangeboten zur Berufs- bzw. Studienorientierung und Stärkung des Selbstkonzeptes oder auch fremdsprachiger Kenntnisse teil und erhalten Zugang zu einem umfangreichen, anregenden Kulturprogramm. Damit soll ihr Bildungserfolg in einer sensiblen Bildungsübergangsphase nachhaltig gestützt werden. Das START-Programm wurde vom IMIS-Institut der Universität Osnabrück mittels eines schriftlichen Online-Fragebogens und 30 qualitativer Leitfadeninterviews evaluiert. Insgesamt beteiligten sich an der Umfrage 471 Personen, davon 416 Stipendiatinnen und Stipendiaten und 55 Alumni, was einer Rücklaufquote von 77% entspricht (vgl. Bommes/Grünheid/Wilmes 2008: 10f.). Ein zentrales Ergebnis der Evaluation ist, dass die Unterstützung durch das START-Programm den geförderten Stipendiatinnen und Stipendiaten hilft, eine Reihe von Benachteiligungen, die aus der Migration resultieren, zu kompensieren, „aber sie erreicht nur zu einem kleineren Teil Migrantenkinder aus sozialstrukturell und dem Grad der Bildung nach benachteiligten Migrantenfamilien" (ebd.: 107). Lediglich 15% aller befragten Stipendiatinnen und Stipendiaten kommen aus Familien mit niedrigerem Bildungshintergrund. Der restliche Anteil der untersuchten Gruppe kommt aus einem Elternhaus, in dem die Eltern einen mittleren, aber vor allem einen hohen Bildungsabschluss nachweisen können (mindestens eine Hochschulzugangsberechtigung, meistens einen Hochschulabschluss, selbst Habilitationen kommen vor) (vgl. ebd.: 105ff.).

Auf Bremen bezogen sind im Zusammenhang der netzwerkbasierten Interventionsstrategien besonders jene Erfahrungen interessant, die im Rahmen der *Bremer Beratungsstelle zur Qualifizierung ausländischer Nach-*

---

148 Detaillierte Informationen zum Qualiftreff unter: [URL: http://www.qualitreff.de/ index.html]; Zugriff: 29.06.2011.

wuchskräfte (BQNplus) unter Trägerschaft der Arbeiterwohlfahrt Bremen mit einer Laufzeit von 1997 bis 2005, gesammelt werden konnten. Denn die BQNplus-Perspektive verfolgte als wesentliche Zielsetzung die Vernetzung lokaler Akteurinnen und Akteure im Übergang Schule-Beruf.

Die BQNplus wurde aus Mitteln des Europäischen Sozialfonds, der Bundesanstalt für Arbeit sowie des Senators für Arbeit, Frauen, Gesundheit, Jugend und Soziales der Freien Hansestadt Bremen gefördert. Ein weiteres Ziel von BQNplus war es, auf die Region bezogen geeignete Instrumente zu entwickeln, um die Anzahl der Auszubildenden mit Migrationshintergrund zu erhöhen. Insbesondere sollte erreicht werden, dass die Bereitschaft der Betriebe wächst, vermehrt Jugendliche mit Migrationshintergrund auszubilden, um so den Bedarf an Fachkräften besser abdecken zu können. Gleichzeitig sollte die Ausbildungsmotivation der jungen Migrantinnen und Migranten und ihrer Eltern gestärkt und eine bessere Vorbereitung auf die Berufsausbildung ermöglicht werden (vgl. Monfort-Montero 2002: 20f.). Um die Zielsetzung von BQNplus zu realisieren, wurde eine Reihe von Teilprojekten und Aktivitäten eingeleitet wie z.B. Berufsorientierungshilfen für Jugendliche und junge Erwachsene zu Fragen der Berufsfindung, Beratungsangebote in Schulen, Initiierung von Schulprojekten und Elternveranstaltungen, individuelle Beratung für Eltern, Organisation von Praktika und Ausbildungsplätzen, regelmäßige Treffen von (Ex-)Auszubildenden („Azubi-Stammtisch"), ein zusätzliches Beratungsangebot in der Berufsberatung der Arbeitsagentur, Orientierungsberatung und Hilfestellung im Bereich Existenzsicherung, ein zusätzliches Beratungsangebot in der Handelskammer (vgl. Bundesministerium für Bildung und Forschung 2005: 273ff.). Diese Vielfalt von Aktivitäten macht deutlich, dass BQNplus einen ganzheitlichen und mobilisierenden Ansatz verfolgte und diesbezüglich auch nachhaltig wirkt.

In diesem Zusammenhang ist auf die erfolgreichen Praxiserfahrungen des Bremer Teilprojektes *!Ausbildungsoffensive!* explizit hinzuweisen, das sich die Erhöhung der Ausbildungsbeteiligung von jugendlichen Migrantinnen und Migranten im Öffentlichen Dienst zum Ziel gesetzt und sichtbare Erfolge erreicht hat. Innerhalb der Jahre 1999 bis 2003 ist eine enorme Steigerung der Ausbildungsbeteiligung von ausländischen Bewerberinnen und Bewerbern zu verzeichnen gewesen, nämlich von 3,3 Prozent auf 19,3 Prozent. Der Grund für diesen Erfolg liegt vor allem in einer verbesserten Informationspolitik und Öffentlichkeitsarbeit; die Einstellungsmodalitäten im Öffentlichen Dienst hingegen wurden nicht verändert.

Auch die aktuelle Initiative *Du bist der Schlüssel!* der Bremer Finanz-senatorin zur Gewinnung von mehr Migranten und Migrantinnen für eine Ausbildung im Öffentlichen Dienst bedient sich der Methode einer vorsichtig angebahnten, nicht stereotypisierenden und dennoch zielgruppensensiblen Informationspolitik und Öffentlichkeitsarbeit. Der Erfolg in Bremen ist das Ergebnis einer langfristigen Auf- und Ausbauarbeit, insbesondere der Entwicklung eines Informationsnetzwerks durch BQNplus Bremen. Die !Ausbildungsoffensive! war auch für das Vorhaben des Beruflichen Qualifizierungsnetztwerkes für Migrantinnen und Migranten (BQN) in Berlin einschlägig (vgl. AWO Bremen 2003: 3ff.; Ludwig/Vogel 2005: 36f.). Ein weiteres Ziel der BQN-Beratungsstelle war, zusätzliche Ausbildungsplätze bei Unternehmen und Betrieben von ausländischen Betriebsinhaberinnen und -inhabern durch Beratung und Ausbilderkurse zu akquirieren.[149]

Was die Vernetzung der relevanten Akteure am Übergang Schule-Beruf anbelangt, wird in Bremen derzeit – ganz im Sinne des Projektes der Freudenberg-Stiftung ‚Ein Quadratkilometer Bildung' – ein Paradigmenwechsel vollzogen, bei dem Bildungs- und Berufswegplanung als ein kontinuierlicher Entwicklungsprozess verstanden wird, der nicht an einzelnen Bildungsabschnitten endet. Mit den Lokalen Bildungslandschaften wird in Bremen eine Infrastruktur geschaffen, die – ähnlich wie der ‚Quadratkilometer Bildung' – den Aufbau eines zusammenhängenden Bildungs- und Betreuungsraums unter explizitem Einbezug der Berufs- und Studienorientierung im interkulturellen Kontext ermöglicht. Interkulturell reflektierte Berufsorientierung bedeutet eine sichtbare Öffnung der Schule für außerschulische kompetente Partnerschaften mit Migrantenselbstorganisationen oder (Integrations-)Maßnahmen, die die besonderen Bedürfnisse von jungen Migrantinnen und Migranten erkennen und sich darauf spezialisiert haben. Sie bieten den Schulen Qualifizierung und Unterstützung bei der Ausrichtung ihrer Berufsorientierung für junge Menschen mit Migrationshintergrund. Die für ein effektives Übergangs-

---

149 Eine Bremer Untersuchung zeigte, dass insgesamt 55% von 500 Bremer Migrantenbetrieben als potenziell ausbildungsfähig (gute Deutschkenntnisse, eine existenzsichere Basis und die Motivation sich weiter zu bilden) eingestuft werden können. Grundsätzlich besteht ein Interesse an der Ausbildungstätigkeit von jungendlichen Nachwuchskräften aber die Herangehensweisen und Bedingungen sind den Betrieben kaum bekannt. Die Betriebe ausländischer Inhaberinnen und Inhaber zeigen an den sprachlichen und interkulturellen Kompetenzen von Jugendlichen mit Migrationshintergrund ein besonderes Interesse (vgl. TEWIFO 2007: 39f.).

management Schule-Beruf mit der Ermittlung entsprechenden Handlungs-
bedarfs benötigte regionale Datenbasis (Übergangs- und Verlaufsdaten von
Schülerinnen und Schülern an den allgemein- und berufsbildenden Schulen)
wird gerade im Rahmen des Aufbaus eines Bremer Bildungsmonitorings erarbeitet.

5.6.4 Handlungsempfehlungen für Bremen

33. Wir empfehlen, in den Kriterienkatalog des Qualitätssiegels für Schulen
    mit vorbildlicher Berufsorientierung einen Indikator aufzunehmen, der
    danach fragt, ob eine systematische Berücksichtigung interkulturell-
    er Aspekte in den unterschiedlichen konzeptionellen Ansätzen und Me-
    thoden schulischer Berufsorientierung stattfindet. Darüber hinaus soll
    Cultural Mainstreaming als Dimension bei allen Maßnahmen, Projekten
    und Entscheidungen zur schulischen Berufsorientierung einbezogen
    und beachtet werden. Schule hat dann die Verantwortung dafür, dass
    sich die interkulturelle Dimension der Berufsorientierung auch in dem
    Schulprofil niederschlägt. Im Vordergrund der Anstrengungen zur inter-
    kulturellen Berufsorientierung sollten darüber hinaus Maßnahmen der
    Personalentwicklung und Fortbildungen für Lehrerinnen und Lehrern ste-
    hen. Inhalte zum Thema sollten verbindlich in die Fortbildungskonzepte
    der Schulen aufgenommen werden.

34. Die Einsatzmöglichkeiten für den Berufswahlpass werden in den Eva-
    luationen zielgruppenspezifisch beschrieben. Daher empfehlen wir ei-
    ne Differenzierung des Berufswahlpasses zu gewährleisten, damit der
    Einsatz in allen Lerngruppen den gewünschten Erfolg hat. Da wir den
    Berufswahlpass als Instrument der kontinuierlichen Dokumentation des
    individuellen Kompetenzgewinns sehen, wird eine Modifizierung und
    Verbesserung dieses Instrumentes unter Berücksichtigung des Deutschen
    als Zweitsprache als unabdingbar betrachtet. Diese Modifizierung des
    Berufswahlpasses ist auch deshalb erforderlich, um die Migranteneltern,
    die möglicherweise die deutsche Sprache noch nicht ausreichend beherr-
    schen, zu erreichen und als unterstützende Akteurinnen und Akteure
    in den Prozess der Berufsorientierung ihrer Kinder aktiv einzubezie-
    hen. Ferner müssen die Schülerinnen und Schüler an die selbstständige
    Bearbeitung von Aufgaben des Berufswahlpasses schrittweise herange-
    führt sowie intensiv und prozessbegleitend beraten werden, damit die im
    Berufswahlpass formulierten Aufgaben für sie lösbar sind. Des Weiteren

sollten Lehrerinnen und Lehrer angehalten werden, die Vorlagen und Arbeitsblätter den jeweiligen Erfordernissen und Potenzialen im Hinblick auf die Sprachkenntnisse der Jugendlichen mit Migrationshintergrund in Deutsch und nach Möglichkeit auch in den jeweiligen Familiensprachen (gedacht als zusätzliche Interkulturelle Kompetenz, die es transparent zu machen gilt) anzupassen. Mit Hilfe von ergänzenden Arbeitsblättern können Kompetenzen, die aus Erfahrungen mit Migration (Mehrsprachigkeit, kulturelle Übersetzungsleistungen, längere und/oder häufige Aufenthalte im Herkunftsland, Erfahrungen mit Pendelmigration etc.) resultieren, in den Berufswahlpass integriert werden. Empfehlenswert ist an dem bereits entwickelten Portfolio Interkulturelle Kompetenz anzuknüpfen, weil dieses in bestehende Berufsorientierungspraxen flexibel übertragbar ist. Bei dem Einsatz des Portfolios Interkulturelle Kompetenz handelt sich um keine additive sondern integrative Maßnahme, die in den Lernalltag zur Berufsorientierung eingebettet ist und auf spezifische Zielgruppen differenziert reagiert. Die Einführung des Portfolios muss wissenschaftlich begleitet und evaluiert werden. Bedarf besteht an einer systematischen Überprüfung, zum einen hinsichtlich der Frage, ob mit dem Konzept des Portfolios die gesetzten Ziele erreicht werden konnten und ob die Sicherung der Nachhaltigkeit von Ergebnissen und Erkenntnissen gewährleistet ist. Die Implementierung des Berufswahlpasses in der Schule, der durch die Arbeitsblätter des Portfolios Interkulturelle Kompetenz angereichert wird, muss durch Fortbildungsangebote des Landesinstitut für Schule unterstützt werden.

35. Maßnahmen zur Berufsorientierung an Schulen müssen Eltern mit Migrationshintergrund zielgruppenspezifisch einbeziehen und ihr Unterstützungspotential umfassend stärken. Ein Elternabend im Schulhalbjahr und das Verteilen von (meist deutschsprachigen) Flyern reichen dafür nicht aus. Wir empfehlen interkulturelle Fortbildungen zu Elterngesprächen, die sich mit der sprachlich-kulturellen und sozialen Heterogenität der Eltern- und Schülerschaft und deren Einfluss auf Einstellungen zu und Erfahrungen mit Schule auseinandersetzen. Zur Unterstützung der Zusammenarbeit von Schule und Eltern sind Schulen auf ein qualifiziertes und umfassendes Unterstützungssystem angewiesen und daher müssen externe Kooperationspartnerinnen und -partner (u.a. organisiert in Migrantenselbstorganisationen, Gemeinden, Integrationsfachdiensten) als

muttersprachliche Fachleute herangezogen werden. Entscheidend ist, dass die Eltern die Informationen verstehen und ihr Informationsbedürfnis zum Thema Schule-Ausbildung-Beruf angemessen erfüllt wird. Ob das Angebot angenommen wird, hängt stark von den Einzelpersonen und Kooperationspartnerinnen und -partnern vor Ort ab. Daher muss das regionale Netzwerk ausgebaut und institutionalisiert werden und es müssen seitens der Schulen Kontakte zu Migrantenorganisationen, Gemeinden und Integrationsfachdiensten intensiviert werden. Wichtige Kriterien (z.B. interkulturell besetzte Arbeitsteams, Kommunikationsmöglichkeit in der Herkunftssprache, verständliche schriftlich-zweisprachige Informationen, Einsatz von aktiven Eltern, Berücksichtigung kultureller Besonderheiten etc.) für den Erfolg von Elternangeboten und der Zusammenarbeit von Schule und Eltern mit Migrationshintergrund wurden bereits im Kapitel 6.3 zur Rolle der interkulturellen Kooperation mit Eltern erläutert.

36. Die Bremer Richtlinie zur Arbeits- und Berufsorientierung in der Sekundarstufe I verpflichtet sich dem Ziel, tradierte Geschlechterrollen in der schulischen Berufsorientierung aufzuweichen. Möchte die Schule die Orientierungs-, Bildungs- und Identitätsprozesse von Schülerinnen und Schülern im Bezug auf die Dimension Arbeit und Beruf unterstützen und begleiten, dann müsste aus unserer Sicht die Richtlinie um den Aspekt der Verschränkung geschlechtlicher und ethnischer Differenzierungen auf dem Arbeitsmarkt ergänzt werden. Das Wissen über Prozesse der Herstellung geschlechtlich und ethnisch segmentierter Ausbildungs- und Beschäftigungsmärkte und die damit verbundenen Schwierigkeiten sollten im Hinblick auf die berufliche Situation von jungen Migrantinnen und Migranten in die Berufsorientierung integriert werden. Die Reflektion und Bearbeitung gesellschaftlich vorgegebener Geschlechterrollen, die von der ethnischen Zugehörigkeit überlagert werden, ist notwendig, wenn es darum geht, neue Wege und Chancen beruflicher Orientierung von Schülerinnen und Schülern mit Migrationshintergrund aufzuzeigen, denn die Auseinandersetzung mit der eigenen beruflichen Zukunft geschieht vor dem Hintergrund spezifischer gesellschaftlicher Bedingungen, Werte und Normen sowie sozialer Ressourcen, die für die Jugendlichen transparent gemacht werden müssen.

37. Für den Bereich der Öffentlichen Verwaltung verfügt Bremen über ein recht umfangreiches Fortbildungsangebot zur Interkulturellen Öffnung

und zu Interkulturellen Trainings, das auch für den privatwirtschaftlichen Sektor als vorbildlich gelten kann. Die komplette Gesamtorganisation von Betrieben muss bei der Planung, formulierter Zielsetzung, verfolgter Steuerung sowie bei der Gestaltung der Außendarstellung (z.B. Website) die Ausgangsbedingungen von und Auswirkungen auf Jugendliche mit Migrationshintergrund beachten und Zugangsbarrieren für diese Zielgruppe aus dem Weg räumen. Wenn die Vertreterinnen und Vertreter der Wirtschaft ihre Bereitschaft erklären, an individuellen Beratungsangeboten für Jugendliche mit Migrationshintergrund aktiv mitzuwirken, wie es in der achten Verabredung zur Konzentration und Verbesserung der Ausbildungsberatung in den Bremer Vereinbarungen festgehalten wird, dann muss auch die interkulturelle Handlungskompetenz von in der Beratung tätigen Personen sichergestellt werden. Kritisch kann formuliert werden, dass in den Bremer Vereinbarungen ein Punkt fehlt, der ein besonderes Augenmerk auf Aktivitäten legen sollte, die auf das Einstellungsverhalten von Unternehmen abzielt. Angesichts der formulierten Zielvereinbarung, die Lebenssituation von Jugendlichen mit Migrationshintergrund gezielt zu berücksichtigen, sollte die Interkulturelle Öffnung der an der Vereinbarung involvierten Institutionen und Betriebe verstärkt gefordert und durch das Angebot entsprechender Fortbildungsmaßnahmen unterstützt werden.

38. Vor dem Hintergrund der positiven Evaluationsergebnisse zu Mentoring-Programmen sprechen wir uns dafür aus, die in Bremen bereits an einigen Stellen erfolgreich praktizierten Konzepte von Patenschaften zu erweitern. Wir empfehlen den flächendeckenden Ausbau von individuellen Beratungs- und Begleitungsangeboten bzw. den Ausbau eines umfassenden Mentoring-Systems, welches die Schülerinnen und Schüler auf anstehende Berufs- bzw. Studienorientierungen angemessen vorbereitet und insbesondere die Jugendlichen mit Migrationshintergrund bei ihrer Suche nach einem Ausbildungs- oder Studienplatz intensiv, langfristig, kontinuierlich und zielgerichtet unterstützt. Hierbei muss sowohl die Frage der pädagogischen Qualifikation beteiligter Mentorinnen und Mentoren sowie die gezielte Rekrutierung von Mentoren und Mentorinnen mit Migrationshintergrund in den Blick genommen werden. Es müssen gemeinsame Qualifizierungsstandards ausgearbeitet werden, welche garantieren, dass die Angebotsqualität der Programme den pädagogischen

Anforderungen genügt. Unabdingbar ist hier für Mentorinnen und Mentoren mit wie ohne Migrationshintergrund die Vermittlung der interkulturellen Handlungskompetenz in Beratungssituationen. Das Qualifizierungskonzept des MiCoach-Projektes, das sich als erfolgreich und effektiv erwiesen hat, könnte eine erste Grundlage für die Entwicklung eines umfassenden, auf spezifische Zielgruppen ausgerichteten Qualifizierungsprogramms sein.[150] Weiter halten wir es für sinnvoll, die existierenden Mentoring- und Coaching-Projekte, die im Kontext von Schule arbeiten, entweder durch eine zentrale Anlaufstelle in der Bremer Bildungsbehörde oder am LIS zu registrieren und zu koordinieren. Zu denken wäre etwa an die Entwicklung gemeinsamer Qualitätsstandards für die Durchführung entsprechender, schulnaher Coaching- und Mentoring-Projekte, die durch eine Zertifizierung gesichert wären. Analog zum Qualitätssiegel Berufsorientierung könnte ein Qualitätssiegel „Vorbildliches Coaching-/Mentoring-Projekt" vergeben werden, wenn Voraussetzungen vorliegen wie die Sicherstellung einer fachlichen Qualifizierung der Mentorinnen und Mentoren und eine Dokumentation des Coaching-/Mentoring-Prozesses (diese Kriterien wären erweiterbar).

39. Um den Umbau auf eine migrationssensible und -gerechte Berufsbildung zu schaffen und die vorhandenen Ressourcen hierfür optimal zum Einsatz zu bringen ist es wichtig, die aktuellen Initiativen und Ansätze in Bremen überregional zu bündeln und aufeinander abzustimmen. Zur Koordinierung ist eine Austauschplattform erforderlich, die den notwendigen Überblick über einschlägige Initiativen verschafft, Zielperspektiven entwickelt, die vielfältigen Akteurinnen und Akteure auf ein gemeinsames Vorgehen systemübergreifend orientiert und Maßnahmen systematisch auswertet.

---

150 Weil die Aufgaben der Mentorinnen und Mentoren sich nach dem individuellen Bedarf der Jugendlichen richten, können auch folgende Bereiche Themen einer Qualifizierung und einer die Mentorentätigkeit begleitenden Fortbildung sein: Soziale Kompetenz im Umgang mit Jugendlichen, Phasenmodell der Berufswahlreife, Beratungstechnik und -methodik, Erstellung von Bewerbungsunterlagen, Lernbegleitung, Kompetenzerfassung und -bilanzierung.

5.7 Interkulturelle Professionalisierung des pädagogischen Personals

Für den adäquaten Umgang mit Heterogenität ist es notwendig, neben unterschiedlichen Lern- und Entwicklungsständen und Lernvoraussetzungen auch unterschiedliche sprachliche und soziokulturelle Voraussetzungen reflektieren, einschätzen und berücksichtigen zu können. Denn gerade der Anspruch an Lehrerinnen und Lehrer, der im Bremer Schulentwicklungsplan 2008, dem Entwicklungsplan Inklusion 2010 und dem Schulgesetz 2009, individuelle Lernprozessen initiieren, moderieren und begleiten zu können, fordert von ihnen eine gute Kenntnis der lebensweltlichen und sprachlichen Bedingungen und Voraussetzungen der Kinder, die mit in den Unterrichtsalltag einfließen. Zentraler Bestandteil einer interkulturellen Öffnung von Schule und einer interkulturell kompetenten Bildungsförderung ist somit die entsprechende Ausbildung des gesamten Personals (vgl. Bainski 2008: 15, BMBF 2008a: 29, BAMF 2010: 49), das mit den entsprechenden interkulturellen Kompetenzen ausgestattet werden muss. Der Einsatz dieser Kompetenzen ist wiederum maßgeblich davon beeinflusst, ob die Zielsetzung der interkulturellen Öffnung als Leitungsaufgabe wahrgenommen wird oder einzelnen engagierten Lehrerinnen und Lehrern überlassen bleibt. Eine umfassende interkulturelle Öffnung, wie sie in dem hier vorgelegten Konzept dargelegt wird, muss von der Schulleitung gewünscht und gesteuert und durch eine Teamentscheidung gestützt sein, damit sie mit breiter Akzeptanz umgesetzt werden kann. Damit ist interkulturelle Öffnung auch Teil der Personalentwicklung, der Orientierung an einer Normalität der kulturell pluralen Schülerschaft und stellt einen wichtigen Teil des Qualitätsmanagements von Schulen dar (vgl. Fischer 2006: 21ff. in Mecheril u.a. 2010: 90). Neben der interkulturellen Qualifizierung des gesamten pädagogischen Personals im Elementarbereich und an Schulen, wird auch die Ausbildung und der Einsatz von speziell ausgebildeten Sprachförderkräften (Sprachberaterinnen und -berater) sowie der Einsatz von pädagogischem Personal mit biographischen Bezügen zum Thema Migration und Integration, insbesondere von Personen mit eigenem oder familiärem Migrationshintergrund als Bestandteil der interkulturellen Professionalisierung und Öffnung von Schulen betrachtet (vgl. BAMF 2010: 101ff.).

5.7.1 Interkulturelle Kompetenz und Umgang mit Deutsch als Zweitsprache in allen drei Phasen der Lehrerinnen- und Lehrerausbildung

5.7.1.1 Forschungsstand und Problemaufriss

Im Umgang mit sprachlichen und soziokulturellen Voraussetzungen zeigen eine Reihe von Studien der vergangenen 10 Jahre, dass Lehrkräfte häufig spezifische Vorbehalte gegenüber Schülerinnen und Schülern mit Migrationshintergrund sowie deren Eltern hegen (vgl. Gomolla/Radtke 2002; Stamm 2005; Zusammenfassung versch. Studien bei Schofield 2006). Dieses wirkt sich negativ auf die gesamte Bildungslaufbahn von Kindern und Jugendlichen mit Migrationshintergrund aus, denn Lehrererwartungen und Stereotypen gegenüber bestimmten Gruppen von Schülerinnen und Schülern haben sowohl einen Einfluss auf das Selbstwertgefühl als auch auf die Leistungsfähigkeit von Schülerinnen und Schülern. Dass systematisch unterschiedliche Verhaltensweisen gegenüber verschiedenen Schülergruppen bei Lehrerinnen und Lehrern beobachtbar sind, hat z.B. die umfangreiche Forschung zum „heimlichen Lehrplan" am Beispiel der Genderdimension belegt. Das Attribut „heimlich" verweist auf den latenten, nicht manifesten Charakter der Einstellungen und der mit ihnen verbundenen Handlungen. Lehrererwartungen wirken sich auch auf ihr unterschiedliches Verhalten gegenüber leistungsschwächeren bzw. leistungsstärkeren Schülerinnen und Schülern aus. So stellt Schofield (2006) in einer Auswertung spezifischer Untersuchungen zum Thema fest: „Die Verbindung zwischen den Erwartungen und der Leistungsentwicklung der Schülerinnen und Schüler wird offenbar vermittelt über eine Reihe von Faktoren, zu denen Unterschiede im sozioemotionalen Verhalten der Lehrerinnen und Lehrer gegenüber den jeweiligen Schülerinnen und Schülern, Ausmaß und Art des Feedbacks, das Schülerinnen und Schüler erhalten, der Einsatz von anspruchsvollem Lehrmaterial und die Möglichkeiten der einzelnen Schülerinnen und Schüler zur Teilnahme am Unterrichtsgeschehen gehören" (Schofield 2006: 108). Negative Verzerrungseffekte auf die Schülerleistungen sind insbesondere dann zu befürchten, „wenn die Schülerinnen und Schüler einer sozialen Schicht oder Gruppe angehören, die sich von der des Lehrers oder der Lehrerin unterscheidet" (ebd.: 59). Auch Stamm (2005) weist in ihrer Frühleseuntersuchung einen erheblichen Einfluss der Schichtzugehörigkeit des Kindes auf die Schullaufbahnempfehlungen durch Lehrpersonen nach, wenn hohe kognitive Fähigkeiten und hohe Fachleistungen bei unterschiedlicher sozialer Herkunft miteinander vergleichen werden. „FrühleserInnen und FrührechnerInnen, die aus bildungsfernen Milieus stammten, erhielten beispielsweise dreimal seltener als gleich begabte und leistungsfähige Jugendliche aus mittleren und höheren sozialen Milieus von den Lehrpersonen eine auf das Gymnasium ausgerichtete Übergangsempfehlung" (Stamm 2009b: 134). Ähnliche Ergebnisse konnten Gomolla und Radtke hinsichtlich des Merkmals ‚Migrationshintergrund' ermitteln (Gomolla/Radtke 2002). Hierbei identifizierten sie nicht nur individuelle Haltungen bei Lehrerinnen und Lehrern, sondern Mechanismen Institutioneller Diskriminierung.

Im Modellprogramm FörMig wurde festgestellt, „wie hoch tatsächlich der Qualifikationsbedarf für die Umsetzung einer durchgängigen Sprachbildung in die Praxis ist" (Abschlussbericht FörMig 2009: 151). Weiterhin zeigte sich im Modellprojekt, dass einzelne Qualifizierungsangebote nicht automatisch Niederschlag in der pädagogischen Praxis finden: „Zwar existierte in allen beteiligten Länderprojekten ein Qualifizierungsangebot zu Fragen der interkulturellen Bildung oder des Deutschen als Zweitsprache. Aber die Erwartung, dass alle Beteiligten deshalb eine grundlegende Qualifikation für die Aufgabe durchgängiger Sprachbildung mitbringen, erwies sich als unzutreffend" (ebd.). Im Nationalen Integrationsprogramm wird dies aufgegriffen. Dort heißt es, dass sowohl für Erzieherinnen wie Erzieher als auch für Lehrkräfte aller Fachrichtungen, Schulformen und -stufen ein verpflichtendes Modul zu Deutsch als Zweitsprache und Interkultureller Kompetenzen eingeführt werden sollte (BAMF 2010, S. 49). Hierbei wird auch explizit auf die Notwendigkeit, für die Umsetzung dieses Ziels, zusätzliche Ressourcen und Strukturen zur Verfügung zu stellen, hingewiesen. Das OECD Centre for Education Research and Innovation (CERI)-Projekt, "Teacher Education for Diversity (TED)" verweist in seinem Abschlussbericht auf die Art und Weise, wie Lehrerinnen und Lehrer auf ihre Tätigkeit in immer vielfältigeren Klassenzimmern vorbereitet werden und bemüht sich, diejenigen gemeinsamen Herausforderungen zu zeigen, auf die die unterschiedlichsten Länder zur Zeit in ihrer Lehrerausbildung und Weiterbildung aufgrund der immer stärker werdenden kulturellen Diversität antworten. Die Autoren Burns/Shadoian-Gersing heben insgesamt hervor, dass die Lehrerausbildung als ein Kontinuum angesehen werden muss; Lehrerinnen und Lehrer müssen sich vor und während der Berufsausübung weiterbilden: „Effektive professionelle Entwicklung ist andauernd und beinhaltet Training, Praxis, Feedback und Nachbereitung" (Burns/Shadoian-Gersing 2010: 20, eig. Übersetzung). Zudem sei der Umgang mit Diversität als eine

Querschnittsdimension anzusehen, kulturelle und sprachliche Vielfalt gelte es daher in allen Fortbildungen mitzudenken (vgl. ebd.: 29f.).

Eine Möglichkeit, Lehrerinnen und Lehrer in Fort- und Weiterbildung sowie angehende Lehrerinnen und Lehrer in der Ausbildung zu Reflexionen über ihr unterrichtliches Handeln in kulturell heterogenen Klassen anzuregen, sind Interkulturelle Schulungen oder Trainings. Während klassische interkulturelle Trainings aus dem Kontext der Wirtschaft sich auf die Vermittlung von spezifischen Kulturkenntnissen für die Gestaltung von wirtschaftlichen Beziehungen zu anderen Ländern konzentrierten und damit eher fremdkulturelle Kompetenz vermitteln, ist es das Ziel interkultureller Trainings in pädagogischen Kontexten, Reflexionskompetenz zu vermitteln sowie exemplarisch an kulturspezifischen Handlungen den Umgang mit Befremdung und Differenz zu üben, ohne dabei kulturelle Spezifika als allgemeingültig für alle Individuen aus einem gemeinsamen kulturellen Kontext zu definieren und so unzulässig zu kulturalisieren und damit zu verallgemeinern. In der Regel wird interkulturelle Kompetenz auf die affektive (Einstellung), kognitive (Wissen) und verhaltensbezogene (Verhalten) Dimension bezogen, die Kernbestandteil der Trainings sind, wobei zwischen diesen Dimensionen eine interdependente Beziehung besteht (vgl. Bolten 2001). Insgesamt wird versucht, „Lehrerinnen und Lehrern vor Augen zu führen, dass sie unter Umständen unterschiedliche (stereotype – unsere Ergänzung) Verhaltensweisen gegenüber Schülerinnen und Schülern mit unterschiedlichem (spezifischem sozialen oder kulturellen – unsere Ergänzung) Hintergrund zeigen. Die entsprechenden Programme betonen, dass es notwendig ist, ein konstantes und anspruchsvolles Instruktionsverhalten gegenüber allen Gruppen von Schülerinnen und Schülern zu zeigen. Besonderes Gewicht gilt dabei Verhaltensweisen, die Einfluss auf das sozioemotionale Klima im Klassenzimmer haben (z.B. Wärme, Zugewandtheit) oder den intellektuellen Anspruch des Unterrichts vermitteln (z.B. allen Schülerinnen und Schülern gleichermaßen herausfordernde Aufgaben zu stellen), da diese beiden Faktoren wichtige Mediatoren der Beziehung zwischen Leistungserwartungen einerseits und schulischer Leistung andererseits sind. Erfolgreiche Interventionsprogramme arbeiten mit Feedback von KollegInnen und neutralen Beobachterinnen und Beobachtern. Diese beobachten die Teilnehmenden bei der Interaktion mit Schülerinnen und Schülern, für die hohe bzw. niedrige Leistungserwartungen bestehen, und machen auf Unterschiede im Verhalten aufmerksam. Den Teilnehmenden wird dann die Möglichkeit gegeben, Veränderungsstrategien zu diskutieren und auszuprobieren" (Schofield 2006: 67). Die so skizzierte kollegiale Supervision in interkulturellen Kontexten kann jedoch nur geleistet werden, wenn 1.) diese Technik beherrscht wird und 2.) interkulturelle Kompetenz als Schlüsselkompetenz bei den Beteiligten vorhanden ist.

Interkulturelle Trainings versuchen mit unterschiedlichen Methoden und Schwerpunktsetzungen entweder Teildimensionen oder alle drei Dimensionen anzusprechen und bei den Teilnehmenden auszubilden. Kognitive Aspekte werden häufig durch die Vermittlung von Wissen (Vorträge, Lektüre) über Kulturstandards, -unterschiede und -gemeinsamkeiten vermittelt, teilweise unter Verwendung von visuellem Material (Filme, Videos). Diskussionen, Fallstudien und -reflexionen sowie Rollenspiele gehören zu den klassischen Methoden, die affektive und verhaltensbezogene Dimensionen Interkultureller Kompetenz trainieren (vgl. Ehnert 2004). Aussagen über die erreichten Transferleistungen des Gelernten in die Praxis bei den Teilnehmenden lassen sich aufgrund fehlender Evaluationen und der Auswahl der Probandengruppe (häufig sind dies Studierende und nicht Lehrende) nicht treffen. Hier ist zu berücksichtigen, dass in reellen pädagogischen Kontexten die ‚Effektivität' besonders schwierig zu messen ist, denn pädagogisches Handeln ist von sehr unterschiedlichen und stets wandelbaren Faktoren abhängig. Darüber hinaus ist aus der Wirksamkeitsforschung psychologischer und pädagogischer Interventionen bekannt, dass Transferleistungen mit langfristiger Wirkung nur erreicht werden können, wenn das entsprechende Training als kontinuierliche Aufgabe verstanden wird. Ehnert kommt als Ergebnis der Auswertung vorhandener Trainingsmaßnahmen zu dem Schluss, dass „obwohl die Wirkung des interkulturellen Trainings sehr häufig positiv war, das Training alleine nicht zum Erfolg führen [kann]. Deshalb ist es ratsam, interkulturelles Training als eine von mehreren Maßnahmen in einem strategischen Gesamtkonzept zu betrachten"(ebd.: 132). Auch Leenen verweist darauf, „dass sich interkulturelle Lernprozesse im Organisationskontext in komplexen ‚Lernspiralen' vollziehen; Trainings spielen als ein Weiterbildungsformat eine wichtige Rolle, entfalten ihr Potential aber nur im Konzert mit anderen Lern- und Entwicklungsprozessen" (Leenen 2007: 782).

Für Bremen liegt eine empirische Untersuchung zur Wahrnehmung Interkultureller Kompetenz durch Lehrkräfte vor (vgl. Over/Mienert 2010)[151],

---

151 „Grundlage ist eine Interviewstudie mit 42 Lehrkräften, die in über 600 Einzelaussagen (Konstruktpolen) die Anforderungen an ihre Interkulturelle Kompetenz und die

derzufolge Interkulturelle Kompetenz aus einem Zusammenspiel verschiedener Dimensionen besteht, die sich – mit Ausnahme der Dimension ‚kulturelle Sensibilität' – nicht grundsätzlich von anderen professionellen Handlungskompetenzen von Lehrerinnen und Lehrern unterscheiden. Sie besteht demnach aus Schülerorientierung, individualzentrierter pädagogischer Kompetenz, kultureller Sensibilität, Führungskompetenz, Teamarbeit und Konfliktfähigkeit. Mit Hilfe dieser dimensionalen Einteilung und der Schilderung realer kultureller Überschneidungssituationen aus dem Lehrerinnen- und Lehreralltag wurde ein Förder-Assessment (FACIL) entwickelt, dessen Anwendung und Evaluation weitere Erkenntnisse zum Vorhandensein Interkultureller Kompetenzen sowie zur Ausbildung derselben bei Lehrkräften verspricht.

5.7.1.2 Umsetzungsbeispiele anderer (Bundes-)Länder

Im Bereich der Implementierung von Deutsch als Zweitsprache/Interkulturelle Bildung in die erste Phase der Ausbildung von Lehrerinnen und Lehrern zeigen sich in der Folge der Erstellung des Nationalen Integrationsplans (2008) und des Bundesweiten Integrationsprogramms (2010) sehr dynamische Entwicklungen. Bauer/Scholten-Akoun (2010) machten im Auftrag der Stiftung Mercator eine Abfrage zur Verbreitung von Anteilen in Deutsch als Zweitsprache in der ersten Phase der Lehrerausbildung. Es zeigte sich, dass aktuell Nordrhein-Westfalen und Berlin Deutsch als Zweitsprache als obligatorischen Bestandteil des Lehramtsstudiums ins Curriculum integriert haben. Die ‚Handreichung für Deutsch als Zweitsprache' schreibt für alle Lehrämter 6 Credit Points (CPs) im Bereich DaZ fest. Studierende des LA Grundschule studieren den obligatorischen DaZ-Anteil in der jeweiligen Fachdidaktik, im Lernbereich Deutsch wird das Fach Deutsch als Zweitsprache zusätzlich vertieft. Für alle anderen Schulformen ist Deutsch als Fremd- und Zweitsprache neben den Anteilen in der Fachdidaktik als verpflichtender Anteil im Fach Deutsch vorgesehen. Auch NRW sieht 6 CPs für die Lehrerausbildung vor. Die Uni Duisburg-Essen hat sogar das Mercator DaZ-Modul mit 12 CPs verbindlich für alle übernommen (vgl. ebd.: 26). Dieses Modul wurde von der „Stiftung Mercator gemeinsam mit der Technischen Universität Dortmund, der Universität Duisburg-Essen und der Universität zu Köln [...] ausgear-

---

Einschätzung ihres professionellen Handelns im Vergleich zu ihren Idealvorstellungen geschildert haben" (Over/Mienert 2010: 45).

Tab. 3:   DaZ-Anteile Universitäten BRD 2010

DaZ Anteile Universitäten BRD 2010					
Bundesland	**Universitäten**	**DaZ obligat. für alle Fächer**	**DaZ obligat. für Deutsch**	**DaZ fakultativ Deutsch/Päd**	**DaZ-Zusatz-studiengang**
Baden-Württ.	6			6	3
Bayern	9			5	2
Berlin	3	3		1	
Brandenburg	1			1	
Bremen	1		1	1	1
Hamburg	1			1	1
Hessen	5			2	1
Meckl.-Vorp.	2				
Niedersachsen	5			2	2
NRW	11	11	1	8	7
Rhld.-Pfalz	4			1	
Saarland	1			1	
Sachsen	2			2	2
Sachsen-Anh.	2				
Schleswig-Hol.	2			1	
Thüringen	2			1	1

(aus: Baur/Scholten-Akoun 2010: 19)

beitet. [...] Es schlägt neben dieser Verdoppelung der obligatorischen Leistungspunkte auch einen fachlich orientierten inhaltlichen Aufbau vor" (ebd.: 27). Tabelle 3 fasst die Umfrage über die DaZ-Anteile an deutschen Universitäten zusammen.

Für den Bereich Interkulturelle Bildung wurde keine bundesweite Umfrage durchgeführt. Exemplarisch ist festzustellen, dass in der Lehramtsausbildung in Hamburg alle Studierenden im Bachelorstudium das Pflichtmodul ‚Grundlagen der Erziehungswissenschaft' besuchen, welches als Querschnittsthema sprachliche, kulturelle und soziale Heterogenität einschließt. Ergänzend können Seminare mit interkulturellem Schwerpunkt belegt werden. Darüber hinaus besteht die Möglichkeit, im Rahmen des Wahlpflichtbereiches ‚Prioritäre Themen', die für Phase 1 und 2 der Lehrerinnen- und Lehrerbildung übergreifend konzipiert sind, ‚Kulturelle und soziale Heterogenität' als Dimension des Kerncurriculums zu wählen. Mit der Formulierung von Anforderungen an die Fachdidaktik, Fachwissenschaften und Erziehungswissenschaft sowie allgemeinen Bildungszielen soll gewährleistet werden, dass die übergreifenden Aspekte dieses prioritären Themas im Querschnitt der Lehrerbildung angemessen verankert sind.

Auch an der Freien Universität Berlin und der Humboldt-Universität Berlin können, wie an den meisten anderen Standorten der universitären Lehramtsausbildung, an denen Lehrstühle für Interkulturelle Bildung oder Interkulturelle Pädagogik etabliert sind, Seminare zu Interkultureller Bildung besucht und tw. über ein Zertifikat auf freiwilliger Basis vertieft werden. Allerdings sind an den genannten zwei Beispieluniversitären – wie in den meisten anderen Fällen auch – interkulturelle Inhalte nicht in der Prüfungsordnung festgeschrieben (vgl. Ordnung für das Lehrangebot der erziehungswissenschaftlichen Studienanteile in Bachelorstudiengängen mit Lehramtsoption, Humboldt-Universität Berlin 2008,[152] Prüfungsordnung für den Studienbereich Lehramts- bezogene Berufswissenschaft im Rahmen von Bachelorstudiengängen mit Lehramtsoption der Freien Universität Berlin).[153]

Aufgrund der Vielzahl an Ausbildungsstätten in der zweiten Phase der Lehrerausbildung ist es deutlich schwieriger, die genaue Praxis der Studienseminare in verschiedenen Bundesländern abzubilden. Als zuverlässige Quellen können daher nur allgemeine Verordnungen/Prüfungsordnungen dienen. Eine Vorreiterstellung nehmen an dieser Stelle erneut Nordrhein-Westfalen und Berlin ein.

In Berlin „ist die Teilnahme an Kursen in Erster Hilfe, zur Suchtprophylaxe in der Schule, zum Unterricht in Klassen mit Schülern mit sonderpädagogischem Förderbedarf und zu Deutsch als Zweitsprache für alle Lehramtsanwärter verbindlich."[154] In Nordrhein-Westfalen ist seit 2009 Deutsch für Schülerinnen und Schüler mit Zuwanderungsgeschichte obligatorischer Bestandteil der Seminarausbildung für die Seminarleiter der Grund-, Haupt-, Real- und Gesamtschulen und der Fachleiter Deutsch (Danach Ausweitung auf alle Lehrämter). Nach der Schulung der Seminarleitungen und der Fachleiter Deutsch können Studienseminare selbst entscheiden,

---

152 Ordnung für das Lehrangebot der erziehungswissenschaftlichen Studienanteile in Bachelorstudiengängen mit Lehramtsoption, Humboldt-Universität Berlin 2008: [URL: http://www.erziehungswissenschaften.hu-berlin.de/studium/faecher].

153 Prüfungsordnung für den Studienbereich Lehramts- bezogene Berufswissenschaft im Rahmen von Bachelorstudiengängen mit Lehramtsoption der Freien Universität Berlin (PO-LBW) [URL: http://www.fu-berlin.de/service/zuvdocs/amtsblatt/2008/ab082008. pdf.]

154 Berlin (1999): Verordnung über den Vorbereitungsdienst im Anschluss an die Erste Staatsprüfung. URL: http://www.berlin.de/imperia/md/content/sen-bildung/rechtsvorschriften/ausbo.pdf?start&ts=1162988204& file=ausbo.pdf (Zugriff 06.10.2010)

ob sie DaZ als festen Bestandteil aufnehmen wollen.[155] Wenn ja, liegt den Seminarleitungen das Fortbildungsmodul der RAA[156] vor: „Das Modul für die zweite Phase der Lehrerausbildung orientiert sich an Fortbildungsangeboten im Verbund der RAA in NRW, die für Lehrerinnen und Lehrer bzw. für Schulen durchgeführt wurden und werden. Diese Fortbildungsmaßnahmen erfolgen in der Regel über längere Zeiträume – über ein bis zwei Schuljahre hinweg. [Die Inhalte] wurde aber so zusammengefasst, um als erste Auseinandersetzung mit dem Thema DaZ Grundlagen zu legen." Das Modul gliedert sich in zwei Blöcke, wobei Block I in die Thematik einführt, Grundkenntnisse in Deutsch als Zweitsprache und in DaZ-Diagnostischer Kompetenz vermittelt. Block II wiederholt thematische Aspekte aus Block I und beinhaltet dann DaZ-Methodenkompetenz und Interkulturelle Literatur im Unterricht.

In Hamburg wurden durch die 2001 begonnene Reform der Lehrerbildung die Themenbereiche „Neue Medien", „Umgang mit kultureller und sozialer Heterogenität" und „Schulentwicklung" als „prioritäre Themen in allen Ausbildungsbereichen" aufgewertet (vgl. Homepage LI Hamburg[157]). Jedoch werden diese Inhalte nicht in der Prüfungsordnung für das Zweite Staatsexamen genannt. Für einen inhaltlichen Überblick stellt das LI Hamburg auf seiner Homepage Ausbildungscurricula zur Verfügung, die die Ziele und Grundsätze der Seminararbeit und die verbindlichen Ausbildungsinhalte nennen. Diese sind nach Kompetenzbereichen für die erfolgreiche Unterrichts- und Erziehungsarbeit aufgeteilt. Hier zeigt sich, dass lediglich das Curriculum für das Fachseminar Deutsch Heterogenität/Deutsch als Zweitsprache (als Querschnittsthema) zu den Kompetenzbereichen zählt.[158]

---

155 Die RAA, Regionale Arbeitsstellen zur Förderung von Kindern und Jugendlichen aus Zuwandererfamilien (2008): Deutsch für Schülerinnen und Schüler mit Zuwanderungsgeschichte im Vorbereitungsdienst – Auftaktveranstaltung für die Studienseminare am 02. Juni 2008. [URL: http://www.raa.de/fileadmin/dateien/pdf/service/downloads/RAA_DaZ_%20Dokumentation_LR.pdf](Zugriff: 06.10.2010)

156 Die RAA, Regionale Arbeitsstellen zur Förderung von Kindern und Jugendlichen aus Zuwandererfamilien (o.J.): Modul Deutsch als Zweitsprache (DaZ) in NRW in der zweiten Ausbildungsphase. [URL: http://www.raa.de/fileadmin/dateien/pdf/produkte/Modul_DaZ.pdf] (Zugriff: 06.10.2010)

157 http://www.li-hamburg.de/ausbildung/lia.referendariat/index.html.

158 http://www.li-hamburg.de/fix/files/doc/AC_Deutsch.pdf.

Für die dritte Phase der Lehrerbildung soll hier exemplarisch auf FörMig und QUIMS hingewiesen werden, denn die Bedeutung von qualifiziertem Personal für die Schulentwicklung und die Qualität von Schule wird in beiden Konzepten hervorgehoben. Bei QUIMS steuert und koordiniert das kantonale QUIMS-Team im Volksschulamt die verschiedenen Elemente der Einführung, der Fachberatung, der Weiterbildung, der Wissensgrundlagen und des Wissenstransfers. Die Qualifizierung des pädagogischen Personals erfolgt auf verschiedenen Ebenen. So kann Fachwissen innerhalb einer Schule, zwischen Schulen oder durch externe Fachpersonen vermittelt werden. Die schulinterne Weiterbildung mit Unterstützung von Dozierenden der Pädagogischen Hochschule Zürich nimmt einen hohen Stellenwert ein. Diese finden im ersten Einführungsjahr an vier Halbtagen statt: „Sie dienen dazu, das gesamte Kollegium in die QUIMS-Handlungsfelder einzuführen, eine Standortbestimmung vorzunehmen und schuleigene Schwerpunkte und Entwicklungsprojekte zu bestimmen. Im zweiten Einführungsjahr und in den folgenden Jahren führen PHZH-Dozierende oder andere externe Fachleute schulinterne Weiterbildungen durch, die auf die gewählten Schwerpunkten und die lokalen Bedürfnissen zugeschnitten sind" (QUIMS 2009: 25, vgl. auch Kapitel 3.1). Weiterhin befassen sich die Schulen mit den selbst festgelegten QUIMS-Schwerpunkten ihres Schulprogramms. Insgesamt ist in der Weiterbildung eine Priorisierung der Sprachförderung und der diesbezüglichen Unterrichtsentwicklung klar erkennbar (vgl. ebd: 23).

Auch FörMig macht darauf aufmerksam, dass es gilt, neben der Qualifizierung der gesamten Kollegien selbstverständlich auch Qualifizierungsmaßnahmen für Multiplikatorinnen und Multiplikatoren anzubieten:

> Im Zuge der Qualifizierungsaktivitäten in den beteiligten Ländern wurde der Bedarf nach Qualifizierungsmaßnahmen für Personen deutlich, die ihrerseits Fortbildungsangebote machen sowie planend, koordinierend und moderierend an der Entwicklung von regionalen oder auf einzelne Einrichtungen bezogenen Konzepten durchgängiger Sprachbildung tätig sein können. Aufgaben der Institutionsentwicklung und des Aufbaus von lokalen oder regionalen Sprachbildungsnetzwerken erfordern eine Qualifizierung, die über Anforderungen der praktischen Gestaltung von Sprachbildungsmaßnahmen im pädagogischen Alltag hinaus gehen (FörMig Abschlussbericht 2009: 158).

Ebenso, wie FörMig Fortbildungen für Multiplikatorinnen und Multiplikatoren anbot, bietet die PHZH neben der Qualifizierung gesamter Kollegien einen Zertifikatslehrgang (450 Stunden) für QUIMS-Beauftragte an. Dort erweitern die Teilnehmenden ihr Wissen über die QUIMS-Handlungsfelder, über Schulentwicklungsprozesse sowie über ihre Rolle als QUIMS-Beauftragte. Während QUIMS seine Beauftragten in umfassender Weise zu interkultureller Schulentwicklung fortbildet und dabei durchaus auch einen Akzent auf Sprachbildung und Sprachförderung setzt, wurde in Hamburg inzwischen ein für alle Schulen verbindliches, vom LI konzipiertes *Sprachförderkonzept* entwickelt, das durch den Einsatz von speziell geschulten Sprachberaterinnen und Sprachberatern nachhaltig implementiert wird. Die vielfältige und anspruchsvolle Aufgabe, Sprachbildung als Querschnittsaufgabe aller Fächer zu verankern, soll durch den Einsatz dieser Fachleute für den Umgang mit Sprachbildung und -förderung in der Schule bewältigt werden. Die folgende Aufgabenbeschreibung aus Hamburg verdeutlicht ihre Kompetenzen und ihr Handlungsfeld.

Allgemeine Aufgabenbeschreibung und Anforderungsprofil für Sprachlernkoordinatorinnen und -koordinatoren

Sprachlernkoordinatorinnen und -koordinatoren haben die Aufgabe, ein Gesamtkonzept für die Förderung der sprachlichen Kompetenzen der Schülerinnen und Schüler zu erstellen, die Umsetzung des Konzeptes zu begleiten und zu evaluieren und es weiterzuentwickeln. Insbesondere wenn die Schule weitere Sprachförderlehrkräfte hat, nehmen die Sprachlernkoordinatorinnen/ -koordinatoren im Rahmen ihrer Aufgabe von der Schulleiterin/dem Schulleiter delegierte Leitungs- und Vorgesetztenaufgaben wahr.

Zu den Aufgaben gehören insbesondere:

- Erstellung eines schulbezogenen Sprachförderkonzepts, das die Ziele, Indikatoren, Maßnahmen und Schritte der Evaluation der integrierten und additiven Sprachförderung an der jeweiligen Schule festlegt

- Bereitstellung und Organisation des Einsatzes diagnostischer Verfahren zur Ermittlung mündlicher und schriftlicher Sprachkenntnisse und -fähigkeiten der Schülerinnen und Schüler sowie die Organisation zur Auswertung der Ergebnisse

- Unterstützung bei der Erstellung individueller Förderpläne als gemeinsame Arbeitsgrundlage aller Förderbereiche

- Organisation von Fallkonferenzen

– Anleitung für den Einsatz von Evaluationsinstrumenten für die durchgeführten Fördermaßnahmen

– Dokumentation und Präsentation des schulspezifischen Sprachförderkonzeptes sowie dessen Evaluation

– Unterstützung der Klassenlehrerinnen bzw. Klassenlehrer bei der Schullaufbahnberatung (weiterführende Schulen, herkunftssprachliche Angebote, Fremdsprachenwahl)

– Organisation der Sprachfeststellungsprüfungen für Seiteneinsteiger/innen

– Fortbildungsplanung für den Bereich der Sprachförderung

– Beratung hinsichtlich des Einsatzes der für den Bereich Sprachförderung fortgebildeten Lehrkräfte an der Schule

– Unterstützung wissenschaftlicher Untersuchungen

– Elternarbeit (Information, Einbeziehung in Förderarbeit)

– Kontakt mit außerschulischen Bildungseinrichtungen

– Aufbau eines regionalen Netzes (Austausch mit Nachbarschulen und außerschulischen Partnern) mit Unterstützung des Landesinstituts für Lehrerbildung und Schulentwicklung (LI) in Form von Praxisbegleitgruppen

Hamburg macht die Aufgabenmenge und das Aufgabenspektrum „abhängig von der schulspezifischen Förderbedarfsgrundlage und dem darauf basierenden Zeitenkontingent der Sprachlernkoordinator/inn/en", denn „zu den Aufgaben/ Anforderungen als Sprachlernkoordinator/in kommt in unterschiedlichem Umfang i.d.R. auch die Tätigkeit als allgemeine Lehrkraft". „Je nach personellen Ressourcen obliegen ihnen nicht nur konzeptionelle Verantwortung und organisatorische Betreuung, sondern auch die Umsetzung."[159] Doch Hamburg beschränkt sich nicht auf den Bereich der Sprachbildung und Sprachförderung sondern hat darüber hinaus ein umfassendes Fortbildungsangebot für Lehrerinnen und Lehrer zum Thema Interkulturelle Kompetenz/Interkulturelle Öffnung von Schule am Landesinstitut für Lehrerbildung und Schulentwicklung über eine *Beratungsstelle Interkulturelle Erziehung* fest institutionalisiert. Die Beratungsstelle bietet Beratung, Seminare und schulinterne Fortbildungen rund um Fachunterricht, Trainings und Projekte, sowie Schulentwicklung mit internationalem und interkulturellem Schwerpunkt an.

---

159 (URL:http://www.li-hamburg.de/fix/files/doc/Anforderungsprofil_Sprachlernkoordina torIn%20_ 2_.pdf)

Sie vermittelt Expertinnen und Experten mit Migrationshintergrund, sowie Referenten für Roma und Sinti. Zu ihren Schwerpunkten gehören schulinterne Fortbildungen/Einzelberatung zur Einführung und Verankerung des Rahmenplans Interkulturelle Erziehung in Fachunterricht und Schulleben; Beratung, Planung, Durchführung von Konferenzen zu interkulturellen Themen; Spezifische Fortbildungen für spezielle Zielgruppen (z.B. Beratungslehrerinnen und -lehrer); Veranstaltungen zu kultureller und sozialer Heterogenität an Schulen. In einem elektronischen Newsletter informiert die Beratungsstelle halbjährlich über Projekte, Programme, Angebote am LI sowie durch andere Akteure in der Stadt zum Thema Interkulturalität. Einen wichtigen Schwerpunkt der Lehrerinnen- und Lehrerfortbildung in Hamburg stellen die „schulinternen Fortbildungsangebote, Jahresseminare und Einzelveranstaltungen zur Entwicklung von Konzepten für die Einbeziehung von Deutsch als Zweitsprache in den Regelunterricht aller Fächer"[160] dar. Das Programm 2010 gibt einen Überblick über diverse Angebote, die entweder auf Anfrage oder zu festen Termine stattfinden und für alle Lehrkräfte offen sind.[161] Diese Fortbildungen stehen in direktem Zusammenhang mit dem Hamburger Sprachförderkonzept, denn:

> Ein breit angelegtes Basiswissen der Lehrkräfte zum Zweitspracherwerb ist für die Umsetzung des Hamburger Sprachkonzeptes unerlässlich. Die Fortbildungsangebote des LI widmen sich deshalb Themen wie Erst- und Zweitspracherwerb, Sprachvergleich, Besonderheiten der deutschen Sprache und Vermittlung grammatischer Strukturen sowie Methodisch-didaktische Aufbereitung der Lernbereiche Hören/Hörverstehen, Lesen/Leseverstehen, Sprechen, Rechtschreibung und Textproduktion. Für Lehrkräfte in Vorbereitungsklassen werden nach Bedarf spezielle Fortbildungsinhalte angeboten.[162]

Die Organisation der Lehrerfortbildungen am LISUM in *Berlin* ist dem Konzept aus Hamburg sehr ähnlich. So werden Fortbildungsmodule und Materialien für die Fächer der Sekundarstufe (Schwerpunkt „Lernszenarien" und unterstützendes Material für das Sprachenlernen in allen Fächern bereitgestellt. Weiterhin organisiert das LISUM Fachkonferenzen zur Qualifizierung der Multiplikatoren DaZ Sek I, auch werden DaZ-Fachtagungen organisiert,

---

160 LI Hamburg, URL: http://www.li-hamburg.de/bf.1120/index.html.

161 LI Programm – Veranstaltungen und Beratung Unterstützung der Schulreform. URL: http://www.li-hamburg.de/fix/files/doc/LI-Programm.2010.pdf: 47-48.

162 LI Hamburg, URL: http://www.li-hamburg.de/bf.1120/bf.1120.daz/index.html (Zugriff: 29.01.2011).

die allen Lehrerinnen und Lehrern offen stehen. Zudem finden Kooperationen mit regionalen Werkstätten im Bereich Sprachförderung statt.[163]

Ein Überblick über Lehrerfortbildungen in *Nordrhein-Westfalen* erweist sich aufgrund der dortigen Vielzahl an Fortbildungszentren als schwierig. Das Ministerium für Schule und Weiterbildung des Landes Nordrhein-Westfalen[164] verfügt über einen Server, mit dessen Hilfe alle Lehrerinnen- und Lehrerfortbildungen abgerufen werden können. Einige sich wiederholende Themen sind „Unterrichtsgestaltung in Klassen mit hohem Migrantenanteil", „Fächerübergreifende Förderung von Deutschkenntnissen in der Primarstufe" oder „Deutsch für Schülerinnen und Schüler mit Migrationshintergrund – Einführung in den Fachbereich Deutsch als Fremdsprache/Deutsch als Zweitsprache."

5.7.1.3 Ausgangslage in Bremen

Die Einsicht in einen generellen Handlungsbedarf bei der Vermittlung von Interkultureller Kompetenz in den verschiedenen Phasen der Lehrerinnen- und Lehrerbildung in Bremen spiegelt sich zum einen im Schulentwicklungsplan von 2008, der unter den Empfehlungen Nr. 7 „Sprachförderung und Förderung von Migrantinnen und Migranten" (2008: 53) als siebte Empfehlung aufführt: „Die Lehrerbildung in Bremen soll den angehenden Lehrerinnen und Lehrern neben der fachlichen Qualifikation fundierte interkulturelle Kompetenzen vermitteln". Auch in dem Bremer „Konzept zur Förderung von mehr Migrantinnen und Migranten im Lehramt und im Bereich der sozialen Arbeit" (2009) wird dies gefordert. Das dort wiedergegebene Verständnis von Interkultureller Kompetenz steht in enger Übereinstimmung mit dem wissenschaftlich-pädagogischen Diskurs, denn Interkulturelle Kompetenz wird als „eine spezifische Form der professionellen pädagogischen Handlungskompetenz" beschrieben, deren Bestandteil u.a. „die Aneignung von Wissen über gesellschaftliche Erfahrungen mit Wandlungsprozessen durch Migration sowie über

---

163 Lisum Berlin: URL: http://www.lisum.berlin-brandenburg.de/sixcms/detail.php/bb2.c. 427676.de (Zugriff: 06.10.2010).

164 Das Ministerium für Schule und Weiterbildung des Landes Nordrhein-Westfalen: [URL: http://suche.lehrerfortbildung.schulministerium.nrw.de/searchl/createSearch. do?vq=1&formID=502&sortby=404&sorder=0&rid=&nav=52&foocpi=&js=1&query =zweitsprache&x=0&y=0&clientName=&locType=23&location=&radius=0&startsSi gn=0&startsTo=&etype=50&lernfeld=0&schulform=0&certType=&numHits=10&pid =&pname] (Zugriff: 06.10.2010).

Geschichte und Entstehungsbedingungen unterschiedlicher Kulturen" ist. Verwiesen wird in diesem Kontext auch auf die Relevanz eines Verständnisses einer „reflektierten Interkulturellen Bildung", mit der „die Einsicht in die Wandelbarkeit von Kulturen und die individuelle Aneignung von kulturellen Ausdrucksformen" verbunden ist. Als „wichtiger, wenn nicht der wichtigste Bereich Interkultureller Kompetenz" wird neben dem Wissenserwerb „die Reflexion über Einstellungen" betrachtet, bei der es darum gehe „die persönliche Einstellung zu kulturellen Ausdrucksformen, die Erfahrung und das Erleben von interkultureller Befremdung in einem pädagogischen Kontext kritisch zu reflektieren und vor dem Hintergrund der Beschäftigung mit der eigenen (kulturellen) Sozialisation zu entschlüsseln. Interkulturelle Kompetenz beinhaltet also neben Elementen des Wissenserwerbs vor allem solche der Selbsterfahrung und -reflexion."(SBfBW 2009: 19).

Verschiedentlich ist bereits darauf hinwiesen worden, dass die Erziehungs- und Bildungseinrichtungen sich im Hinblick auf die Implementierung von Interkultureller Bildung und Bildungsinstitutionen übergreifender Sprachbildung enger als bisher vernetzen sollten (vgl. auch SfBW 2008a: 53). Dies gilt auch für die Interkulturelle Professionalisierung des pädagogischen Personals, wie auch den Einsatz von mehr pädagogischem Personal mit Migrationshintergrund. Die hier vorgelegte Studie legt einen Schwerpunkt auf den Raum Schule, doch für die ebenfalls geforderte stärkere Vernetzung und Verzahnung der Schule mit dem Elementarbereich ist die Berücksichtigung entsprechender Entwicklungen im Elementarbereich notwendig. Kita Bremen GmbH hat hierzu ein Papier zur „Personalauswahl im Kontext interkultureller Öffnung bei Kita Bremen" (Stand 19.08.2009) vorgelegt. Angesichts eines 54%igen Anteils von Kindern mit Migrationshintergrund (Zahl gemäß betrieblichen Controllings) und 17%igem Anteil von pädagogischen Fachkräften mit Migrationshintergrund in den Einrichtungen wird Handlungsbedarf im Hinblick auf die Personalentwicklung gesehen: „Das heißt die Kindertageseinrichtungen müssen die soziokulturelle Heterogenität der Familien und ihrer Kinder sehr viel stärker zu einem konzeptionellen Bezugspunkt machen. Träger, Einrichtungen und Mitarbeiter sind dabei aufgefordert, Bausteine einer zukünftigen Grammatik des Zusammenlebens[165] zu entwickeln" (ebd.: 2). Grundlage einer interkulturellen Öffnung der städtischen

---

165 Die Grammatik des Zusammenlebens ist ein Begriff der sich auf städtische Vielfalt im weitesten Sinne bezieht und betont, dass es, trotz aller Konflikte und Risiken in den

Kindertagesstädten in Bremen ist demnach die Beteiligung von Kita Bremen an dem bundesweiten Projekt zur vorurteilsbewussten Erziehung *Kinderwelten*, das den Träger verpflichtet, strukturelle Hinderungsgründe für Angehörige von Minderheiten zu analysieren und Maßnahmen zur Förderung der Vielfalt bei der Personalentwicklung, auch bei der Besetzung von Leitungspositionen zu ergreifen. Einen Rahmen für die interkulturelle Öffnung der Kindertagesstätten bietet darüber hinaus die Konzeption zur Integration von Zuwanderern und Zuwanderinnen im Lande Bremen 2007–2011. Grundsätze, Leitlinien und Empfehlungen für die Bremer Integrationspolitik (2007: 2) mit den Leitbildern „Integration durch interkulturelle Öffnung", „Integration durch Sprache und Bildung."

Das interne Papier von Kita-Bremen verweist darauf, interkulturelle Öffnung dürfe „nicht einzelnen Mitarbeitern überlassen werden, sondern muss von Organisations- und Leitungsstrukturen mitgetragen werden. Diese müssen dafür sorgen, dass interkulturelle Orientierung dauerhaft institutionalisiert und immer wieder überprüft wird" (ebd.: 6) Das Papier benennt explizit die Notwendigkeit von Interkultureller Kompetenz, die auch sehr detailliert definiert wird und verweist hier auf den Bedarf an kontinuierlicher Fortbildung zu interkulturellen Themen. Ebenfalls wird auf die Notwendigkeit eines kulturell plural zusammengesetzten Teams als Element interkultureller Öffnung hingewiesen sowie auf den Aufbau tragfähiger Kooperationen mit Migrantenselbstorganisationen. Das Papier verweist auf eine umfassende Sensibilität der Geschäftsführung bei Kita Bremen im Hinblick auf interkulturelle Kompetenz und Öffnung. Inwiefern die angesprochenen Maßnahmen interkultureller Öffnung der Kindertagesstätten tatsächlich bereits eingeleitet wurden, ist den vorliegenden Unterlagen allerdings nicht zu entnehmen, ein aktueller Sachstandsbericht liegt aktuell nicht vor. Es ergeben sich aber über die genannten generellen Orientierungen an einem interkulturellen Organisationsentwicklungsprozess durch die Aus- und Fortbildung der Mitarbeiterinnen und Mitarbeiter sowie über die besondere Berücksichtigung des Aspektes „Pädagogisches Personal mit Migrationshintergrund" direkte und konkrete Anknüpfungspunkte für eine diesbezüglich gemeinsame Strategie von Elementarbereich und Schule, die im Rahmen gemeinsamer Foren (z.B. über Steuerungsgruppen) koordiniert werden könnten.

Stadtquartieren, ein funktionierendes lebenspraktisches Miteinander im Alltagsleben gibt, und die Bevölkerung spezifische urbane Kompetenzen entwickelt hat.

Wie in Hamburg und im Gegensatz zu Berlin erhalten in Bremen Studierende aller Schulformen und -stufen in den modularisierten BA/MA-Studiengängen der Lehrerbildung Basiskenntnisse über Interkulturelle Bildung durch die verpflichtende Teilnahme an einer Vorlesung (EWL4a Bildung und Gesellschaft), die als Kernthema den Wandel der Gesellschaft durch migrationsbedingte Pluralität behandelt. Dieser Aspekt kann durch Studierende im Rahmen von Wahlpflichtseminaren zu verschiedenen Modulen vertieft werden. Praktische interkulturelle Handlungskompetenzen können sie durch die Mitarbeit im *Uni-Förderprojekt für Schülerinnen und Schüler mit Migrationshintergrund der Sek. I und Sek. II* (Mercator-Projekt) erwerben, denn hier machen die Studierenden wissenschaftlich und didaktisch begleitet erste praktische Erfahrungen mit sprachlich-kulturell sowie leistungsbezogen heterogenen Schülergruppen von vier bis sechs Personen, die sie fachbezogen und insbesondere fachsprachlich fördern.[166] Zudem sind Interkulturelle Trainingsseminare für Lehramtsstudierende als fakultatives Angebot im Modul Schlüsselqualifikationen verankert. Daneben besteht die von vielen Studierenden genutzte Möglichkeit, die Bachelor- oder Masterabschlussarbeit als (empirische) Forschungsarbeit im Gebiet der Interkulturellen Bildung zu schreiben. Ferner bietet das Arbeitsgebiet in jedem Sommersemester eine thematisch vertiefte Begleitung des erziehungswissenschaftlichen Forschungspraktikums an. Seit dem Wintersemester 2008/09 können Lehramtsstudierende zudem das *Zertifikat Interkulturelle Bildung (15 CPs)* erwerben, das sie als zukünftige Lehrpersonen ausweist, die sich theoretisch und praktisch mit interkulturellen pädagogischen Handlungskompetenzen besonders vertraut gemacht haben. Interkulturelle Inhalte finden sich darüber hinaus auch in den Wahlpflichtangeboten der Fächer und der Fachdidaktiken, dort jedoch bislang nicht systematisch verankert.

Im Bereich *Deutsch als Zweitsprache* ist die universitäre Bremer Lehramtsausbildung weniger gut ausgestattet als etwa Berlin und Nordrhein-Westfalen. Seit der Einführung der gestuften Studiengänge ist lediglich für alle Studierenden im Fach Deutsch für das Lehramt an Grundschulen die

---

166 Der „Förderunterricht für Schülerinnen und Schüler der Sekundarstufe I und II" an der Universität Bremen findet seit März 2006 in der Verantwortung der Autorin dieser Expertise statt. An ihm nehmen aktuell 220 Schülerinnen und Schüler aller Schulformen der SekI und II sowie 35 studentische Förderlehrer und -lehrerinnen teil. Für den Zeitraum von Juni 2006 bis November 2009 liegt ein detaillierter, im Methodenmix erstellter Evaluationsbericht vor.

Auseinandersetzung mit Deutsch als Zweitsprache integraler Bestandteil des Bachelorstudiums. Diese setzen sich zudem bereits im zweiten Semester systematisch mit den Herkunftssprachen Türkisch oder Russisch auseinander und gewinnen durch die kontrastive Betrachtung neue Einsichten in das Deutsche. Dies soll es ihnen im Rahmen ihrer späteren Tätigkeit erleichtern, die Perspektive derjenigen zu übernehmen, die Deutsch als zweite Sprache erwerben und die besonderen Herausforderungen dieser Zielsprache besser einzuschätzen. Später erfolgt dann die Vermittlung von psycholinguistischen Grundlagen und didaktischen und methodischen Aspekten. Auch die Bachelorarbeit kann im Arbeitsgebiet DaZ verfasst werden. Studierende mit dem Berufsziel Lehramt an Sekundarschulen/Gesamtschulen können diese Studieninhalte ebenfalls belegen, sind bislang jedoch nicht dazu verpflichtet. Dies gilt ebenso für Studierende mit dem Berufsziel Lehramt am Gymnasium/ Gesamtschule, die einen vertieften DaZ-Schwerpunkt wählen können.

Änderungen mit der Perspektive auf Pflichtstudienanteile sowohl in Interkultureller Bildung wie auch in Deutsch als Zweitsprache für Studierende aller Schulfächer und -stufen werden derzeit an der Universität Bremen in Vorbereitung der Neuakkreditierung der Lehramtsstudiengänge vorgenommen. Mit Beginn des Wintersemesters 2011/12 wird in der universitären Bremer Lehramtsausbildung ein Schlüsselqualifikationsmodul ‚Umgang mit Heterogenität in der Schule' implementiert, das nach derzeitigem Planungsstand (Festlegung durch die Strukturkommission der Universität Bremen im Februar 2011) im Bachelor- und Masterstudium insgesamt 15 CPs (450 Std. workload) umfasst. Die Studierenden belegen demnach verpflichtend eine alle drei Diversitätsdimensionen, die durch Arbeitsgebiete universitär in Bremen verankert sind (Ethnizität/Kultur – Interkulturelle Bildung, Behinderung – Inklusionspädagogik und Mehrsprachigkeit – Deutsch als Zweitsprache), umfassende Ringvorlesung und je ein verpflichtendes Vertiefungsseminar in Interkultureller Bildung, Inklusionspädagogik und Deutsch als Zweitsprache, sowie ein weiteres Wahlpflichtseminar aus einem der drei Bereiche. Ziel ist es, sie mit den verschiedenen Heterogenitätsdimensionen und den diesbezüglichen pädagogisch-didaktischen Ansätzen bekannt zu machen und in die Lage zu versetzen, diese im pädagogischen Alltagshandeln angemessen zu berücksichtigen sowie ihre intersektionale Verknüpfung mit anderen Dimensionen wie Geschlecht, soziale Schicht, Alter zu erkennen. Während in anderen Bundesländern wie Hamburg oder NRW der Schwerpunkt auf DaZ und Sprachförderung gelegt wird, stellt das Bremer Modell in der Verknüpfung von Interkultureller und Inklusiver Pädagogik mit Deutsch als Zweitsprache ein bundesweites Spezifikum dar, das auch auf die Tatsache reagiert, dass mit Beginn des Schuljahres 2010/11 Bremen als erstes Bundesland gemäß dem Schulentwicklungsplan von 2008 sein Bildungssystem schrittweise auf ein voll inklusives System umstellt.

Das Bremische Lehrerausbildungsgesetz verweist an verschiedenen Stellen auf die notwendige Ausbildung von berufsbezogenen Fähigkeiten bei angehenden Lehrerinnen und Lehrern im Vorbereitungsdienst im Umgang mit heterogenen Lerngruppen. Im Ausbildungskonzept des erziehungswissenschaftlichen Anteils des Referendariats wird unter dem Aspekt der Herausbildung „sozialer und gesellschaftlicher Kompetenz" als Lernziel die Einbeziehung interkultureller Gegebenheiten und Wertschätzung von Differenz sowie der Umgang mit kultureller und sozialer Heterogenität angegeben. Unter dem Aspekt der Herausbildung von „Individualkompetenz" wird u.a. die „Auseinandersetzung mit Bildungssystemen anderer Länder und eigener Mehrsprachigkeit" aufgelistet, was als ein Hinweis darauf bewertet werden kann, dass die ausbildende Institution sich grundsätzlich der kulturell pluralen Zusammensetzung der Referendarinnen und Referendare und ihrer biographisch bedingten Mehrsprachigkeit in Bremen bewusst ist. Hinweise auf eine konkrete Umsetzung dieser Inhalte in der Ausbildung gibt das Programm des Fachübergreifenden Wahlbereiches im 1. Halbjahr 2010/11, bei dem im Kompetenzbereich „Erziehen und Bilden" ein Wahlpflichtkurs im Umfang von 40 Stunden zum Thema „Kulturelle Vielfalt als Anlass zum Dialog und zur Auseinandersetzung" angeboten wird. Unter dem Schwerpunkt „Toleranzerziehung" werden Kurse zu den interkulturellen Trainingsprogrammen für Schülerinnen und Schüler verschiedener Schulstufen „Eine Welt der Vielfalt" , „Das bin ich", „Das sind wir" und „Power of Language" angeboten. Über die tatsächliche Nachfrage, den Umfang und die Umsetzung dieser fakultativen Kurse konnten keine Informationen ermittelt werden.

In dem Senatsbeschluss „Mehr Migrantinnen und Migranten im Lehramt und im Bereich Soziale Arbeit" (2009) verweist das LIS auf die notwendige Implementierung von interkulturellen und DaZ-Inhalten in der Referendariatsausbildung sowie auf diesbezügliche Handlungserfordernisse, denen nachgegangen werden soll. Es wird darauf hingewiesen, dass sowohl in den Fachseminaren für die Unterrichtsfächer wie auch in den fachübergreifenden Seminaren in den Bildungswissenschaften die Referendarinnen und Referendare „mit der spezifischen Situation in den Bremer Schulen und mit den zum Teil besonderen pädagogischen Herausforderungen in heterogenen Lerngruppen vertraut gemacht" werden (ebd.: 23). Darüber hinaus wird festgestellt, dass auch in den „Ausbildungscurricula der Fächer das Thema Migration in jeweils auf das Unterrichtsfach bezogenen Problemstellungen aufgegriffen wird". Dies verweist auf eine derzeit noch sehr allgemein formulierte, unsystematische und fakultative Bezugnahme auf das Thema und die Inhalte Interkultureller Bildung. Hier wird jedoch seitens des LIS durchaus Handlungsbedarf identifiziert, so dass derzeit geprüft wird, „inwiefern die Interkulturelle Bildung als integrierter Bestandteil von Bildungswissenschaften und Fachdidaktik zukünftig noch verstärkt werden kann" (ebd.: 23). Ein Ergebnis der Prüfung steht noch aus.

Auch im Wahlpflichtbereich ‚Integrative Pädagogik' wird darauf hingewiesen, dass „allen angehenden Lehrerinnen und Lehrern in thematisch unterschiedlichen Kursen der Umgang mit sprachlicher, kultureller oder religiöser Heterogenität – bezogen auf den schulischen Kontext – angeboten und vermittelt" wird. Dies wird vom LIS als Förderung von Interkultureller Kompetenz bei Referendarinnen und Referendaren bewertet. Wie bereits im Studium ist es angehenden Lehrerinnen und Lehrern in Bremen auch im Rahmen des Referendariats möglich, eine Zusatzqualifikation DaZ zu erwerben. Hier werden Kenntnisse im Bereich Sprachstandsdiagnose, Sprachförderung und interkultureller Bildung erworben.[167] Der Hinweis, dass es „wünschenswert" im Vorbereitungsdienst wäre, „wenn alle Referendarinnen und Referendare über Grundkenntnisse im Bereich Deutsch als Zweitsprache verfügten und entsprechende Grundkenntnisse über Sprachstandsdiagnose, Sprachförderung in allen Unterrichtsfächern und interkulturelle Bildung hätten" verweist darauf, dass hier Handlungsbedarf gesehen wird, es werde daher „geprüft, ob – analog zur Lehrerfortbildung für Sprachberaterinnen und Sprachberater – diese Möglichkeit der Zusatzqualifikation im Rahmen des Vorbereitungsdienstes nicht verstärkt werden kann." Hierbei muss kritisch angemerkt werden, dass

---

167 Der Hinweis in dem Konzept „Mehr Migrantinnen und Migranten im Lehramt" (2009), diese Zusatzqualifikation werde „überproportional oft von Referendarinnen und Referendaren mit Migrationshintergrund angewählt; insgesamt aber nur von sehr wenig Referendarinnen und Referendaren" kann, da keine konkreten Zahlen für den Anteil von Referendarinnen und Referendaren mit Migrationshintergrund vorliegen, lediglich als Einschätzung aufgrund von Namen oder phänotypischen Merkmalen der Betroffenen durch die an der Erarbeitung des Konzeptes von Seiten des LIS beteiligten Personen betrachtet werden.

die Einrichtung einer fakultativen Zusatzqualifikation nicht gleichzusetzen ist mit der Vermittlung Interkultureller Bildung an alle Referendarinnen und Referendare. Aktuell liegen uns auch auf Anfrage beim LIS keine weiteren Informationen darüber vor, inwiefern die hier angesprochenen Maßnahmen einer Überprüfung oder Ergänzung der Referendariatsausbildung im Hinblick auf die Implementierung der genannten Inhalte inzwischen stattgefunden haben.

Einen weiteren Hinweis darauf, dass die Implementierung der Schlüsselqualifikation Interkulturelle Bildung und die Schulung im sprachsensiblen Umgang mit Schülerinnen und Schülern unterschiedlicher Herkunftssprachen im Rahmen der zweiten Phase der Lehrerausbildung zukünftig stärker als bisher berücksichtigt werden soll, geben die „Ziel- und Leistungsvereinbarung zwischen der Senatorischen Behörde für Bildung und Wissenschaft und dem Landesinstitut für Schule für das Schuljahr 2010/2011". Hier wird „Sprachförderung" als Schwerpunkt ausgewiesen, der auf die Förderung aller Kinder und Jugendlichen ausgerichtet ist und unter dem Punkt 1. „Ausbildung" wird darauf hingewiesen, dass Seminare des Vorbereitungsdienstes im erziehungswissenschaftlichen Bereich darauf Bezug nähmen und besondere Ausbildungsveranstaltungen zu DaZ und Sprachentwicklung/-störung angeboten würden (ebd.: 8). Eine explizite thematische Verknüpfung zu Interkultureller Bildung oder interkultureller Öffnung von Schule findet jedoch nicht statt. Dies erfolgt ebenfalls nicht in den Abschnitten, in denen es um die Angebote des LIS zur Professionalisierung im Umgang mit Inklusion geht. Allerdings findet sich ein Hinweis in dem ZLV-Schwerpunkt „Anpassung des Vorbereitungsdienstes an neue Herausforderungen". Hier wird ein Bereich „Sprachförderung in allen Fächern" benannt sowie ein Bereich „Migrantenförderung". Für beide Bereiche sollen bis Ende 2011, so heißt es in den ZLV, Konzepte vorgelegt werden. Für die „Migrantenförderung" ist eine „Adaptation des von der Arbeitsgruppe der Bundesländer Bremen, Hamburg und Berlin zu erstellenden Konzepts zum Themenkomplex Migration und Referendariat" (ebd.: 57) vorgesehen.[168] Die Formulierung „Migrantenförderung" repräsentiert die Perspektive einer Zielgruppenpädagogik, die sich nicht im Sinne Interkultureller Bildung als

---

168 Durch verantwortliche Mitarbeiterinnen und Mitarbeiter der Senatorin für Bildung und Wissenschaft (Frau Langel-Carossa und Herr Kehlenbeck) wurde uns fernmündlich mitgeteilt, dass bislang noch keine konkreten Konzepte oder Module entwickelt wurden (Dezember 2010).

veränderte Orientierung von angehenden Lehrerinnen und Lehrern auf den Normalfall sprachlich-kultureller Pluralität bezieht (interkulturelle Öffnung).

Was die Implementierung von Inhalten Interkultureller Bildung sowie Deutsch als Zweitsprache/Umgang mit Mehrsprachigkeit in der dritten Phase der Lehrerinnen- und Lehrerbildung anbelangt, so verweisen die bildungspolitischen Dokumente auf deutlichen Handlungsbedarf. Wenn der bereits der Schulentwicklungsplan von 2008 unter den Empfehlungen zur „Sprachförderung und Förderung von Migrantinnen und Migranten" (SfBW 2008b: 52) eine „Bestimmung von Qualifizierungsbedarfen in der Lehreraus- und -fortbildung" vorsieht, so ist diese bislang nicht vorgenommen worden. Neuere Dokumente verweisen auf den anhaltenden Handlungsbedarf in diesem Feld. Im Senatsbeschluss „Konzept zur Förderung von mehr Migrantinnen und Migranten im Lehramt und im Bereich der sozialen Arbeit" (24.11.2009) der Senatorin für Bildung und Wissenschaft heißt es: „Der Erwerb interkultureller Kompetenzen sollte Teil des schulischen Fortbildungskonzeptes für das gesamte Kollegium sein und dessen Umsetzung im Rahmen des schulischen Qualitätsmanagements von der Schulleitung verantwortet werden" (ebd.: 14).

Ein zentral organisiertes und koordiniertes Angebot an Fortbildungen zu dem Bereich Interkulturelle Kompetenz und Deutsch als Zweitsprache (jenseits der Qualifikationskurse für Sprachberaterinnen und -berater) ist über offiziell verfügbare Dokumente in Bremen derzeit nicht auszumachen. Das LIS vermittelt auf Anfrage von Schulen Schulinterne Fortbildungen (SCHILF) zum Thema Interkulturelle Bildung/Interkulturelles Lernen/Interkulturelle Kompetenz ggf. durch externe Referentinnen und Referenten, doch bietet es hierzu keine eigene Expertise an.[169] Die derzeitige Praxis des Angebotes Interkultureller Trainings oder zu Deutsch als Zweitsprache für Lehrkräfte, die nicht als Sprachberaterinnen bzw. -berater tätig sind, ist noch weitgehend durch eine eher unsystematische und fakultative Vermittlung Interkultureller

---

169 Nach Auskunft des LIS wurden Ende 2010 zwei Veranstaltungen zur Interkulturellen Kompetenz angeboten. In weiteren Veranstaltungen zum Lernen in heterogenen Gruppen, sozialen Lernen und Schulkultur sei „Interkulturelle Bildung als leitender Gedanke verankert". Unterstützungsangebote zur Unterrichtsentwicklung hätten „Interkulturelle Bildung und den Umgang mit Heterogenität ebenfalls im Fokus". Darüber hinaus könnten sich Schulen externe Referentinnen und Referenten vermitteln lassen, „wenn sie zum Schwerpunkt Interkulturelle Bildung eine schulinterne Fortbildung durchführen möchten" (Laut Information der SfBW in einer E-Mail von Frau Enkelmann vom 26.01.2011).

Kompetenz im Fortbildungskonzept des LIS gekennzeichnet, das die diesbezüglichen Angebote, anders als etwa Hamburg oder Berlin auch nicht gesondert und damit leicht identifizierbar auf der Homepage auflistet.[170] Ein pro-aktiver Umgang mit diesem Weiterbildungsthema auf Grundlage eines umfassenden Verständnisses Interkultureller Bildung und eines eigenen Fortbildungskonzept und -katalogs ist derzeit nicht auszumachen. Dass – bei Vorliegen eines ansprechenden Konzeptes, entsprechend leicht zugänglicher Informationsmaterialien, damit verbundener Werbung und einer konkreten Fragestellung – Fortbildungen zu interkulturellen Aspekten in größerem Maße an Bremer Schulen nachgefragt werden, beweist das umfassende Schulungsprogramm zum Umgang mit dem Thema „Zwangsverheiratung", das in Kooperation mit der Senatorin für Bildung und der Senatorin für Soziales speziell für Schulen seit 2008 angeboten wird. [171]

An einzelnen Schulen wird auf Initiative der Schulleitung das Thema Interkulturelle Bildung/Öffnung/Kompetenz durch Fortbildungen (u.a. vermittelt durch das LIS) aufgegriffen.[172] Im Rahmen des Schulentwicklungsprozesses an der neu gegründeten und zum Schuljahr 2010/11 eröffneten Oberschule in

---

170 In Bremen wird jährlich ein breites Fortbildungsprogramm für den Öffentlichen Dienst zu ‚Managing Diversity' angeboten. Auffällig ist, dass als spezifisch angesprochene Berufsgruppen Behördenmitarbeiterinnen und -mitarbeiter sowie die Polizei erwähnt wird. Hinweise auf einen Bezug zum Kontext Schule finden sich hier nicht.

171 2008 fand das Präventionsprojekt mit einer von Zwangsheirat Betroffenen (Sonja Fatma Bläser) an 4 Bremer Schulen mit insgesamt mehr als 150 Schülerinnen und Schülern im Alter zwischen 13 und 20 Jahren und eine Lehrerfortbildung mit 20 Personen zum Thema statt. 2009 wurde das Präventionsprojekt an 4 Bremer Schulen und 2 Schulen in Bremerhaven mit insgesamt 230 Schülerinnen und Schülern wiederholt. Auch eine Lehrerfortbildung hat in beiden Städten am Nachmittag mit circa 40 Personen stattgefunden. Eine Ausweitung des Präventionsprojektes auf weitere Bremer und Bremerhavener Schulen sowie die Lehrerfortbildung in beiden Städten ist geplant. Für die Teilnahme am nächsten Durchgang des Projektes haben sich insgesamt circa 220 Schülerinnen und Schüler angemeldet; drei Bremer Schulen musste eine Absage erteilt werden. Flyer und Plakate mit Beratungsadressen für Bremen und Bremerhaven stehen kostenlos zur Verfügung und sind an alle Schulen (Sek. I und Sek. II in Bremen und Bremerhaven) verteilt worden.

172 So hat in den letzten fünf Jahren der Arbeitsbereich Interkulturelle Bildung ebenso wie der Arbeitsbereich Pädagogische Psychologie der Universität Bremen an verschiedenen Schulen Schulinterne Fortbildungen sowie bei regionalen Schulleitungskonferenzen zu den Themen wie ‚Muslimische Jugendreligiosität' oder ‚Interkulturelle Kompetenz' durchgeführt.

Gröpelingen wurde beispielsweise als Teil einer Trainingskonzeptentwicklung das gesamte, neu eingestellte Kollegium von Prof. Malte Mienert und Ulf Over mit dem von ihnen entwickelten Fortbildungskonzept „FACIL" zu Interkultureller Kompetenz fortgebildet. Vereinzelte wissenschaftliche Befunde von Studien mit qualitativen Methoden geben Hinweise darauf, dass Fortbildung bei Lehrerinnen und Lehrern in Bremen zu Interkulturalität, Deutsch als Zweitsprache und Interkultureller Kompetenz vor dem Hintergrund einer eher als problematisch empfundenen kulturellen, sozialen und sprachlichen Heterogenität der Schülerschaft sehr wohl als notwendiger aber derzeit nicht selbstverständlicher Bestandteil von Fortbildungen wahrgenommen wird.[173] Diese Befunde können aufgrund der geringen Fallzahl nicht verallgemeinernd auf alle Bremer Schulen übertragen werden; sie verweisen jedoch auf einen Handlungsbedarf im Hinblick auf eine Nachqualifikation von Lehrerkollegien und Schulleitungen zu dem Thema (kulturelle) Heterogenität als Normalfall. Wie hier gezeigt, lassen die vereinzelten Angebote zu Interkultureller Bildung in der Lehrerinnen- und Lehrerfortbildung kein umfassendes und systematisch aufgebautes Konzept für die Qualifikation der Zielgruppe erkennen.

Was die ebenfalls in den Empfehlungen des Bremer Schulentwicklungsplans 2008 genannte „Qualifizierung und Einbindung von Sprachberatern und Sprachberaterinnen der Einzelschulen, beginnend mit den Grundschulen" (ebd.) anbelangt, so wird diese seit Beginn des Schuljahres 2009/10 umgesetzt. Am LIS zuvor speziell qualifizierte Sprachberaterinnen und Sprachberater werden nach dem Hamburger Modell (s.o.) eingesetzt, in

---

173 Dies bezieht sich auf eine aktuell abgeschlossene, gerade veröffentlichte Dissertation (Wiltzius 2011) am Arbeitsbereich Interkulturelle Bildung zu „Diversity Management an Grundschulen? Möglichkeiten und Grenzen einer Unternehmensstrategie im schulischen Umfeld". Diese stellte im Hinblick auf die in Bremen (im Vergleich zu einer Luxemburgischen Schule) untersuchte Grundschule anhand qualitativer empirischer Verfahren fest, dass die Lehrerinnen und Lehrer der untersuchten Bremer Schule gegenüber kultureller und sprachlicher Heterogenität eine eher Defizit orientierte Haltung aufwiesen. Auch eine am Arbeitsgebiet erstellte Staatsexamensarbeit mit dem Titel „Migration als Herausforderung für die Schule – Einblicke in Theorie und Praxis aus Lehrersicht" (Farwick 2007), bei der Lehrerinnen und Lehrer einer Schule der Sekundarstufe I in einem sozial benachteiligten Stadtteil zu ihren Einstellungen hinsichtlich ihrer spezifischen Situation an der Schule mit qualitativen Methoden befragt wurden, ergab eine eher negative Assoziation mit kultureller Vielfalt, eine Vorstellung von Homogenität als ‚Normalfall' sowie das Gefühl der Hilflosigkeit im Umgang mit kultureller und sozialer Heterogenität.

Bremen jedoch zunächst mir dem Fokus auf alle Grundschulen. Ab 2010/11 soll der Einsatz von Sprachberaterinnen und -beratern für die Sekundarstufe I folgen. Ihre Aufgabenbeschreibung ist identisch mit derjenigen der Hamburger Sprachkoordinatorinnen und -koordinatoren. Allerdings sind die Ressourcen, die für ihren Einsatz an allen Schulen vorgesehen sind, deutlich begrenzter. Sie verfügen über eine Stundenentlastung von zwei Stunden pro Woche. Bestandteil der Qualifizierung von Sprachberaterinnen und -berater ist auch „Interkulturelle Bildung".[174]

Zusammenfassend kann für die Bremer Maßnahmen zur Erhöhung der Interkulturellen Kompetenz bei (angehenden) Lehrkräften durch Aus- und Fortbildung festgestellt werden, dass das Element der Interkulturellen Bildung und Kompetenz sowie der Umgang mit Deutsch als Zweitsprache in der ersten Phase der Ausbildung besonders umfassend etabliert ist, wenngleich hier – insbesondere im Hinblick auf die verpflichtenden Studienanteile zu Deutsch als Zweitsprache im Vergleich mit anderen Bundesländern (siehe Tabelle) noch deutlicher Nachbesserungsbedarf besteht. Für die zweite Phase der Ausbildung sind erste Bestrebungen erkennbar, das Thema und entsprechende Unterstützungsangebote fester als bisher zu etablieren. Allerdings ist das Thema Interkulturelle Bildung und Umgang mit Mehrsprachigkeit bislang nur auf fakultativer Basis etabliert. In der dritten Phase der Lehrerbildung wird – abgesehen von dem bereits implementierten Konzept der Sprachberater und Sprachberaterinnen – besonderer Handlungsbedarf deutlich, denn Bremen verfügt hier nicht über ein ausgewiesenes System, eine zentrale Anlaufstelle der Weiterqualifikation sowie ein transparentes und umfassenderes Fortbildungsprogramm zu diesem Themenbereich für bereits im Beruf stehende Lehrerinnen und Lehrer bzw. Schulleitungen, die sich auf den Weg einer interkulturellen Schulentwicklung machen wollen.

Nicht erkennbar ist darüber hinaus eine inhaltliche Verzahnung der Ausbildungsinhalte in allen drei Phasen der Bremer Lehrerinnen- und Lehrerausbildung, für die Hamburg als Beispiel guter Praxis fungieren könnte. Dass hier bereits Handlungsbedarf auch von Seiten der Bildungsbehörde diagnostiziert wurde, wird im Senatsbeschluss „Konzept zur Förderung von mehr Migrantinnen und Migranten im Lehramt und im Bereich der Sozialen Arbeit" (2009: 30) deutlich, in dem es abschließend heißt:

---

174 Laut Information des LIS, entnommen einer Email von Frau Mangold und Herrn Dr. Ludwig (26.01.2011)

Für die Zukunft erscheint es nun dringend erforderlich, Forschungen, Handlungsstrategien und Maßnahmen aufeinander abzustimmen, um Synergieeffekte zu erreichen. Dazu gehört die stärkere Zusammenarbeit zwischen den Ressorts und den Institutionen ebenso wie die Festlegung klarer Zuständigkeit und die Möglichkeit der Bündelung von Rückmeldungen und Informationen. Denn nur durch aufeinander abgestimmte Maßnahmen über einen längeren Zeitraum hinaus sind nachhaltige Erfolge zu erreichen.

5.7.1.4 Handlungsempfehlungen für Bremen

40. Zur nachhaltigen Implementierung von interkulturellen Schulentwicklungsprozessen reichen – wie geschildert – die vereinzelt angebotenen Fortbildungen für Schulleitungen und Lehrerinnen- und Lehrerkollegien in Bremen offensichtlich nicht aus. Vor allem die Schulleitungen als Motoren einer interkulturellen Schulentwicklung müssen für die Notwendigkeit und Umsetzungsmöglichkeiten einer interkulturellen Öffnung von Schule umfassend sensibilisiert werden. Benötigt werden darüber hinaus, neben einer bei allen Lehrenden zu verankernden Grundorientierung an der Normalität sprachlich-kultureller Vielfalt in Bremer Schulklassen, Experten und Expertinnen, die den Schulleitungen auf dem Weg zur interkulturellen Öffnung auf allen Ebenen der Schulqualitätsentwicklung zur Seite stehen. Mit den Sprachberaterinnen und Sprachberatern ist ein Qualifikations- und Unterstützungssystem etabliert worden, dass zielführend zu sein verspricht im Hinblick auf die Umsetzung eines durchgängigen Sprachförderkonzepts an Bremer Schulen. Wir empfehlen, aufgrund der unmittelbaren inhaltlichen Verknüpfung von Interkultureller Bildung und Deutsch als Zweitsprache diejenigen Sprachberaterinnen und Sprachberater, die Interesse haben, sich über die im Rahmen ihrer Zusatzqualifikation vermittelten interkulturellen Inhalte hinaus mit Fragen der interkulturellen Öffnung von Schule zu beschäftigen, in dieser Hinsicht intensiver und differenzierter auszubilden und auch als Beraterinnen und Berater eines interkulturellen Öffnungsprozesses von Schule einzusetzen. Vorbild eines solchen Aufgabenprofils einer ausgewählten Gruppe besonders motivierter Sprachberaterinnen und Sprachberater wären die QUIMS-Berater und Beraterinnen. Ihr Einsatz vor Ort dürfte dann aber nicht pauschal auf 2 Stunden festgelegt werden sondern müsste sich – analog zu Hamburg – am konkreten Unterstützungsbedarf der Schulen orientieren. Diese speziell ausgebildeten Begleiterinnen und

Begleiter des interkulturellen Schulentwicklungsprozesses würden denjenigen Schulen zur Seite gestellt, die Ideen für ein Interkulturelles Schulentwicklungskonzept vorlegen können.

41. Das LIS sollte zunächst eine systematische Bestandsaufnahme seiner Angebote und derer kooperierender Akteure zum Thema „Interkulturelle Bildung/Interkulturelle Kompetenz" vornehmen. Auch sollte die Inanspruchnahme von Fort- und Weiterbildungsangeboten zum Thema „Interkulturelle Bildung/Interkulturelle Kompetenz" beim LIS und in den Schulen einer quantitativen und qualitativen Evaluation unterzogen werden. Dabei sollte ein Hinweis auf den ‚Umgang mit Heterogenität' noch nicht als thematisch im Bereich der Interkulturellen Bildung ausgewiesen bewertet werden. Im Anschluss sollte ein Fortbildungskonzept entwickelt werden, das sich z.B. an den Modulen des QUIMS-Projektes orientieren könnte. Ebenfalls wird empfohlen einen institutionell verankerten, regelmäßigen Austausch mit Leiterin der Hamburger Beratungsstelle Interkulturelle Erziehung zu implementieren. Voraussetzung wäre mindestens die Benennung einer/eines hauptamtlich Fachverantwortlichen für diesen Bereich im Bremer Landesinstitut für Schule.

42. In Anlehnung an das Hamburger Konzept wird dringend die Einrichtung eines ‚Kompetenzzentrums Interkulturelle Schulentwicklung' am LIS in Bremen empfohlen. Der Senatsbeschluss „Mehr Migrantinnen und Migranten im Lehramt ..." (2009) beinhaltet eine Auflistung von Leistungen des LIS im Hinblick auf eine interkulturelle Professionalisierung von Referendarinnen und Referendaren sowie Lehrerinnen und Lehrern, die keine Entsprechung in dem tatsächlichen Angebot und der angemessenen Ausstattung des Instituts mit dem entsprechend qualifizierten Personal und Struktur findet. In weiten Teilen verharrt das Programm, wie gezeigt werden konnte, in einer auf die Zielgruppe der Migranten und ihren Förderbedarf ausgerichteten Pädagogik und stellt keine Verknüpfung zu dem an anderer Stelle als Schwerpunkt ausgewiesenen Thema der Inklusion dar. Ebenfalls nicht speziell ausgewiesen ist das Thema im Organigramm des LIS, in dem zwar Experten für DaZ benannt werden, nicht aber für Interkulturelle Bildung. Auch auf den Internet-Seiten des LIS-Bremen finden sich keine entsprechenden Hinweise. Vor dem Hintergrund, dass in dem als vorbildlich vorgestellten Modell QUIMS einer Gesamtkonzeption interkultureller Öffnung von Schule alle Schulen

auf eine zentrale Steuerungs- und Beratungseinheit zurückgreifen können, um sich in Fragen der interkulturellen Öffnung beraten und unterstützen zu lassen, verweisen wir nachdrücklich auf die wichtige Rolle, die das LIS hier als Kompetenzzentrum spielen müsste. Dabei wäre es mit entsprechenden Kapazitäten auszustatten, die einer solchen Schlüsselaufgabe im Bereich der Schulentwicklung angemessen ist. Modellhaft hat Hamburg mit der Einrichtung einer Beratungsstelle für Interkulturelle Erziehung am dortigen Landesinstitut für Schule gezeigt, wie eine Beratungsstelle für Schulen zum Thema Interkulturelle Erziehung ausgestattet und verankert sein könnte (Senatsdrucksache Interkulturelle Erziehung 2006: 2f.). Kernstück ist die Leitung mit zwei Mitarbeiterinnen bzw. Mitarbeitern, die auch vor Ort beraten und Seminare, Fachforen, Schulungen leiten können, ein großes Netzwerk an außerschulischen Kooperationspartnerinnen und -partnern, die über die Homepage der Beratungsstelle bekannt gegeben werden sowie eine gut aufgebaute und gepflegte Website. Das für Bremen vorgeschlagene ‚Kompetenzzentrum Interkulturelle Schulentwicklung‘ sollte in einem ständigen institutionell verankerten Austausch mit dem Verantwortlichen für Interkulturelle Projekte der SfBW und den Professuren für Interkulturelle Bildung und Deutsch als Zweitsprache an der Universität Bremen stehen, die Mitglieder einer Steuerungsgruppe ‚Interkulturelle Öffnung des Bremer Schulsystems‘ wären. Dieses Kompetenzzentrum und die Steuerungsgruppe würden auch die Funktion einer moderierenden Schnittstelle zur Koordination der Inhalte Interkultureller Bildung und Deutsch als Zweitsprache in allen drei Phasen der Lehrerausbildung übernehmen. Damit würde auch der Empfehlung einer Verzahnung aller drei Phasen zu diesem Themenbereich im Konzept ‚Mehr Migrantinnen und Migranten im Lehramt‘ (2009) gefolgt.

5.7.2 Gewinnung und Einsatz von mehr pädagogischem Personal mit Migrationshintergrund

5.7.2.1 Forschungsstand und Problemaufriss

Forschungsbefunde aus dem anglo-amerikanischen Raum, in dem die Bearbeitung des Themas schon eine längere Tradition hat als in Deutschland verweisen darauf, dass es einen kausalen Zusammenhang geben könnte zwischen dem Einsatz von Lehrerinnen und Lehrern mit Migrationshintergrund oder aus ethnischen Minoritäten und der Verbesserung des Lernklimas für

Schülerinnen und Schüler mit Migrationshintergrund oder aus ethnischen Minderheiten. Der positive Einfluss bezieht sich etwa auf die Verringerung der Angst vor Stereotypisierung (Stereotype Threat) und die Steigerung der Lernfähigkeit und -leistung der entsprechenden Schülerschaft. Carr und Klassen (1997) ermittelten, „dass in Toronto Lehrerinnen und Lehrer aus Minderheiten sich im Allgemeinen stärker für die Umsetzung von Antirassismusmaßnahmen, darunter eine Diversifizierung des Lehrplans, einsetzen als ihre weißen Kollegen. Darüber hinaus zeigte ein Vergleich zwischen Lehramtsanwärterinnen und -anwärtern ohne und mit Minderheitenstatus (darunter vor allem Amerikanerinnen und Amerikaner asiatischer Herkunft, Afro-Amerikanerinnen und -Amerikaner sowie Lateinamerikanerinnen und -amerikaner), dass die Personen aus Minderheiten sich oftmals „klar dem Ziel verschrieben, ihren zukünftigen Lehrerberuf als Akteure sozialer Veränderungen auszuüben" (Su 1996: 125), und dass sie dies deutlich von ihren weißen Kollegen unterschied. Darüber hinaus waren sich Lehramtsanwärterinnen und -anwärter mit Migrationshintergrund häufiger der ungleichen Bildungschancen von Kindern aus Minderheiten bewusst, sie äußerten häufiger den Wunsch, in Schulen in sozialen Brennpunkten zu unterrichten, und sie betonten die Relevanz eines guten Kontakts zu Minderheitengruppen (Su 1997)" (zitiert nach Schofield 2006: 112). Ebenfalls für den angloamerikanischen Raum wird festgestellt, dass Lehrerinnen und Lehrer aus ethnischen Minderheiten das Streben nach Bildung als wichtigen ‚ethnischen Wert' ansähen, den sie an die Schülerinnen und Schüler weiter geben wollten und sich selbst als Bildungsvorbild mit einer besonderen Verantwortung für die Lernenden aus ethnischen Minderheiten betrachten, die sie vor Vorurteilen in der Schule schützen wollen (Cunningham/Hargreaves, 2007: 3f.). Darüber hinaus wird auf der Basis von Fokusgruppeninterviews mit Lehrerinnen und Lehrern mit Migrationshintergrund festgestellt, dass die Kenntnis spezifischer kultureller Herangehensweisen z.B. an die Lösung von Aufgaben (kulturspezifische diagnostische Kompetenz) sich als nützlich für den Umgang in kulturell heterogenen Klassen erweist. In Tests wurde ermittelt, dass Lehrerinnen und Lehrer ethnischer Minderheiten darüber hinaus realistischere Leistungserwartungen an ihre Schüler mit gleichem ethnischem Hintergrund aufweisen, dies wirke sich positiv auf deren Leistung aus (Erwartungseffekte). Für die USA, Großbritannien und die Schweiz wird festgestellt, dass ein interkulturell sensibler Umgang mit migrationsbedingter

Heterogenität vorwiegend denjenigen Lehrkräften gelingt, die selbst aus einem solchen Kontext kommen oder in der Familie damit befasst sind (ebd.: 28; vgl. auch Leask u.a. 1996 und Edelmann 2008). Schließlich wird festgestellt, dass in Klassen mit Lehrenden aus ethnischen Minoritäten das Klima der Wertschätzung kultureller Vielfalt häufig höher ist (ebd.).[175] Edelmann (2007) zeigt auf der Grundlage qualitativer Interviews mit Lehrerinnen und Lehrern mit und ohne Migrationshintergrund in der Schweiz, dass sowohl Lehrerinnen und Lehrer mit Migrationshintergrund als auch Lehrende, die zwar keinen eigenen Migrationshintergrund haben, jedoch im privaten Umfeld involviert sind in Fragen von migrationsbezogener Integration und Interkulturalität, einen reflektierteren Umgang mit der Dialektik von Gleichheit und Differenz im Umgang mit der migrationsbedingten Heterogenität der Schülerschaft in ihren Klassen entwickeln. Stärker als Lehrende ohne diese persönliche Nähe mit dem Thema Migration sind sie in der Lage mit kultureller, ethnischer, sprachlicher Verschiedenheit konstruktiv umzugehen.

Ähnliche Befunde wie für den anglo-amerikanischen Raum oder die Schweiz sind für Deutschland bzw. den deutschsprachigen Raum bislang nur in einzelnen, überwiegend qualitativen Studien mit geringen Befragtenzahlen belegt (vgl. Überblick bei Strasser/Steber 2010). Eine aktuelle Studie, die mit qualitativen und quantitativen Methoden ausschließlich Lehrende mit Migrationshintergrund befragte (Georgi/Ackermann/Karakaş 2011),[176] ergänzt und vertieft die vorliegenden Befunde. Es zeigt sich aus den vereinzelt vorliegenden Untersuchungen, dass Lehrende mit Migrationshintergrund häufig ein Bewusstsein für ihre biographisch erworbene interkulturelle Kompetenz und ein ausgeprägtes Selbstbild als Gestalter von Gesellschaft mitbringen (vgl. Selimovic 2008: 67; Georgi/Ackermann/Karakaş 2011). Der Lehrberuf wird von einigen als soziokulturelle Mission und gezielte Unterstützung als Betroffene für die Gruppe der Menschen mit Migrationshintergrund betrachtet (vgl. Karakaşoğlu-Aydın 2000: 435; vgl. auch Georgi/Ackermann/Karakaş 2011). Ebenfalls verbreitet ist die Wahrnehmung der Vorbildfunktion für Kinder mit Migrationshintergrund, denen mit der eigenen Präsenz im

---

175 Vgl. auch den Überblick über empirische Befunde zu Lehrenden mit Migrationshintergrund bzw. aus ethnischen Minoritäten im angloamerikanischen und deutschsprachigen Raum bei Strasser/Steber (2010).

176 In der bundesweiten Studie wurden 44 qualitative und 198 quantitative Interviews mit Lehrenden mit Migrationsgeschichte durchgeführt und ausgewertet.

sozialen Raum Schule ein Anreiz für Bildungsaspirationen geboten werden soll (vgl. Karakaşoğlu-Aydın, 2000: 435, Selimovic 2008: 67, vgl. auch Georgi/Ackermann/Karakaş 2011). Diese Vorbildfunktion wird allerdings durchaus ambivalent bewertet, denn gleichzeitig ist es den Lehrkräften mit Migrationsgeschichte wichtig, als selbstverständlicher Bestandteil des Kollegiums wahrgenommen zu werden und nicht als ‚Sonderbotschafter' für Interkulturalität, der Probleme zwischen Lehrenden und Eltern sowie Schülerinnen und Schülern mit Migrationshintergrund u.a. durch Rückgriff auf muttersprachliche Kenntnisse und spezifische ‚interne' Kulturkenntnisse lösen soll. Zwar setzen die Befragten ihr biographisch erworbenes kulturspezifisches Wissen bewusst ein – z.B. im Sinne eines landeskundlich orientierten Kulturvergleiches – sie tun dies aber eher intuitiv als begleitet von einer methodisch-didaktischen Reflexion einsetzen (vgl. Georgi/Ackermann/Karakaş 2011: 221). Sie übernehmen in besonderem Maße kultur- und religionsbezogene Vermittlungsaufgaben, empfinden die selbstverständliche Zuweisung dieser Rolle durch das Kollegium an sie aber häufig auch als Zumutung, auch wenn sie sich ihrer Funktion als positive Rollenvorbilder für die Schülerinnen und Schüler bewusst sind und diese auch positiv bewerten. Ebenfalls wird von Erfahrungen mit einer ambivalenten Rolle als Repräsentant ethnischer Minderheiten auf der Ebene der Lehrerschaft im schulischen Raum berichtet bis hin zu konkreten Diskriminierungserfahrungen (vgl. Tartakowska, 2006; Georgi/Ackermann/Karakaş 2011). Neben der Sorge, als ‚ethnische Feuerwehr' fungieren zu müssen, äußern die Befragten auch Sorgen vor Akzeptanzproblemen im Kollegium, die sich auch in Diskriminierung in der Schule äußern können. Dies wird sowohl in der Antizipation von Problemen wie auch durch konkrete Erfahrungen als besondere Belastung geschildert (Karakaşoğlu-Aydın, 2000: 436; Tartakowska, 2006: 16f.; vgl. auch Georgi/Ackermann/Karakaş 2011). Auf noch schmaler empirischer Basis gibt es erste Hinweise darauf, dass insbesondere Referendarinnen und Referendare mit Migrationshintergrund bzw. mit interkultureller Erfahrung interkulturelle Konfliktsituationen als höheren Stressor empfinden als solche ohne Migrationshintergrund (vgl. Göbel 2007). Dies könnte mit einer Unsicherheit über den produktiven Einsatz von ethno-kulturellen Ressourcen wie die situationsgebundene Nutzung der Herkunftssprache im schulischen Kontext zusammenhängen angesichts der öffentlichen Diskussion um die Notwendigkeit einer vorrangigen Förderung von Deutsch in der Schule (Karakaşoğlu-Aydın

2000; Georgi/Ackermann/Karakaş 2011). Darüber hinaus finden sie im schulischen Umfeld nur wenige systematische Anknüpfungspunkte für die interkulturelle Bildungsarbeit vor. Vor diesem Hintergrund kann ihr Engagement für kultursensible und interkulturelle Belange nicht über die Klasse hinaus in die Schulkultur hinein wirken (vgl. Georgi/Ackermann/Karakaş 2011: 22). Hier wird das Desiderat einer umfassenden Implementierung von Interkultureller Bildung in der Lehreraus- und -fortbildung für alle deutlich. Denn die problematischen Aspekte des Einsatzes von Lehrenden mit Migrationshintergrund erweisen sich als abhängig vom allgemeinen Stand interkultureller Öffnung der jeweiligen Schule und von der ihr entgegengebrachten Einstellung der jeweiligen Schulleitungen (ebd.; vgl. auch Befunde bei Edelmann 2008: 201).[177]

Die Idee, dass „die interkulturelle Kompetenz und damit die Unterrichtsqualität in Schulen mit hohem Migrantenanteil (..) durch eine größere Zahl von Migrantinnen und Migranten in der Lehrerschaft (...) verbessert" werden könnte (Presse- und Informationsamt der Bundesregierung 2007: 117) findet trotz lückenhafter Datenlage zu dem so hergestellten unmittelbaren Zusammenhang zwischen interkultureller Kompetenz – Steigerung der Unterrichtsqualität und Einsatz von Lehrenden mit Migrationshintergrund in Deutschland inzwischen auf bildungspolitischer Ebene uneingeschränkten Zuspruch und es werden konkrete Handlungserfordernisse zur Steigerung des Anteils von Lehrerinnen und Lehrern mit Zuwanderungsgeschichte entwickelt. Die Kultusministerkonferenz und Migrantenorganisationen betonten in ihrer 2010 veröffentlichten gemeinsamen Erklärung die Notwendigkeit der Erhöhung des Anteils von Lehrkräften mit Migrationshintergrund:

> Die besondere Förderung der Schülerinnen und Schüler mit Zuwanderungsgeschichte sollte durch dafür qualifizierte Lehr- und Fachkräfte unterstützt wer-

---

177 Diese vereinzelten Befunde werden in Kürze durch laufende oder im Abschluss befindliche neue, empirische Studien qualitativer und quantitativer Art zu Lehrerinnen und Lehrern sowie Lehramtsstudierenden mit Migrationshintergrund ergänzt und erweitert werden, die derzeit an den erziehungswissenschaftlichen Fakultäten u.a. der Universitäten Bremen (Studienverlaufsanalyse bei Lehramtsstudierenden mit und ohne Migrationshintergrund, Arbeitsbereich Prof. Dr. Yasemin Karakaşoğlu), Mainz (Ethnographische Studie zu Lehrkräften mit Migrationshintergrund, Arbeitsbereich Prof. Dr. Karin Bräu), FU Berlin (Studie zum Netzwerk der Lehrkräfte mit Zuwanderungsgeschichte in NRW, Arbeitsbereich Prof. Viola Georgi) und Universität Hamburg (Studie zum Effekt des Einsatzes von Lehrkräften mit Zuwanderungsgeschichte, Arbeitsbereich Jun.Prof. Carolin Rotter) durchgeführt werden.

den. Lehrkräfte mit Migrationshintergrund können positive Rollenbilder vermitteln und bei der kulturellen Verständigung helfen. Für Schulen bietet sich bei der Besetzung von Lehrerstellen die Möglichkeit an, im Rahmen von Ausschreibungen ein entsprechendes Anforderungsprofil zu formulieren. Auch die Anerkennung von im Ausland erworbenen Qualifikationen kann eine weitere Voraussetzung für die Einstellung von mehr Fachkräften mit Zuwanderungsgeschichte an Schulen sein (KMK 2010, vgl. auch BAMF 2010: 101ff.).

Auch das Bundesweite Integrationsprogramm verweist auf die bereits genannten, erwarteten positiven Effekte des Einsatzes von mehr Lehrkräften mit Migrationshintergrund und ergänzt diese mit dem Hinweis „Zudem können Lehrkräfte mit Migrationshintergrund Vorbehalten in Lehrerkollegien entgegenwirken und interkulturelle Perspektiven auf Schule und Unterricht eröffnen" (BAMF 2010: 102). Nahezu gleichzeitig erfolgten Anfragen an die Regierungen verschiedener Bundesländer (u.a. 2006 an die Hamburger Bürgerschaft, 2008 an die Bremer Bürgerschaft, 2009 an den Bayerischen Landtag) zum Anteil von Lehrerinnen und Lehrern mit Migrationshintergrund in den Schulen sowie den Maßnahmen zu seiner Steigerung. In ihnen wird übereinstimmend auf die o.a. erwarteten Effekte des Einsatzes dieser Gruppe von Lehrerinnen und Lehrern auf Schule und Schülerschaft hingewiesen. Dieser soll sich nachhaltig auf ein positives interkulturelles Klima an Schulen auswirken.

Vor diesem Hintergrund erscheint die niedrige Quote von Lehrerinnen und Lehrern mit Migrationshintergrund an Schulen in Deutschland als ein Hindernis zur interkulturellen Öffnung von Schule. Aktuelle Auswertungen des Statistischen Bundesamtes auf Grundlage des Mikrozensus 2008 belegen einen Anteil von Lehrkräften mit Migrationshintergrund an allen Lehrkräften in Deutschland von 4,7% (Autorengruppe Bildungsberichterstattung 2010: 259). Zur Erinnerung: Der Anteil der Bevölkerung mit Migrationshintergrund an der Gesamtbevölkerung beträgt 19,6% (Mikrozensus 2009). Der Handlungsbedarf auf dieser Ebene ergibt sich auch dadurch, dass der Anteil der Studienberechtigten mit Migrationshintergrund insgesamt aufgrund der niedrigen Abiturientenquoten gering ist. Hinzu kommt, dass sich Studierende mit und ohne Migrationshintergrund insgesamt zwar annähernd gleich auf die Studiengänge verteilen, Studierende mit Migrationshintergrund jedoch deutlich seltener das Lehramt wählen. 12% der Studierenden ohne, jedoch nur 6% der Studierenden mit Migrationshintergrund studieren mit dem Ziel Lehramt. Hinzu kommt eine insgesamt höhere Studienabbrecherquote bei Studierenden mit Migrationshintergrund, was die Zahl der potenziellen Lehrerinnen und Lehrer mit Migrationshintergrund erneut verringert (vgl. BAMF 2010). Hinter einem offensichtlich geringeren Interesse am Lehramt im Vergleich zu Studierenden ohne Migrationshintergrund werden verschiedene Gründe vermutet, die bislang jedoch empirisch noch nicht belegt sind.[178] Neben dem geringen allgemeinen Sozialprestige des Lehrerberufs in der deutschen Gesellschaft könnten insbesondere die unter bildungserfolgreichen Migranten verbreitete Vermutung, für Lehrerinnen und Lehrer gäbe es kaum Karrieremöglichkeiten sowie schlechte Vorerfahrungen mit Lehrerinnen und Lehrern oder mit der Schule allgemein eine Rolle spielen. Ein anderer Grund könnte eine transnationale Orientierung vieler Studierender mit Migrationshintergrund sein, bei der die Verwertbarkeit des Studiums für eine berufliche Karriere sowohl in Deutschland wie auch im Herkunftsland der Eltern und zunehmend auch im weiteren europäischen Ausland von besonderer Bedeutung ist. Diese ist aufgrund der an nationalen Bildungsbelangen und -inhalten orientierten Lehrerausbildung eingeschränkt. Vermutet wird ferner, dass die zentrale Bedeutung sehr guter deutscher Sprachkenntnisse, die in der Schule täglich der Begutachtung anderer ausgesetzt sind, ebenfalls zu Distanzen bei Sprecherinnen und Sprechern des Deutschen als Zweitsprache gegenüber dem Lehrerberuf führen könnte (Karakaşoğlu-Aydın/Neumann 2001: 73f.).

Im bundesweiten Integrationsplan werden daher folgende Maßnahmen zur Steigerung des Anteils an Lehrkräften mit Migrationshintergrund empfohlen: Kompetenzen und Potentiale von Lehrkräften mit Migrationshintergrund benennen und fördern, ihre spezifischen Ressourcen nutzen, Zugangsbarrieren zum Lehramtsstudium abbauen, Studienabbrecherquote verringern, Image des Lehrerberufs verbessern und Informationen zum Berufsbild bereitstellen, Beratungs- und Orientierungsangebote durchführen, Netzwerke auf- und ausbauen, Einstellungskorridore gewähren. Empfohlen wird schließlich die Entwicklung eines umfassenden Ansatzes zur Steigerung des Anteils von Lehramtsstudierenden mit Migrationshintergrund sowie umfassendere

---

178 Strasser/Steber (2010) bemängeln die einer empirischen Grundlage entbehrenden bildungspolitischen Erwartungen an Lehrkräfte mit Migrationshintergrund wie folgt: „Angesichts der dürftigen Forschungslage zu Lehrer(inne)n mit Migrationshintergrund ist jedoch zu fragen, inwieweit die an diese Forderung geknüpften Hoffnungen begründet oder zumindest plausibel erscheinen. Denn bislang gibt es keine empirische Evidenz zu der Frage, ob und inwiefern sich Lehrende mit Migrationshintergrund von anderen Lehrenden unterscheiden" (2010: 98).

Forschung u.a. zu Studienwahl, Studium und Erfahrungen im Lehrberuf bei Personen mit Migrationshintergrund (vgl. BAMF 2010: 108).

5.7.2.2 Umsetzungsbeispiele anderer (Bundes-)Länder

Zu den verschiedenen Maßnahmen, die der Steigerung des Anteils von mehr Lehrkräften mit Migrationshintergrund dienen, gehören zahlreiche Projekte, die häufig durch Stiftungen initiiert und in Kooperation mit den zuständigen Kultusministerien durchgeführt werden. Der *Schülercampus Mehr Migranten werden Lehrer* der Zeit-Stiftung, der in einem viertägigen Workshop Schülerinnen und Schüler mit Migrationshintergrund informiert und begeistern will für das Lehramtsstudium, wurde zunächst in Hamburg entwickelt und durchgeführt, bevor Nordrhein-Westfalen (Düsseldorf) das Konzept übernahm. In Nordrhein-Westfalen war zuvor (2007) bereits unter dem Dach der RAA (Regionale Arbeitsstellen zur Förderung von Kindern und Jugendlichen mit Migrationshintergrund), die dort dem Schulministerium zugeordnet ist, eine Landeskoordination für den Aufbau eines *Netzwerkes der Lehrkräfte mit Zuwanderungsgeschichte* eingerichtet worden, das an der Organisation und dem Aufbau nachhaltiger Strukturen des Schülercampus beteiligt ist. Dem Netzwerk gehören dort mittlerweile über 300 Personen an. 2010 folgten Bayern, Niedersachsen, Berlin und Hamburg in der Gründung von Netzwerken der Lehrkräfte mit Migrationshintergrund, die eine Empowerment-Strategie für die Zielgruppe (Rekrutierung von Lehramtsstudierenden durch Vorbilder, Bereitstellung von Fortbildungsangeboten, Selbsthilfegruppen etc.) darstellen. In ähnlicher Weise arbeitet das Projekt der Stabsabteilung für Integration der Landeshauptstadt Stuttgart ‚Migranten machen Schule'. Das *Horizonte-Programm* der Hertie-Stiftung vergibt Stipendien an Lehramtsstudierende mit Migrationshintergrund in Kooperation mit den Universitäten in Frankfurt, Berlin und Hamburg. Berlin und Hamburg haben zusammen mit Bremen eine Kooperation zur Klärung der Frage aufgebaut, wie spezifische Einstellungsmöglichkeiten für Personen mit Migrationshintergrund in den Vorbereitungsdienst und in den Schuldienst rechtlich abgesichert (d.h. unter Berücksichtigung des AGG) eröffnet werden können. Berlin kann dabei auf ein bereits bestehendes Integrationsgesetz zurückgreifen, das dieses als erstes Bundesland verabschiedet hat und in dem der bevorzugte Zugang zum öffentlichen Dienst für Bewerberinnen und Bewerber mit Interkultureller

Kompetenz geregelt ist.[179] So soll „die interkulturelle Kompetenz bei der Beurteilung der Eignung, Befähigung und fachlichen Leistungen [...] grundsätzlich berücksichtigt werden" (§4). Interkulturelle Kompetenz bezieht sich dabei nicht auf die Herkunft der Bewerberin/des Bewerbers sondern auf die Fähigkeit, z.B. kulturelle Übersetzungsarbeit leisten zu können, unterschiedliche kulturelle Gruppen als gleichwertig zu respektieren, vorurteilsfrei anderen Orientierungs- und Regelungssystemen zu begegnen.[180] Zudem sei bei Stellenausschreibungen darauf hinzuweisen, dass Bewerbungen von Menschen mit Migrationshintergrund ausdrücklich gewünscht seien (vgl. ebd.). Die Hochschulen werden angehalten, unterrepräsentierte Bevölkerungsgruppen durch eine spezifisch auf diese Gruppen ausgerichtete Öffentlichkeitsarbeit bei der Entscheidung für ein Studium und die Wahl des Faches zu beraten und zu unterstützen. In diesem Rahmen ist auch die Werbekampagne Berlins *Berlin braucht Dich!* für den Öffentlichen Dienst zu sehen.

Hamburg weist die Quote seiner Bewerberinnen und Bewerber mit (nachgewiesenem) Migrationshintergrund zum Vorbereitungsdienst gesondert aus und ist somit in der Lage, die Entwicklung dieser Quote sowie den Effekt von Maßnahmen zur Steigerung des Anteils von Lehrkräften mit Migrationshintergrund über einen längeren Zeitraum hin zu beobachten. Im November 2010 betrug die Quote derjenigen aus dieser Gruppe, die in den Vorbereitungsdienst eingestellt wurden, 20,9% und erreichte ihren vorläufigen Höchststand. Am niedrigsten ist ihr Anteil in den Sonderschulen (3,4%), am höchsten in den Grundschulen (30,3%).[181] Für das Lehramt an Gymnasien beträgt ihr Anteil 19,1%. Der Anteil für das Lehramt der Primarstufe und Sekundarstufe I liegt mit 30,3% so hoch wie nie zuvor, seitdem das Merkmal in Hamburg erhoben wird. Zu den Werbemaßnahmen zur Steigerung des Anteils von Lehrerinnen und Lehrern mit Migrationshintergrund gehört der

---

179 Definiert als Menschen, die entweder keine deutschen Staatsangehörigen sind, im Ausland geboren und seit dem 1. Januar 1956 nach Deutschland zugewandert sind oder bei denen mindestens ein Elternteil im Ausland geboren sind (Berliner Senat Drucksache 16/3524 vom 29.09.2010, § 2).

180 Diese Regelung wird in einem Rechtsgutachten zu dem Vergleich der Regelungen in Berlin und Bremen als aus verfassungsrechtlichen wie praktischen Gründen nicht geeignet bewertet.

181 Informationen zum Start in den Vorbereitungsdienst zum Mai 2011, [URL: http://www.hamburg.de/contentblob/355494/data/vorbereitungsdienst-bericht-ei]; Zugriff: 29.06.2011.

Verweis auf der Homepage der Behörde für Schule und Berufsbildung hinsichtlich des laufenden Bewerbungsverfahrens zum Vorbereitungsdienst: „Unter Beachtung der Bestenauslese können zur Abdeckung eines spezifischen schulischen Bedarfs ggf. Plätze für Bewerberinnen und Bewerbern mit Migrationshintergrund genutzt werden."[182] Durch eine Ankreuzmöglichkeit auf dem Anmeldeformular zur Bewerbung für den Vorbereitungsdienst können die Kandidaten und Kandidatinnen in Hamburg einen Migrationshintergrund geltend machen. Um den Bedarf an Unterstützung im Rahmen des Studiums erfassen zu können, wird aktuell nach dem Vorbild von Bremen und unter Bezug auf das dort entwickelte Instrument eine Studierendenbefragung im Lehramt durchgeführt, bei der alle 1. und 3. Semester mit und ohne Migrationshintergrund zu ihrer Studiensituation befragt werden.

5.7.2.3 Ausgangslage in Bremen

Es wird davon ausgegangen, dass sich der bundesweite Trend einer Unterrepräsentanz von Personen mit Migrationshintergrund in allen Stufen der Lehrerbildung und in den Schulen auch in Bremen abbildet.[183] Und so wurde in Bremen im Februar 2009 diesbezüglich – ausgelöst durch einen Antrag der Fraktion SPD und Bündnis 90/Die Grünen – politischer Handlungsbedarf[184] erkannt und auf der Basis bereits bestehender Maßnahmen sowie neuer Ansätze das bereits erwähnte umfassende „Konzept zur Förderung von mehr Migrantinnen und Migranten im Lehramt und im Bereich soziale Arbeit" erarbeitet, das in der Breite seiner Anlage bundesweit einmalig ist.[185] Dieses Konzept ist mittlerweile Senatsbeschlusses. Der umfassende Ansatz setzt an bei der

---

182 Informationen über die Anzahl an Ausbildungsplätzen für den Vorbereitungsdienst zum 1. Mai 2011, [URL: http://www.hamburg.de/vorbereitungsdienst/64644/ausbildungskapazitaeten.html]; Zugriff 10.01.2011.

183 Für Bremen können keine differenzierten Daten nach Migrationshintergrund vorgelegt werden, da dieses Merkmal weder bei Lehramtsstudierenden noch bei Referendarinnen und Referendaren und auch nicht bei Lehrerinnen und Lehrern erfasst wird.

184 Auch in dem bereits erwähnten Papier von Kita Bremen GmbH (2009) heißt es hierzu konkret: „Die Gewinnung von kompetenten Fachkräften mit Migrationshintergrund muss dabei als konkretes Ziel formuliert und mit einem wirksamen Nachwuchsprogramm hinterlegt sein."

185 An der Erarbeitung des Konzepts waren beteiligt: Vertreterinnen und Vertreter der senatorischen Behörden für Bildung und Wissenschaft und der Senatorin für Arbeit, Frauen, Gesundheit, Jugend und Soziales, Vertreterinnen und Vertreter der Universität Bremen, der Hochschule Bremen und des Landesinstituts für Schule (LIS)

frühzeitigen Werbung in weiterführenden Schulen für das Lehramtsstudium, bezieht hochschulrechtliche Maßnahmen für die gezielte und stärkere Rekrutierung von Lehramtsstudierenden unter den Abiturientinnen und Abiturienten ebenso ein wie Maßnahmen zur Unterstützung im Studium sowie im Referendariat und reicht bis zu Überlegungen für eine vereinfachtere Anerkennung ausländischer Lehramtsabschlüsse für einen Zugang zum Referendariat oder in den Schuldienst. Um den Anteil an Studierenden mit Migrationshintergrund insbesondere im Lehramt zu erhöhen, wurden bereits im Vorfeld und insbesondere infolge des bereits erwähnten Förderkonzepts für mehr Migrantinnen und Migranten im Lehramt und im Bereich Soziale Arbeit (2009) in Bremen vielfältige Maßnahmen an der Schnittstelle zwischen Schule und Hochschule implementiert. Der Akzent der Werbe- und Unterstützungsmaßnahmen liegt auf der „Unterstützung und Begleitung von Schülerinnen/Schülern und Studierenden mit Migrationshintergrund auf dem Weg in den Lehrberuf. Hierbei wird Wert auf die Umsetzung eines ganzheitlichen Ansatzes gelegt, der die einzelnen Maßnahmen miteinander verschränkt" (Sachstandsbericht 2010: 6).

Auf der Ebene der Werbung für das Studium des Lehramtes wird seit 2009 in Bremen regelmäßig bei Tagen der Offenen Tür der Universität speziell die Schülergruppe derjenigen mit Migrationshintergrund angesprochen (über Mitarbeiterinnen und Mitarbeiter des Arbeitsbereiches Interkulturelle Bildung am FB 12) und u.a. das an der Universität Bremen entwickelte Projekt MiCoach (s.u.) vorgestellt. Auch auf der Bildungsmesse *Horizon* und im Rahmen der Bremischen Kampagne für Ausbildungsberufe im Öffentlichen Dienst *Du bist der Schlüssel!* (2009 im Rathaus Bremen) sind Mitarbeiterinnen und Mitarbeiter der Behörde wie der Universität Bremen gemeinsam präsent, um Studieninteressierte für das Lehramt mit interkulturell aufbereitetem Informationsmaterial[186] zu gewinnen. Informiert wird u.a. auch über spezielle Finanzierungsmöglichkeiten durch Stipendien wie das Stipendienprogramm der Start-Stiftung, das Horizonte-Programm der Hertie-Stiftung sowie das Programm der sdw-Stiftung. Im Projekt StudentService@School bildet der International Office (IO) binationale Tandems von deutschen und ausländi-

---

186 Die Bebilderung mit phänotypisch sichtbaren Personen unterschiedlicher ethnischer Herkunft sowie die Erstellung der Broschüre auch in den beiden Hauptmigrantensprachen Bremens Russisch und Türkisch soll insbesondere Personen mit Migrationshintergrund ansprechen.

schen bzw. Studierenden mit Migrationshintergrund aus, die an Schulen mit hohem Migrantenanteil Aktivitäten u.a. zur Studienvorbereitung anbieten. Das bremenspezifische Projekt an der Universität Bremen (FB12) „MiCoach", finanziert von der Mercator-Stiftung, der SBfBW und der Universität Bremen bietet studieninteressierten Schülerinnen und Schülern mit Migrationshintergrund die Chance, einen studentischen Coach an die Seite gestellt zu bekommen, der sie beim Übergang von der Schule in das Studium sowohl im Hinblick auf die Erweiterung wissenschaftssprachlicher Fähigkeiten wie auch bei der Studienfachwahl und -orientierung begleitet. Die studentischen Coaches (derzeit 23, die insgesamt 35 Schülerinnen und Schüler coachen), erhalten für ihre Coaching-Tätigkeit, der ein verpflichtendes Vorbereitungsseminar zur Interkulturellen Bildung vorgeschaltet ist, Kreditpunkte im Rahmen der Schlüsselqualifikationen (vgl. Karakaşoğlu 2008). Der durch die Zeit-Stiftung initiierte „Schülercampus – Mehr Migranten werden Lehrer", bei dem eine Gruppe von ca. 30 Schülerinnen und Schülern mit Migrationshintergrund sich in einem 4-tägigen Seminar mit Hilfe von Expertinnen und Experten mit dem Berufsbild der Lehrerin/des Lehrers auseinandersetzt, hat, durchgeführt als Kooperationsprojekt der Senatorin für Wissenschaft und der Universität Bremen erstmalig auch in Bremen stattgefunden. Die Evaluationen für Hamburg belegen eine durchschnittlich 70%ige Entscheidung der Beteiligten für ein Lehramtsstudium.

Auf der Ebene der Unterstützung im Studium sind einer bevorzugten Zulassung von Abiturienten und Abiturientinnen mit Migrationshintergrund zum Lehramtsstudium als zulassungsbeschränktem Studienfach enge Schranken gesetzt. Dennoch versucht Bremen hier mit einem eigenen Vorstoß entsprechende hochschulrechtliche Weichen zu stellen. Der Sachstandsbericht zum Konzept vom 22. Dezember 2010 verweist darauf, dass die Hochschulen bei der Hochschulzulassung „im Rahmen der Vorabquote für Ausländerinnen und Ausländer und Bewerber mit bilingualer Sprachkompetenz auf dem Niveau des Europäischen Referenzrahmens nach § 7 Absatz 1 der ‚Vergabeverordnung Hochschulen' eine bevorzugte Auswahl dieses Personenkreises in allen zulassungsbeschränkten Studienangeboten vorzunehmen" haben (ebd.: 2). „Der Personenkreis wird also nicht nach Leistung und Wartezeit, sondern vorab aufgrund des besonderen Merkmals ‚Bilingualität' bzw. „Ausländer im Sinne des Zulassungsrechts" (ebd.) zugelassen. Dabei will man sich die Tatsache zu nutzen machen, dass die Ausländerquote von 8% nicht ausgeschöpft wird und diese Gruppe dem Kontingent zurechnen.[187] Ein aktuelles Rechtsgutachten (Fehling/Arnold 2010) bezieht sich auf diese Regelung als „Bremer Modell" und meldet rechtlich Bedenken gegenüber einer Zusammenfassung der Quote für ausländische Studienbewerberinnen und -bewerber mit einer ausländischen Hochschulzugangsberechtigung und der Quote für bilinguale Studienbewerberinnen und -bewerber mit einer deutschen Hochschulzugangsberechtigung an. Hier werde „womöglich wesentlich Ungleiches gleich behandelt", was einen Verstoß gegen Art 3, Abs.1 GG darstelle. Es wird stattdessen für eine eigene Vorabquote für bilinguale Bewerberinnen und Bewerber als „mit höchster Wahrscheinlichkeit verfassungskonform" argumentiert. Abschließend heißt es: „Die Quote wäre auf der Basis sorgfältiger Ermittlungen so festzulegen, dass sowohl der Bedarf an zusätzlichen Studierenden mit Migrationshintergrund als auch die gegenläufigen Belange sonstiger Bewerber abwägend angemessen berücksichtigt werden. Dann bleibt das verfassungsrechtliche Restrisiko gering" (ebd.: 36). Eine abschließende Entscheidung, wie der bevorzugte Zugang zum Lehramtsstudium für die Zielgruppe der Abiturientinnen und Abiturienten mit Migrationshintergrund geregelt werden soll, ist aufgrund unterschiedlicher Verfahrensvorschläge seitens der Senatorischen Behörde und der Universität Bremen derzeit ausgesetzt.

Als Vorbereitung zur Entwicklung von spezifischen Unterstützungsangeboten und in Übereinstimmung mit der im Bundesweiten Integrationsplan ausgesprochenen Empfehlung, den Forschungsbedarf zu diesem Thema aufzugreifen, wurde an der Universität Bremen inzwischen eine erste Bremer Regionalstudie zum „Studienverlauf von Lehramtsstudierenden mit und ohne Migrationshintergrund" gestartet. Die erste Studierendenbefragung in Bremen wurde Anfang 2009 umgesetzt. Ziel ist es, ein klareres Bild von der Studiensituation der Lehramtsstudierenden mit und ohne Migrationshintergrund zu erhalten sowie den Beratungsbedarf im Studienverlauf besser abschätzen zu können. Die Studie gibt Hinweise darauf, worauf bei der Förderung von Studierenden mit Migrationshintergrund besonders geachtet werden müsste. Sie beinhaltet quantitative und qualitative Befragungselemente, in die alle an der ersten Stufe der Lehramtsausbildung

---

187 Die Hochschulen sind angehalten, im kommenden Jahr (2011) durch Hochschulsatzungsrecht zu regeln, „für welche Fächer und welche Fremdsprachen welche Level der Sprachkompetenz entsprechend den Niveaus des Europäischen Referenzrahmens festgelegt werden" (ebd.).

Beteiligten integriert sind. Die als (quasi) Längsschnitt konzipierte Studie, die alle Studierenden bislang eines Studienjahrgangs im Lehramt – mit und ohne Migrationshintergrund – einbezieht, erfasst nicht allein die Herkunft der Studierenden, sondern berücksichtigt verschiedene migrationsspezifische Besonderheiten. Erste Ergebnisse, die den Anteil der Lehramtsstudierenden dieses Jahrgangs mit 24,4% ermittelten, verweisen auch auf einen erhöhten Bedarf an Unterstützung in der Wissenschaftssprache Deutsch bei Lehramtsstudierenden mit Migrationshintergrund und belegen damit die Sinnhaftigkeit schon vorgenommener Unterstützungsmaßnamen. Diese finden seit WS 2009 in Form von fakultativen Kursen zur *Wissenschaftssprache Deutsch für Studierende mit Deutsch als Zweitsprache* als Bestandteil der studienrelevanten Schlüsselqualifikationen statt. Weiterer Unterstützungsbedarf zeichnet sich auch bei der Arbeitsorganisation und dem Zeitmanagement ab (vgl. Karakaşoğlu 2011, i.E.). Die entsprechenden Unterstützungsmaßnahmen im Fachbereich 12 werden aus Schwerpunktmitteln der Universität für Studium und Lehre finanziert. Das Angebot, das durchschnittlich von ca. 25 Studierenden pro Semester in Zusammenhang mit einer wöchentlichen Sprechstunde zur individuellen Diagnose und Analyse des Unterstützungsbedarfes für die Zielgruppe durchgeführt wird, findet der Seminarevaluation zufolge großen Anklang bei den Studierenden. Sie erfahren die Stärkung ihres sprachlichen Selbstkonzeptes und kommen zu einer realistischen Einschätzung von Qualität und Erweiterungsbedarf ihrer schriftsprachlichen Fähigkeiten. Da das Angebot aus Projektmitteln finanziert wird, die lediglich bis Ende 2011 gesichert sind, stellt es derzeit noch kein fest etabliertes Unterstützungsangebot der Universität dar, verweist aber modellhaft auf die Umsetzungsmöglichkeit eines solchen Programms. Ähnliche Angebote bieten auch die Universität Duisburg-Essen und die Universität Bielefeld für die spezielle Zielgruppe der Studierenden mit Migrationshintergrund bzw. Deutsch als Zweitsprache.

Um die spezifischen mehrsprachigen Ressourcen der Referendarinnen und Referendare und sowie ihren möglicherweise bestehenden Unterstützungsbedarf in der deutschen Sprache zu berücksichtigen, soll derzeit geprüft werden, „ob Referendarinnen und Referendare über eine Zusatzqualifikation zusätzliche didaktische und methodische Kompetenzen für das Unterrichten in der eigenen Familiensprache erwerben können" (Freie Hansestadt Bremen, Senatorin für Bildungs und Wissenschaft 2010: 22). Ebenfalls soll noch ermittelt werden, „ob auch Referendarinnen und Referendaren mit Migrationshintergrund ein zusätzliches Unterstützungsangebot im Bereich der wissenschaftlichen Fachsprache unterbreitet werden kann, um dem Bedarf in der Praxis unterstützend entgegenkommen zu können." Auch andere Aspekte, die in den einschlägigen Studien zu Lehrerinnen und Lehrern mit Migrationshintergrund herausgearbeitet wurden, werden als Hinweis für Handlungsbedarf in Bremen interpretiert, wenn es heißt: „Gelegentlich werden Referendarinnen und Referendare mit Migrationshintergrund an Schulen in Vermittlungspositionen gedrängt oder sehen sich selbst mit Stereotypen und Vorurteilen konfrontiert. Vorbilder für die Rolle als Lehrerin oder Lehrer mit Migrationshintergrund gibt es erst wenig. Ob hierzu zusätzliche Unterstützungsangebote für Referendarinnen/Referendare mit Migrationshintergrund sinnvoll sind, muss noch untersucht werden" (ebd.: 23f.).

Hinsichtlich des erleichterten Zugangs zum Vorbereitungsdienst und bei der Einstellung als Lehrer/Lehrerin befindet sich in Bremen die Idee in der Prüfung, die familiensprachlich bedingte mehrsprachige Kompetenz von Lehrerinnen und Lehrern als „wünschenswertes" Ausschreibungsmerkmal bei der Stellenausschreibung zu kennzeichnen. Ebenfalls geprüft werden soll, „ob bei den Stellenausschreibungen in den kommenden Jahren eine bestimmte Anzahl von Plätzen jenen Bewerberinnen und Bewerber vorgehalten werden sollte, die über nachgewiesene bilinguale Sprachkompetenzen im Deutschen und in einer weiteren Fremdsprache auf dem nahezu muttersprachlichen Niveau C2 des Europäischen Referenzrahmens für Sprachen verfügen" (ebd.: 28). Solche Kenntnisse könnten und dürften allerdings gemäß Allgemeinem Gleichbehandlungsgesetz nur ein nachrangiges Hilfskriterium bei der Auswahl der Bewerberinnen und Bewerber sein. Die gleiche Regelung könnte für das Auswahlverfahren gelten. Ein Ergebnis der Prüfung liegt derzeit noch nicht vor.

Bei der Anerkennung ausländischer Abschlüsse im Hinblick auf ein bereits im Ausland absolviertes Lehramtsstudium stehen noch das Inkrafttreten und die Umsetzung des von der Bundesregierung vorbereiteten Anerkennungsgesetzes aus. Bestehende unterschiedliche Regelungen für verschiedene Herkunftsgruppen und Migrationshintergründe sollen vereinheitlicht und vereinfacht werden. In Bremen soll ein mehrsprachiger Wegweiser erstellt werden, der dazu beitragen soll, dass mehr Migrantinnen und Migranten in das Lehramt sowie in soziale Berufe einmünden (ebd.).

Was die Zielsetzung einer Steigerung des Anteils von Lehrerinnen und Lehrern mit Migrationshintergrund anbelangt, kann Bremen sowohl im Hinblick auf die Vielfalt der Maßnahmen an der Schnittstelle zwischen Schule und Universität wie auch auf den unterschiedlichen Ausbildungsebenen und ebenfalls im Hinblick auf deren Vernetzung durch ein Gesamtkonzept als bereits sehr ausgewiesen bezeichnet werden. Nahezu alle Bereiche, die das BAMF im Bundesweiten Integrationsprogramm als Handlungsempfehlungen erwähnt, werden abgedeckt. Wie gezeigt wurde, werden viele der in Bremen durchgeführten Maßnahmen auch in Hamburg, Berlin oder NRW durchgeführt. Die hier zum Vergleich herangezogenen Ländern können jedoch bislang nicht auf ein Bremen ähnliches, unter allen Beteiligten an der Lehreraus-/-fort und -weiterbildung abgestimmtes Maßnahmenkonzept zurückgreifen. Noch nicht absehbar ist, inwiefern die zwischen den Stadtstaaten geschlossene Kooperation im Hinblick auf die Berücksichtigung des Aspektes Migration in der Ausbildung ihrer Referendarinnen und Referendare zu konkreten Ergebnissen führt. Ebenso steht die Umsetzung weiterer angekündigter Maßnahmen in Bremen noch aus. Andere erscheinen noch nicht ausgereift genug, um in die Praxis umgesetzt zu werden (vgl. z.B. der erleichterte Zugang zum Lehramtsstudium).

5.7.2.4 Handlungsempfehlungen für Bremen

43. Empfohlen wird eine umfassende, quantitativ und qualitativ zu erhebende Situationsanalyse, um zu ermitteln, ob die Annahmen über die Gründe des niedrigen Anteils von Lehrerinnen und Lehrern mit Migrationshintergrund, die sich auf die unterschiedlichen (Aus-)bildungsphasen auf dem Weg in den Beruf beziehen, richtig sind. Dazu gehört – analog zu der Studienverlaufsanalyse – eine Erhebung des Anteils von Referendarinnen und Referendaren im Bremer Vorbereitungsdienst und ihren Erfahrungen mit der Betreuung im Studienseminar und vor Ort in den Schulen. Da rechtliche Vorgaben (Persönlichkeitsschutz) eine Frage nach dem Migrationshintergrund bei der Bewerbung um Aufnahme in den Vorbereitungsdienst in Bremen verhindern, sollte durch eine unabhängige wissenschaftliche Institution eine Vollerhebung bei allen Referendarinnen und Referendaren sowie Lehrerinnen und Lehrern in Bremen erfolgen. Hier sollten auch Unterstützungsbedarfe sowie Erfahrungen mit Diskriminierung abgefragt werden, bevor entsprechende Maßnahmen zur Veränderung und Verbesserung der Aus- und Fortbildung in der zweiten und dritten Phase unter diesem Aspekt entwickelt werden.

44. Hinsichtlich der Unterstützung der Wissenschaftssprache Deutsch für Lehramtsstudierende mit Deutsch als Zweitsprache wäre auf der Grundlage

der anhaltenden Nachfrage der Zielgruppe anzuregen, die auf Projektbasis durchgeführte Maßnahme in Kooperation mit der Universität Bremen als kostenfreies, fakultatives Regelangebot für Lehramtsstudierende versuchsweise für die nächsten 5 Jahre zu implementieren.

45. Zu empfehlen ist darüber hinaus ergänzend zum Schülercampus die Einrichtung eines Netzwerkes der Lehrkräfte mit Migrationshintergrund, das als Kooperationspartner im Hinblick auf den Zugang zur Zielgruppe, ihrer Qualifikation und auch im Hinblick auf die Entwicklung innovativer Projekte zur Implementierung interkultureller Bildung in der Schule sowie alle Ebenen der Lehreraus- und -fortbildung eine Schlüsselposition einnehmen kann. Dies zeigt die Erfahrung aus NRW, wo aktuell ca. 350 Lehrerinnen und Lehrer mit Zuwanderungsgeschichte (Terminus NRW) in dem Netzwerk organisiert sind.

46. Angesichts der niedrigen Abiturientenquoten unter den Schülerinnen und Schülern mit Migrationshintergrund und des wissenschaftlich wie auch politisch begründbaren Ziels, mehr Lehrkräfte mit Migrationshintergrund an den Schulen Bremens einzustellen, sind Maßnahmen zur kurzfristigen Erhöhung des Anteils an Studierenden mit Migrationshintergrund grundsätzlich zu begrüßen. Jedoch wird – was den erleichterten Zugang zum Studium anbelangt – die Beachtung der überzeugend formulierten rechtlichen Vorbehalte in dem Rechtsgutachten von Fehling und Arnold (2010) gegenüber einer gemeinsamen Quote für bilinguale (bildungsinländische) Studienbewerberinnen und -bewerber mit den (bildungs-) ausländischen Studienbewerberinnen und -bewerbern empfohlen.[188] Eine Regelung, die das Ziel hat, Studienbewerberinnen und -bewerbern mit Migrationshintergrund zusätzliche Möglichkeiten beim Zugang zum Studium zu eröffnen, müsste dem Gutachten zufolge eine eigene Quote für diese Gruppe einrichten, die sich auf das Merkmal Bilingualität stützen könnte.[189] Vor Umsetzung dieser Zielsetzung aus dem Senatsbeschluss

---

188 Vorbehalt ist hier, dass grundsätzlich Ungleiches gleich behandelt würde, was verfassungswidrig wäre.

189 Dabei wäre zu definieren, welche Art von Bilingualität und in welcher Qualität diese nachzuweisen wäre, um eine zu allgemeine Gültigkeit (z.B. für alle deutschen Muttersprachler, die Englisch als Leistungskurs absolviert haben) auszuschließen. Dabei kann nicht grundsätzlich davon ausgegangen werden, dass die muttersprachlich erworbenen Kenntnisse von Schülerinnen und Schülern mit Migrationshintergrund

„Konzept zur Förderung von mehr Migrantinnen und Migranten im Lehramt und im Bereich der sozialen Arbeit" sollten die damit verbundenen rechtlichen und praktischen Implikationen gründlich diskutiert und eine praktikabler Vorschlag für eine Regelung unter Mitwirkung aller Verantwortlichen für diesen Ausbildungsabschnitt entwickelt werden.

5.8　Schulqualität und Vernetzung im interkulturellen Schulentwicklungsprozess

Schul(miss)erfolg von Schülerinnen und Schülern ist, wie die Schulforschung festgestellt hat, maßgeblich von der Schulqualität abhängig. Aus der Fachliteratur lässt sich erkennen, dass die Qualität einer Schule in erster Linie an den fachlichen Leistungsresultaten in den Bereichen Lesen, Schreiben und Rechnen von Schülerinnen und Schülern abgelesen wird. Dem zweiten Qualitätsstandard einer guten Schule nach, muss es der Schule gelingen, durch die soziale Herkunft bedingten Leistungsunterschiede zwischen Schülerinnen und Schülern weitgehend auszugleichen (vgl. Rüesch 1999: 18). Um den Begriff der Schulqualität zu präzisieren, benennt Rüesch vier Qualitätsfelder, die in wechselseitiger Beziehung zueinander stehen. Die zentrale pädagogische Einheit stellt die Schulklasse als Feld der unmittelbaren Lernbedingungen und Unterrichtsprozesse dar. Die Ebene der Schulklasse ist durch die nächsthöhere organisatorische Ebene des Schulhauses und dessen Organisationskultur bedingt. Die dritte Organisationsebene bezieht sich auf das (geographische, soziale und politische) Schulumfeld. Das vierte Qualitätsfeld bildet die Beziehung der Schule zum Elternhaus (vgl. ebd.: 19ff.). „Die Lernbedingungen im Klassenzimmer stehen in einer direkten, Aspekte der Organisationskultur im Schulhaus und der Rahmenbedingungen im Schulumfeld in einer indirekten Beziehung zum Lernen der Schülerinnen und Schüler" (ebd.: 24). Diese vier Felder der Schulqualität können auch als ein Spielraum von Interventionsmöglichkeiten und Innovationsprozessen zur Qualitätssicherung und -verbesserung innerhalb der Einzelschule betrach-

---

diesem Anspruch genügen können, selbst wenn sie Angebote herkunftssprachlichen Unterrichts in der Schule wahrgenommen haben (vgl. Kristen/Dollmann 2009). Hier ist also nicht nur zu prüfen, ob die anvisierte Zielgruppe mit der Regelung auch tatsächlich erreicht wird sondern auch, ob die Anforderung von C1 des Europäischen Referenzrahmens für Sprachen nicht eine zu hohe Hürde darstellt.

tet werden (vgl. ebd.: 21). Da eingangs bereits der Forschungsstand sowie Beispiele aus anderen (Bundes-)Ländern für die Vernetzung von Schulen im Quartier und die Einbindung von Schulentwicklungsprozessen in eine übergeordnete, staatlich legitimierte interkulturelle bzw. antirassistische (Bsp. England) Bildungsstrategie vorgestellt wurden, soll hier – abweichend von der Systematik der vorhergehenden Kapitel – der Blick direkt und gezielt auf die Praxis und Erfahrungen Bremen geworfen werden. Kernfrage ist also: Inwiefern lassen sich in Bremen Strategien und Konzepte identifizieren, die Grundlage sein könnten für eine erfolgversprechende, übergeordnete strategische Ausrichtung des gesamten Bildungswesens (in Verzahnung mit dem Elementarbereich auf der einen und dem berufsbildenden Bereich auf der anderen Seite) auf eine interkulturelle Schulentwicklung?

5.8.1 Ausgangslage in Bremen

In diesem Zusammenhang sind in Bremen zunächst die Erfahrungen mit dem umfassenden Schulentwicklungs- und Modellprojekt *Schule macht sich stark! (SMS)* zu nennen. Hierbei handelt es sich um einen Prozessentwicklungs-, -beratungs und -betreuungsansatz, der explizit zur Verbesserung der Schulqualität von Schulen in kritischer Lage (z.B. niedriger Sozialindex, Konflikte und Gewalt, hohe Abbrecher-/Wiederholerquote, wenig Kooperation im Kolloquium, schwache Lernergebnisse, hohe Wiederholerzahlen) entwickelt wurde und eine Laufzeit von fünf Jahren hatte. Sechs Schulen in kritischer Lage beteiligten sich über einen Zeitraum von fünf Jahren (2004-2009) an dem Projekt. Um das SMS-Projekt an der Schule nachhaltig zu implementieren, wurde eine Steuergruppe gebildet. Die beteiligten Schulen wurden bei dem Entwicklungsprozess wissenschaftlich begleitet und die Ergebnisse ihrer Arbeit im Vergleich zu sechs Kontrollschulen, die nicht aktiv an SMS beteiligt waren, durch das Institut zur Qualitätsentwicklung im Bildungswesen (IQB) an der Humboldt-Universität Berlin mithilfe eines längsschnittlichen Untersuchungsdesigns extern evaluiert. Die wissenschaftliche Begleitung zielte auf die Ergebnisqualität der Maßnahmen und damit auf die Kernfrage, inwieweit sich Veränderungen und Verbesserungen des Leistungsgeschehens der Schülerinnen und Schüler feststellen lassen (vgl. Institut zur Qualitätsentwicklung im Bildungswesen 2008: 1f.).[190] Ziele des Programms waren die

---

190 An der Leistungsmessung haben sich insgesamt 3800 Schülerinnen und Schüler der Jahrgänge 5, 7 und 9 in den Bereichen Lesen, Rechtsschreibung, Mathematik und soziales Lernen beteiligt.

Stärkung der Basiskompetenzen in Deutsch und Mathematik und Stärkung der Eigenverantwortung der Schülerinnen und Schüler durch die zielgerichtete systematische Schul- und Unterrichtsentwicklung (vgl. SfBW 2009: 7ff.). Die Schulen sollten qualitativ aufgewertet werden, damit diese für bildungsbewusste Eltern attraktiv bleiben und angewählt werden. Die gesetzten Ziele sollten mit der Etablierung umfassender Maßnahmen auf Ebene der (Weiter-) Qualifizierung von Lehrerinnen und Lehrern und der individuellen Beratung der Schulleitung erreicht werden. Die dabei verwendeten Strategien weisen hinsichtlich der Interventionsmethoden große Ähnlichkeiten mit der QUIMS-Strategie auf, wenngleich auch ohne ihren inhaltlichen Schwerpunkt der interkulturellen Öffnung. Kernbestandteile des Projekts waren die Stärkung der Schulleitungen durch ein individuelles Coaching, schulinterne und schulübergreifende Personalentwicklung und Qualifizierung der Lehrkräfte, Schulberatertandems, die als Helfer auf diesem Weg zur Verfügung stehen, Teammoderatorentrainings, regelmäßige Projektforen, gemeinsame Werkstatt-Tagungen zu Themen wie ‚Kooperatives Lernen‘, ‚Kollegiale Hospitation‘, vier zusätzliche Deputatsstunden für jede beteiligte Schule für die Koordination der Arbeit sowie eine projektbezogene Sachmittelförderung für externe Fortbildungen, Supervision, Materialien etc. und Evaluationskapazitäten, um zu prüfen, ob die Schule ihr selbst gestecktes Ziel erreicht hat (vgl. ebd.: 14ff.)

Tatsächlich bewirkte die intensive, systemische Intervention Fortschritte im Hinblick auf die erreichten Lernerfolge der Schülerinnen und Schüler (gemessen an der Verringerung der Sitzenbleiberquote und der verbesserten Leistungen im Lesen und in Mathematik). Fortschritte wurden auch verzeichnet im Hinblick auf die Lehrerinnen und Lehrer, die über eine verbesserte Unterrichtsentwicklung und stärkere kollegiale Kooperation berichteten. Insgesamt hat das Projekt zur Stabilisierung der Schulen und zur Verbesserung des Schulklimas beigetragen. Selbstkritisch merken die Autorinnen und Autoren an, dass es im Rahmen von SMS trotz des hohen Anteils an Schülerinnen und Schülern mit Migrationshintergrund von durchschnittlich 45% nicht gelungen ist, ein umfassendes Konzept der Sprachstandsdiagnostik als Basis für die Sprachförderung zu entwickeln. Zwar wurden durch die Kooperation mit FörMig SUS Sprachförderkurse[191] angeboten, diese stellten jedoch nur eine punktuelle und additive Förderung für bestimmte Schülergruppen dar. Auch

---

191 Die Sprachförderung wird an keiner anderen Stelle im Abschlussbericht erwähnt. Daher können wir hierzu keine weiteren Aussagen treffen.

der „Bereich der interkulturellen Kompetenz der Lehrerinnen und Lehrer sowie eine wirkliche Akzeptanz der kulturellen und ethnischen Vielfalt der Schulen bleiben eher unzureichend adressiert" (SfBW 2009: 34).[192] Auch wurde der Aspekt des Umgangs mit der soziokulturellen und sprachlichen Heterogenität der Schülerschaft im Projekt noch zu wenig thematisiert. Somit hat das Projekt nicht die Chance genutzt, den Schulentwicklungsprozess für eine Reflexion über den Umgang mit sprachlich-kultureller Vielfalt an den Schulen oder gar eine interkulturelle Öffnung der beteiligten Schulen zu nutzen. Dieser Kritikpunkt wird auch von der Projektevaluation als Schwäche des Ansatzes bewertet.[193]

Wenn im Modell der Qualitätssicherung im multikulturellen Umfeld nach Rüesch (1999) neben der Unterrichtsebene die Beziehung der Schule zum Elternhaus als ein hauptsächlicher Ansatzpunkt für Interventionen der Schulentwicklung benannt wird, dann lässt sich hier ein weiterer blinder Fleck im SMS-Projekt ausmachen, denn im Abschlussbericht der SMS-Programme lassen sich keine Angaben zu der Behandlung des Handlungsfeldes Zusammenarbeit zwischen Schule und Eltern finden. Die Schwerpunktsetzung des SMS-Programms auf die Weiterqualifizierung des Lehrpersonals und die Entwicklung von Kooperationsstrategien im Kollegium deutet zwar auf die Anfänge einer systematischen Entwicklung hin, ist aber aufgrund ihrer thematischen Ausrichtung und aufgrund der Nichtberücksichtigung des unmittelbaren Schulumfelds dennoch als eine auf innerschulische Prozesse reduzierte Maßnahme zu betrachten.

Bei der lokalen Vernetzung, die im SMS-Projekt noch nicht angedacht ist, setzt der neue Ansatz des Projektes *Lernen vor Ort* an. Lernen vor Ort ist als Bestandteil eines gleichnamigen Bundesprogramms eine lokale Vernetzungsstrategie, mit deren Hilfe eine lokale Bildungslandschaft aufgebaut wird, die dazu beitragen soll, dass die Strukturen vor Ort vor allem für bildungsbenachteiligte Gruppen verbessert werden, so dass diese „mittelfristig höhere Bildungsabschlüsse und mehr Bildungsbeteiligung erreichen können"(ebd.)

---

192 Vermutlich, weil diese Zielsetzung im Konzept von SMS auch gar nicht vorgesehen war.

193 Wie schon vorher beschrieben, wurde versucht, die sprachliche Vielfalt durch außerschulische Sprachförderung auf die sprachliche Vielfalt der Schülerschaft mit Migrationshintergrund ansatzweise zu berücksichtigen. Welche konkreten Projekte in der einzelnen Schule durchgeführt wurden, ist dem Abschlussbericht nicht zu entnehmen.

Die erste Projektgruppe des Projektes Lernen vor Ort wurde in Gröpelingen etabliert. Sie erarbeitet dort „ein Modell, das Sozialraum und Lebensphasen (Lernen im Lebenslauf) in Beziehung setzt. Dabei sollen die Handlungsfelder Bildungsberatung, Bildungsübergänge und Bildungsmonitoring aufeinander bezogen werden" (SfBW „Lernen vor Ort" bei der Senatorin für Bildung und Wissenschaft – Ziele und aktueller Stand in den Handlungsfeldern, 31. Januar 2011). Mit dem Ziel, „den sozialen Zusammenhalt zu stärken", soll eine Strategie verfolgt werden, bei der dezentrale Versorgungsstrukturen in benachteiligten Stadtteilen hergestellt oder verbessert werden sollen. Diese Strategie fußt auf einer ressortübergreifenden Zusammenarbeit unter Einbezug lokaler Akteure in Entwicklungsstrategien. Grundlage ist die Umsetzung des Bürgerschaftsbeschlusses „Jugendhilfe und Schule zusammenführen" (April 2004) im Rahmen dessen sich durch Kooperation der Senatorin für Bildung und Wissenschaft mit der Senatorin für Arbeit, Frauen, Gesundheit und Soziales seit August 2008 inzwischen drei *Quartiersbildungszentren (QBZ)* gegründet haben. Sie sind wichtige Akteure im Bremer Programm ‚Lernen vor Ort'. Von ihnen ausgehend sollen lokale Bildungslandschaften errichtet werden, die alle lokalen Akteure (Bildung, Kinder- und Jugendhilfe, Kultur, Integration, Gesundheit, WiN/Soziale Stadt) miteinander vernetzen. Sie sollen damit Anlaufstelle sein für alle im weitesten Sinne lokal für Bildung Verantwortlichen und neben kohärenten Strukturen auch verbesserte Übergänge zu kommunalen Strukturen außerhalb des Stadtteils, z.B. Hochschulen und Universitäten, entwickeln. Neben niedrigschwelligen Informationsangeboten für die Bürgerinnen und Bürger sollen sie auch aufsuchende und intervenierende Begegnungen im Bildungsbereich entwickeln.[194]

Die erste *Lokale Bildungslandschaft Bremens* wird derzeit in Gröpelingen eingerichtet. Die erste Einheit des dort eingerichteten QBZ ist eine Ganztagsgrundschule, eine KiTa und eine Beratungseinrichtung, die in einem Gebäudekomplex angesiedelt sind. In Gröpelingen ist die Zusammenarbeit durch die Beteiligung am Bundesprogramm ‚Lernen vor Ort' besonders intensiv. Hier konnte die Finanzierung eines lokalen Managements mit Bundesmitteln für die Dauer von zunächst zwei Jahren gesichert (01.03.2010–

---

194 Vgl. SfBW: Vorlage Nr. G 85/17, für die Sitzung der städtischen Deputation für Bildung am 12. August 2010, Einrichtung eines Quartiersbildungszentrums am Standort Gröpelingen, Fischerhuder Straße.

31.08.2012) werden.[195] Um dem für Gröpelingen besonders identifizierten, negativen Effekt der sozialen Spaltung der Stadt u.a. durch die zunehmende Bildungsdistanz bei Kindern und Jugendlichen, Migranten und Migrantinnen sowie Menschen in prekären Lebenslagen zu begegnen, wird damit erstmalig in Bremen ein Quartiersbildungszentrum aufgebaut, das Dienstleistungs- und Netzwerk-Funktionen für den gesamten Stadtteil übernimmt, dabei die Schlüsselthemen Bildung und Integration weiterentwickelt und diese nachhaltig in lokale und kommunale Strategien integriert.

Strategische Ziele dieses lokalen Bildungsmanagements sind:

- Mit allen für die Bildungsbiographien der Bewohner verantwortlichen Akteuren auf Stadtteilebene (Schule, KiTa, Weiterbildung, berufliche Bildung, Kultur, Gesundheit, Stadtteilmarketing, WiN-Management, zivilgesellschaftliche Einrichtungen wie Kirchen, Moscheen, Migrantenvereinen, Sportvereinen etc.) gemeinsame Vorstellungen über die Bedeutung von Bildung im Stadtteil zu entwickeln, Ziele für die Bildungslandschaft zu formulieren und Arbeitsschritte für eine Umsetzung zu vereinbaren;

- Ausgehend von diesen Zielen die schon vorhandenen Kooperationen zwischen den verschiedenen Einrichtungen zu überprüfen und Qualitätskriterien für die Arbeit im Bildungsverbund zu entwickeln;

- Die Fachkompetenzen in den Ressorts nutzbar machen für ressortübergreifende lokale Bildungsverbünde;

- Die Fachkompetenzen bei Trägern vor Ort nutzbar machen für die fachliche Weiterentwicklung in den Ressorts (vgl. Konzept Lutz Liffers 10. November 2010).

Zu den zentralen Aufgabenbereichen der Bildungslandschaft Gröpelingen gehören: Interkulturelle Öffnung der lokalen Bildungsstrukturen, Gestaltung der Übergange KiTa – Grundschule (dabei auch Nutzung der Erfahrungen und Strukturen von TransKiGs), Weiterentwicklung von Elternbildung, kulturelle und ästhetische Bildung als Bestandteil der Bildungslandschaft, trägerunabhängige Bildungsberatung, Entwicklung eines Quartiersbildungszentrums. Weil Ressourcen der Schule meist begrenzt sind, gilt es im Sinne Regionaler Bildungslandschaften, die Öffnung von Schule in das gesellschaftliche Umfeld

---

195 Nach Ablauf des Bewilligungszeitraums ist eine Fortsetzung des Projektes aus Landesmitteln nicht vorgesehen.

als integrierten Baustein der Schulentwicklung zu verankern. Hier sollen, so die Projektkonzeption (vgl. Liffers 2010) aus der lokalen Umwelt der Schule umfassende Bildungsnetzwerke, Partnerschaften, Kooperationen mit den unterschiedlichsten Institutionen und Bildungsprojekten angebahnt und umgesetzt werden (vgl. auch KMK 2010).

In seiner Aufbauarbeit, die auf zwei Jahre angesetzt ist (verlängerbar um weitere zwei Jahre), wird das QBZ unter der Federführung der Senatorin für Bildung und Wissenschaft durch eine über Bundesmittel finanzierte Projektgruppe Lokales Bildungsmanagement begleitet, die sich aus einer Leitung und einer Verwaltungskraft sowie aus Fachleuten unterschiedlicher Fachbereiche zusammen setzt. Die Projektgruppe wird ihrerseits von einem ressortübergreifenden Gremium begleitet und beaufsichtigt, das sich aus verantwortlichen Mitarbeitern und Mitarbeiterinnen der unterschiedlichen Ressorts zusammensetzt. In dem Gremium (Lenkungsausschuss) soll die Abstimmung über Aktivitäten, Leistungen, Nutzungen und Entwicklungsziele des QBZ stattfinden. Es ist geplant, die erzielten Ergebnisse im Rahmen des Programms ‚Lernen vor Ort‘ in das zu entwickelnde kommunale Bildungsmanagement Bremens einfließen zu lassen. Eingebettet ist das Projekt in die geplante Entwicklung eines übergeordneten Bildungsleitbildes, die Integration stadtteilbezogener Handlungsansätze in eine gesamtstädtische Entwicklungsstrategie, die Einführung verbesserter Instrumente zur Steuerung und Qualitätssicherung sowie die Entwicklung von Modellprojekten.[196] Mit seinem umfassenden Vernetzungsprofil, orientiert an der Bildungsbiographie mit Fokus „Lernen über die Lebenszeit“ eines Bewohners, dessen Umsetzung gerade erst begonnen hat, zeigt das Projekt deutliche inhaltliche und strukturelle Ähnlichkeiten mit den Konzepten ‚Ein Quadratkilometer Bildung‘ sowie ‚Weinheimer Bildungskette‘. Die Ausstattung mit einer Projektleitung und fünf Mitarbeiterinnen und Mitarbeitern sowie die unmittelbare und institutionell verankerte Vernetzung mit den in den jeweiligen Ressorts Verantwortlichen stellen eine gute Voraussetzung dafür dar, dass die umfassenden Ziele angemessen berücksichtigt werden können. Im Vergleich zu den beiden genannten Konzepten aus Berlin und Baden-Württemberg wird in der Skizzierung des Projektes allerdings nicht deutlich, ob auch hier angestrebt ist, die individuelle Bildungsbiographie von Kindern und Jugendlichen unterstützend zu begleiten. Im Vergleich zu dem ‚Quadratkilometer Bildung‘, der auf 10 Jahre

---

196 Unterstützt wird das Vorhaben von der Deutschen Kinder- und Jugendstiftung.

verpflichtend angesetzt ist, erscheint die gesicherte Laufzeit von zwei Jahren eher unterdimensioniert für ein so umfassendes Projekt. Der Hinweis in der Deputationsvorlage, dass im Anschluss an diese Aufbauphase die dauerhafte Etablierung einer verkleinerten Projektgruppe für den laufenden Betrieb angestrebt ist, verweist auf eine längerfristige Zielsetzung, die sich freilich (noch) nicht in einer gesicherten Finanzierung widerspiegelt.

Inwiefern die in der Einrichtung befindlichen *Regionalen Beratungs- und Unterstützungszentren (ReBUZ)* auch eine organisatorische Basis für die Anregung und Implementierung von interkulturellen Schulentwicklungsprozessen sein könnten, ist derzeit noch nicht abzusehen, da diese noch im Aufbau befindlich sind. Betrachtet man das Aufgabenprofil, dann bietet sich eine inhaltliche Erweiterung der Aufgaben und Ziele auf Aspekte interkultureller Öffnung von Schule und Vernetzung im Stadtteil durchaus an. Mit den ReBUZ, deren Einrichtung aktuell erst erfolgt, soll „eine von der Schule unabhängige Einrichtung" geschaffen werden, „in der sich regional die heutigen Beratungs- und Unterstützungsaufgaben des Zentrums für schülerbezogene Beratung, Aufgaben aus Teilen der Förderzentren LSV, sofern sie in den ZuP der allgemeinbildenden Schule nicht bearbeitet werden können, des Förderzentrums Fritz-Gansberg-Straße und gegebenenfalls weitere, die in der neuen Einrichtung zusammengeführt werden" (Deputationsvorlage vom 12.08.2010) bündeln. Damit liegt eindeutig ein Akzent auf dem Aspekt der Inklusion mit einem Blickwinkel auf sonderpädagogischen Förderbedarf. Dies wird sowohl aus der Planungsphase (vgl. SfBW 2008a: 66) wie auch aus dem Aufgabenprofil der ReBUZ, das nachfolgend skizziert wird, deutlich. Hier finden sich keine Hinweise auf die Berücksichtigung interkultureller Aspekte oder Themen bzw. Deutsch als Zweitsprache, es findet sich auch kein Hinweis auf die Gruppe der Kinder und Jugendlichen mit Migrationshintergrund als in den bisherigen Förderzentren besonders stark vertretener Gruppe.

Zunächst wurden vier dezentrale ReBUZ-Standorte in der Stadtgemeinde Bremen eingerichtet. Weitere sind geplant. „Alle ReBUZ als nicht rechtsfähige nachgeordnete schulnahe Dienststellen unterstehen der Fach- und Dienstaufsicht der Senatorin für Bildung und Wissenschaft. Dort wird zur Gesamtsteuerung eine für alle ReBUZ zuständige zentrale Verwaltungseinheit eingerichtet" (Deputationsvorlage vom 12.08.2010).[197] Wie bei den Quartiers-

---

197 Die Gründung des ReBUZ in erfolgt auf der Grundlage des Schulentwicklungsplanes 2008 und der in diesem Rahmen zu treffenden politischen Entscheidungen.

bildungszentren sind auch hier an der Konzeptentwicklung unterschiedliche Ressorts beteiligt, die Vertreterinnen und Vertreter der Senatorin für Bildung und Wissenschaft, der Senatorin für Arbeit, Frauen, Gesundheit, Jugend und Soziales, des Senators für Inneres und des Senators für Justiz und Verfassung.

Die Konzeption sieht vor, dass regionale Beratungs- und Unterstützungszentren ein Unterstützungssystem für Schule bilden sollen, das in seiner jeweiligen Region subsidiär arbeitet, sofern es nicht unmittelbar intervenierend tätig wird. ReBUZ arbeitet spezifisch, ergänzend und vertiefend sowohl einzelfall- als auch systembezogen, insbesondere wenn die Merkmalsausprägungen von Problemlagen nicht durch die in der allgemeinen Schule mit ihren am Zentrum für unterstützende Pädagogik (ZuP) vorhandenen Kompetenzen abgedeckt ist. Mit den Aufgaben schul- und unterrichtsersetzender Maßnahmen geht das ReBUZ über die Aufgaben eines reinen Beratungs- und Unterstützungssystems hinaus. Die Aufgaben eines ReBUZ umfassen von einer umfänglichen und spezifischen Einzelfallberatung über entsprechende Diagnostik zu Legasthenie, Dyskalkulie, Hochbegabung etc., Krisen- und Gewaltintervention, ganzheitlicher Bearbeitung der Schulvermeiderproblematik, Koordinierungsaufgaben spezifischer Maßnahmen, u. a. BLIK-Kurse, LRS-Kurse, Beschulung Kranker und Hausunterricht auch Koordinierende und unterstützende Aufgaben im Übergang Schule-Beruf (Schullaufbahnberatung; Ausbildungskonferenzen), Netzwerkarbeit und Kooperation mit allen in Frage kommenden Institutionen (Soziales, Jugend, Inneres, Justiz) auf der Ebene der Dienste und der Ressorts.

5.8.2 Handlungsempfehlungen für Bremen

47. Angesichts des großen Anteils von Schülerinnen und Schülern mit Migrationshintergrund im gesamten Stadtgebiet Bremen mit überdurchschnittlichen Anteilen in einzelnen Stadtteilen und der stets gegenwärtigen multikulturellen Realität für alle Schülerinnen und Schüler in der Stadt sollte jede Fortsetzung oder Übertragung der Erkenntnisse und Strukturen von Großprojekten (wie z.B. SMS) zur Schul- und Unterrichtsentwicklung und damit zur Steigerung von Schulqualität auf neue Standorte den Aspekt der Interkulturellen Öffnung als Querschnittsdimension immer prominent berücksichtigen. Dies gilt in gleicher Weise für die interkulturelle Anlage von wissenschaftlichen Studien zu diesem Bereich. Für die praktische Umsetzung von interkulturellen Schulentwicklungsprozessen könnte sinnvoll auf Konzepte und Materialien von QUIMS zurückgegriffen werden. Dabei müssten die verschiedenen Handlungsebenen Schulklasse,

Schulhaus und Schulumfeld innerhalb einer Schule – vom Unterricht der einzelnen Lehrperson über die Zusammenarbeit in Lehrteams bis hin zur Verankerung der Schule in ihrem Quartier – deutlich mehr Berücksichtigung finden. Dies setzt allerdings voraus, dass der kompetente Umgang mit ihnen auch über ein entsprechendes Fortbildungsprogramm angeeignet werden könnte. Hier wären dringend entsprechende verbindliche und der Zentralität des Themas angemessen mit Fachpersonal ausgestattete Strukturen im Bremer Landesinstitut für Schule zu schaffen.

48. Bezug nehmend auf die sporadische Erwähnung von Aspekten interkultureller Bildung im Orientierungsrahmen Schulqualität von 2007 (vgl. dazu Kapitel 4.4 der Langfassung der Expertise) wird empfohlen, auch im Hinblick auf die schrittweise Einführung der Inklusiven Schule sowie die hier offen gelegten Handlungsbedarfe zur interkulturellen Öffnung von Schule, diesen fragmentarischen Bezug durch eine übergeordnete Zieldimension ‚Interkulturelle Bildung‘ zu ersetzen, die die interkulturelle Öffnung in allen Qualitätsdimensionen widerspiegelt. Schulleitungen als zentrale Akteure der Schulentwicklung müssten für die Zielsetzung einer interkulturellen Schulentwicklung in Schulungen umfassend sensibilisiert und zu dieser gemeinsamen Zieldimension gesetzlich verpflichtet werden.

49. Das Projekt Lernen vor Ort mit dem zentralen Akteur des Quartiersbildungszentrums könnte als Bremer Variante des Quadratkilometer Bildung ausgebaut werden. Im Gegensatz zu dem Quadratkilometer Bildung verfügt das Projekt jedoch derzeit noch nicht über eine angemessene, langfristige Perspektive. Dies wäre, angesichts des biographischen Ansatzes des Projektes jedoch unbedingt erforderlich, um langfristige Effekte überhaupt messbar zu machen. Eine Verknüpfung von Lernen vor Ort mit dem vorgeschlagenen Modellprojekt zur Implementierung von durchgängiger Sprachbildung und interkultureller Schulentwicklung wird als sinnvoll und Synergieeffekte herstellend beurteilt (s.o). Insofern würde es sich anbieten, das Modellvorhaben an Lernen vor Ort anzugliedern und mit dessen Strukturen zu vernetzen. Ein wichtiger Baustein des Projektes ist die differenzierte qualitative und quantitative, Prozess begleitende Evaluation der Bildungslandschaft, so dass Probleme und Perspektiven der Implementierung identifiziert werden und für die Ausweitung des Konzepts auf andere Stadtteile nutzbar gemacht werden können.

50. Mit dem breiten inklusiven Ansatz der der Konzeption der Regionalen Bildungslandschaft Gröpelingen zugrunde liegt, bietet sich die Möglichkeit, Bremen ein Bildungsleitbild zu geben, das Inklusion nicht nur auf sonderpädagogischen Förderbedarf beschränkt, sondern eine interkulturelle Öffnung des gesamten Systems anstrebt.

51. Im Vergleich zwischen dem Aufgabenprofil des Quartiersbildungszentrums Gröpelingen und den ReBUZ zeigen sich bei den Themen Koordinierungsaufgaben im Hinblick auf spezifische Bildungsförderangebote, der Schullaufbahnberatung, temporärer Bildung und Einzelfallberatung sowie Netzwerkarbeit Überschneidungen, die auch schon im SEP 2008 angesprochen werden. Die Deputationsvorlage 2010 nimmt darauf nicht Bezug. Hier wäre zu überlegen, wie die gemeinsamen Aufgaben untereinander abgestimmt und koordiniert werden und auf die Unterstützung interkultureller Schulentwicklungsprozesse (in Verbindung mit inklusionspädagogischen Zielsetzungen) erweitert werden könnten.

6.   Schlussbemerkung

Die detaillierte Situationsanalyse hat offen gelegt, an welchen Punkten und auf welche Weise Bremen bereits strukturell und inhaltlich die Voraussetzungen für einen umfassenden interkulturellen Schulentwicklungsprozess – orientiert an den eingangs skizzierten Parametern (inter)nationaler Beispiele guter Praxis – bietet, wo zwar Maßnahmen und Konzepte geplant, jedoch noch nicht umgesetzt sind und wo noch deutliche Lücken sowie auch Fehlentwicklungen im Hinblick auf eine umfassende interkulturelle Schulentwicklung in Bremen bestehen.

Mit dem flächendeckenden Einsatz von Sprachberaterinnen und -beratern an allen Bremen Schulen werden gute Grundlagen im Hinblick auf die Bereitstellung einer Infrastruktur und Know-how für die Unterrichtsentwicklung unter den Bedingungen von Deutsch als Zweitsprache geschaffen. Noch steht hier jedoch die systematische Einbeziehung des Elementarbereiches z.B. durch obligatorische Kooperationen sowie die ebenfalls flächendeckende Versorgung des berufsbildenden Bereiches aus. Im Bereich der Lehrerinnen- und Lehrerausbildung wurde in Bremen ein kohärentes Konzept der Steigerung des Anteils von Lehrerinnen und Lehrern mit Migrationshintergrund sowie der Vermittlung von grundlegenden Kompetenzen an alle Lehramtsstudierenden im Umgang mit interkulturellen, inklusiven und mehrsprachigen Herausforderungen in der Schule entwickelt, dessen Erfolg sich in den nächsten Jahren anhand der Neuzugänge zum Vorbereitungsdienst erweisen muss. Noch großer Handlungsbedarf besteht in der interkulturellen Ausrichtung der Erzieherinnen- und Erzieher- sowie Referendariatsausbildung. Auch steht eine umfassende Sensibilisierung aller Lehrenden und insbesondere der Schulleitungen für die Notwendigkeit einer grundsätzlichen interkulturellen Öffnung von Schule noch aus. Hier fehlt es an einer entsprechenden Informations-, Vernetzungs- und Fortbildungsinfrastruktur, die diesen Prozess kompetent anleitet und begleitet. Vor diesem Hintergrund erscheint die Einrichtung eines Kompetenzzentrums Interkulturelle Bildung am Landesinstitut für Schule oder an anderer zentraler Stelle für den Bereich Schule erforderlich. Diese Institution müsste der zentrale Ausgangspunkt für neue Impulse Interkultureller Schulentwicklung sein. Hier liegen durch QUIMS und die Hamburger Beratungsstelle Interkulturelle Erziehung gute und ganz konkrete Beispiele zur Orientierung vor.

In Bremen wird, wie an vielen anderen Standorten im Bundesgebiet, nach wie vor mit der Ausbildung und dem Einsatz von Expertinnen und Experten für den Umgang mit kultureller und sprachlicher Vielfalt gearbeitet. Diese sind hilfreich und notwendig für den angestrebten interkulturellen Schulentwicklungsprozess, jedoch ersetzen sie die angesprochene Umorientierung in der Breite der Kollegien nicht. Ebenfalls fehlt ein verbindendes, Mehrsprachigkeit berücksichtigendes und Bildungsinstitutionen übergreifendes und durchgängiges Sprachkonzept, auf dessen Grundlage die Institutionen ihre je spezifischen Ausrichtungen entwickeln müssten. In diesem Zusammenhang ist zu erwähnen, dass an den Bremer Schulen deutlicher Handlungsbedarf im Hinblick auf die Einigung über qualitative Mindeststandards für die Deutschförderung und den Herkunftssprachenunterricht besteht. Grundlage hierfür wäre die Entwicklung von gemeinsamen Qualitätsstandards für die Vermittlung des Deutschen als Zweitsprache wie auch der Herkunftssprachen über den Gemeinsamen Europäischen Referenzrahmen für Sprachen. Darüber hinaus sollte das „Konzept für Mehrsprachigkeit in Bremen" mit seiner Offenheit für die Wertschätzung und Berücksichtigung von Migrantensprachen auch von Schulen als handlungsleitend verstanden werden. Großer Handlungsbedarf wurde ferner im Bereich der interkulturellen Kooperation mit Eltern identifiziert, die im Schulbereich in Bremen bislang lediglich in verinselter Projektform stattfindet und noch nicht selbstverständlich in die Erziehungs- und Bildungsarbeit von Schule integriert wird.

Mit dem Projekt Lernen vor Ort und den Lokalen Bildungslandschaften, die bereits konzeptionell verankert eine interkulturelle Ausrichtung aller darin gebündelten Maßnahmen und Projekte vorsehen, sind gute Grundlagen für die damit verbundenen interkulturellen Schulentwicklungsprozesse in dem eingegrenzten lokalen Raum gelegt. Dies ist insofern ermutigend, als frühere Großprojekte wie SMS oder TransKiGs diese Chance der grundlegenden Neuorientierung auf die sprachlich-kulturelle Pluralität der Stadtgesellschaft Bremen nicht genutzt haben. Dies gilt auch für den Berufswahlpass. Zwar wurde in Bremen an seiner Modifikation im Hinblick auf die Berücksichtigung interkultureller Kompetenzen und spezifischer Sprachfähigkeiten gearbeitet, ein allgemeiner Transfer dieser Modifikation in den Berufswahlpass fand jedoch nicht statt. Empfohlen wird die Umsetzung eines Modellprojektes mit langfristiger Perspektive zur Verknüpfung von Schule mit außerschulischen Akteuren im größeren regionalen Zusammenhang. Um erfolgreiche Maßnahmen identifizieren und empirisch abgesicherte Entscheidungen über ihre Umsetzung in der Breite treffen zu können, ist der Aufbau einer Evaluationsinfrastruktur mit verbindlichen Evaluationsstandards dringend erforderlich. Flankiert werden muss die Implementation von Maßnahmen mit der Bereitstellung von angemessenen Ressourcen auf der Basis transparenter und verbindlicher Ziel- und Leistungsvereinbarungen.

Die hier als essentiell für die erfolgreiche Implementierung eines interkulturellen Schulentwicklungsprozesses benannten Aspekte sind unseres Erachtens nicht nur für Bremen relevant sondern als konkrete Anregungen für andere Städte und Kommunen zu verstehen, die sich ebenfalls auf den Weg machen möchten, die Ebenen der Schul- und Unterrichtsentwicklung daraufhin zu überprüfen, ob sie der u.a. durch Migrationsprozesse heterogen zusammengesetzten Zielgruppe der Schülerinnen und Schülern gerecht werden. Dies setzt bei den Verantwortlichen in der lokalen Bildungspolitik eine große Bereitschaft voraus, Einblicke in ihre internen Entscheidungswege und -grundlagen zu geben und diese der wissenschaftlich fundierten Kritik auszusetzen. Im besten Fall folgt dieser kritischen Bestandsaufnahme ein Verständigungsprozess zwischen den Verantwortlichen für Schulentwicklung darüber, wie die hier herausgearbeiteten Handlungsempfehlungen in die Praxis umzusetzen sind. Dies geschieht derzeit in Bremen durch die Einrichtung einer Steuergruppe in der Bildungsbehörde zur Erstellung eines „Entwicklungsplans Migration und Bildung."

7.   Literatur

Ahrenholz, B. (Hrsg.) (2006): Kinder mit Migrationshintergrund – Spracherwerb und Fördermöglichkeiten, Freiburg i. Br.: Fillibach.

Ahrenholz, B. (Hrsg.) (2007): Deutsch als Zweitsprache. Voraussetzungen und Konzepte für die Förderung von Kindern und Jugendlichen mit Migrationshintergrund. Freiburg i. Br.: Fillibach.

Ahrenholz, B. (2010a): Zweitspracherwerbsforschung. In: Ahrenholz, B./ Oomen-Welke, I. (Hrsg.): Deutsch als Zweitsprache. (Deutschunterricht in Theorie und Praxis, Handbuch in 11 Bänden, hrsg. v. Winfried Ulrich, Bd. 9). Baltmannsweiler: Schneider Hohengehren, 63-79.

Ahrenholz, B. (2010b): Erstsprache – Zweitsprache – Fremdsprache. In: Ahrenholz, B./Oomen-Welke, I. (Hrsg.): Deutsch als Zweitsprache. (Deutschunterricht in Theorie und Praxis, Handbuch in 11 Bänden, hrsg. v. Winfried Ulrich, Bd. 9). Baltmannsweiler: Schneider Hohengehren, 2-15.

Akademie für Arbeit und Politik (2008): Interkulturelle Elternarbeit an der Grundschule. Dokumentation des Projektes „Schule Eltern – Hand in Hand". Reihe Arbeitsmaterialien Nr. 13. Universität Bremen.

Allemann-Ghionda, Ch./Stanat, P./Göbel, K./Röhner, Ch. (2010): Migration, Identität, Sprache und Bildungserfolg. Einleitung zum Themenschwerpunkt. In: Allemann-Ghionda, Ch./Stanat, P./Göbel, K./Röhner, Ch. (Hrsg.): Zeitschrift für Pädagogik, Beiheft 55, 7-16.

Arnold, E. (2006): Der Berufswahlpass. Einsatz und Wirksamkeit des Berufswahlpasses an Hamburger Schulen. Hamburg.

Auernheimer, G. (2001): Anforderungen an das Bildungssystem und die Schulen in der Einwanderungsgesellschaft. In: Auernheimer, G. (Hrsg.): Migration als Herausforderung für pädagogische Institutionen. Opladen [u.a.]: Leske und Budrich, 45-58.

Auernheimer, G. (2004): Drei Jahrzehnte Interkulturelle Pädagogik? Eine Bilanz. In: Karakaşoğlu, Y./Lüddecke, J. (Hrsg.): Migrationsforschung und Interkulturelle Bildung. Münster [u.a]: Waxmann, 17-29.

Ausbildungsbrücke (2010): Die „Ausbildungsbrücke"/PATENMODELL. Projektbeschreibung. Unveröffentlichtes Dokument.

AWO Bremen (2003): !Ausbildungsoffensive! Offensive zur Erhöhung der Ausbildungsbeteiligung von jungen Leuten mit Migrationshintergrund im bremischen öffentlichen Dienst. Ein unveröffentlichter Zwischenbericht.

Bach, G. (2005): Bilingualer Unterricht: Lernen – Lehren – Forschen. In: Bach, G./Niemeier, S. (Hrsg.): Bilingualer Unterricht. Frankfurt a.M.: Lang, 7-22.

Bainski, Ch. (2008): Nach PISA und IGLU. Anforderungen an Sprachlernkonzepte im Elementar- und Primarbereich. In: Röhner, Ch. (Hrsg.): Erziehungsziel Mehrsprachigkeit. Diagnose von Sprachentwicklung und Förderung von Deutsch als Zweitsprache. Weinheim [u.a.]: Juventa Verlag, 25-39.

Barth, H. J./Heimer, A./Pfeiffer, I. (2008): Integration durch Bildung – Best Practices aus zehn Ländern. In: Carl-Bertelsmann-Stiftung (Hrsg.): Integration braucht faire Bildungschancen. Carl-Bertelsmann-Preis 2008. Gütersloh: Verlag Bertelsmann Stiftung, 69-132.

Barz, H./Tippelt, R. (Hrsg.) (2004): Weiterbildung und soziale Milieus in Deutschland. Band 2: Adressaten- und Milieuforschung zu Weiterbildungsverhalten und -interessen. Bielefeld: Bertelsmann.

Baumert, J./Artelt, C./Klieme, E./Neubrand, M./Prenzel, M./Schiefele, U./Schneider, W./Tillmann, K./Weiß, M. (2002): PISA 2000 – Die Länder der Bundesrepublik Deutschland im Vergleich. Opladen [u.a.]: Leske und Budrich.

Baumert, J./Stanat, P./Watermann, R. (Hrsg.) (2006): Herkunftsbedingte Disparitäten im Bildungswesen: Differenzielle Bildungsprozesse und Probleme der Verteilungsgerechtigkeit. Wiesbaden: VS.

Baumgratz-Gangl, G./Zaschel, M. (2006): Verbesserung der beruflichen Integrationschancen von benachteiligten Jugendlichen und jungen Erwachsenen durch Netzwerkbildung. Ergebnisse der Entwicklungsplattform 4 „Netzwerkbildung". Band 2 der Schriftenreihe zum Programm „Kompetenzen fördern – Berufliche Qualifizierung für Zielgruppen mit besonderem Förderbedarf (BQF-Programm)". Bundesministerium für Bildung und Forschung (Hrsg.).

Baur, R. S./Scholten-Akoun, D. (2010): Deutsch als Zweitsprache in der Lehrerausbildung. Bedarf – Umsetzung – Perspektiven. Essen.

Bayerisches Staatsministerium für Unterricht und Kultus (2001a): Lehrplan Deutsch als Zweitsprache. (URL: http://www.isb.bayern.de/isb/download.aspx?DownloadFileID=1e9edc24bac965f3db8d6fab17370e2d; Zugriff: 01.11.2010).

Bayerisches Staatsministerium für Unterricht und Kultus (2001b): Lehrplan Deutsch als Zweitsprache – Grundschule Lernfelder Grundkurs. (URL: http// www.isb.bayern.de/isb/download.aspx?DownloadFileID=ae1535d2f1dca22 9fe1e0a63f3f01e0e; Zugriff: 01.11.2010).

Bayerisches Staatsministerium für Unterricht und Kultus (2001c): Lehrplan Deutsch als Zweitsprache – Lernfelder Weiterführende Schulen. (URL: http://www.isb.bayern.de/isb/download.aspx? DownloadFileID=d6c8bc4b16 63622dda204d31d09e960c; Zugriff: 02.11.2010).

Beicht, U./Granato, M. (2009): Übergänge in eine berufliche Ausbildung – Geringere Chancen und schwierige Wege für junge Menschen mit Migrationshintergrund. Expertise des Gesprächskreises Migration und Integration der Friedrich-Ebert-Stiftung.

Berliner Senatsverwaltung für Bildung, Jugend und Sport (2001): Handreichung Deutsch als Zweitsprache. (URL: http://www.berlin.de/imperia/md/content/ sen-bildung/foerderung/sprachfoerderung/daz_handreichung. pdf; Zugriff: 01.11.2010).

Berliner Senatsverwaltung für Bildung, Jugend und Sport (2002): Rahmenplan Deutsch als Zweitsprache. Deutsch als Zweitsprache für Schüler und Schülerinnen im Alter von 6 bis 15 Jahren unterschiedlicher Niveaustufen in allen Schularten. (URL: http://www.berlin.de/imperia/md/content/sen-bildung/schulorganisation/lehrplaene/rlp_daz.pdf?start&ts=1149682688&f ile=rlp_daz.pdf; Zugriff: 29.06.2011).

Berliner Senatsverwaltung für Bildung, Jugend und Sport (2006): Bildung für Berlin. Schulentwicklungsplan für die Jahre 2006 bis 2011.

Berliner Senatsverwaltung für Bildung, Jugend und Sport (2006): Rahmenlehrplan für die Sekundarstufe. Türkisch. (URL: http://www.berlin.de/imperia/md/ content/sen-bildung/schulorganisation/lehrplaene/sek1_tuerkisch.pdf start&ts=1245159489&file=sek1_tuerkisch.pdf; Zugriff: 02.11.2010).

Berliner Senatsverwaltung für Bildung, Wissenschaft und Forschung (2009): Bildung für Berlin. Berlin spricht viele Sprachen – Wegweiser für die Fremdsprachenwahl in der Grundschule und den weiterführenden Schulen. Schuljahr 2009/2010. (URL: http://www.berlin.de/imperia/md/content/sen-bildung/unterricht/sprachen_lernen/fremdsprachen_berliner_schule.pdf]; Zugriff: 29.06.2011).

Berliner Senatsverwaltung für Integration, Arbeit und Soziales (2007): Vielfalt fördern – Zusammenhalt stärken. Das Berliner Integrationskonzept, Kapitel: 3.3. Integration durch Bildung, 31-46.

Berliner Senatsverwaltung für Integration, Arbeit und Soziales (2009): Erster Umsetzungsbericht zum Berliner Integrationskonzept 2007–2009, 3. Integration durch Bildung, 27-36.

Bertelsmann Stiftung (2008): Toronto District School Board: Herausragendes Engagement für Integration durch Bildung Informationen zum Preisträger des Carl Bertelsmann-Preises (CBP) 2008 „Integration braucht faire Bildungschancen". (URL: http://www.bertelsmann-stiftung.de/bst/de/media/ xcms_bst_dms_25445_ 25446_2. pdf; Zugriff: 30.06.2010).

Bien, W./Rauschenbach, T./Riedel, B. (Hrsg.) (2006): DJI-Betreuungsstudie, Wer betreut Deutschlands Kinder? Weinheim: Beltz.

Bierschock, K./Dürnberger, A./Rupp, M. (2008): Evaluation des HIPPY-Programms in Bayern. Ifb Materialien 3-2008. Bamberg. (URL: http://www. ifb.bayern.de/imperia/md/content/stmas/ifb/materialien/mat_2008_3.pdf; Zugriff: 30.06.2010).

Bildungsdirektion Kanton Zürich, Volksschulamt (Hrsg.) (2007): Umsetzung Volksschulgesetz. Handreichung Sprachförderung in der Schulprogrammarbeit – mit Fokus auf Deutsch für alle und Deutsch als Zweitsprache. Zürich: Lehrmittelverlag des Kantons Zürich.

Bildungsdirektion Kanton Zürich, Volksschulamt (Hrsg.) (2008): Umsetzung Volksschulgesetz Qualität in multikulturellen Schulen. Zürich: Volksschulamt.

Bildungsdirektion Kanton Zürich, Volksschulamt (Hrsg.) (2009): Qualität in multikulturellen Schulen (QUIMS). Umsetzung von 2006 bis 2008 Materialien zum Stand in den Schulen und zum Supportsystem. Zürich: Volksschulamt.

Bildungsdirektion Kanton Zürich, Volksschulamt (Hrsg.) (sic): Qualität in multikulturellen Schulen (QUIMS). (URL: http://www.vsa.zh.ch/internet/bil dungsdirektion/vsa/de/schulbetrieb_und_unterricht/qualitaet_ multikultu relle_schulen_quims.html; Zugriff: 01.06.2010).

Blaschitz, V./ Dorostkar, N./de Cillia, R. (2007): „Jetzt merke ich, dass ich doch etwas kann." Dokumentation und Evaluation der Mama lernt Deutsch-Kursreihe der Stadt Wien im Schuljahr 2006/2007. Endbericht. 2 Bände. Wien.

Blickenstorfer, R. (2009): Strategien der Zusammenarbeit. In: Fürstenau, S./ Gomolla, M. (Hrsg.): Migration und schulischer Wandel: Elternbeteiligung. Wiesbaden: VS, 69-88.

Bolten, J. (2001): Interkulturelle Kompetenz. Erfurt: Landeszentrale für politische Bildung Thüringen.

Bommes, M./Grünheid, I./Wilmes, M. (2008): Migranten am START – Bildungskarrieren von begabten Zuwandererkindern. Eine Studie. Institut für Migrationsforschung und Interkulturelle Studien (IMIS), (URL: http:// www.imis.uni-osnabrueck.de/pdffiles/Hertie-START-Studie.pdf, Zugriff: 31.01.2011).

Boos-Nünning, U./Di Bernardo, L./Rimbach, B./Wolbeck, I. (2010): Zusammenarbeit mit zugewanderten Eltern – Mythos oder Realität? Materialband für Beraterinnen und Berater im Arbeitsfeld „Übergang Schule/Beruf". Regionale Arbeitsstelle zur Förderung von Kindern und Jugendlichen aus Zuwanderfamilien. (URL: http://www.raa.de/fileadmin/dateien/pdf/service/ downloads/Materialband-RAA.pdf; Zugriff: 13.12.2010).

Boos-Nünning, U./Karakaşoğlu, Y. (2006): Viele Welten leben. Lebenslagen von Mädchen und jungen Frauen mit Migrationshintergrund. Münster [u.a.]: Waxmann.

Börühan, Ch. (2007): Erfahrungen aus dem Projekt HIPPY. (Home Instruction for parents of Preschool Youngsters). 13. Bundesweiter Kongress Armut und Gesundheit. (URL: http://www.gesundheitberlin.de/download/ Boeruehan,_C.pdf; Zugriff: 28.01.2011).

Bos, W./Hornberg, S./Arnold, K.-H./Faust, G./Fried, L./Lankes, E.-M./ Schwippert, K./Valtin, R. (Hrsg.) (2007): IGLU 2006. Lesekompetenzen von Grundschulkindern in Deutschland im internationalen Vergleich. Münster [u.a.]: Waxmann.

Bos, W./Lankes, E.-M./Prenzel, M./Schwippert, K./Valtin, R./Walther, G. (Hrsg.) (2003): Erste Ergebnisse aus IGLU. Schülerleistungen am Ende der vierten Jahrgangsstufe im internationalen Vergleich. Münster [u.a.]: Waxmann.

Bos, W./Lankes, E.-M./Prenzel, M./Schwippert, K./Valtin, R./Walther, G. (Hrsg.) (2004): IGLU. Einige Länder der Bundesrepublik Deutschland im nationalen und internationalen Vergleich. Münster [u.a.]: Waxmann.

Bos, W./Lankes, E.-M./Prenzel, M./Schwippert, K./Valtin, R./Walther, G. (Hrsg.) (2005): IGLU. Vertiefende Analysen zu Leseverständnis, Rahmenbedingungen und Zusatzstudien. Münster [u.a.]: Waxmann.

Bos, W./Pietsch, M. (Hrsg.) (2006): KESS 4 – Kompetenzen und Einstellungen von Schülerinnen und Schülern in Hamburger Grundschulen. Münster [u.a.]: Waxmann.

Bremer Vereinbarungen für Ausbildung und Fachkräftesicherung 2011 bis 2013 (2010): Eckpunkte zum Gesamtkonzept „Berufsorientierung" und „Übergang Schule – Beruf". Anhang. (URL: http://www.bba-bremen.de/documents/Bremer_Vereinbarungen_fuer_Ausbildung_und_Fachkraefte sicherung_2011-2013_Anhang_Eckpunkte.pdf; Zugriff: 21.01.2011).

Bremische Bürgerschaft (2009): Konzept zur Förderung von mehr Migrantinnen und Migranten im Lehramt um im Bereich der sozialen Arbeit, Drucksache 17/1071 Landtag (zu Drs. 17/694), 17. Wahlperiode 24.11.2009, Mitteilung des Senats vom 24. November 2009.

Bundesamt für Migration und Flüchtlinge (Hrsg.) (2008a): Sprachliche Bildung für Menschen mit Migrationshintergrund in Deutschland. Vorschläge zur Weiterentwicklung. Ergebnisbericht der Arbeitsgruppen des Bundesweiten Integrationsprogramms nach § 45 Aufenthaltsgesetz im Handlungsfeld sprachliche Bildung. Nürnberg: Bundesamt für Migration und Flüchtlinge.

Bundesamt für Migration und Flüchtlinge (Hrsg.) (2008b): Migrationsbericht des Bundesamtes für Migration und Flüchtlinge im Auftrag der Bundesregierung 2006. Nürnberg: Bundesamt für Migration und Flüchtlinge.

Bundesamt für Migration und Flüchtlinge (Hrsg.) (2010): Bundesweites Integrationsprogramm. Angebote der Integrationsförderung in Deutschland – Empfehlungen zu ihrer Weiterentwicklung. Paderborn.

Bundesamt für Migration und Flüchtlinge (BAMF) (2010): Lehrkräfte mit Migrationshintergrund, (URL: http://www.integration-in-deutschland.de/cln_117/nn_281574/SubSites/Integration/DE/03__Akteure/Programm/Bildung/Lehrkraefte/lehrkraefte-inhalt-d.html?__nnn=true); Zugriff: 26.06.2011.

Bundesinstitut für Berufsbildung (2009): Datenreport zum Berufsbildungsbericht 2009. Informationen und Analysen zur Entwicklung der beruflichen Bildung, Bonn. (URL: http://datenreport.bibb.de/media2009/datenreport_bbb_090525_screen.pdf; Zugriff: 06.12.2010).

Bundesministerium für Bildung und Forschung (2005): Auf den Anfang kommt es an: Perspektiven für eine Neuorientierung frühkindlicher Bildung (=Band 16 der Reihe Bildungsforschung). Bonn, Berlin.

Bundesministerium für Bildung und Forschung (2005): Berufliche Qualifizierung Jugendlicher mit besonderem Förderbedarf. Benachteiligtenförderung. (URL: http://www.bmbf.de/pub/berufliche_qualifizierung_jugendlicher.pdf; Zugriff: 10.01.2011).

Bundesministerium für Bildung und Forschung (2009): Perspektive Berufsabschluss. Eine Perspektive des Bundesministeriums für Bildung und Forschung. (URL: http://www.perspektive-berufsabschluss.de/_media/BMBF_PBA_NEWSL_III.pdf; Zugriff: 07.01.2011).

Bundesministerium für Familie, Senioren, Frauen und Jugend (2010): Familien mit Migrationshintergrund. Lebenssituation, Erwerbsbeteiligung und Vereinbarkeit von Beruf und Familie. (URL: http://www.bmfsfj.de/RedaktionBMFSFJ/Broschuerenstelle/Pdf-Anlagen/Familien-mit-Migrationshintergrund,property=pdf,bereich=bmfsfj,sprache=de,rwb=true.pdf; Zugriff: 15.01.2011).

Bundesregierung (2007): Der Nationale Integrationsplan. Neue Wege – Neue Chancen. Themenfeld 3: „Gute Bildung und Ausbildung sichern, Arbeitsmarktchancen erhöhen." Berlin, 61-86.

Bund-Länder-Kommission für Bildungsplanung und Forschungsförderung (2006): Weiterbildungspass mit Zertifizierung informellen Lernens. Endbericht der Erprobungs- und Evaluationsphase. (URL: http://www.profilpass-online.de/files/endfassung_korrektur_januar_2006.pdf; Zugriff: 16.12.2010).

Bürgerschaft der Freien und Hansestadt Hamburg (2010): Drucksache 19/6002, Schriftliche Kleine Anfrage des Abgeordneten Ties Rabe (SPD) vom 23.04.10 und Antwort des Senats, Betr.: Muttersprachlicher Unterricht. (URL: http://www.tiesrabe.de/uploads/media/196002.pdf; Zugriff: 29.06.2011).

Carle, U./Samuel, A. (2006): Frühes Lernen – Kindergarten und Grundschule kooperieren. Abschlussbericht. Universität Bremen.

Carle, U./Wenzel, D. (2007): Vorschulische Bildung im Kindergarten. In: Harring, M./Rohlfs, Carsten/Palentien, Ch. (Hrsg.): Perspektiven der Bildung. Kinder und Jugendliche in formellen, nicht-formellen und informellen Bildungsprozessen. Wiesbaden: VS Verlag, 185-203.

Carls, G. (2009): Den Übergang gestalten. Ein Leitfaden für die Kooperation von Kita und Schule. FÖRMIG Berlin. Berlin. (URL: http://www.foermig-berlin.de/materialien.php; Zugriff: 30.06.2010).

Cenoz, J. (2003): Facteurs déterminant l'acquisition d'une L3: âge, développement cognitif et milieu. Acquisition et Interaction en Langue Étrangère, AILE 18, 37-51.

Cummins, J. (1979a): Cognitive/Academic language proficiency, linguistic interdependence, the optimum age question and some other matters. In: Working Papers on Bilingualism, Vol. 19, 121-129.

Cummins, J. (1979b): Linguistic interdependence and the educational development of bilingual children. In: Review of Educational Research, Vol. 49, 222-251.

Cummins, J. (1981): The role of primary language development in promoting educational success for language minority students. In: Office of Bilingual Bicultural Education (Hrsg.): Schooling and language minority students: A theoretical framework. California State Department of Education, Los Angeles, CA, 3-49.

Cunningham, M./Hargreaves, L. (2007): Minority Ethnic Teachers' Professional Experiences. Evidence from the Teacher Status Project. Research Report RR853. (URL: http://www.education.gov.uk/research/data/uploadfiles/RR853.pdf; Zugriff: 02.07.2010).

Der Beauftragte des Senats von Berlin für Integration und Migration (2006): INTI-Projekt. Indicators of Immigrant Integration. Indikatoren der Integration im Bildungsbereich. (URL: http://www.berlin.de/imperia/md/content/lb-integration-migration/themen/eu_projekte/inti_bildung_bf.pdf; Zugriff: 29.06.2011).

Deutsches Jugendinstitut (2010): Thema 2008/02 – Kein Anschluss nach dem Abschluss? Lokales Übergangsmanagement erleichtert Berufseinstieg für Jugendliche. (URL: http://www.dji.de/cgi-bin/projekte/output.php?projekt=809&Jump1=LINKS&Jump2=20; Zugriff: 28.05.2011).

Deutsches Pisa-Konsortium (Hrsg.) (2008): PISA 2006 in Deutschland – Die Kompetenzen der Jugendlichen im dritten Ländervergleich. Münster [u.a.]: Waxmann.

DfES (2002): Supporting Pupils Learning English as an Additional Language: National Literacy Strategy – DfES 0239-2002. Issued 07/02.

Dietz, S./Lisker, A. (2008): Sprachstandsfeststellung und Sprachförderung im Kindergarten. Expertise im Auftrag des Deutschen Jugendinstituts, (URL: http://www.dji.de/bibs/Sprachstandsfeststellung_Dietz_Lisker.pdf; Zugriff: 30.12.2010).

Dollmann, J. (2010): Türkischstämmige Kinder am ersten Bildungsübergang. Primäre und sekundäre Herkunftseffekte. Wiesbaden: VS Verlag.

Dollmann, J./Kristen, C. (2010): Herkunftssprache als Ressource für den Schulerfolg? – Das Beispiel türkischer Grundschulkinder. In: Zeitschrift für Pädagogik, Beih., 55, 123-146.

Edelmann, D. (2008): Pädagogische Professionalität im transnationalen sozialen Raum. Eine qualitative Untersuchung über den Umgang von Lehrpersonen mit der migrationsbedingten Heterogenität ihrer Klassen. Berlin [u.a.]: LIT Verlag.

Education Leeds- Hompage: (URL: http://www.educationleeds.co.uk/).

Ehlich, K./Bredel, U./Garme, B./Komor, A./Krumm, H.-J./McNamara, T./ Reich, H. H./Schnieders, G./van den Bergh, H./ten Thije, J. D. (2007): Anforderungen an Verfahren der regelmäßigen Sprachstandsfeststellung als Grundlage für die frühe und individuelle Förderung von Kindern mit und ohne Migrationshintergrund. Bundesministerium für Bildung und Forschung (BMBF), Bildungsforschung Band 11; (URL: http://www.bmbf. de/pub/bildungsreform_band_elf.pdf; Zugriff: 30.06.2010).

Ehnert, I. (2004): Die Effektivität von interkulturellen Trainings. Überblick über den aktuellen Forschungsstand. Hamburg: Kovac.

Eickhorst, A. (2007): Interkulturelles Lernen in der Grundschule: Ziele – Konzepte – Materialien. Bad Heilbrunn: Klinkhardt.

Elfert, M./Rabkin, G. (2009): Family Literacy. In: Fürstenau, S./Gomolla, M. (Hrsg.): Migration und schulischer Wandel: Elternbeteiligung, Wiesbaden: VS, 107-120.

Elzuki (2007): Elzuki (Eltern zusammen mit Kindern). (URL: http://elzuki.educanet2.ch/info/index_de.html; Zugriff: 28.01.2011).

Ergebnisse des Workshops „Schule in der Einwanderungsgesellschaft – Vielfalt als Chance". Bremer Integrationsgipfel vom 23.09.2009. (URL: http://www. integra-net.org/assets/files/Workshopergebnisse _Gesamtdatei.pdf; Zugriff: 30.06.2010).

Esser, H. (2006): Migration, Sprache und Integration. Berlin: Wissenschaftszentrum Berlin, AKI Forschungsbilanz 4.

Esser, H. (2009): Der Streit um die Zweisprachigkeit: Was bringt die Bilingualität? In: Gogolin, I./Neumann, U. (Hrsg.): Streitfall Zweisprachigkeit – The bilingualism controversy. Wiesbaden: VS, 69-88.

Europäische Agentur für Entwicklungen in der sonderpädagogischen Förderung (2009): Multikulturelle Vielfalt und sonderpädagogische Förderung – Synthesenbericht. (URL: http://www.european-agency.org/publications/ereports/multicultural-diversity-and-special-needs-education/Multicultural-Diversity-DE.pdf; Zugriff: 26.06.2011).

Europäische Kommission (2007): Handbuch zur Integration für Entscheidungsträger und Praktiker, 3. Ausgabe, April 2010 (Jan Niessen und Thomas Huddleston im Namen der Europäischen Kommission, Generaldirektion Justiz, Freiheit und Sicherheit). Luxemburg: Amt für Veröffentlichungen der Europäischen Union.

Europäische Kommission (2008): Grünbuch Migration und Mobilität – Chancen und Herausforderungen für die EU-Bildungssystem. Brüssel. (URL: http://ec.europa.eu/education/school21/com423_de.pdf; Zugriff: 29.06.2011).

Farwick, J. (2007): Migration als Herausforderung für die Schule – Einblicke in Theorie und Praxis aus Lehrersicht. Unveröffentlichte Examensarbeit zum 1. Staatsexamen, erstellt am FB12 der Universität Bremen, Arbeitsgruppe Interkulturelle Bildung.

Fehling, M./Arnold, S. (2010): Verfassungsfragen eines privilegierten Zugangs von Abiturienten mit Migrationshintergrund zum Lehramtsstudium. Gutachten erstellt an der Bucerius Law School Hamburg im Auftrag der Zeit-Stiftung Ebelin und Gerd Bucerius.

Fischer, V. (2006): Gesellschaftliche Rahmenbedingungen für die Entwicklung migrationsbedingter Qualifikationserfordernisse. In: Fischer, V./Springer, M./Zacharaki, I. (Hrsg.): Interkulturelle Kompetenz. Fortbildung – Transfer – Organisationsentwicklung. Schwalbach am Taunus: Wochenschau, 11-30.

FörMig Berlin (2009): Modellprogramm Förderung von Kindern und Jugendlichen mit Migrationshintergrund – FörMig. Sprachförderung als gemeinsame Aufgabe von Kita, Schule, Eltern und außerschulischen Partnern. Abschlussbericht (01.09.2004–31.08.2009). Berlin (unveröffentlicht).

FörMig Bremen (2009): Modellprogramm Förderung von Kindern und Jugendlichen mit Migrationshintergrund – FörMig. Förderung von Sprachkompetenz und Selbstwirksamkeit (SuS). Abschlussbericht. Bremen (unveröffentlicht).

Freie Hansestadt Bremen, Senator für Bildung und Wissenschaft (Hrsg.) (2002a): Rahmenplan für die Sekundarstufe II – Gymnasiale Oberstufe – Türkisch.

(URL: http://www.lis.bremen.de/sixcms/media.php/13/02-06-25_T%FCrk isch.pdf).

Freie Hansestadt Bremen, Senator für Bildung und Wissenschaft (Hrsg.) (2002b): Rahmenplan für die Sekundarstufe II – Gymnasiale Oberstufe – Geographie. (URL: http://www.lis.bremen.de/sixcms/media.php/13/02-02-28_Geographie.pdf).

Freie Hansestadt Bremen, Senatorin für Arbeit, Frauen, Gesundheit, Jugend und Soziales (2009): Sachstandsmitteilung zur Umsetzung der Handlungsziele der Konzeption zur Integration von Zuwanderern und Zuwanderinnen im Lande Bremen 2007–2011. 2. Umsetzungsbericht (Stand 31.12.2009).

Freie Hansestadt Bremen, Senatorin für Arbeit, Frauen, Gesundheit, Jugend und Soziales (2009): TransKiGs – Gestaltung des Übergangs von der Kita in die Schule Für eine kontinuierliche kindliche Bildungsbiografie. (URL: http://www.transkigs.de/fileadmin/user/redakteur/Bremen/09_10_22_Broschuere_TransKIGs_Endf.pdf, Zugriff: 01.11.2010). Freie Hansestadt Bremen, Senatorin für Arbeit, Frauen, Gesundheit, Jugend und Soziales (2010): Das Programm FIT-Eltern. (URL: http://www.soziales.bre men.de/sixcms/detail.php?gsid=bremen69.c.5434.de; Zugriff: 06.01.2011).

Freie Hansestadt Bremen, Senatorin für Arbeit, Frauen, Gesundheit, Jugend und Soziales (2010): Bremer Individuelle Lern- und Entwicklungsdokumentation (LED). (URL: http://www.soziales.bremen.de/sixcms/media.php/13/LED_2010.pdf; Zugriff: 29.06.2011).

Freie Hansestadt Bremen, Senatorin für Arbeit, Frauen, Gesundheit, Jugend und Soziales/Paritätisches Bildungswerk Landesverband Bremen (Hrsg.) (2010): ‚Mama lernt Deutsch‘ in Bremen und Bremerhaven. (URL: http:// pbwbremen.de/pdf/Broschuere_Mama_lernt_Deutsch_%202010.pdf; Zugriff: 29.06.2011).

Freie Hansestadt Bremen, Senatorin für Bildung und Wissenschaft (2008): Bremer Schulentwicklungsplan 2008. Ergebnisse der Arbeit des Fachausschusses „Schulentwicklung“ der Deputation für Bildung. Beschlussfassung vom 30.10.2008. (URL: http://www.bildung.bremen.de/fastmedia/13/Schulent wicklungsplan.pdf; Zugriff: 03.01.2011).

Freie Hansestadt Bremen, Senatorin für Bildung und Wissenschaft (2008): Vorlage G 42/17 für die Sitzung der Deputation für Bildung am 05.02.2009. Bericht über die Evaluation von Maßnahmen in der Migrantenförderung. (URL:

http://www2.bildung.bremen.de/sfb/behoerde/deputation/depu/g42v_
17.pdf; Zugriff: 31.01.2011).

Freie Hansestadt Bremen, Senatorin für Bildung und Wissenschaft (2009a):
Entwicklungsplan des Landes Bremen zur schulischen Förderung von
Schülerinnen und Schülern mit Bedarf an unterstützender Pädagogik und
sonderpädagogischer Förderung. Entwicklungsplan Inklusion. Entwurf zur
Vorlage in der Deputation für Bildung am 02.12.2010. (URL: http://www.
bildung.bremen.de/fastmedia/13/Entwicklungsplan%20Inklusion.pdf;
Zugriff: 27.01.2011).

Freie Hansestadt Bremen, Senatorin für Bildung und Wissenschaft (2009b):
Schule macht sich stark 2004–2009. Ein Aktionsprogramm für Schulen in
kritischer Lage. Unveröffentlichter Abschlussbericht.

Freie Hansestadt Bremen, Senatorin für Bildung und Wissenschaft (2010a):
Bericht zum Konzept zur Förderung von mehr Migrantinnen und Migranten
im Lehramt und im Bereich der sozialen Arbeit, Vorlage zur Sitzung des
Ausschusses für Wissenschaft und Forschung am 19. Januar 2011.

Freie Hansestadt Bremen, Senatorin für Bildung und Wissenschaft (2010b):
Werkschule Bremen. Schuljahr 2010/2011. (URL: http://www.bildung.bre
men.de/fastmedia/13/ws2010_online.pdf; Zugriff: 03.01.2011).

Freie Hansestadt Bremen, Senatorin für Bildung und Wissenschaft (Hrsg.)
(2010c): Bildungsplan für die Oberschule: Gesellschaft und Politik – Geo-
grafie, Geschichte, Politik. (URL: http://www.lis.bremen.de/sixcms/media.
php/13/2010_BP_O_GP%20Erlassversion.pdf; Zugriff: 29.06.2011).

Freie Hansestadt Bremen, Senatorin für Bildung und Wissenschaft (Hrsg.)
(2010d): Bildungsplan für die Oberschule: Mathematik. (URL: http://www.
lis.bremen.de/sixcms/media.php/13/2010_BP_O_Ma%20Erlassversion.
pdf; Zugriff: 29.06.2011).

Freie Hansestadt Bremen, Senatorin für Bildung und Wissenschaft (Hrsg.)
(2010e): Bildungsplan für die Oberschule: Naturwissenschaften – Biologie, Chemie, Physik. (URL: http://www.lis.bremen.de/sixcms/media.php/
13/2010_BP_O_Nat%20Erlassversion.pdf; Zugriff: 29.06.2011).

Freie Hansestadt Bremen, Senatorin für Bildung und Wissenschaft (Hrsg.)
(2007a): Bildungsplan für die Gesamtschule: Deutsch – Jahrgangsstufe 5–10.
(http://www.lis.bremen.de/sixcms/media.php/13/07-07-09_deutsch_gs.
pdf; Zugriff: 29.06.2011).

Freie Hansestadt Bremen, Senatorin für Bildung und Wissenschaft (Hrsg.) (2010f): Bildungsplan für die Oberschule: Deutsch. (URL: http://www.lis.bremen.de/sixcms/media.php/13/2010_BP_O_Deu%20Erlassversion.pdf; Zugriff: 29.06.2011).

Freie Hansestadt Bremen, Senatorin für Bildung und Wissenschaft (Hrsg.) (2007b): Bildungsplan für die Gesamtschule: Polnisch als zweite Fremdsprache – Jahrgangsstufe 6–10. (URL: http://www.lis.bremen.de/sixcms/media.php/13/07-08-23_polnisch_gs.pdf; Zugriff: 29.06.2011).

Freie Hansestadt Bremen, Senatorin für Bildung und Wissenschaft (Hrsg.) (2007c): Bildungsplan für die Gesamtschule: Russisch als zweite Fremdsprache – Jahrgangsstufe 6–10. (URL: http://www.lis.bremen.de/sixcms/media.php/13/07-08-23_russisch_gs.pdf; Zugriff: 29.06.2011).

Freie Hansestadt Bremen, Senatorin für Bildung und Wissenschaft (Hrsg.) (2007d): Bildungsplan für die Gesamtschule: Türkisch als zweite Fremdsprache – Jahrgangsstufe 6–10. (URL: http://www.lis.bremen.de/sixcms/media.php/13/07-08-23_tuerkisch_gs.pdf; Zugriff: 29.06.2011).

Freie Hansestadt Bremen, Senatorin für Bildung und Wissenschaft (Hrsg.) (2008d): Bildungsplan für die Gymnasiale Oberstufe – Qualifikationsphase – Englisch. (URL: http://www.lis.bremen.de/sixcms/media.php/13/ENG_GyQ_2008.pdf; Zugriff: 29.06.2011).

Freie Hansestadt Bremen, Senatorin für Bildung und Wissenschaft (Hrsg.) (2008e): Bildungsplan für die Gymnasiale Oberstufe – Qualifikationsphase – Französisch. (URL: http://www.lis.bremen.de/sixcms/media.php/13/FRZ_GyQ_2008.pdf; Zugriff: 29.06.2011).

Freie Hansestadt Bremen, Senatorin für Bildung und Wissenschaft (Hrsg.) (2008f): Bildungsplan für die Gymnasiale Oberstufe – Qualifikationsphase – Spanisch. (URL: http://www.lis.bremen.de/sixcms/media.php/13/SPA_GyQ_2008.pdf; Zugriff: 29.06.2011).

Freie und Hansestadt Hamburg, Behörde für Schule und Berufsbildung (2010a): Bildungsplan Primarschule – Deutsch als Zweitsprache in Vorbereitungsklassen. (URL: http://www.li-hamburg.de/fix/files/doc/DaZ%20in%20Vorb.kl_PrS_2010_05_24.pdf; Zugriff 29.06.2011).

Freie und Hansestadt Hamburg, Behörde für Schule und Berufsbildung (2010b): Bildungsplan – Gymnasium Sekundarstufe I – Deutsch als Zweitsprache in

Vorbereitungsklassen. (URL: http://www.li-hamburg.de/fix/files/doc/DaZ_ Gym_2010_06_13.pdf; Zugriff 29.06.2011).

Freie und Hansestadt Hamburg, Behörde für Schule und Berufsbildung (2010c [DaF2]): Bildungsplan Primarschule 2010 (Entwurfsfassung). (URL: http:// www.li-hamburg.de/publikationen/publikationen.Bild/publikationen.Bild. bildprim/index.html; Zugriff: 29.06.2011).

Freie und Hansestadt Hamburg, Behörde für Schule und Berufsbildung (2011a): Bildungsplan Grundschule Herkunftssprachen. (URL: http://www.li-hamburg.de/fix/files/doc/Herkunftssprachen_GrS_2011_05_17.pdf; Zugriff 29.06.2011).

Freie und Hansestadt Hamburg, Behörde für Schule und Berufsbildung (2011b): Bildungsplan Gymnasium Sekundarstufe 1 Herkunftssprachen. http://www. hamburg.de/contentblob/2376238/data/herkunftssprachen-gym-seki.pdf [DaF5].

Freie und Hansestadt Hamburg, Behörde für Schule und Berufsbildung (2011c): Bildungsplan Stadtteilschule Sekundarstufe 1 Herkunftssprachen. (URL: http://www.li-hamburg.de/fix/files/doc/Herkunftssprachen_StS_2011_05_ 23.pdf; Zugriff 29.06.2011).

Freie und Hansestadt Hamburg, Behörde für Schule und Berufsbildung (2011d): Bildungsplan – Stadtteilschule (Jahrgangsstufe 5-11) – Deutsch als Zweitsprache in Vorbereitungsklassen. http://www.hamburg.de/content-blob/2372472/data/daz-sts.pdf

Freie und Hansestadt Hamburg, Behörde für Soziales, Familie, Gesundheit und Verbraucherschutz (2009): Landesrahmenvertrag Kinderbetreuung in Tageseinrichtungen. (URL: http://www.hamburg.de/contentblob/110036/ data/landesrahmenvertrag.pdf; Zugriff: 29.06.2011).

Freudenberg-Stiftung (2010): Reader: Ein Quadratkilometer Bildung, Mai 2010.

Fried, L. (2004): Expertise zu Sprachstandserhebungen für Kindergartenkinder und Schulanfänger. Eine kritische Betrachtung, erstellt im Rahmen des Projektes „Schlüsselkompetenz Sprache – Bundesweite Recherche zu Maßnahmen und Aktivitäten im Bereich der sprachlichen Bildung und Sprachförderung in Tageseinrichtungen für Kinder". München: Deutsches Institut für Jugendforschung.

Friedrich, L./Siegert, M./Schuller, M. (2009): Förderung des Bildungserfolgs von Migranten: Effekte familienorientierter Projekte. Working Paper 24 der Forschungsgruppe des Bundesamtes für Migration und Flüchtlinge. Nürnberg.

Fritschi, T./Oesch, T. (2008): Volkswirtschaftlicher Nutzen von frühkindlicher Bildung in Deutschland. Eine ökonomische Bewertung langfristiger Bildungseffekte bei Krippenkindern. Bertelsmann Stiftung (Hrsg.). (http://www.bertelsmann-stiftung.de/cps/rde/xbcr/SID-7A514EE3-53DCF8AE/bst/BASS-Studie081216.pdf; Zugriff: 29.06.2011).

Fürstenau, S. (2004): Mehrsprachigkeit als Kapital im transnationalen Raum. Münster [u.a.]: Waxmann.

Fürstenau, S. (2009): Lernen und Lehren in heterogenen Gruppen. In: Fürstenau, S./Gomolla, M. (Hrsg.): Migration und schulischer Wandel: Unterricht. Wiesbaden: VS, 61-84.

Fürstenau, S./Gogolin, I./Yağmur, K. (Hrsg.) (2003): Mehrsprachigkeit in Hamburg. Ergebnisse einer Sprachenerhebung an den Grundschulen in Hamburg. Münster [u.a.]: Waxmann.

Fürstenau, S./Gomolla, M. (2009): Migration und schulischer Wandel: Elternbeteiligung. Wiesbaden: VS.

Fürstenau, S./Gomolla, M. (2009): Migration und schulischer Wandel: Unterricht. Wiesbaden: VS.

Fürstenau, S./Gomolla, M. (2011): Migration und schulischer Wandel: Mehrsprachigkeit. Wiesbaden: VS.

Gasteiger-Klicpera, B./Knapp, W./Kucharz, D. (2010): Abschlussbericht der Wissenschaftlichen Begleitung des Programms „Sag' mal was – Sprachförderung für Vorschulkinder". Pädagogische Hochschule Weingarten. (URL: http://www.ph-weingarten.de/zep/Projekte/Abschlussbericht_Sprachfoerderung_Landesstiftung_PH_Weingarten.pdf; Zugriff: 29.06.2011).

Gaupp, N./Geier, B. (2010): Stuttgarter Haupt- und Förderschüler/innen auf dem Weg von der Schule in die Berufsausbildung. Bericht zur dritten Erhebung der Stuttgarter Schulabsolventenstudie. (URL: http://www.dji.de/dasdji/thema/2011/03/564_Stuttgart_Folge_3.pdf; Zugriff: 29.06.2011).

Geisen, T./Riegel, Ch. (Hrsg.) (2007): Jugend, Zugehörigkeit und Migration. Subjektpositionierung im Kontext von Jugendkultur, Ethnizitäts- und Geschlechterkonstruktionen. Wiesbaden: VS.

Georgi, V./Ackermann, L./Karakaş, N. (2011): Lehrende mit Migrationshintergrund in Deutschland: Eine empirische Untersuchung zu Bildungsbiographie, professionellem Selbstverständnis und schulischer Integration. Forschungsbericht (i.E.), Stand 15.06.2011.

Gericke, T./Sommer, J. (2008): Ergebnisse der wissenschaftlichen Begleitung und Evaluation. Band IV der Schriftenreihe zum Programm „Kompetenzen fördern – Berufliche Qualifizierung für Zielgruppen mit besonderem Förderbedarf (BQF-Programm). Bundesministerium für Bildung und Forschung (Hrgs.). Bonn, Berlin. http://www.kompetenzen-foerdern.de/band_IV_bqf_programm.pdf; Zugriff: 29.06.2011).

Gesemann, F. (2006): INTI-Projekt. Indicators of Immigrant Integration. Indikatoren der Integration im Bildungsbereich. Diskussionsvorlage zur Fachtagung „Integration durch Bildung" am 29.03.2006 in der Werkstatt der Kulturen.

Gesemann, F. (2007): Indikatoren der Integration im Bildungsbereich. In: Der Beauftragte für Integration und Migration (Hrsg.): Berliner Beiträge zur Integration und Migration. Indikatoren zur Messung von Integrationserfolgen.

Gillborn, David (2006): Inklusive Bildung und Schule in multi-ethnischen Gesellschaften. In: Mecheril, P./Quehl, T. (Hrsg.): Die Macht der Sprachen. Englische Perspektiven auf die mehrsprachige Schule. Münster [u.a.]: Waxmann, 19-36.

Glumpler, E./Apeltauer, E. (1997): Ausländische Kinder lernen Deutsch. Berlin: Cornelsen.

Göbel, K. (2007): Dealing with cultural heterogeneity in school: A stressor for teachers? Paper presented at the 10th European Congress of Psychology, Prague, July, 5th 2007 (unveröffentlichtes Vortragsmanuskript).

Gogolin, I./Krüger-Potratz, M. (2006): Einführung in die interkulturelle Pädagogik. Opladen [u.a.] [u.a.]: Leske und Budrich.

Gogolin, I./Lange, I./Hawighorst, B./Bainski, Ch./Heintze, A./Rutten, S./Saalmann, W. in Zusammenarbeit mit der FörMig-AG (2010): Durchgängige Sprachbildung. Qualitätsmerkmale für den Unterricht. FörMig-Kompetenzzentrum Universität Hamburg. (URL: http://www.blk-foermig.uni-hamburg.de/cosmea/core/corebase/mediabase/foermig/Modellschulen/QM_1_10.pdf; Zugriff: 29.06.2011).

Gogolin, I./Neumann, U. (Hrsg.) (2009): Streitfall Zweisprachigkeit – The Bilingualism Controversy. Wiesbaden: VS.

Gogolin, I./Neumann, U./Reuter, L. (2001): Schulbildung für Kinder von Minderheiten in Deutschland 1989-1999. Schulrecht, Schulorganisation, curriculare Fragen, sprachliche Bildung. Münster [u.a.]: Waxmann.

Gogolin, I./Neumann, U./Roth, H.-J. (2003): Förderung von Kindern und Jugendlichen mit Migrationshintergrund. Expertise für die Bund-Länder-Kommission für Bildungsplanung und Forschungsförderung. BLK-Materialien zur Bildungsplanung und Forschungsförderung, Heft 107.

Gogolin, I./Neumann, U./Roth, H.-J. (Hrsg.) (2005): Sprachdiagnostik bei Kindern und Jugendlichen mit Migrationshintergrund. Münster [u.a.]: Waxmann.

Gogolin, I./Roth, H.-J. (2007): Bilinguale Grundschule – ein Beitrag zur Förderung der Mehrsprachigkeit. In: Anstatt, T. (Hrsg.): Mehrsprachigkeit bei Kindern und Erwachsenen. Tübingen: Narr Francke, 31-45.

Gomolla, M. (2005): Schulentwicklung in der Einwanderungsgesellschaft. Strategien gegen institutionelle Diskriminierung in Deutschland, England und in der Schweiz. Münster [u.a.]: Waxmann.

Gomolla, M. (2008): Institutionelle Diskriminierung im Bildungs- und Erziehungssystem: Theorie, Forschungsergebnisse und Handlungsperspektiven. In: DOSSIER der Heinrich-Böll-Stiftung zur Tagung „Schule mit Migrationshintergrund"; (URL: http://www.migration-boell.de/web/integration/47_1495.asp; Zugriff: 04.11.2010).

Gomolla, M. (2009): Elternbeteiligung in der Schule. In: Fürstenau, S./Gomolla, M. (Hrsg.): Migration und schulischer Wandel: Zusammenarbeit mit Eltern. Wiesbaden: VS, 21-50.

Gomolla, M. (2010): Schule in der Einwanderungsgesellschaft: Aktuelle Herausforderungen und Konzepte. Vortrag auf der Tagung „Integration und Inklusion durch Bildung. Die Rolle von Schule und Jugendhilfe", veranstaltet von der Heinrich-Böll-Stiftung Hessen e.V. und dem Verein für soziale Arbeit im Stadtteil/Kinderwerkstatt Bockenheim e.V.; Frankfurt/M., den 05.03.2010; (URL: http://www.hbs-hessen.de/fileadmin/HBS/Themen/Beitrag_Gomolla_Tagung_5.3.2010.pdf; Zugriff: 29.06.2011).

Gomolla, M./Radtke, F.-O. (2002): Institutionelle Diskriminierung. Die Herstellung ethnischer Differenz in der Schule. Opladen [u.a.]: Leske und Budrich.

Granato, M. (2009a): Perspektiven und Potenziale: Junge Menschen mit Migrationshintergrund in der beruflichen Ausbildung. In: Kimmelmann, N.

(Hrsg.): Berufliche Bildung in der Einwanderungsgesellschaft. Diversity als Herausforderung für Organisationen, Lehrkräfte und Ausbildende. Texte zur Wirtschaftspädagogik und Personalentwicklung. Band 2, 17-35. (URL: http://www.opus.ub.uni-erlangen.de/opus/volltexte/2009/1283/pdf/ Berufliche_Bildung_in_der_Einwanderungsgesellschaft.pdf,   Zugriff: 29.06.2011).

Granato, M./ Beicht, U./Eberhard, V./Friedrich, M./Schwerin, Ch./Ulrich, J. G./Weiß, U. (2010): Ausbildungschancen von Jugendlichen mit Migrationshintergrund. Zwischenbericht. Bundesinstitut für Berufsbildung (Hrsg.). Bonn. http://www2.bibb.de/tools/fodb/pdf/zw_24202.pdf; Zugriff: 29.06.2011).

Granato, Mona (2009b): Zunehmende Chancenungleichheit für junge Menschen mit Migrationshintergrund auch in der beruflichen Bildung? In: Auernheimer, G. (Hrsg.): Schieflagen im Bildungssystem. Die Benachteiligung der Migrantenkinder. Wiesbaden: VS, 103-124.

Gruhn, M./Cantone, K./Karakaşoğlu, Y. (eingereicht): Anerkennung mehrsprachiger Identitäten und Förderung von Schulsprache – Ein Plädoyer für die Verbindung von erziehungswissenschaftlichen und sprachwissenschaftlichen Perspektiven. In: Ohm, U./Bongartz, C. (Hrsg.): Inquiries in language learning. Frankfurt: Peter Lang.

Haberzettl, S. (2005): Der Erwerb der Verbstellungsregeln in der Zweitsprache Deutsch durch Kinder mit russischer und türkischer Muttersprache. Tübingen: Niemeyer.

Hakuta, K./Butler, Y. G./Witt, D. (2000): How Long Does It Take English Learners to Attain Proficiency? University of California Linguistic Minority Research Institute Policy Report 2000-1.

Handschuck, S./Schröer, H. (2003): Qualitätsmanagement in München: Vom instrumentellen Gebrauch zur strategischen Orientierung. In: Landeshauptstadt München – Sozialreferat/Jugendamt (Hrsg.): Offen für Qualität. Interkulturell orientiertes Qualitätsmanagement in Einrichtungen der Migrationssozialarbeit. München, 5-18.

Hawighorst, B. (2009): Perspektiven von Einwandererfamilien. In: Fürstenau, S./ Gomolla, M. (Hrsg.): Migration und schulischer Wandel: Zusammenarbeit mit Eltern. Wiesbaden: VS, 51-67.

Herwartz-Emden, L./Schurt, V./Waburg, W. (2010): Aufwachsen in heterogenen Sozialisationskontexten. Zur Bedeutung einer geschlechtergerechten interkulturellen Pädagogik. Wiesbaden: VS.

Hesse, H.-G./Göbel, K./Hartig, J. (2008): Sprachliche Kompetenzen von mehrsprachigen Jugendlichen und Jugendlichen nicht-deutscher Erstsprache. In: DESI-Konsortium (Hrsg.): Unterricht und Kompetenzerwerb in Deutsch und Englisch. Weinheim: Beltz, 208-230.

Hessisches Kultusministerium (1995): Rahmenplan Grundschule. (URL: http://download.bildung. hessen.de/schule/grundschule/rahmenplan/Rahmenplan. pdf; Zugriff: 06.10.2010).

Hessisches Kultusministerium (sic): Unterricht in der Herkunftssprache. (URL: http://www.hessen.de/irj/HKM_Internet?rid=HKM_15/HKM_Internet/sub/ 723/723208d0-5024-a611-f3ef-ef91921321b2,,22222222-2222-2222-2222- 222222222222.htm; Zugriff: 29.06.2011).

Hessisches Statistisches Landesamt (2010): Ergebnisse der integrierten Ausbildungsberichterstattung nach Ländern. (URL: http://www.destatis.de/ jetspeed/portal/cms/Sites/destatis/Internet/DE/Content/Publikationen/ Fachveroeffentlichungen/BildungForschungKultur/Ausbildungsberichter stattung,property=file.pdf; Zugriff: 01.02.2011).

Heyer, R./Bandorski, S./Karakaşoğlu, Y./Palentien, Ch. (2010): Und ich hab jetzt ein bisschen Vertrauen in diese Leute – Anforderungen an schulische Beratung im interkulturellen Kontext. In: Huber, G. (Hrsg.): SchulVerwaltung spezial. Zeitschrift für Schulleitung und Schulaufsicht. Jg. 12, Heft 1. Kronach: Wolters Kluwer (LinkLuchterhand).

Hochholzer, R. (2009): Die Vorkurse Deutsch in Bayern: Ein Konzept zur Sprachförderung von Kindern mit Migrationshintergrund an der Schnittstelle Kindergarten-Grundschule. Zeitschrift für Interkulturellen Fremdsprachenunterricht (URL: http://zif.spz.tu-darmstadt.de/jg-14-2/beitrag/ Hochholzer3.htm; Zugriff: 13.11.2010).

Holzbrecher, A. (2004): Interkulturelle Pädagogik. Berlin: Cornelsen Scriptor.

Hopf, D. (2005): Zweisprachigkeit und Schulleistung bei Migrantenkindern. In: Zeitschrift für Pädagogik, 51 (2), 236-249.

Hormel, U./Scherr, A. (2004): Bildung für die Einwanderungsgesellschaft. Perspektiven der Auseinandersetzung mit struktureller, institutioneller und interaktioneller Diskriminierung. Wiesbaden: VS.

Hufeisen, B. (2008): Gesamtsprachencurriculum, curriculare Mehrsprachigkeit und Mehrsprachigkeitsdidaktik – Utopie, Allheilmittel für den fächerübergreifenden ((Fremd)Sprachen)Unterricht oder Schreckgespenst aller AnglistInnen und EnglischlehrerInnen? In: Bausch, K.-R./Burwitz-Melzer, E./ Königs, Frank G./Krumm, H.-J. (Hrsg.): Fremdsprachenlernen erforschen: sprachspezifisch oder sprachenübergreifend? Tübingen: Narr, 97-106.

Hufeisen, B./Lutjeharms, M. (Hrsg.) (2005): Gesamtsprachencurriculum. Integrierte Sprachendidaktik. Common Curriculum. Theoretische Überlegungen und Beispiele der Umsetzung. Tübingen: Narr.

Hurrelmann, K. (2004): Lebensphase Jugend. Eine Einführung in die sozialwissenschaftliche Jugendforschung. Weinheim: Beltz.

Imdorf, Ch. (2007): Warum Lehrbetriebe ausländische Jugendliche meiden. In: Panorama: Bildung, Beratung, Arbeitsmarkt. Deutsche Ausgabe, (2007) 2, 29-30. (URL: http://lehrlingsselektion.ch/ documents/panorama_imdorf_d. pdf; Zugriff: 21.01.2011).

Institut zur Qualitätsentwicklung im Bildungswesen (2009): Projekt. Entwicklung und Implementierung eines neuen Konzeptes zur Eingliederung Jugendlicher in die Berufs- und Arbeitswelt in Schulen mit erhöhtem Förderbedarf (EIKA). Deskriptive Befunde der dritten Lernausgangslagenerhebung im September/Oktober 2008.

Jampert, K. (2002): Schlüsselsituation Sprache. Spracherwerb im Kindergarten unter besonderer Berücksichtigung des Spracherwerbs bei mehrsprachigen Kindern. Opladen [u.a.]: Leske und Budrich.

Jampert, K./Best, P./Guadatiello, A./Holler, D./Zehnbauer, A. (2007): Schlüsselkompetenz Sprache. Sprachliche Bildung und Förderung im Kindergarten. Konzepte, Projekte und Maßnahmen. Weimar: Das Netz.

Jessner, U. (2008): Teaching third languages: findings, trends, challenges. Language Teaching 41, 1, 15-56.

Jeuk, S. (2003): Erste Schritte in der Zweitsprache Deutsch. Eine empirische Untersuchung zum Zweitspracherwerb türkischer Migrantenkinder in Kindertageseinrichtungen. Freiburg: Fillibach.

Lamparter-Posselt, M./Jeuk, S. (2010): Deutsch als Zweitsprache im Kindergarten. In: Ahrenholz, B./Oomen-Welke, I. (Hrsg.) (2010): Deutsch als Zweitsprache. (Deutschunterricht in Theorie und Praxis, Handbuch in 11 Bänden, hrsg. v. Winfried Ulrich, Bd. 9) Baltmannsweiler: Schneider Hohengehren, 149-162.

Jung, D./Schubert, S. (2010): NetWork 21. Leben und Arbeiten in der transkulturellen Gesellschaft. Wissenschaftliche Begleitung des Modellprojektes. Bundesministerium für Familie, Senioren, Frauen und Jugend (Hrsg.). (URL: http://www.bmfsfj.de/RedaktionBMFSFJ/Broschuerenstelle/Pdf-Anlagen/ NetWork.21-Wissenschaftliche-Begleitung,property=pdf,bereich=bmfsfj, sprache=de,rwb=true.pdf.; Zugriff: 15.12.2010).

Kany, W./Schöler, H. (2007): Fokus: Sprachdiagnostik – Leitfaden zur Sprachstandsbestimmung im Kindergarten. Mannheim: Cornelsen.

Karakaşoğlu, Y./Haberzettl, S. (Hrsg.) (2009): Das Bremer Förderprojekt für Schülerinnen und Schüler mit Migrationshintergrund der Sek. I – Projektevaluation und Entwicklung eines Sprachstandserhebungsverfahrens Sek. I. Oldenburg: BIS-Verlag.

Karakaşoğlu, Y./Kordfelder, A. (2004): Interkulturelle Erziehung als Grundprinzip elementarpädagogischer Arbeit in der Zuwanderungsgesellschaft. In: Karakaşoğlu, Y./Lüddecke, J. (Hrsg.): Migrationsforschung und Interkulturelle Pädagogik. Aktuelle Entwicklungen in Theorie, Empirie und Praxis, Münster 2004. S. 189-204.

Karakasoglu, Yasemin (2011): Lehrer, Lehrerinnen und Lehramtsstudierende mit Migrationshintergrund. Hoffnungsträger der interkulturellen Öffnung von Schule, in: Neumann, U./Schneider, J. (2011): Schule mit Migrationshintergrund. Münster [u.a.]: Waxmann, 121-135.

Karakaşoğlu-Aydın, Y./Neumann, U. (2001): Bildungsinländerinnen und Bildungsinländer. Situation, Datenlage und bildungspolitische Anregungen. In BMBF (Hrsg.). Bildung und Qualifizierung von Migranten und Migrantinnen. Anhörung des Forum Bildung am 21. Juni 2001 in Berlin. Materialien des Forum Bildung 11/2001, 54–67.

Kita-Bremen (Hrsg.) (2009): Personalauswahl im Kontext interkultureller Öffnung bei Kita-Bremen. (unveröffentlichtes Strategie-Papier der Geschäftsführung)

Kleine-Salgar, M./Wehner, M. (o.J.): Modellprojekt Rucksack 1 für Bonn (01.03.2006–31.08.2007). Abschlussbericht. Bonn. (URL:http://www.verband binationaler.de/fileadmin/user_upload/Regionalgruppen/bonn/Rucksack projekt_Bericht.pdf; Zugriff: 01.11.2010).

KMK (1996): Empfehlungen „Interkulturelle Bildung und Erziehung in der Schule". Beschluss der Kultusministerkonferenz vom 25.10.1996/Sekretariat der Ständigen Konferenz der Kultusminister in der Bundesrepublik Deutschland.

KMK (2006): Bericht „Zuwanderung". Beschluss der Kultusministerkonferenz vom 24.05.2002 i.d.F. vom 16.11.2006.

KMK (2007): „Integration als Chance – gemeinsam für mehr Chancengerechtigkeit". Gemeinsame Erklärung der Kultusministerkonferenz und der Organisationen von Menschen mit Migrationshintergrund. Beschluss der Kultusministerkonferenz vom 13.12.2007.

KMK (2010): Artikel zu Kultusministerkonferenz gegen Deutschpflicht auf Schulhöfen. (URL: http://www.rp-online.de/politik/deutschland/Kultusminister-gegen-Deutschpflicht-auf-Schulhof_aid_918813.html; Zugriff: 01.11.2010).

KMK (2010): Förderstrategie für leistungsschwächere Schülerinnen und Schüler - Beschluss der Kultusministerkonferenz vom 04.03.2010. (URL: http://www.kmk.org/fileadmin/veroeffentlichungen_beschluesse/2010/2010_03_04-Foerderstrategie-Leistungsschwaechere.pdf; Zugriff: 11.11.2010).

Knapp, W. (1999): Verdeckte Sprachschwierigkeiten. In: Die Grundschule 5/99. S. 30-33.

Kneuper, D. (2010): Bildungsbeteiligung und Bildungserfolg von Schülerinnen und Schülern mit Migrationshintergrund im Land Bremen. Unveröffentlichte Präsentation im Rahmen der Auftaktveranstaltung für den Bremer Schulentwicklungsplan Migration und Bildung in Bremen am 26.10.2010.

Kniffka, G./Siebert-Ott, G. (2009): Deutsch als Zweitsprache – Lehren und Lernen. (Reihe StandardWissen Lehramt). Paderborn: Schöningh.

Knigge, M./Leucht, M. (2010): Soziale Disparitäten im Spracherwerb. In: Köller, O./Knigge, M./Tesch, B. (Hrsg.): Sprachliche Kompetenzen im Ländervergleich. Überprüfung der Erreichung der Bildungsstandards für den Mittleren Schulabschluss für Deutsch und die erste Fremdsprache in der neunten Jahrgangsstufe. Münster [u.a.]: Waxmann, 185-202.

Koala-Projekt (Verantwortung von Berrin Nakipoğlu-Schimang): (URL: http://www.koala-projekt.de/html/ materialien.html; Zugriff: 10.11.2010).

Kober, U. (2008): Bildung in Leeds – United für faire Chancen. In: Carl-Bertelsmann-Stiftung (Hrsg.): Integration braucht faire Bildungschancen. Carl-Bertelsmann-Preis 2008, Verlag Bertelsmann Stiftung, 143-150.

Kober, U. (2010): In Toronto gilt die Schule als Integrationsmotor. In terra cognita16/2010, 50-53. (URL: http://www.terra-cognita.ch/16/kober.pdf; Zugriff: 20.01.2011).

Kober, U./Morehouse, Ch./Walther, C. (2008): Zuwanderung als Segen oder Fluch? Moderne Zuwanderungs- und Integrationspolitiken als Bedingungen für positive Wirkungen der Migration, Bertelsmann Stiftung. (URL: http://www.bertelsmann-stiftung.de/cps/rde/xbcr/SID-228503BC-A0B33D90/bst/BRI_Artikel_ formatiert_080722.pdf; Zugriff: 19.07.2010).

Köller, O./Knigge, M./Tesch, B. (Hrsg.) (2010): Sprachliche Kompetenzen im Ländervergleich. Überprüfung der Erreichung der Bildungsstandards für den Mittleren Schulabschluss für Deutsch und die erste Fremdsprache in der neunten Jahrgangsstufe. Münster [u.a.]: Waxmann.

Kommission der Europäischen Gemeinschaften (2008): Grünbuch – Migration & Mobilität: Chancen und Herausforderungen für die EU-Bildungssysteme. Brüssel.

Konsortium Bildungsberichterstattung (Hrsg.) (2006): Bildung in Deutschland. Ein indikatorengestützter Bericht mit einer Analyse zu Bildung und Migration. Bielefeld.

Kröner, S. (2009): Expertise Elternvertreter mit Migrationshintergrund in Schulen. Bundesamt für Migration und Flüchtlinge. Nürnberg.

Krüger-Potratz, M. (2005): Interkulturelle Bildung. Eine Einführung. (= Lernen für Europa, 10). Münster [u.a.]: Waxmann.

Krüger-Potratz, M./Lutz, H. (2002): Sitting at a crossroad – rekonstruktive und systematische Überlegungen zum wissenschaftlichen Umgang mit Differenzen. In: Tertium Comparationis. Journal für international und interkulturell vergleichende Erziehungswissenschaft 8, Nr. 2, 81-92.

Kucharz, D./Bohl, T./Eisnach, K./Fink, Ch./Müller, C. (2009): Evaluation einer Bildungslandschaft. Eine Studie zur Entwicklung und Akzeptanz der Bildungsoffensive Ulm. Schul- und Unterrichtsforschung; Band 8.

Kuhnke, R./Reißig, B. (2007): Schülerinnen und Schüler auf dem Weg von der Schule in die Berufsausbildung. Bericht zur Basiserhebung der Kommunalen Schulabsolventenstudie in den Städten Leipzig, Halle, Jena und Frankfurt (Oder).

Landesinstitut für Lehrerbildung und Schulentwicklung Hamburg/FörMig (2009): Sprachförderung und Mehrsprachigkeit im Elementar- und Primarbereich. Hamburg: Landesinstitut für Lehrerbildung und Schulent-wicklung. Hamburg.

Landesinstitut für Schule Bremen (2010a): Fortbildung. Qualitätssiegel Berufs-orientierung. (URL: http://www.lis.bremen.de/qualitaetssiegel; Zugriff: 16.12.2010).

Landesinstitut für Schule Bremen (2010b): Ziel- und Leistungsvereinbarung Schuljahr 2010/2011 zwischen der Senatorin für Bildung und Wissenschaft und dem Landesinstitut für Schule. Bremen.

Lanfranchi, A. (2002): Schulerfolg von Migrationskindern. Die Bedeutung fa-milienergänzender Betreuung im Vorschulalter. Opladen [u.a.]: Leske und Budrich.

Laufer, G. (2010): Sprache als berufliche Handlungskompetenz. In: „Sprache ist der Schlüssel zur Integration". Bedingungen des Sprachlernens von Menschen mit Migrationshintergrund. Expertisen und Dokumentationen zur Wirtschafts- und Sozialpolitik. Friedrich Ebert Stiftung (Hrsg.), 77-89.

Leask, M./Turner, S./Turner, T. (1996): Recruiting Science Teachers from Ethnic Minority Groups: selection for initial teacher education. In: Research in Science & Technological Education, Vol. 14, Issue 1, May 1996, 5-20.

Leeds (2004): Education Leeds. Promoting Race Equality in Schools. Celebrating Cultural and Religious Diversity.

Leeds (2008): Leeds City Council. Annual Report 2007–2008.

Leenen, R. (2007): Interkulturelles Training: Psychologische und pädagogische Ansätze. In: Straub, J./Weidemann; A./Weidemann, D. (2007): Handbuch interkulturelle Kommunikation und Kompetenz, Stuttgart, 773-784.

Leiprecht, R./Lutz, H. (2006): Intersektionalität im Klassenzimmer: Ethnizität, Klasse, Geschlecht. In: Leiprecht, R./Kerber, A. (Hrsg.): Schule in der Einwanderungsgesellschaft. Schwalbach/Ts: Wochenschau, 218-234.

Leisen, J. (2010): Handbuch Sprachförderung im Fach – Sprachsensibler Fach-unterricht in der Praxis. Bonn: Varus.

Leseman, P. P./Scheele, A. F./Mayo, A. Y./Messer, M. H. (2007): Home literacy as a special language environment to prepare children for school. In: Zeitschrift für Erziehungswissenschaft, 10, 334-355.

Leseman, P. P./Scheele, A. F./Mayo, A. Y./Messer, M. H. (2009): Bilingual de-velopment in early childhood and the languages used at home: competition for scarce resources? In: Gogolin, I./Neumann, U. (Hrsg.): Streitfall Zweisprachigkeit – The Bilingualism Controversy. Wiesbaden: VS, 289-316.

Lesen in Deutschland 2008 (2009): Eine Studie der Stiftung Lesen. Die zentralen Ergebnisse, Stiftung Lesen (Hrsg.). Mainz.

Limbird, Ch./Stanat, P. (2006): Sprachförderung bei Schülerinnen und Schülern mit Migrationshintergrund: Ansätze und ihre Wirksamkeit. In: Baumert, J./ Stanat, P./Watermann, R. (Hrsg.): Herkunftsbedingte Disparitäten im Bildungswesen: Differenzielle Bildungsprozesse und Probleme der Verteilungsgerechtigkeit. Wiesbaden, 257-308.

Luchtenberg, S. (2010): Language Awareness. In: Ahrenholz, B./Oomen-Welke, I. (Hrsg.): Deutsch als Zweitsprache. (Deutschunterricht in Theorie und Praxis, Handbuch in 11 Bänden, hrsg. v. Winfried Ulrich, Bd. 9) Baltmannsweiler: Schneider, 107-118.

Lüdtke, U./Kallmeyer, K. (2007): Kritische Analyse ausgewählter Sprachstandserhebungsverfahren für Kinder vor Schuleintritt aus Sicht von Linguistik, Testtheorie, Mehrsprachigkeitsforschung und Sprachdidaktik. Die Sprachheilarbeit 25 (6), 261-278.

Ludwig, M./Vogel, S. (2005): Expertise „Vorbereitung auf Einstellungstests". Berliner Beiträge zur Integration und Migration. (URL: http://www.berlin. de/imperia/md/content/lb-integration-migraton/publikationen/beitraege/ expertise_einstellungstests_03_1bf.pdf?start&ts=1284119440&file=experti se_einstellungstests_03_1bf.pdf; Zugriff: 06.01.2011).

Maas, U./Ulrich, M./Schröder, Ch. (2004): Mehrsprachigkeit und Mehrschriftigkeit bei Einwanderern in Deutschland. In: Bade, K.J./Bommes, M./ Münz, R. (Hrsg.): Migrationsreport 2004. Fakten – Analysen – Perspektiven. Frankfurt a.M./New York, 117-149.

Machin, S./McNally, S. (2004): The Literacy Hour. IZA Discussion Papers 1005, Institute for the Study of Labor (IZA).

Mächler, S. (2008): „Qualität in multikulturellem Schulen (QUIMS)" – Ein langfristiges Programm zur Verbesserung der Chancengleichheit. (URL: http:// www.migration-boell.de/web/integration/47_1488.asp; Zugriff: 04.11.2010).

Mächler, S. (2009): Für Chancengleichheit und ein gutes Leistungsniveau – das Programm «Qualität in multikulturellen Schulen (QUIMS). In: bildungspolitik, Heft 164, 6-11.

Marx, N. (2005): Hörverstehensleistungen im Deutschen als Tertiärsprache: zum Nutzen eines Sensibilisierungsunterrichts im „DaFnE". Baltmannsweiler: Schneider Hohengehren.

Maybin, J./Mercer, N./Stierer, B. (1992): "Scaffolding" Learning in the Classroom. In: Norman, K. (Hrsg.), Thinking Voices. The work of the National Oracy Project. London: Hodder & Stoughton.

Meisel, J. (2007): Mehrsprachigkeit in der frühen Kindheit: Zur Rolle des Alters bei Erwerbsbeginn. In: Anstatt, T. (Hrsg.): Mehrsprachigkeit bei Kindern und Erwachsenen. Tübingen: Attempto, 93-113.

Meyer, B. (2008): Nutzung der Mehrsprachigkeit von Menschen mit Migrationshintergrund. Berufsfelder mit besonderem Potenzial. Studie für das Bundesamt für Migration und Flüchtlinge, Nürnberg.

Ministerium für Schule und Weiterbildung NRW (2009): Unterricht für Schülerinnen und Schüler mit Zuwanderungsgeschichte, insbesondere im Bereich der Sprachen. (URL: www.schulministerium.nrw.de/BP/Schulrecht/Erlasse/Herkunftssprache.pdf; Zugriff: 06.10.2010).

Ministerium für Schule und Weiterbildung NRW: Herkunftssprachenunterricht in Nordrhein-Westfalen. (URL: www.schulministerium.nrw.de/BP/Unterricht/Faecher/Herkunftssprache/index.html; Zugriff: 06.10.2010).

Modellprogramm FörMig NRW in Köln (2010): Die Gemeinschaftsgrundschule Ernstbergstraße Köln. Ein Beispiel gelingender durchgängig zweisprachigen Sprachförderung. (URL: http://www.raa.de/fileadmin/dateien/pdf/projekte/foermig/11032010/Koeln_GS_150210.pdf; Zugriff: 29.06.2011).

Montfort-Montero, C. (2002): Jugendliche in Ausbildung bringen. Die Netzwerkarbeit der Bremer Beratungsstelle zur Qualifizierung ausländischer Nachwuchskräfte – BQN. In: Bundesinstitut für Berufsbildung (Hrsg.): Berufsbildung in Wissenschaft und Praxis, Jahrgang 31 (2), 19-22.

Müller, A./Stanat, P. (2006): Schulischer Erfolg von Schülerinnen und Schülern mit Migrationshintergrund: Analysen zur Situation von Zuwanderern aus der ehemaligen Sowjetunion und aus der Türkei. In: Baumert, J. u.a. (Hrsg.) Herkunftsbedingte Disparitäten im Bildungswesen. Vertiefende Analysen im Rahmen von PISA 2000. Wiesbaden: VS, 221-255.

Müller, N./Kupisch, T./Schmitz, K./Cantone, K. (2006): Einführung in die Mehrsprachigkeitsforschung. (=Narr Studienbücher). Tübingen: Francke.

NESSE (2008): Education and Migration: Strategies for Integrating Migrant Children in European Schools and Societies. A synthesis of research findings for policy-makers. (URL: http://www.nesse.fr/nesse/activities/reports/activities/reports/education-and-migration-pdf; Zugriff: 11.11.2010).

Netzwerk Integration durch Qualifizierung (2009): Berufliche Perspektiven gemeinsam gestalten – Integration ermöglichen. Prozesskette für eine (berufliche) Integration. (URL: http://www.kumulus-plus.de/fileadmin/pdf/iq/iq_prozesskette-090701.pdf; Zugriff: 25.01.2011).

Neumann, U./Gogolin, I./Roth, H.-J. (2007): Bericht 2007. Abschlussbericht über die italienisch-deutschen, portugiesisch-deutschen und spanisch-deutschen Modellklassen. Schulversuch Bilinguale Grundschulklassen in Hamburg. Von Universität Hamburg, Arbeitsstelle Interkulturelle Bildung. Hamburg. (URL: http://www2.erzwiss.uni-hamburg.de/institute/interkultur/Bericht_2007.pdf; Zugriff: 01.11.2010).

Neumann, U./Gogolin, I./Roth, H.-J. (2010): FöRMig Abschlussbericht. Unveröffentlichtes Manuskript. Hamburg.

Neumann, U./Karakasoglu, Y. (2011): Anforderungen an die Schule in der Einwanderungsgesellschaft:Integration durch Bildung, Schaffung von Bildungsgerechtigkeit und Interkulturelle Öffnung. In: Neumann, U./Schneider, J. (2011): Schule mit Migrationshintergrund, Münster [u.a.]: Waxmann, 47-59.

Niedersächsisches Kultusministerium (2005): Erlass, Integration und Förderung von Schülerinnen und Schülern nichtdeutscher Herkunftssprache. (URL: http://www.nibis.de/nli1/ikb/erlasse/SVBL%2009-05%2019.08-475.pdf; Zugriff: 29.06.2011).

Niedersächsisches Kultusministerium (2006): Fit in Deutsch. Feststellung des Sprachstandes. (URL: http://www.mk.niedersachsen.de/live/live.php?navigation_id=2016&article_id=6149&_psmand=8; Zugriff: 29.06.2011).

Niedersächsisches Kultusministerium (2008):Kerncurriculum für die Grundschule. Schuljahrgänge 1–4 – Herkunftsprachlicher Unterricht. (URL: http://db2.nibis.de/1db/cuvo/datei/kc_08_herk_unterr_nib.pdf; Zugriff: 29.06.2011).

Nieke, W. (2008): Interkulturelle Erziehung und Bildung. Wertorientierungen im Alltag. VS (Wiesbaden). 3., aktualisierte Auflage. Reihe: Schule und Gesellschaft – Band 4.

OECD (2008): Policies and Practices Supporting the Educational Achievement and Social Integration of first and Second Generation Migrants: A Systematic Review. Commissioned to the Canadian Council on Learning.

OECD (2009): Creating Effective Teaching and Learning Environments: First Results from TALIS. OECD Publishing, Paris.

OECD (2010): Educating Teachers for Diversity: Meeting the Challenge. Centre for Educational Research and Innovation. OECD: Paris.

Ohm, U. (2010): Sprachförderung als integrativer Bestandteil beruflichen Lernens in der Aus- und Weiterbildung. In: „Sprache ist der Schlüssel zur Integration". Bedingungen des Sprachlernens von Menschen mit Migrationshintergrund. Expertisen und Dokumentationen zur Wirtschafts- und Sozialpolitik. Friedrich Ebert Stiftung (Hrsg.), 30-42.

Oomen-Welke, I. (2010): Didaktik der Sprachenvielfalt. In: Ahrenholz, B./ Oomen-Welke, I. (Hrsg.): Deutsch als Zweitsprache. (Deutschunterricht in Theorie und Praxis, Handbuch in 11 Bänden, hrsg. v. Winfried Ulrich, Bd. 9) Baltmannsweiler: Schneider, 479-492.

Over, U./Mienert, M. (2010): Dimensionen Interkultureller Kompetenz aus Sicht von Lehrkräften: In: Interculture Journal 2010/12, 33-49.

Palentien, Ch./Wachs, S. (2010): Projekt Brücke: Bildungsbiographische Brüche und im Kindes- und Jugendalter. Eine unveröffentlichte Projektskizze.

Petry, Ch. (2008): Kein Anschluss nach dem Abschluss? Lokales Übergangsmanagement erleichtert Berufseinstieg für Jugendliche. In: Deutsches Jugendinstitut. Forschung über Kinder, Jugendliche und Familien an der Schnittstelle zwischen Wissenschaft , Politik und Praxis. (URL: http://www. dji.de/cgi-bin/projekte/output.php?projekt=809&Jump1=RECHTS&Jump2=10; Zugriff: 04.01.2011).

Philipp-Reis-Schule (2010): Interkulturelle Berufsorientierung an der Philip-Reis-Schule in Gelnhausen. Berufsorientierung und Erziehung zur Ausbildungs- und Berufsfähigkeit als Aufgabe der Hauptschule Interkulturelles Berufsorientierungskonzept. Juni 2010. (URL: http://download.bildung.hessen.de/ schule/borient/schulkonzepte/hs_material/IBO-Konzept__.pdf; Zugriff am 10.01.2011).

Portes, Al./Rumbaut, R. G. (2001): Legacies. The Story of the Immigrant Second Generation. Berkeley: Univ. of California Press.

Presse und Informationsamt der Bundesregierung (2007): Nationaler Integrationsplan – Neue Wege, neue Chancen. Berlin. (URL: http://www.bun

desregierung.de/Content/DE/Publikation/IB/Anlagen/nationaler-integra tionsplan,property=publicationFile.pdf; Zugriff: 16.12.2010).

Programmträger Modellprogramm FörMig (2009): Förderung von Kindern und Jugendlichen mit Migrationshintergrund FörMig – Bilanz und Perspektiven eines Modellprogramms. Abschlussbericht 2009. unveröffentlicht.

Quante-Brandt, E./Grabow, T. (2009): „Ausbildungsrealität aus Sicht von Auszubildenden mit Migrationshintergrund". Einblicke in die Ausbildungsrealität von Migrant/innen im Bremer Handwerk. In: Kimmelmann, N. (Hrsg.): Berufliche Bildung in der Einwanderungsgesellschaft. Diversity als Herausforderung für Organisationen, Lehrkräfte und Ausbildende. Texte zur Wirtschaftspädagogik und Personalentwicklung. Band 2. 36-53.

Ramm, B. (2009): Das Tandem-Prinzip. Mentoring für Kinder und Jugendliche. Amerikanische Ideen in Deutschland X. Körber Stiftung.

Rashid, N./Tikly, L. (2010): Inclusion and Diversity in Education. Guidelines for Inclusion and Diversity in Schools, edit. by British Council, August 2010.

Rauch, D./Jurecka, A./Hesse, H.-G. (2010): Für den Drittspracherwerb zählt auch die Lesekompetenz in der Herkunftssprache: Untersuchung der Türkisch-, Deutsch- und Englisch-Lesekompetenz bei Deutsch-Türkisch bilingualen Schülern. In: Zeitschrift für Pädagogik. Beih., 55, 78-100.

Reed, T. R. (2005): Der Schriftspracherwerb von Schülern ethnischer Minderheiten mit ‚Englisch-als-zusätzlicher-Sprache' (EAL): Anforderungen an Beurteilungsverfahren und Interventionen aus antirassistischer Perspektive. In: Mecheril, P./Quehl, T. (Hrsg.): Die Macht der Sprachen. Englische Perspektiven auf die mehrsprachige Schule. Münster [u.a.]: Waxmann, 120-131.

Regionale Arbeitsstellen zur Förderung von Kindern und Jugendlichen aus Zuwandererfamilien (2008): Deutsch für Schülerinnen und Schüler mit Zuwanderungsgeschichte im Vorbereitungsdienst – Auftaktveranstaltung für die Studienseminare am 2. Juni 2008. (URL: http://www.raa.de/fileadmin/ dateien/pdf/service/downloads/RAA_DaZ_%20Dokumentation_LR.pdf; Zugriff: 06.10.2010).

Regionale Arbeitsstellen zur Förderung von Kindern und Jugendlichen aus Zuwandererfamilien (o.J.): Modul Deutsch als Zweitsprache (DaZ) in NRW in der zweiten Ausbildungsphase. (URL: http://www.raa.de/fileadmin/dateien/ pdf/produkte/Modul_DaZ.pdf; Zugriff: 01.11.2010).

Regionale Arbeitsstellen zur Förderung von Kindern und Jugendlichen aus Zuwanderfamilien (2008): Evaluation „Auftritt-Beruf". Unveröffentlichter Zwischenbericht.

Regionale Arbeitsstellen zur Förderung von Kindern und Jugendlichen aus Zuwandererfamilien – Homepage: (URL: : http://www.raa.de/raa.html).

Reich, H. H./Roth, H.-J. (2002): Zum Stand der nationalen und internationalen Forschung zum Spracherwerb zweisprachig aufwachsender Kinder und Jugendlicher. In Zusammenarbeit mit: Dirim, I./Jørgensen, J./List, G./List, G./Neumann, U./Siebert-Ott, G./Steinmüller, U./Teunissen, F./Vallen, T./ Wurfnig, V. (Hrsg. von der Freien und Hansestadt Hamburg). Hamburg: Behörde für Schule, Jugend und Berufsbildung.

Reich, H. H./Roth, H.-J. (2004): HAVAS 5 – Hamburger Verfahren zur Analyse des Sprachstandes bei 5-Jährigen, Hamburg: Landesinstitut für Lehrerbildung und Schulentwicklung.

Richter, R./Zimmermann, M. (2003): Biology. In: Wildhage, Manfred/Otten, Edgar (Hrsg.): Praxis des bilingualen Unterrichts Berlin: Cornelsen Scriptor, 116-146.

Richtlinie zur Arbeits- und Berufsorientierung in der Sekundarstufe I vom 1. August 2008, (URL:http://www2.bildung.bremen.de/sfb/behoerde/gesetze/ html/331_05.htm; Zugriff: 21.01.2011).

Robbe, I. (2009): Interkulturelle Elternarbeit in der Grundschule: Die Zusammenarbeit von Schule und Eltern mit Migrationshintergrund unter besonderer Berücksichtigung der Sprachförderung. IBKM an der Carl von Ossietzky Universität Oldenburg, Nr. 40; (URL: http://oops.uni-oldenburg. de/volltexte/2009/955/pdf/robint09.pdf; Zugriff: 12.11.2010).

Robert Bosch Stiftung (2010): LISA – Lokale Initiativen zur Integration junger Migranten in Ausbildung und Beruf. (URL: http://www.bosch-stiftung.de/ content/language1/html/4585.asp; Zugriff: 20.12.2010).

Rohlfs, C. (2011a): Bildungseinstellungen. Schule und formale Bildung aus der Perspektive von Schülerinnen und Schülern. Wiesbaden: VS.

Rohlfs, C. (2011b): Bildungseinstellungen. Zu den subjektiven Bedeutungen von Schule und formaler Bildung aus der Perspektive von Schülerinnen und Schülern an den Schulen in benachteiligter Lage. (in Vorbereitung).

Roos, J./Polotzek, S./Schöler, H. (2010): EVAS Evaluationsstudie zur Sprachförderung von Vorschulkindern. Abschlussbericht der Wissenschaftlichen

Begleitung der Sprachfördermaßnahmen im Programm „Sag' mal was – Sprachförderung für Vorschulkinder". Unmittelbare und längerfristige Wirkungen von Sprachförderungen in Mannheim und Heidelberg. (URL: http://www.sagmalwas-bw.de/media/WiBe%201/pdf/EVAS_Abschluss bericht_Januar_ 2010.pdf; Zugriff: 29.06.2011).

Roßbach, H.-G. (2005): Effekte qualitativ guter Betreuung, Bildung und Erziehung im frühen Kindesalter auf Kinder und ihre Familien. In: Sachverständigenkommission Zwölfter Kinder- und Jugendbericht (Hrsg.): Bildung, Betreuung und Erziehung von Kindern unter sechs Jahren. Materialien zum Zwölften Kinder- und Jugendbericht. Band 1. München: Verlag Deutsches Jugendinstitut, 55-174.

Roth, H.-J. (2008): Verfahren zur Sprachstandfeststellung - ein kritischer Überblick. In: Bainski, Christiane u. Marianne Krüger-Potratz (Hrsg.): Handbuch Sprachförderung. Essen: Neue Deutsche Schule Verlagsgesellschaft, 22-41.

Rüesch, P. (1999): Gute Schulen im multikulturellen Umfeld. Ergebnisse aus der Forschung zur Qualitätssicherung. Im Auftrag der Bildungsdirektion des Kantons Zürich.

Rutkowsky, P. (2008): Vielfalt ist unsere Stärke: Das „Equitable Schools Programm" des Toronto District School Board. In: Carl-Bertelsmann-Stiftung (Hrsg.): Integration braucht faire Bildungschancen. Carl-Bertelsmann-Preis 2008, Verlag Bertelsmann Stiftung, 133-142.

Sächsisches Staatsministerium für Kultus (2000/2009): Lehrplan für Vorbereitungsgruppen, Vorbereitungsklassen, Vorbereitungsklassen mit berufspraktischen Aspekten – Deutsch als Zweitsprache. (URL: http://www.sachsen-macht-schule.de/apps/lehrplandb/downloads/lehrplaene/deutsch_als_zweitsprache_2009.pdf; Zugriff: 29.06.2011).

Sachverständigenrat deutscher Stiftungen für Integration und Migration (2010): Einwanderungsgesellschaft 2010. Jahresgutachten 2010 mit Integrationsbarometer, insbesondere Kapitel 7: Schule und Bildung, 137-156.

Salem, T./Rabkin, G. (2010): Kooperation von Eltern, Kindern, Elementarbereich und Schule im Hamburger FörMig-Projekt „Family Literacy". In: Diskurs Kindheits- und Jugendforschung, Heft 04/2010, 385-369. (URL: http://www.jugendforschung.de/pdf/diskurs-salem.pdf; Zugriff: 28.01.2011).

Sanz, Ch. (2000): Bilingual education enhances third language acquisition: Evidence from Catalonia. Applied Psycholinguistics, 23-44.

Schmidt, M. (2007): Rucksackbericht 2005–2006. DRK.

Schmidt, T./Roßbach, H.-G./Sechtig, J. (2010): Bildung in frühpädagogischen Institutionen. In: Tippelt, R./Schmidt, B. (Hrsg.): Handbuch Bildungsforschung. 3., durchgesehene Aufl. VS, 351-363.

Schofield, J. W. (2006): Migrationshintergrund, Minderheitenzugehörigkeit und Bildungserfolg Forschungsergebnisse der pädagogischen, Entwicklungs- und Sozialpsychologie. Arbeitsstelle Interkulturelle Konflikte und gesellschaftliche Integration (AKI) Wissenschaftszentrum Berlin für Sozialforschung (WZB); (URL:http://www.justizbw.de/servlet/PB/show/1203256/AKI%20Lange%20Studie%20Migrationshintergrund%20 und%20Bildungsbenachteiligung.pdf; Zugriff: 28.10.2010).

Schrey-Dern, D. (2006): Sprachentwicklungsstörungen. Logopädische Diagnostik und Therapieplanung. Stuttgart: Georg Thieme Verlag.

Schröer, H. (2007): Interkulturelle Orientierung und Öffnung: Ein neues Paradigma für die soziale Arbeit. In: Archiv für Wissenschaft und Praxis der sozialen Arbeit 3/2007, 80-91.

Schwaiger, M./Neumann, U. (2010): Regionale Bildungsgemeinschaften. Gutachten zur interkulturellen Elternbeteiligung der RAA. Im Auftrag der Bundesarbeitsgemeinschaft der RAA (Berlin), der Hauptstelle RAA NRW (Essen) und Integration Central (Weinheim), Hamburg.

Schwippert, K./Klinger, T./Gogolin, I. (2009): Evaluation im Modellprojekt FörMig: Alles unter Kontrolle? Universität Hamburg, Institut für International und Interkulturell Vergleichende Erziehungswissenschaft.

Sekretariat der Ständigen Konferenz der Kultusminister der Länder in der Bundesrepublik Deutschland (Hrsg.): Beschlüsse der Kultusministerkonferenz – Bildungsstandards im Fach Deutsch für den Hauptschulabschluss (Jahrgangsstufe 9), München 2005.

Selimovic, S. (2008): Die Motivation zur Wahl des Lehrerberufs – Eine ethnographische Studie mit Studentinnen und Studenten mit türkischem Migrationshintergrund. Kassel: Grin.

Senatsdrucksache Interkulturelle Erziehung (2006): Zentrale Beratungsstelle für Lehrer zur Unterstützung bei religiös begründeten schulischen Problemsituationen; http://li-hamburg.de/fix/files/doc/06-09-26-Senatsdrs-Interkult.2.2.pdf (Zugriff: 10.06.2010).

Settelmeyer, A. (2008): Unternehmen können richtig punkten: Interkulturelle Kompetenz als Erfolgsfaktor. In: Denk-doch-mal.de. Netzwerk Gesellschaftsethik, Heft 2.

Siegert, M. (2008): Schulische Bildung von Migranten in Deutschland. Working Paper 13. München: Bundesamt für Migration und Flüchtlinge. Nürnberg.

Siegert, M. (2009): Berufliche und akademische Ausbildung von Migranten in Deutschland. Working Paper 22. Bundesamt für Migration und Flüchtlinge. Nürnberg.

Sliwka, A. (2010): From homogeneity to diversity in German education. In: OECD (2010): Educating Teachers for Diversity: Meeting the Challenge. Centre for Educational Research and Innovation. OECD: Paris.

Smolka, A./Rupp, M. (2007): Die Familie als Ort der Vermittlung von Alltags- und Daseinskompetenzen. In: Harring, M./Rohlfs, C./Palentien, C. (Hrsg.): Perspektiven der Bildung. Kinder und Jugendliche in formellen, nicht-formellen und informellen Bildungsprozessen. Wiesbaden: VS, 219-236.

Sobat, F. (2009): Abschlussbericht der wissenschaftlichen Begleitung zum Projekt „Performative Spiele" (unveröffentlicht).

Söhn, J.(2005): Zweisprachiger Schulunterricht für Migrantenkinder. Ergebnisse der Evaluationsforschung zu seinen Auswirkungen auf Zweitspracherwerb und Schulerfolg. AKI-Forschungsbilanz 2. Berlin: WZB (Referat 3).

Stamm, M. (2009a): Frühkindliche Bildung in der Schweiz. Eine Grundlagenstudie im Auftrag der UNESCO-Kommission Schweiz, durchgeführt an der Universität Fribourg-CH; (URL: http://www.fruehkindliche-bildung.ch/fileadmin/documents/forschung/Grundlagenstudie_FBBE_-_Finalversion__edit_13032009_pdf; Zugriff: 28.10.2010).

Stamm, M. (2009b): Begabte Minoritäten. Wiesbaden: Verl. f. Sozialwissenschaften.

Stanat, P. (2003): Schulleistungen von Jugendlichen mit Migrationshintergrund. Differenzierung deskriptiver Befunde aus PISA und PISA-E. In: Deutsches PISA-Konsortium (Hrsg.): PISA 2000. Ein differenzierter Blick auf die Länder der Bundesrepublik Deutschland, 243-260.

Stanat, P./Christensen, G. (2006): Schulerfolg von Jugendlichen mit Migrationshintergrund im internationalen Vergleich. Eine Analyse von Voraussetzungen und Erträgen schulischen Lernens im Rahmen von PISA 2003, Berlin: Bundesministerium für Bildung und Forschung.

Stiftung Mercator (2009): Modul „Deutsch als Zweitsprache" (DaZ) im Rahmen der neuen Lehrerausbildung in Nordrhein-Westfalen. – Essen. (URL: http://www.stiftung-mercator.org/cms/ upload/pdf/Sonstige_PDFs/DaZ_Modul_Endversion_20090507.pdf; Zugriff: 26.06.2011).

Strasser, J./Steber, C. (2010): Lehrerinnen und Lehrer mit Migrationshintergrund – Eine empirische Reflexion einer bildungspolitischen Forderung. In: J. Hagedorn/Schurt, V./Steber, C./Waburg, W. (Hrsg.). Ethnizität, Geschlecht, Familie und Schule. Wiesbaden: VS, 97–126.

Straub, J. (2007): Kompetenz. In: Straub/Weidemann/Weidemann (Hrsg.): Handbuch interkulturelle Kommunikation und Kompetenz, Stuttgart, 35-47.

Süss, U./ Harmand, C./Felger, S. (2009): Auf dem Weg zur lokalen Bildungslandschaft. Integriertes Bildungsmanagement in Weinheim. In: Bleckmann, P./Durdel, A. (Hrsg.): Lokale Bildungslandschaften. Perspektiven für Ganztagsschulen und Kommunen. Wiesbaden, 265-292.

Süss, U./Eitenmüller, Ch./Jochim, D./Huber, K. (2010): Weinheimer Lebenswelt Schule. In: Süss, U./Felger, S./Harmand, C. (Hrsg.): Weinheimer Bildungskette 2010. Strategiemodell, Projekte und Kooperationspartner. Weinheim, 21-26.

Süss, U./Felger, S./Huber, K./Harmand, C. (2010): Einführung: Das Strategiemodell Weinheimer Bildungskette. In: Süss, U./Felger, S./Harmand, C. (Hrsg.): Weinheimer Bildungskette 2010. Strategiemodell, Projekte und Kooperationspartner. Weinheim, 8-14.

Swain, M./Lapkin, S./Rowen, N./Hart, D. (1990): The Role of Mother Tongue Literacy in Third Language Learning. In: Language, Culture, and Curriculum, 3(1). 65-81.

Tartakowska, M. (2006): Diskriminierung von women of color im eigenen Klassenraum als Ausdruck der Machtordnung in der Gesellschaft. Unveröffentlichte Master Thesis vorgelegt an der FU Berlin, European Master in Intercultural Education.

Terkessidis, M. (2010): Interkultur. Edition Suhrkamp.

Thoma, D./Tracy, R. (2006): Deutsch als frühe Zeitsprache: zweite Erstsprache? In: Ahrenholz, B. (Hrsg.): Kinder mit Migrationshintergrund: Spracherwerb und Fördermöglichkeiten. Freiburg: Fillibach.

Thomas, A. (2003): Interkulturelle Kompetenz. Grundlagen, Probleme und Konzepte, 2. Aufl. In: Erwägen-Wissen-Ethik 14 (1), 137-150.

Thomas, W. P./Collier, V. (1997): School effectiveness for language minority students. Washington D.C. (National Clearing House for Bilingual Education).

Tickly, L. (2009): Inclusion and Diversity in Education: Project Baseline Report. London: British Council.

Toronto Distric School Board: Fact Sheet: Literacy in TDSB Schools. (URL: http://www.tdsb.on.ca/newsroom/latebreaknews/fact_sheet_eqao_literacy.htm; Zugriff: 22.09.2010).

Toronto Distric School Board: LEAP Program. (URL: http://www.tdsb.on.ca/_site/ViewItem.asp?siteid=13&menuid=4785&pageid=4175; Zugriff: 22.09.2010).

Toronto District School Board (2009): Equity Ressource Team. Summary of Activities 2008-2009. (URL: http://www.tdsb.on.ca/wwwdocuments/programs/Equity_in_Education/docs/Equity%20Team%20Activities%20Summary%202008-09.pdf; Zugriff: 26.07.2010).

Toronto District School Board (2009): The 2009 Learning Opportunities Index: Questions and Answers. (URL: http://www.tdsb.on.ca/wwwdocuments/about_us/media_room/docs/LOINewQAv%2010.pdf; Zugriff: 26.07.2010).

Toronto District Schools Board (2005): Model Schools For Inner City Task Force Report–May 2005, (URL: http://www.tdsb.on.ca/newsroom/latebreaknews/pdf/InnerCityReportMay2005.pdf; Zugriff: 30.06.2010).

Tracy, R./Thoma, D. (2009): Convergence on finite V2 clauses in L1, bilingual L1 and early L2 acquisition. In: Jordens, P./ Dimroth, C. (Hrsg.). Functional categories in learner language. Berlin: Mouton de Gruyter, 1-43.

Truniger, M. (2010): Wie kann Schulentwicklung nachhaltig werden? Das Beispiel des Zürcher Programms „Qualität in multikulturellen Schulen (QUIMS)" In: Krüger-Potratz, M., Neumann, U. & Reich, H.-H. (Hrsg.): Bei Vielfalt Chancengleichheit. Interkulturelle Pädagogik und durchgängige Sprachbildung. Münster [u.a.]: Waxmann: 46-61.

Türkisch – Europäisches Wirtschaftsforum Bremen/Nordwest e.V. (TEWIFO) (2007): Berufliche Ausbildung in Bremer Betrieben mit ausländischstämmigen Inhaber und Inhaberinnen. Fakten-Potenziale-Chancen.

UNESCO (2009): Inklusion: Leitlinien für die Bildungspolitik. Deutsche Ausgabe der Policy Guidelines on Inclusion in Education. Bonn: Deutsche UNESCO-Kommission.

Uslucan, H.-H. (2009): Arbeit mit Eltern von Jugendlichen mit Migrationshintergrund. Eine veröffentliche Power Point Präsentation. (URL: http://

sfbb.berlin-brandeburg.de/sixcms/media.php/5488/Dr.%20Uslucan%20 Arbeit%20mit%20Eltern%20von%20Jugendlichen%20mit%20 Migrationshintergrund.pdf; Zugriff: 21.01.2011).

Uysal, T./Röhner, Ch. (2005): Diagnose von Sprachverhalten und Sprachkompetenzen von Migrantenkindern mit SISMIK und CITO. Eine vergleichende Analyse in Fallbeispielen. In: Erziehungsziel Mehrsprachigkeit. Diagnose von Sprachentwicklung und Förderung von Deutsch als Zweitsprache. Weinheim und München.

Verband Bildung und Erziehung (2006): Positionspapier „Interkulturellen Herausforderungen pädagogisch begegnen". (URL: http://vbe.de/880.html; Zugriff: 03.08.2010)

Von Balluseck, H./Nentwig-Gesemann, I. (2008): Wissen, Können, Reflexion. Die Verbindung von Theorie und Praxis in der Ausbildung von ErzieherInnen. In: Zeitschrift Sozial Extra. Heft 32, 3-4, 28-32.

Walther, C. (2008): Quims hat uns Zeit geschenkt für Reformen – Qualität in multikulturellen Schulen im Kanton Zürich. In: Bertelsmann Stiftung (Hrsg.) Integration braucht faire Bildungschancen. Carl Bertelsmann-Preis 2008. Gütersloh, 151-160.

Weber M. (2003): Heterogenität im Schulalltag. Konstruktion ethnischer und geschlechtlicher Unterschiede. Opladen [u.a.]: Leske und Budrich.

Weichert, B. (2010): Beratungsstelle Job Central. In: Süss, U./Felger, S./Harmand, C. (Hrsg.): Weinheimer Bildungskette 2010. Strategiemodell, Projekte und Kooperationspartner. Weinheim, 44-46.

Weißeno, G. (2010): Migrationshintergrund und politisches Lernen. In: Weißeno, Georg (Hrsg.): Bürgerrolle heute. Migrationshintergrund und politisches Lernen. Opladen [u.a.]: Budrich, 9-17.

Wenzel, S. (2009): Grundlagen des Programms Ein Quadratkilometer Bildung. (URL: http://www.ein-quadratkilometer-bildung.eu/wp-content/uploads/ 2010/04/Grundlagenpapier-Ein-Quadratkilometer-Bildung.pdf; Zugriff: 07.11.2010).

Wiltzius, M. (2011): Diversity Management an Grundschulen? Möglichkeiten und Grenzen einer Unternehmensstrategie im schulischen Umfeld. Ein modellhafter Vergleich zwischen Bremen und Luxemburg. Münster [u.a.]: Waxmann.

Wojciechowicz, A. (2010a): Bildungsberatung unter Bedingungen von Migration. Ergebnisse qualitativer Interviews von Teilnehmenden mit Migrationshintergrund an einem Bildungscoaching im Übergang Schule-Studium. In: Karakaşoğlu, Y./Hiesserich, H.-G. (Hrsg.): Migration und Begabungsförderung, Beiträge der Akademie für Integration und Migration, Heft 12, 97-113.

Wojciechowicz, A. (2010b): Welchen Bedarf an Beratung haben studieninteressierte Schülerinnen mit Migrationshintergrund beim Übergang Schule-Studium? In: Zeitschrift für Beratung und Studium (ZBS) - Handlungsfelder, Praxisbeispiele und Lösungskonzepte. 5. Jg./Heft 2, 35-40.

Zentralstelle für die Weiterbildung im Handwerk (2010): Wege in den Arbeitsmarkt. Integrationsangebote für Menschen mit Migrationshintergrund regional gestalten und vernetzten. (URL: http://www.content-zwh.de/intqua/ fileadmin/user_upload/pdf/IQ_Wege_inden_Arbeitsmarkt.pdf; Zugriff: 13.12.2010).

Zschiesche, Tilman/Diedrich, Ingo/Herr, Ulrike (2010): Wissenschaftliche Begleitung des Projektes SPAS II. Abschlussbericht. Institut für berufliche Bildung und Weiterbildung (Hrsg.). (URL: http://www.ibbw.de/Dokumente/ PDF/Forschung/Abschlussbericht_SPAS2.pdf; Zugriff: 04.01.2011).

8. Anhang

8.1 Auflistung der QUIMS-Module und ihrer Inhalte

Modul 1: Verstärkung der Leistungsförderung

Die Leistungen der Schulkinder lassen sich verbessern durch hohe Erwartungen der Lehrpersonen, die Einführung wirksamer Unterrichtsmethoden für heterogene Klassen (z.B. das „kooperative Lernen", ein individuelles Fördern sowohl der leistungsschwachen und wie auch der leistungsstarken Kinder, eine gute Zeitnutzung im Unterricht, eine integrierte Zusatzförderung im Teamteaching (statt segregierter Stütz- und Fördermaßnahmen), den Einsatz von Lernmedien (insbesondere auch comuterunterstütztes Lernen).

Modul 2: Verstärkung der Sprachförderung

Die Kompetenzen der Schulkinder in der Sprache lassen sich verbessern, wenn der Deutschunterricht sowohl für Lernende mit Deutsch als Erstsprache wie auch für solche mit Deutsch als Zweitsprache produktiv ist, wenn der Deutsch-Input über Kontakte zu Deutschsprachigen (z.B. Freiwillige oder Partnerklasse) und über Mediennutzung (Bücher, Hörkassetten, Computer-Lernprogramme) verstärkt wird, wenn die vorhandene Mehrsprachigkeit im Unterricht für die Sensibilisierung und für Vergleiche zwischen verschiedenen Sprachen genutzt wird, wenn der Zusatzunterricht in „Deutsch für Fremdsprachige" und in „Heimatlicher Sprache und Kultur" (für die in einer Schule am meisten gesprochenen Sprachen) mit dem Schulprogramm koordiniert ist.

Modul 3: Angepasste Lernbeurteilung und Förderplanung

Das individuelle Fördern und das Entwickeln der Potenziale von Kindern in stark heterogenen Klassen verlangt nach Verfahren und Instrumenten, die den momentanen Lernstand (insbesondere auch den Sprachstand) erfassen und die individuelle Planung nächster Lernschritte ermöglichen. Dazu gehören der Einsatz von Beobachtungsbögen und Lernberichten sowie Verfahren des Einzugs der Schulkinder, Eltern und Fachkräfte in die Lernbeurteilung und Förderplanung. Durch fundierte Gesamtbeurteilungen können in Zeugnissen, bei Zuteilungen in Sonderklassen und in die Oberstufe bisher häufig zu pessimistische Einschätzungen von Kindern aus unteren sozio-ökonomischen Schichten und aus Migrantenfamilien vermieden werden.

Modul 4: Einbezug und Mitwirkung der Eltern

Niederschwellige und mehrsprachige Angebote zur Information und zur „Weiterbildung" insbesondere von schulfernen Eltern (z.B. Deutschkurse für Mütter, Kurse oder Praxisberatung zum Thema „Wie unterstütze ich mein Kind beim Lernen?") sowie der Einsatz von Elternräten und/oder Mediatorinnen und Mediatoren aus den größten Sprachgruppen tragen dazu bei, dass die Eltern das Lernen ihrer Kinder besser unterstützen können und damit den Schulerfolg ihrer Kinder positiv beeinflussen.

Modul 5: Schul- und familienergänzende Lernanregungen

Der Erwerb von kognitiven und sprachlichen Kompetenzen lässt sich erfolgreich fördern, wenn Schulen dafür sorgen, dass Eltern und Kinder vor- und nebenschulische Lernangebote nutzen oder dass solche geschaffen werden, wenn sie fehlen. Solche Lernangebote sind beispielsweise Spielgruppen, ein zweijähriger Besuch des Kindergartens, lern fördernde Freizeitangebote der Schule (Mittagstische, Freizeitkurse, Tagesschulen) und von Privaten (Vereine, Familienpartnerschaften, …), Einsatz von Schulsozialarbeitenden.

Modul 6: Schulkultur der Anerkennung

In der Schule kommen Menschen mit unterschiedlichem sozialem, sprachlichem, kulturellem und religiösem Hintergrund zusammen. Das Zusammenleben, ein positiver respektvoller Umgang mit Unterschieden und ein gewaltfreies Lösen von Konflikten wollen gelernt sein. Eine Schule kann dies fördern; unter anderem durch die Einführung von Regeln des Zusammenlebens, durch gezieltes Arbeiten mit gemischten Lerngruppen, durch interkulturelle Unterrichts- und Schulprojekte, durch das Einüben gewaltfreier Konfliktlösungen, durch Mitsprache und Mitverantwortung der Schülerinnen und Schüler und Eltern, auch der sozial benachteiligten Minderheiten.

Tabelle 4   Herkunftssprachenunterricht – Praxis in ausgewählten Bundesländern

Bundesland	Angebotene Sprachen	Schulform des Angebotes	Lehrplan vorhanden	Prüfungs-/versetzungsrelevant	Zielgruppe
Nordrhein-Westfalen[1]	Je nach Bedarf, in den am meisten gesprochenen Herkunftssprachen	Primarstufe: (Klassenbildung bei mind. 15 SuS, zusätzlich 5 Wochenstunden) Sekundarschule (Klassenbildung bei mind. 18 SuS, Anrechnung als Fremdsprache möglich), jahrgangs- und schulübergreifend möglich	Nein – oder nicht über das Ministerium für Schule und Weiterbildung NRW zugänglich	Obligatorische Sprachprüfung (sprachliche und soziokulturelle Fähigkeiten) am Ende der Sekundarstufe 1 nach den Verfahrensregeln für die Sprachprüfung der Pflichtfremdsprachen oder Wahlpflichtfremdsprachen	SuS mit Migrations-hintergrund
Nieder-sachsen[2]	Schuljahrgänge 1 bis 4 im Rahmen der finanziellen, personellen und organisatorischen Möglichkeiten: Albanisch, Arabisch, Bosnisch, Farsi, Griechisch, Italienisch, Japanisch, Kroatisch, Kurdisch-Kurmanci, Mazedonisch, Polnisch,	Primarstufe als reguläres Unterrichtsfach, Sekundarstufe als bilinguale Arbeitsgemeinschaft oder als Arbeitsgemeinschaft mit mehrsprachigem oder begegnungssprachlichem Schwerpunkt in der jeweiligen Herkunftssprache, als Wahlpflicht- oder Pflichtunterricht, wenn hierfür curriculare Vorgaben, ggf. auch aus anderen Ländern der Bundesrepublik Deutschland, vorliegen. Eine Herkunftssprache kann nur dann	Kerncurriculum Herkunftssprachlicher Unterricht 1-4, für Sek. I und II über das Niedersächsische Kultusministerium nicht vorhanden oder nicht zugänglich	Noten in den Herkunftssprachen, die als Wahlpflichtunterricht oder als Pflichtunterricht angeboten werden oder gemäß Nrn. 7 und 8 an deren Stelle treten, sind versetzungs- und abschlusswirksam. Schülerinnen und Schüler des Sek I können am Ende des Sekundarbereichs I eine Sprachprüfung in der Herkunftssprache ablegen. Eine mindestens gute Leistung in der Sprachprüfung kann eine mangelhafte Leistung in einer Fremdsprache	Primarstufe: SuS mit Migrations-hintergrund Sekundarstufe: alle Schülerinnen und Schüler

1   Ministerium für Schule und Weiterbildung NRW (2009): Unterricht für Schülerinnen und Schüler mit Zuwanderungsgeschichte, insbesondere im Bereich der Sprachen. (URL: http://www.schulministerium.nrw.de/ BP/Schulrecht/Erlasse/Herkunftssprache.pdf; Zugriff: 29.06.2011).

2   Vgl. Niedersächsisches Kultusministerium (2008): Kerncurriculum für die Grundschule Schuljahrgänge 1–4 – Herkunftssprachlicher Unterricht. (URL: http://db2.nibis.de/1db/cuvo /datei/ kc_08_herk_unterr_nib.pdf; Zugriff: 29.06.2011).
Vgl. Niedersächsisches Kultusministerium (2005): Erlass, Integration und Förderung von Schülerinnen und Schülern nichtdeutscher Herkunftssprache. (URL: http://www.nibis.de/nli1/ikb/erlasse/SVBL%2009-05%2019.08-475.pdf; Zugriff: 29.06.2011).

Bundesland	Angebotene Sprachen	Schulform des Angebotes	Lehrplan vorhanden	Prüfungs-/versetzungsrelevant	Zielgruppe
	Portugiesisch, Russisch, Serbisch, Spanisch, Türkisch (weitere Sprachen auf Antrag).	Abiturprüfungsfach sein, wenn für sie einheitliche Prüfungsanforderungen in der Abiturprüfung vorliegen.		ausgleichen.	
Hessen[3]	Arabisch (Marokko), Bosnisch, Griechisch, Italienisch, Kroatisch, Portugiesisch, Serbisch, Spanisch und Türkisch	Primarstufe, Schule für Lernhilfe: Jahrgang 1-2 : 1-2 WS, Jahrgang 3-4: 3-4 WS Weiterführende Schulen: Jahrgang 5-6: 3-4, WS, Hauptschule und Schule für Lernhilfe: ab Jahrgang 7 Angebot als Wahlunterricht und als zweite Fremdsprache, sofern die personellen, sächlichen und organisatorischen Voraussetzungen gegeben sind.	Teil des Rahmenplans Grundschule, *Sek. I und II über das Hessische Kultusministerium nicht vorhanden oder nicht zugänglich*	Nein	SuS mit Migrations-hintergrund
Hamburg[4]	Bosnisch, Chinesisch, Stadtteilschule: Farsi, Italienisch, Polnisch, Portugiesisch, Russisch, Spanisch und Türkisch Gymnasium:	Vorschule (freiwillig), Primarschule (zusätzliches Fach, freiwillig), Stadtteilschule und Gymnasium (zusätzliches Fach oder zweite oder dritte Fremdsprache)	Bildungspläne für Herkunftssprachli-chen Unterricht	Je nach Organisationsform, auf der Grundlage von Rahmenplänen erteilter Herkunftssprachenunterricht ist zeugnis- und versetzungsrelevant und kann die zweite oder dritte Fremdsprache ersetzen. Herkunftssprachlicher Unterricht unter Aufsicht der	SuS mit „lebensweltlich geprägten Sprachfähigkeit en" in der jeweiligen Sprache

---

3   Vgl. Hessisches Kultusministerium: Unterricht in der Herkunftssprache. (URL: http://www.hessen.de/irj/HKM_Internet?rid=HKM_15/ HKM_Internet/sub/723/723208d0-5024-a611-f3ef-ef91921321b2,,22222222-2222-2222-2222-222222222222.htm.; Zugriff: 29.06.2011).

4   Eine Übersicht über alle Hamburger Bildungspläne stellt die Behörde für Schule und Berufsbildung zur Verfügung: (URL: http://www. hamburg.de/bildungsplaene; Zugriff: 29.06.2011).

Bundesland	Angebotene Sprachen	Schulform des Angebotes	Lehrplan vorhanden	Prüfungs-/versetzungsrelevant	Zielgruppe
	Italienisch, Polnisch, Portugiesisch, Türkisch			zuständigen Behörde, der als Zusatzangebot von Honorarkräften außerhalb des Unterrichts erteilt wird, ist nicht versetzungsrelevant. Muttersprachlicher Ergänzungsunterricht, der von den Konsulaten organisiert und außerhalb des regulären Unterrichts erteilt wird, ist ebenfalls nicht versetzungsrelevant.[5]	
Berlin[6]	Polnisch, Russisch, Türkisch	Grundschule (auch als bilinguale Schulen oder Schulen mit Kooperationsklassen), Sekundarstufe I und II (als zweite und dritte Fremdsprache)	Lehrpläne, in denen jeweils die einzelnen Sprachen behandelt werden	Versetzungsrelevant wenn reguläre Fremdsprache	Nicht nur SuS mit Migrationshintergrund

5 Vgl. Bürgerschaft der freien und Hansestadt Hamburg (2010): Drucksache 19/6002, Schriftliche Kleine Anfrage des Abgeordneten Ties Rabe (SPD) vom 23.04.10 und Antwort des Senats, Betr.: Muttersprachlicher Unterricht. (http://www.tiesrabe.de/uploads/media/196002.pdf; Zugriff: 29.06.2011).

6 Vgl. Berliner Senatsverwaltung für Bildung, Wissenschaft und Forschung (2009): Bildung für Berlin. Berlin spricht viele Sprachen – Wegweiser für die Fremdsprachenwahl in der Grundschule und den weiterführenden Schulen. Schuljahr 2009/2010. (URL: http://www.berlin.de/imperia/md/content/sen-bildung/unterricht/sprachen_lernen/fremdsprachen_berliner_schule.pdf; Zugriff: 29.06.2011).
Vgl. Berliner Senatsverwaltung für Bildung, Wissenschaft und Forschung: Rahmenlehrpläne. (URL: http://www.berlin.de/sen/bildung/unterricht/lehrplaene/index.html).

WAXMANN
Münster • New York • München • Berlin

www.waxmann.com
info@waxmann.com

Ursula Neumann,
Jens Schneider (Hrsg.)
Im Auftrag der Heinrich-Böll-Stiftung e.V.

Schule mit Migrationshintergrund

2011, 308 Seiten, br., 24,90 €, ISBN 978-3-8309-2466-1

Kinder und Jugendliche mit Migrationshintergrund gelten im deutschen Schulsystem als *die* Problemkinder schlechthin. Studien wie IGLU, PISA oder TIES zeigen, dass in keinem anderen westeuropäischen Land der soziale Hintergrund und die Migration eine so prominente Rolle für den Schulerfolg spielen. Dieses Buch widmet sich den vielfältigen Aspekten der interkulturellen Bildungspraxis mit dem Ziel zu zeigen, dass gute Schulen in einer immer vielfältiger werdenden Einwanderungsgesellschaft möglich sind. Es stellt aktuelle Forschungsergebnisse zur Rolle des Spracherwerbs, zu den Anforderungen an die Schule in der Einwanderungsgesellschaft, zu schulischer Diskriminierung, Mentoring und Projekten der Elternbeteiligung vor. Sie werden ergänzt durch Beispiee für einen produktiven Umgang mit kultureller Heterogenität in der Schulpraxis.

WAXMANN
Münster • New York • München • Berlin

www.waxmann.com
info@waxmann.com

Ingrid Gogolin, İnci Dirim, Thorsten Klinger,
Imke Lange, Drorit Lengyel, Ute Michel,
Ursula Neumann, Hans H. Reich,
Hans-Joachim Roth, Knut Schwippert

Förderung von Kindern und Jugendlichen mit Migrationshintergrund FÖRMIG

Bilanz und Perspektiven
eines Modellprogramms

FÖRMIG Edition, Band 7
2011, 272 Seiten, br., 29,90 €, ISBN 978-3-8309-2517-0

Die Förderung von Kindern und Jugendlichen mit Migrationshintergrund in deutschen Schulen liegt vielen am Herzen. Was aber ist diesem Ziel dienlich? Wie kann man es wenigstens schrittweise erreichen?

Solche Fragen lagen der Einrichtung des Modellprogramms FÖRMIG – Förderung von Kindern und Jugendlichen mit Migrationshintergrund – zugrunde. Es endete 2009 nach fünfjähriger Laufzeit.

In diesem Band wird vorgestellt, was im Modellprogramm erreicht wurde. Dazu gehören Erläuterungen zum Begriff „Bildungssprache" ebenso wie Berichte über die Erfahrungen mit der Praxis eines bildungssprachförderlichen Unterrichts und seiner Rahmenbedingungen. Und dazu gehört schließlich eine Bilanz der Feldforschung, die zur Evaluation des Modellprogramms durchgeführt wurde.